Oskar Negt: Schriften

Band 6.1: Geschichte und Eigensinn I

Oskar Negt
Alexander Kluge

Geschichte und Eigensinn I

Geschichtliche Organisation der Arbeitsvermögen

Steidl

Inhalt

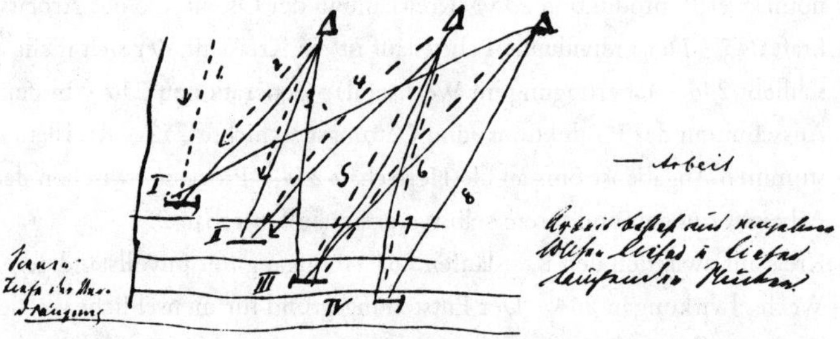

Skizze von Sigm. Freud, aus *Briefe an Wilhelm Fließ,* a. a. O., S. 177. Alle punktierten Linien, Pfeile und Ziffern sind im Original rot; ebenso das Wort »– Arbeit«. Darunter steht der Satz: »Arbeit besteht aus einzelnen solchen tiefer und tiefer laufenden Stücken.«

Vorwort

aus: Der unterschätzte Mensch, Band 2: Geschichte und Eigensinn (2001)

Wir legen ein Gebrauchsbuch vor, das wir in drei Jahren gemeinsamer Arbeit geschrieben haben. Ursprünglich wollten wir einige dunkle Stellen in unserem Buch *Öffentlichkeit und Erfahrung* aufhellen. Wir haben dann gemerkt, daß es um neue, grundsätzliche Fragestellungen geht.

Uns interessiert, was, in einer Welt, in der es offenkundig ist, daß Katastrophen eintreten, die stoffverändernde Arbeit leistet. Das sind die geschichtlichen Arbeitsvermögen: Entstanden aus Trennungsprozessen und bewaffnet mit Eigensinn, der sich gegen die Trennungen wehrt.

Vom Leser wird bei diesem Buch Eigeninteresse erwartet, indem er sich die Passagen und Kapitel heraussucht, die mit seinem Leben zu tun haben. Auf diese Weise gliedert sich das Buch sehr rasch auf. Es gibt Bücher, die man vom Anfang bis zum Ende liest. Es gibt aber auch Bücher, deren Tugend in der Wiederholbarkeit liegt. Einer liest darin und dann liest er wieder darin.

Mehr als die Chance, sich selbständig zu verhalten, gibt kein Buch.

O. Negt / A. Kluge

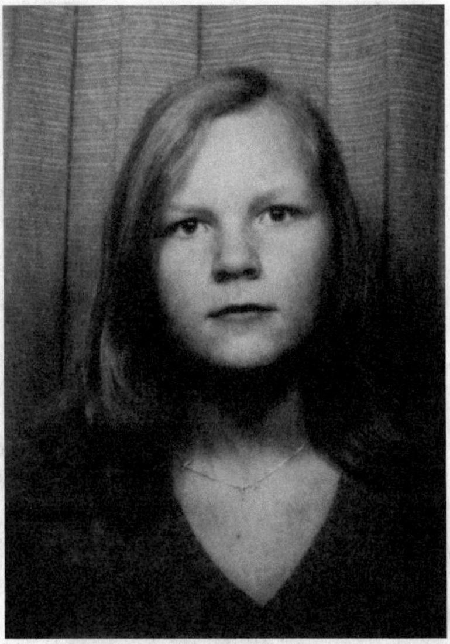

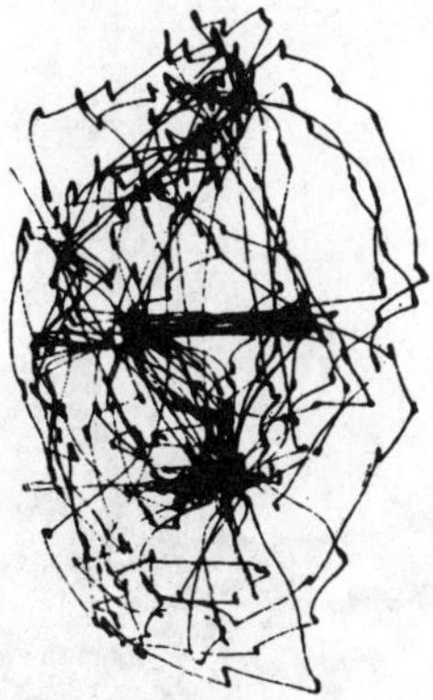

Augen haben das nebenstehende Foto mehrere Minuten betrachtet. Zweidimensionale Wiedergabe der Augenbewegungen nach Yarbus, *Eye-movements and Vision,* New York 1967. Die Augenbewegungen sind spontan. **Das Auge arbeitet**. Aber es tut dies nicht linear. Die Arbeitsbewegungen haben ihre Vorgeschichte.[1]

Notiz: »Schlaf der Vernunft« heißt nicht entschlafene Vernunft, Vernunft, die zeitweise schläft, sondern der Schlaf in Gestalt der Vernunft. Der Logos (als die tote Arbeit aller egozentrischen Standpunkte in der Geschichte) ist dann besonders wach und »gebirt Ungeheuer«. Solche Vernunft schützt ihren Schlaf gegen das Aufwachen durch gewalttätige Träume.

Der Blick durchs Fenster: Streikende Arbeiter beobachten die Anstrengungen des überbetrieblichen Streikkomitees auf der Leninwerft in Danzig.

HAMMER, ZANGE, HEBEL – GEWALTSAMKEIT ALS ARBEITSEIGENSCHAFT

Die Grundform der meisten mechanischen Arbeitseigenschaften, die die menschlichen Körper auszuführen vermögen und die, auf Werkzeuge und Maschinen übertragen, zwischen den Menschen und die Arbeitsgegenstände treten, beruht auf der Anwendung unmittelbarer Gewalt. Bei der Umarmung ist dies mehr oder weniger doppeldeutig: wo sie nicht-gewaltsam ist, bewahrt sie die Autonomie des Umarmten; als Vereinnahmung, Ringkampf, politische Taktik des Untergehenlassens der Gegenposition in der politischen Umarmung ist sie sicher ebenso gewaltsam wie Stoßen, Hebeln, Zwängen, Sicheln, Hämmern. Die Unterscheidung liegt zunächst nur in der direkten oder indirekten Anwendung solcher Gewalt oder in dem Maß, in die die Gewalt die Gegenwirkung des Anderen, also das, was Fallenstellen oder Listen ausmacht, einbezieht oder nicht. Von dieser Unterscheidung ausgehend gibt es Gewalt, die auf die Eigenschaften des Gegenstandes eingeht und solche, die dies nicht tut. Der Otto-Motor z.B. beruht auf dem Prinzip permanenten Explodierens. Alle Einzelkomponenten dieser Erfindung sind zerstörerisch. Im Aggregat treiben sie Fahrzeuge an. Unvollständige Produktionsprozesse, d.h. die brüchige Versammlung von Arbeitseigenschaften dieser Art oder ihre naive Anwendung in Bereichen, in denen sie nicht erprobt wurden, führen regelmäßig zur Zerbeulung.

Wir halten alle Anwendungen dieses Prinzips, gattungsgeschichtlich und individualgeschichtlich, für **eine** Arbeitseigenschaft. Ihr steht das größte Arsenal an Werkzeugen zur Verfügung. Sie sind sämtlich robust. Ihr Problem liegt in der Dosierung, für deren exakte **Steuerung** die Arbeitseigenschaften der Gewaltsamkeit keine Kriterien geben.

Behutsamkeit, Sich-Mühe-Geben, Kraft- und Feingriffe

Für die Eigenschaften, die in menschlichen Körpern die Muskeln, die Nerven und die Hirne, übrigens auch die Haut, d.h. sämtliche Rückkopplungssysteme miteinander **assoziativ vereinigen** (sog. »Rücksicht«), ist die Unterscheidung zwischen Kraft- und Feingriffen die bedeutendste evolutionäre Errungenschaft. Auf ihr beruht die Steuerungseigenschaft, die allerdings durch Außendruck, der die Selbstregulierung stört, am leichtesten zu erschüttern ist. Selbstregulierung ist die ausgeführte Dialektik von der Beziehung zwischen Kraft- und Feingriffen.[2]

Das Greifen

Bei der Mehrzahl der Arbeitsbewegungen werden zunächst Arbeitsgeräte, Bedienungsgriffe und Werkstücke ergriffen und sodann in Bewegung gesetzt. Die Art des Zugreifens und die Bewegung selbst sind voneinander abhängig. Zweckmäßiges oder unzweckmäßiges Ergreifen begünstigen oder hemmen den Bewegungsablauf. Ebenso sind das Loslassen oder Absetzen eines Gegenstandes von der vorangegangenen Art der Bewegung abhängig. Entsprechendes gilt, wenn eine Bewegung vorausgeht, um einen Gegenstand heranzuholen oder etwa ein Bedienungselement zu betätigen. Beim Ergreifen und anschließenden Halten und Betätigen etwa eines Werkzeuges kommt es nicht nur darauf an, daß genügend festgehalten wird. Die Hand hat bei solchen Verrichtungen nicht nur die Aufgaben des Haltens; sie muß zugleich auch als Wahrnehmungsorgan tätig sein. Der bei der Betätigung von Bedienungsgriffen notwendige Druck muß so gewählt werden, daß noch ein entsprechendes Feingefühl der Hand möglich ist.

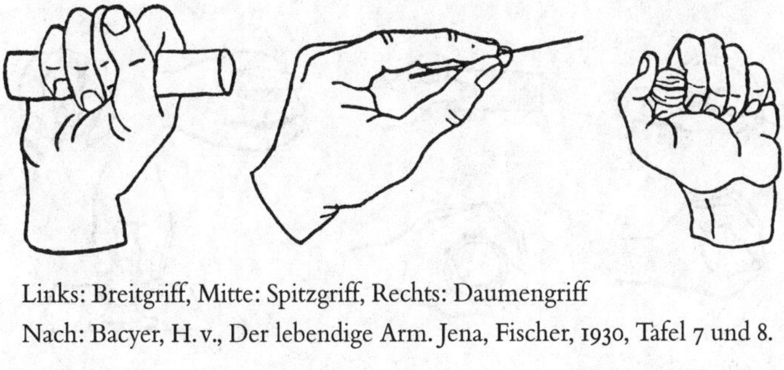

Links: Breitgriff, Mitte: Spitzgriff, Rechts: Daumengriff
Nach: Bacyer, H. v., Der lebendige Arm. Jena, Fischer, 1930, Tafel 7 und 8.

Bei der Abhängigkeit des Greifens vom notwendigen Griffdruck, von den Wahrnehmungsmöglichkeiten, von der Art des zu ergreifenden Gegenstandes und der auszuführenden Bewegung ergibt sich eine solche Vielzahl von möglichen Griffarten, daß eine allen Variationen gerecht werdende Klassifikation kaum möglich sein wird. Nach Sauerbruch werden drei Grundtypen unterschieden: der Breitgriff, der Spitzgriff und der Daumengriff. (Abb. 8 nach v. Baeyer, 2). Der Breitgriff gestattet die größte Kraft des Festhaltens, erlaubt aber Bewegungen nur in Hand-, Ellenbogen- und Schultergelenk. Alle feineren Arten des Zugreifens erfolgen mit dem besonders vielseitig variierbaren Spitzgriff, der auch das feinste Bewegungsspiel ermöglicht.

Giese (16, S. 31) kommt durch Bezugnahme auf die zu ergreifenden Gegenstände auf zwölf Typengriffe, die er nur zeichnerisch darstellt (Abb. 9). Davon sind die Nr. 3, 6, 11 eindeutig Breitgriffe, Nr. 9 und 12 Abwandlungen dieser von allerdings spezifischer Ausprägung, Nr. 2, 4, 5, 7 und 10 sind Spitzgriffe, Nr. 8 ein Daumengriff. Nr. 1 könnte als ein weiterer Breitgriff angesehen werden, stellt aber wohl eher eine Sonderform dar, die als Haltegriff bezeichnet werden könnte.

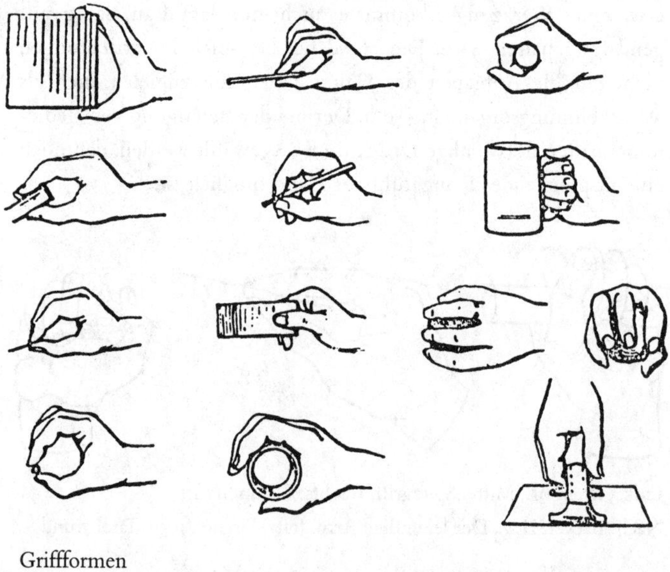

Griffformen

Nach: Giese, Fr., Psychologie der Arbeitshand, Berlin und Wien, Urban und Schwarzenberg, 1928, S. 32.

In noch stärkerem Maße auf die Arbeit und die Arbeitsgeräte bezogen sind die von Herig (18) unterschiedenen Formen des Greifens.

Da seine grifftechnischen Bemühungen in erster Linie auf die sachgerechten Handhaben der Werkzeuge und Geräte ausgerichtet sind, für die er den Ausdruck »Griff« reserviert, nennt er die unterschiedlichen Formen des Greifens und Haltens »Arbeitshaltungen«. Für den Umgang mit fein beweglichem Gerät unterscheidet Herig Schreibhaltung, Bohrhaltung, Schneidhaltung, Schlaghaltung, Klemmhaltung. Schreib- und Bohrhaltung sind Spitzgriffe, die letztere mit einer verstärkten Möglichkeit zum Drücken in der Arbeitsrichtung wie etwa bei der Benutzung eines im Handteller anliegenden Schraubenziehers. Schneid- und Schlaghaltung sind Breitgriffe, die Klemmhaltung eine durch das Gerät bedingte Abwandlung: Haltung von Zangen, Scheren, Pinzetten.

Aufrechter Gang, Gleichgewicht, Sich-trennen-Können, Nach-Hause-Kommen

In einigen Texten wird neben der Erfindung der Feingriffe, der Eigenschaft des Auges, aus 1,60 m Höhe Horizontale wahrzunehmen, die Entwicklung der Sprache, sowie die Entfaltung des Hirns, als eines Organs eines Mangelmutanten, als das Spezifischmenschliche bezeichnet.[3] Tatsächlich ist es plausibel, daß der aufrechte Gang die Hände zur Arbeit und Zeichensprache freisetzt und damit der Mund disponibel wird zur Sprache. Es genügt, daß wir feststellen, daß der aufrechte Gang dem ursprünglichen Aufbau des Skeletts nicht entspricht. Menschen sind, wie Napier erwähnt, für Gleichgewicht nicht vorgesehen. **Beim Vorwärtsschreiten würden Menschen in Richtung ihrer Nase zu Boden stürzen, wenn nicht subtile Gegenbewegungen der Muskulatur dem entgegenwirken. Ein strammstehender Soldat hat insofern kein Gleichgewicht, sondern rotiert, für die Vorgesetzten unmerklich, um einen imaginären Gleichgewichtspunkt**. Die gesellschaftliche Auswertung mutativer Chancen erfolgt offenbar in einem Schweinsgalopp, dem die Stabilisierung der Errungenschaften nicht entspricht.

In der Form, in der Märchen von der Subjektivität berichten, ist das Sich-Trennen-Können vom Elternhaus und die Möglichkeit nach

Hause zurückzukehren, oft die Konstellation, an der sich entscheidet, ob Menschen in der Regression, z.B. als Zwerge, Froschprinzen oder Zerrgebilde ihrer Selbst, verbleiben oder ob sie erlöst werden.

Wir sprechen hier nicht von Märchen, sondern von einzelnen Arbeitseigenschaften.

Engels hatte die These vertreten von der »Menschwerdung des Affen durch die Arbeit«: das Zweckmäßige, die Funktion erzwingt Veränderungen der Natur. Diese Analyse enthält eine stark mißverständliche Verkürzung. Besser verständlich wäre es, wenn man von der Beobachtung ausgeht, **wie** ein lernendes und arbeitendes Wesen gattungsgeschichtlich und individualgeschichtlich in jedem Augenblick seine Zeitansätze mit Hilfe seiner Umgebung neu herstellt. Zeitansätze wie »Eigenzeit«, »Kinderzeit«, »lange Schwangerschaften«, »Uhrzeit«, »Geduld«, »langer Atem«, »Zeitreserve«, »Wiederholung«, »Trägheit«, »Erinnerungsvermögen« usf. sind Formbestimmungen, an die alle Faktoren der menschlichen Reproduktion wiederum erst anknüpfen.

Es war vermutlich nicht die Arbeit, welche Hände, Hirn und »Steuerungsvermögen durch die Augen« zur Entwicklung brachte, sondern die frühen Lebewesen, die zu Menschen wurden, krallten sich zunächst in das Fell der Eltern, wenn diese ihre Säuglinge auf dem Rücken aus der Gefahr trugen. Der zärtliche Zugriff hat die Fingerspitzen so markiert, daß sie zum unterscheidenden Fingerabdruck taugen.

Notiz zum biogenetischen Grundgesetz

Dieses Grundgesetz gibt es nicht, d.h. es bedarf der Arbeit, um es zu erforschen. Die Formulierung eines solchen Gesetzes geht auf Ernst Haeckel zurück. Es beruht auf einem Mißverständnis Haeckels, der Arbeitsergebnisse von Ernst von Baer (1792–1876) und Johann Friedrich Meckel, eines Anatomen (1781–1833), untersucht. In diesen Ergebnissen hieß es scheinbar, daß in der Embryonalentwicklung die allgemeinen, d.h. gattungsgeschichtlichen Merkmale, den speziellen vorausgehen: So als ob die gesamte Phylogenese im Uterus individuell durch den Embryo wiederholt wird, er also von der Urzelle über die Fische, Reptilien usf. alle Vorstufen der menschlichen Entwicklung wiederholt, um sich dann bis zur und nach der Geburt mehr und mehr von den Formen aller anderer Lebewesen zu entfernen, sich zu spezialisieren. Dabei übersah Haeckel aber, daß Baer in anderen Forschungsarbeiten diese Deutung verwirft: »Die individuelle Entwicklung der höheren Tierformen durchläuft nicht die **ausgebildeten** Formen niederer Tiere.«[4]

Früh sind sie losgefahren. Jetzt können sie nur noch warnen.

Hebammenkunst

Es erweist sich, daß ein Kind im Mutterleib verdreht liegt, in der sog. Steißlage. Es wird bei der Geburt ersticken. Die Hebamme muß es im Mutterleib drehen und sie tut das »durch Anwendung von Gewalt«. Aber keineswegs durch Kraftgriff, sondern durch Feingriff;

d. h. entsprechend der Feingliedrigkeit und Lebendigkeit »des Gegenstandes« und mitten in dessen Situation. Es wäre gar nicht möglich, daß die Hebamme gewaltsam, d. h. mit ihren Händen, diese Arme so legt, daß sie kreuzweise vor der Brust liegen und die Geburtsöffnung passieren können. Ihr Griff provoziert die Eigenbewegung des Kindes. Solche Gewalt, wie sie die Hebamme professionell anwendet, unterscheidet sich von der Gewalt von Hämmern, Sicheln, Hacken oder Sägen.

»Erzählen.«

1. Kapitel

Die Entstehung der Arbeitsvermögen aus der Trennung

(Permanenz der ursprünglichen Akkumulation I)

I

»Der historische Prozeß ist nicht das Resultat des Kapitals, sondern Voraussetzung für dasselbe. Durch ihn schiebt sich dann auch der Kapitalist als Zwischenperson (historisch) zwischen Grundeigentum oder zwischen Eigentum überhaupt und Arbeit.«[1] Es ist nämlich so: »Eigen ist dem Kapital nichts als die Vereinigung der Massen von Händen und Instrumenten, die es vorfindet […] Das ist ein wirkliches Anhäufen; das Anhäufen von Arbeitern auf Punkten nebst ihren Instrumenten.«[2]

Dies bedarf einer ständigen Zuarbeit, eines Geschichtsprodukts, das das Kaptal allein nicht herstellt; ebensowenig konnten es dem Kapital vorangehende gesellschaftliche Formationen bloß aus ihrer Ökonomie heraus entwickeln: Es geht um ein Arsenal von Eigenschaften, aus denen die disziplinierten Arbeitsvermögen sich später zusammensetzen, eine innere Struktur aus gutem Willen; Anerkennung, daß Leben ausverkauft wird; Wahrnehmung des stummen Zwangs ökonomischer Verhältnisse; Anpassung menschlicher Eigenschaften an ihre Eignung für fremdbestimmte Produktionsprozeß, eine Willensstruktur. »Die Aneignung fremden Willens ist Voraussetzung des Herrschaftsverhältnisses.«[3]

Von der Kapitallogik sagt deshalb Marx: »Diese ganze Bewegung scheint sich also in einem fehlerhaften Kreislauf herumzudrehn, aus dem wir nur hinauskommen, indem wir eine der kapitalistischen Akkumulation vorausgehende ›ursprüngliche‹ Akkumulation (›previous accumulation‹ bei Adam Smith) unterstellen, eine Akkumulation, welche nicht das Resultat der kapitalistischen Produktionsweise ist, sondern ihr Ausgangspunkt.«[4] Marx spricht vom **Geheimnis der ursprünglichen Akkumulation**.[5]

II

> »Die Expropriation des ländlichen Produzenten, des Bauern, von Grund und Boden bildet die Grundlage des ganzen Prozesses. Ihre Geschichte nimmt in verschiedenen Ländern verschiedene Färbung an und durchläuft die verschiedenen Phasen in verschiedener Reihenfolge und in verschiedenen Geschichtsperioden. Nur in England, das wir daher als Beispiel nehmen, besitzt sie die klassische Form.«[6]

Es geht um die zentrale Kategorie eines jeden Geschichtsverlaufs, der zur Industrie führt. Die Ursprüngliche Akkumulation bezeichnet den Bruch zwischen der Summierung vorkapitalistischer Strukturen und der folgenden kapitalistischen Ausprägung. Es gibt keine kapitalistische Industriegesellschaft, in der dieser Bruch nicht zuvor stattgefunden hätte. »Nicht die **Einheit** der lebenden und tätigen Menschen mit den natürlichen, unorganischen Bedingungen ihres Stoffwechsels mit der Natur, und daher die Aneignung der Natur – bedarf der Erklärung oder ist Resultat eines historischen Prozesses, sondern die **Trennung** zwischen diesen unorganischen Bedingungen des menschlichen Daseins und diesem tätigen Dasein, eine Trennung, wie sie vollständig erst gesetzt ist im Verhältnis von Loharbeit und Kapital.«[7]

Von diesen einschneidenden geschichtlichen Trennungsprozessen sagt Marx, sie seien »in die Annalen der Menschheit eingeschrieben mit Zügen von Blut und Feuer«.[8] Ursprüngliches Eigentum ist nichts als Verhalten des Menschen zu seinen natürlichen Produktionsbedingungen als ihm gehörigen, zu Boden und Gemeinwesen, »die sozusagen nur einen verlängerten Leib bilden«.[9] Dieses Verhältnis ursprünglichen Eigentums bezeichnet Marx wiederholt als »natürliches Laboratorium«[10] der menschlichen Eigenschaften, **und zwar: die Vorstellung von etwas Eigenem (Identität, Subjektivität), von Sprache, Gemeinwesen (Assoziation), der Arbeits- und Lebensvermögen, zuletzt auch subjektive Vorbedingung der Trennung.** Mit der ursprünglichen Akkumulation tritt ein zweites geschichtliches Laboratorium hinzu, in dessen »Behältern und alchimistischen Anlagen« sich die Formbestimmung der künftigen Arbeitsdisziplin produziert. Sie ist die **Form** gewordene Trennungsenergie, d.h. menschlicher und nationaler Charakter. Keine künftigen Arbeitsvermögen ohne diesen Vorgang, ohne diese **Chiffre**: alle späteren Prägungen der Arbeitskraft nehmen diese Trennungschiffre an. Der Trennungsprozeß hat aber in jedem Land eine verschiedene Gestalt.

Ist der Prozeß der Kapitalakkumulation auf eigene Füße gestellt, so ist die ursprüngliche Akkumulation bereits abgelaufen. Marx spricht jetzt an einer systematischen Stelle der Wertbestimmung der Arbeitskraft lediglich davon, daß sie ein »historisches und moralisches Element« enthalte.[11] Der Wert der Arbeitskraft sei die Summe der Lebensmittel, die notwendig sind, »die Arbeiterrasse« zu reproduzieren und am Leben zu halten.[12]

Man kann sich über die ökonomische Enge dieser Formulierung, die die jetzt fertige Ökonomie bezeichnet, nicht genug wundern; zugleich über die in ihr unterstellte relative Harmonie. Marx weist ausdrücklich darauf hin, daß sie nur für eine bestimmte Periode Geltung habe, nämlich die klassische. Wird im Nationalsozialismus die »Verschrottung der Arbeit« zum Prinzip Verdun, gilt der Angriff den natürlichen Ressourcen, der Vernichtung von Umwelt, Arbeitsqualifikationen, Boden, Natur – also auch den Bedingungen, auf denen der Kapitalzusammenhang beruht –, so sprengt der geschichtliche Prozeß die Ökonomie. Die Wertbestimmung der Arbeitskraft wird ahistorisch, d.h. sie wird zerstört. Es handelt sich um eine **urprinzipielle Negation des historischen und moralischen Elements.**[13]

III

Es existiert eine Ökonomie der kapitalistischen **Automatik**, die die ursprüngliche Akkumulation voraussetzt und in sich trägt. Außerdem gibt es aber jederzeit auch den **Rohgriff** auf das, was dem Kapitalzusammenhang auf Grund von Trennungsenergien (auch solchen der Automatik) neu zuwachsen soll. Dieser Rohgriff hat aber kein ökonomisches Maß oder Prinzip, weil ihm dafür die Regulation fehlt.[14] Sein spezifischer Zugriff vernichtet, was eigentlich zuwachsen soll. Auch darin ist er sprengende Ökonomie, daß diese Vernichtungswirkung nicht endgültig gelingt. Es bestehen im Kapitalzusammenhang zwei unterscheidbare Ökonomien: Diejenige, die wie ein Automat aussieht **und** die notwendig damit verbundene rohere, die sich nicht an die Regeln hält.

Uns geht es um folgendes: (1) die Tiefe und Schärfe der ursprünglichen Akkumulation, aber nicht für England beschrieben, sondern für Deutschland; (2) die Permanenz dieses Vorgangs; (3) die Dialektik der unterschiedenen beiden Zugriffsweisen und ihre Schwerefelder (erweiterter Akkumulationsprozeß und immer erneuter Rückgriff auf ursprüngliche Akkumulation); (4) die spezifische Chiffrierung der einzelnen Arbeits- und Lebensvermögen unter dem Stempel der sich erweiternden und erneuernden gewaltsamen Trennungen von den Produktionsmitteln und produktiven Eigenschaften, die während aller Enteignungen auch immer Aneignungsprozesse aufweisen (Entfremdung); (5) Anti-Produktion; (6) in allen diesen Zusammenhängen untersuchen wir, wie der Prozeß ursprünglicher Akkumulation in Permanenz die besondere Begrifflichkeit der politischen Ökonomie ausmacht und zugleich durchbricht[15]; (7) Organisation der hierauf antwortenden Erfahrung; (8) Entwirklichung; (9) Probleme des antagonistischen Realitätsprinzips.

Sind das organisierende Moment der Geschichte die Trennungsprozesse und hat die Realität an ihnen Motor und ihre Substanz, so trennt sich jeder einzelne Realzusammenhang auf in seine repräsentative und proletarische Gestalt. Da, wo die klassischen Theorie Ernst macht, zirkuliert sie unausgesprochen um den Satz: die Vernunft ist wirklich, die Wirklichkeit ist vernünftig. Aber was ist dann wirklich? Man kann diesen Satz auch in der Wunschform lesen: Weil Vernunft als die Formbezeichnung von Assoziation und als objektive Möglichkeit eines universalen Konsenses, ausgedrückt in realer Kooperation, eine Summe der radikalen Bedürfnisse ist, **soll** sie **wirklich** sein, und sie kann es nur sein, wenn sie die Kräfte dafür aus den wirklichen Verhältnissen hervorbringt. Dann darf sie aber die herrschende Synthese dieser Verhältnisse, die ja aus Trennungen vom Realen zusammengesetzt ist, nicht für etwas Reales halten. Das was vorgibt Realität zu sein, unter diesem Namen auftritt, ist fiktiv. Es ist aber Geschichte darin versteckt. Man muß das auseinanderlegen. Geschichte geht in ihren Ökonomien nicht auf, im Realitätsprinzip ebenfalls nicht.[16]

[Anfang, Ende, Mitte] Wir sprechen zunächst nicht von der Geschichte, sondern von der Geschichts**erzählung**. Die Geschichte selber ist immer nur die der Toten. Das, was sich davon zurückspinnt, d. h. erzählen läßt, die Deutung, darauf begrenzt sich die lebendige Erfahrung. Anders als den Toten setzt ihr die Bestimmung des Anfangs und des Endes der Erzählung äußerster Widerstand entgegen.[17]

Um das Ergebnis vorwegzunehmen: Wir beginnen da, wo der letzte Kommentar unseres früheren Buches **Öffentlichkeit und Erfahrung** endete, d. h. mit der materialistisch gewendeten Organisationsfrage.[18]

Wir hatten diese Frage unterhalb der gesellschaftlich vorgefundenen Synthesen, unterhalb des bereits Begriffenen, der kulturellen Normen und insbesondere der Ich-Konstitute angesiedelt: Unter dem Gesichtspunkt der Emanzipation sind die vereinzelten, getrennten proletarischen Eigenschaften, als nicht zusammenhängend, etwas Reales; unter dem Gesichtspunkt der Nicht-Emanzipation erscheinen sie als etwas Zusammenhängendes, sind sie in empirischer Realität deutlich zu fassen, **für sich selbst** werden sie aber imaginär; sie sind also auch hier **»für sich«** getrennte einzelne Eigenschaften. Es geht jetzt darum, diese Trennung ins einzelne auf ihren geschichtlichen Entstehungsprozeß zurückzuverfolgen. Die Perspektive dafür entsteht, wenn wir die geschichtlichen **Resultate** (die Auftrennung der Arbeitsvermögen und Lebenseigenschaften als menschliche und ihre Zusammenfügung als entfremdete) für einigermaßen irrational, die **Prozesse** dagegen für etwas Reales halten. Keine der einzelnen geschichtlich geprägten Eigenschaften von Menschen ist freiwillig als von sich und ihren Zusammenhängen getrennte entstanden. Wir fangen deshalb mit der Geschichte der Trennungsprozesse an, die den modernen Anfang jeder Eigenschaft erzählt, und in die die früheren Voraussetzungen dieses Anfangs, also ganze Ketten von Enden, eingehen.

IV

Es sind z.B. das Feuer, der Schlitten, Schleifenmachen, der Bohrer, die Töpferscheibe, die Transportmittel, z.B. Wagen-Speichenrad, der Pflug, Fernwaffen, Arbeitsteilung, Ziegelbau, Beton, Gemeinwesen und Politik, Logik, Dialektik, Scholastik, Alchimie usf. längst erfunden, also bedeutete Arbeitsvermögen der menschlichen Eigenschaft.[19] Ein Hammer, ein Pflug, eine Schaufel, hergestellt um die Zeitenwende, also 2000 Jahre alt, unterscheidet sich nur unwesentlich von heutigem Eisenwerkzeug. Was infolge der Prozesse, die sich in der ursprünglichen Akkumulation zusammenfassen, als Produktivkraft neu hinzutritt, spielt sich zunächst als äußere Trennung von den Produktionsmitteln und innere Umproduktion zur Ware Arbeitskraft ab. Es ist ein Umbau des inneren Haushaltes der Menschen, kein plötzlicher Zugewinn von äußeren Erfindungen. Es entsteht die Eigenschaft der Freizügigkeit, die Fähigkeit zur Selbstentfremdung.

Es gibt sie historisch schon früher, aber nicht als gesellschaftliches Prinzip und massenweisen Vorgang. Wären nicht die objektiven, von Marx vandalisch genannten Verwüstungen von Boden und Gemeinwesen der materielle Grund, könnte man von einem geistigen Ereignis sprechen, so sehr ist die Veränderung in den Subjekten versteckt.[20]

Der Anfang, d.h. die einschneidende Trennung, liegt jetzt nicht in den Urwurzeln, sondern zentral, z.B. im ersten Drittel der Mitte eines Geschichtsprozesses. Diese Bezeichnung des geschichtlichen Drehpunkts ist willkürlich: es kann etwas völlig Gegenwärtiges, sogar Zukünftiges sein, was die ursprüngliche Akkumulation und ihre Zertrennung bewirkt. Wir stoßen bei der Nacherzählung rasch darauf, daß die einzelnen Prozesse, die wir mit dem nicht näher analysierbaren Begriff **Geschichtsverlauf** zugedeckt haben, keinen linearen Fortlauf aufweisen. Sie haben keinen zwingenden Grund für Kontingenz, die einzelnen Enden können einander berühren oder auch nicht.[21] Eher läßt sich von einer Fortbewegung der geschichtlichen Prozesse nach Art von Kugelhaufen sprechen: Die einzelnen Kugeln (aber alle solche Gebilde sind nicht geometrisch) erneuern ihre Anfänge permanent so, wie sie sich drehen. Was hiervon aus dem Automatismus, aus der Kugelgestalt endloser Wiederholung

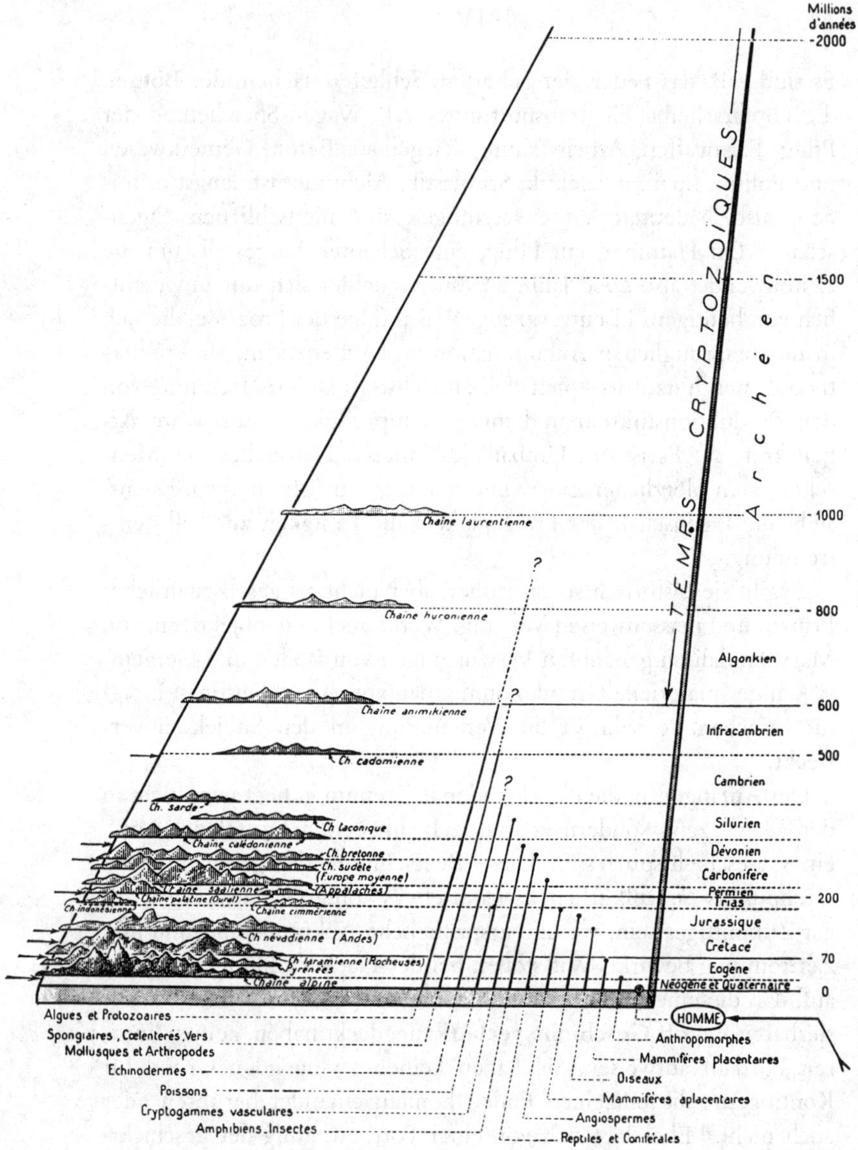

Geschichtserzählung aus einem französischen Handbuch über die Zeitabläufe (Erd-Halbzeit): »L'édification de l'écorce terrestre, la fuite des temps.« Rechts unten (Pfeil) der Mensch (»Homme«).

ausbricht und neue Kugeln (oder etwas anderes Vielpoliges) bildet, tut dies wiederum nicht freiwillig, sondern unter aufgezwungener Trennung, also von einem Zentrum der Trennungsprozesse her, das nicht notwendig die Mitte sein muß (asymmetrische Prozesse).

Im **Kapital** von Marx ist die sog. **ursprüngliche** Akkumulation als der Dreh- und Ausbruchspunkt für jede moderne Produktion von Arbeitskraft, und damit der Geschichtsproduktion, ans Ende der Darstellung gerückt. Es ist erste wirkliche Voraussetzung seiner **Entstehungsgeschichte**, so wie die Ware erste Voraussetzung seines **Prinzips** ist. Untersucht man den Gegenpol der Kapitallogik, die geschichtliche Prägung der Arbeitskraft, so muß dieses Kapitel der ursprünglichen Akkumulation an den Anfang treten.

[Permanenz] Es wäre aber falsch, diesen Zeitpunkt, die Mitte des Prozesses, wiederum nachträglich als einen Anfang zu setzen, und zwar aus zwei Gründen: (1) Ohne die nicht-kapitalistische Vorgeschichte, also die Summe der vorhergehenden Anfänge, ist die ursprüngliche Akkumulation inhaltslos. (2) Es ist der Sinn des hinzugefügten Wortes *Permanenz*[22], daß sich das Anfangen künftig zu einem Prinzip immer erneuter Umwälzungen verdichtet hat. So entsteht das Kapital nicht **einmal** (mit ungeheurer Masse an Trennungsenergien, die eine Periode **und** ihren Niedergang auszufüllen vermögen), sondern an seinem Sockel entsteht es aus erneut wiederholter ursprünglicher Akkumulation und deren kollektiver Verarbeitung in seinem ganzen Aufbau. Dies ist die Macht, die Differenz zwischen der klassischen Vorhersage einer bald zu erwartenden Aufhebung des Privateigentums, der Notwendigkeit des Sozialismus in naher Zukunft, und der Tatsache, daß sich nach mehreren endgültigen Krisen der westliche Kapitalzusammenhang immer erneut regeneriert. Es entsteht der Anschein: sobald Industrialisierung entfaltet ist, gelingt in den betreffenden Ländern keine Revolution mehr.

Permanent ist aber nicht nur die **eine** Seite der ursprünglichen Akkumulation, die in dem Vorfinden neuer Hände und Instrumentarien durch das Kapital besteht, sondern es akkumuliert sich, ebenso ursprünglich und permanent die Eigentätigkeit der einzelnen Arbeits- und Lebenseigenschaften, die auf dem Gegenpol durch Trennungsprozesse freigesetzt werden. Es geht um **Enteignung**, aber – von den Arbeitsvermögen gesehen – auch um **Aneignung**; diese

Aneignungsprozesse springen deshalb nicht ins Auge, weil ihnen die eigene Leiblichkeit, ihre Subjektivität, d. h. »Behälter und Gefäße« (Marx), ihr spezifische Selbstorganisation enteignet ist. Permanenz und Ursprung gerade dieser Seite der Prozesse sind aber die Vermittlung dafür, daß die geschichtliche Gestalt der ursprünglichen Akkumulation den Charakter und die Fähigkeit einer Gesellschaft zu weiterer permanenter ursprünglicher Akkumulation prägt. Die Gleichmacherei des kapitalistischen Aufhäufens tut dies allein nicht.

Permanenz der ursprünglichen Akkumulation ist deshalb zugleich eine Kategorie der Totalität und eine Kategorie der Prägung einzelner besonderer Eigenschaften. Sie haben, jede für sich, ihre spezielle Geschichte, zunächst ohne Rücksicht auf Totalität. In einer Gesellschaft, in der ursprüngliche Akkumulation stattgefunden hat, kann es Eigenschaften geben, die niemals ursprünglich akkumuliert worden sind, deren besondere Eigenart darin liegt, daß sie jedem Ansatz, sie auf diese Weise so zu sozialisieren, widersprechen. Sie werden zerstört, aber sie lassen sich nicht trennen. Mit diesem strikten Konservativismus einer Reihe von menschlichen Eigenschaften setzt aber eine besondere Dialektik ein. Man betrachte z. B. die Schwangerschaft und Verrücktheit. Der Drehpunkt heißt Spontaneität: Rasanter Widerstand gegen Domestizierung oder Plan – Es wäre ein plausibler Einfall eines nationalsozialistischen Vierjahresplans oder eines Rüstungsprogramms, die Schwangerschaft von 9 auf 6 Monate zu verkürzen. Offensichtlich geht das nicht. In Erziehungsprozessen, dem Studium, für Inkubationszeiten (Wachsen, Heilung), für die Herausbildung von Arbeit- und Lebensqualifikationen nötig sind, gilt aber gleicherweise, daß sie die ihnen gemäßen organischen Maße benötigen. Das beachtet aber die Wachstumsgesellschaft nicht. Die Folge ist ein permanenter Kriegszustand, den Nietzsche »Bauernaufstand des Geistes« nennt. Sind die Bildungsphasen (gesellschaftliche Geburt) und die Schwangerschaften (natürliche Geburt) konservativresistent gegen den Zugriff ursprünglicher Akkumulation, wie gegen Akkumulation überhaupt, so ist die sog. Verrücktheit progressivresistent, d. h. auf Grund von Verarbeitung der Zumutung für den Plan greifbar geworden.

[Das prinzipiell Unsystematische des Gegenpols] Im Gegensatz zur Kapitallogik verhält sich die Ökonomik des Gegenpols nichtsystematisch. Als Totalitätskategorie prägt zwar ursprüngliche Akkumulation in ihrem »Vandalismus« (Marx) überwältigend; sie bestimmt eine Masse einzelner Eigenschaften in ihren konkreten Charakter und zugleich alle Horizonte. Dies hat trotzdem keine Vollständigkeit. Was die geprägten Eigenschaften zusammen ausmachen, ist nicht mehr als ein gravitatives Feld: Verzerrung plus Kapitallogik. Nur die letzte enthält eine Bestimmtheit. Die Summe der Verzerrungen dagegen besteht aus treibhausmäßig vorangetriebenen, aus ausgegrenzten, aus durch Zensur entstellten, aus besonders wild belassenen, aus besonders gezähmten Eigenschaften. Daneben die Resistenzen, daneben Eigenschaften, die ursprünglich akkumuliert, für eine bestimmte Periode geprägt, dann liegengelassen wurden. Keines der so beschriebenen Verhältnisse ist an und für sich progressiv oder repressiv.[23]

Wie die Ware die Einzelzelle des Produktions- und Verwertungszusammenhangs ist, ist die ursprüngliche Akkumulation für Marx die Geheimgeschichte der Konkretisierung von Arbeitskraft in einer bestimmten Industriegesellschaft. Die Gebrauchswerte können sich im kapitalistischen Zusammenhang nur durch das Nadelöhr des Tauschwertes realisieren. Ähnlich können sich Arbeit- und Lebensvermögen im kapitalistischen Zusammenhang nur über ihre gesellschaftliche Disziplin verausgaben.

V

Durch das Gewicht der besonderen Verhältnisse in England entsteht ein einseitiges Bild, was ursprüngliche Akkumulation sein kann. Dort wird in knapp 150 Jahren die ursprüngliche Bauernklasse praktisch vernichtet und in die Klassen der Lohnarbeiter und der Gesetzlosen zerteilt. Marx' Beschreibung bezieht sich **ausschließlich auf diesen Vorgang**. »Die historische Unvermeidlichkeit dieser Bewegung« beschränkt sich »ausdrücklich auf die Länder Westeuropas«.[24] Sucht man nach dem Merkmal der ursprünglichen Akkumulation in einem anderen Land als England, so darf man nicht nach irgendeiner schematischen Wiederholung suchen. Das gilt insbesondere für die **Zeitgestalt**, in der sie stattfindet.

Man kann auch nicht sagen, daß die ursprüngliche Akkumulation in Deutschland nur »eine andere Gestalt« habe, mit den von der

Hauptlinie der Entwicklung meßbaren Abweichungen, sondern in jeder Region, für jede Klasse, Produktionsform, professionelle Tradition wird sich eine solche andere Gestalt und z. T. ein verschiedener Prozeß finden. Was die Zeitgestalt betrifft, so handelt es sich nicht um etwas, das **eine Chronologie** oder auch nur **eine** ganz Deutschland umfassenden **Geschichte** hätte. Ursprüngliche Akkumulation ist eine systematische Kategorie: Der Prozeß muß auf irgendeine Weise stattgefunden haben. Das kann frühzeitig geschehen sein, es kann auch in der Gegenwart noch stattfinden.[25]

Hinsichtlich der Bauernklasse geht es um Prozesse der Auszehrung. Ihr werden die Produkte ihrer Arbeit entzogen, die Auszehrung hat den Charakter von Sinnverlust. Der zweite, dritte und weitere Sohn eines Hofs wird zum Wegwandern in die Ballungsgebiete veranlaßt. Nur beim **Bauernlegen** wird direkt enteignet.

Das Handwerk wird nicht direkt expropriiert, aber seine spezifischen Produkte werden durch industrialisierte überholt. In den frühkapitalistischen Ballungsräumen entwickelt sich ein Sog, dem sich umgebende Regionen nicht entziehen können. Es bestehen in diesen anderen Regionen Defizite, eine unvermeidlich produzierte Unterentwicklung, die auch die proto-kapitalistische, frühindustrielle Region in einen Devolutionsprozeß[26] hineinzieht. Es entstehen über Hunderte von Jahren entsetzliche Stauwirkungen: (1) Die feudale Gewalt, die in die Lohnarbeit treibt[27]; (2) der Verleger, der auf dem Lande frühindustrielle Hausproduktion unter sein Kommando bringt und dann, selber von den Prozessen der Zirkulationssphäre überholt, das Angefangene fallenläßt; (3) die devolutionären Gegenströmungen zwischen entwickelten und zurückgebliebenen Provinzen, sozusagen als unpersönlich tätige Trennungsprozesse, Sinn- und Qualifikationsverlust; (4) die Geschichte der Qualifikationsverluste überhaupt; (5) die geschichtlich abrupte Gründung von Industriezonen im Ruhrgebiet oder in Sachsen, alles dies – bis zu den Umverteilungs- und Enteignungsprozessen unseres Jahrhunderts – **wirkt, zusammengenommen, am systematischen Resultat der Entstehung der Arbeitsvermögen aus der Trennung**. Die Vorgänge sind so versetzt zueinander entstanden, derart über die Jahrhunderte verteilt, so indirekt verknüpft, daß einige Autoren die Kategorie der ursprünglichen Akkumulation in den deutschen Verhältnissen gar nicht wahrnehmen.[28]

Aus dem Leben der Pflugbauern und Metallwerker im 2. Jahrtausend v. u. Z.

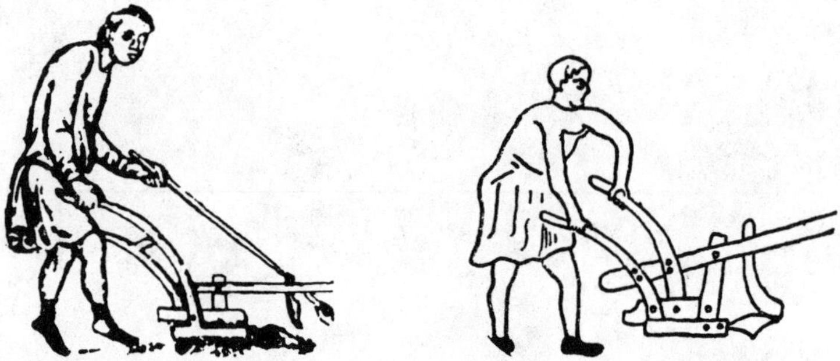

Vierseitige Beetpflüge »altdeutschen« Typs aus Franken mit zwei getrennten Sterzen – eine in der Sohle fußend, die andere am Streichbett befestigt, Schar und Sech. 13. Jahrhundert.

»Die Untersuchung dieser Frage wäre eine Untersuchung über das, was die Ökonomen ›vorgängige oder ursprüngliche Akkumulation‹ nennen, was aber **ursprüngliche Expropriation** genannt werden sollte. Wir würden finden, daß diese sogenannte **ursprüngliche Akkumulation** nichts anderes bedeutet als eine Reihe historischer Prozesse, die in einer **Auflösung** der **ursprünglichen Einheit** zwischen dem Arbeitenden und seinen Arbeitsmitteln resultieren.«[29, 30]

Kehrpflug aus Flandern mit umsetzbarem Streichbrett, Umstellvorrichtung für das Sech, Radvorgestell und Zugpferd im Kummetschirr. Ende des 13. Jahrhunderts.

»Die Aufhebung der Selbstentfremdung macht denselben Weg wie die Selbstentfremdung.«[1] Der Satz ist durch Absatz zum Zusammenhang hin freigestellt. Vor diesem Satz findet sich der Vermerk: »ad ibidem«. Es ist anzunehmen, daß es sich um eine Notiz handelt und daß Marx die Absicht hatte, diesen Gedanken näher auszuführen. Dies ist aber nicht geschehen.[2]

Entstehen die Arbeitsvermögen aus der Enteignung und bilden die historisch so entstandenen Arbeitsvermögen das produktive Potential der Entfremdung, so könnte man sagen, daß der Weg der Emanzipation in der **Entstehung der Arbeitsvermögen aus der Wiederaneignung** des Enteigneten beruhe. Das ist aber nicht richtig. Aneignung oder Wiederaneignung ist nicht der Gegenpol zu Enteignung. Bei Marx heißt der Gegenpol zu Selbstentfremdung und Enteignung **Verwirklichung.** Die Verkehrsformen von Enteignung und Aneignung sind wechselseitig so voneinander geschichtlich abhängig, daß man sich Aneignungen vorstellen oder praktizieren kann, die zwar Enteignungsprozesse aufheben, nicht aber die auf Grund von Enteignung entstandenen Folgen. Das gesellschaftliche Wesen, das ursprünglich enteignet wurde, gibt es inzwischen gar nicht mehr, es hat längst mit Aneignung anderweitig auf die Enteignung reagiert. Der Weg der Aufhebung der Selbstentfremdung geht also, was Eigentum betrifft, über ein Drittes. Aneignung und Verwirklichung sind verschiedene Verkehrsformen.

Ich habe mir als Kind eine Uhr gewünscht. Jetzt habe ich eine Rolex-Gold-Uhr. Aber ich habe den Wunsch nicht mehr. Du hast jemanden geliebt, er hat sich dir entzogen. Das ist eine Enteignung. Du hast Empfinden, daß ein Teil von dir mit weggegangen ist.

Du hast überlebt, daß heißt doch: dich mit deinen Wunden eingerichtet. Jetzt, viel später, hat es sich gewandelt. Du kannst den anderen Menschen haben. Er wendet sich dir zu, ist ganz bereitwillig. Er ist sogar in Not und von dir abhängig geworden. Du kannst aber nicht da mit aneignen anfangen, wo du verletzt worden bist. Du bist nicht mehr an dieser Stelle. Du hast den Liebesverlust als Enteignung empfunden, weil du Liebe und Besitz zusammengebracht hast, das ist die Verkehrsform, so machen es die meisten

Menschen. Wenn aber diese »natürliche« Verbindung nichts Wirkliches war, dann kannst du dich nicht dadurch verwirklichen, daß du es dir aneignest. Praktisch alle Beziehungen unter Menschen beruhen auf solchem Zusammengebauten von Unverträglichem. Mit diesem Kombinierten gehen Enteignung und Aneignung gleicherweise um. Aneignung und Enteignung können einander aufheben, aber nicht die zugrunde liegenden Konstrukte, die bereits teilweise Entwirklichung betreiben.

Die Heimatprovinz, der Hof meiner Eltern mußte geräumt werden, weil ein Stück des Landes abgetrennt worden ist. Das ist die Enteignung eines Teilstücks, das ich als zu meinem Leben gehörig empfinde. Nach Jahrzehnten haben sich meine Kinder in einem anderen Landesteil eingerichtet. Was hätte die Wiederaneignung des Verlorengegangenen für eine Wirklichkeit?

Ein Facharbeiter hat seine Qualifikationen unter sehr verschiedenen Umständen verausgabt. Seine Firma ging bankrott, seine Mitarbeit am Atlantikwall erwies sich als vergebens, nach dem Krieg gingen seine Leistungen in einer Firma unter, die auf einem Produktsektor arbeitete, der nicht mehr rentabel war. In jedem dieser Untergänge steckt ein Stück seiner Lebenszeit. Er hätte das Gesamtprodukt seiner Leistung gern vor Augen. Dieser Sinn ist ihm enteignet. Es bestünde für ihn die gleiche Sinnlosigkeit, wenn er diese Untergänge als Eigentümer und nicht als Arbeiter erlebt hätte. Es geht um Wirklichkeitsverlust. Arbeitsfähigkeiten werden durch die technologische Entwicklung abgestuft, entqualifiziert. Die stellt eine Enteignung dar und ist zugleich ein Stück Entwirklichung. Die Antwort darauf kann nicht Aneignung des Enteigneten heißen, denn es würde ja z. B. in Selbstverwaltung der Abqualifizierten derselbe Widerspruch zur technologischen Entwicklung entstehen. Kleine Unternehmer in absterbenden Branchen sind in der gleichen Lage wie die Warenbesitzer der Arbeitskraft. Der Zusammenschluß, die gemeinsame Antwort der Enteigneten muß sich auf etwas anderes als auf eine Wiederaneignung des Verlorenen, nämlich auf Veränderung der Wirklichkeit richten, also auf etwas Drittes.

Dialektik nicht paarweise, sondern durch Übersprung. Es verhält sich ähnlich mit Arbeit und Freizeit. Muße ist nicht der Gegenpol zu Arbeit; es geht als Dauerzustand nicht um »Zeit füt mich«, sondern von Menschen erfüllte Zeit, um gemeinsame Zeit. Dabei wechseln die sinnlichen Organe. Der Gegenpol zu mechanischer Arbeit ist im Stoffwechsel mit der Natur nicht nur spielen, kämpfen, denken, hinsehen. Marx spricht von dem »alle Naturkräfte aus- und einatmenden Menschen«.[3]

Flandrische Bockwindmühle des späten 13. Jahrhunderts. Die Mühlen am Mittelmeer sind starr. Für nördliche Wechselwinde sind sie nicht geeignet. Die Erfindung liegt darin, die Mühle auf einen drehbaren Sockel zu stellen, den Bock. Eine Bockwindmühle dreht sich in den Wind. Erste Mühlen dieser Art in Flandern; bei Köln um 1115. Im späten Mittelalter breiten sie sich über das Land aus und sind mit den Kirchtürmen Wahrzeichen der Orte.

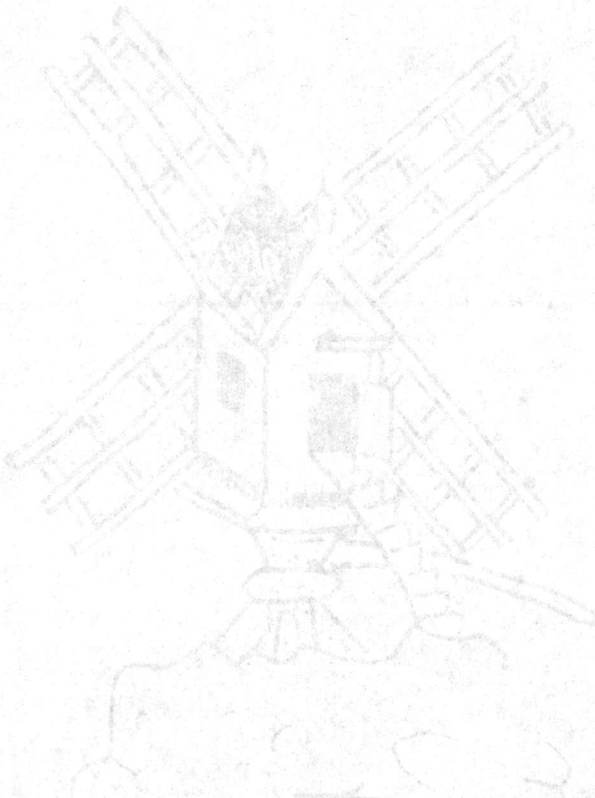

2. Kapitel

Selbstregulierung als Natureigenschaft

Wir sprechen von Menschen in der gesellschaftlichen, zweiten Natur; sie nehmen teil an den fortgeschrittensten Krisen, die in 600 Jahren kapitalistischer Vergangenheit angehäuft sind. Uns interessiert die Natur der Zellen, die Haut, die Körper, das Hirn, die fünf Sinne, die darauf aufgebauten gesellschaftlichen Organe: Lieben, Wissen, Trauern, Erinnern, Familiensinn, Hunger nach Sinn, die gesellschaftlichen Augen, die kollektiven Aufmerksamkeiten. Einiges davon gibt es wirklich; anderes davon existiert als nicht ausgeübtes Vermögen, als Protest oder Utopie.

Marx spricht antizipatorisch davon, es seien »die Sinne und der Geist der anderen Menschen meine **eigene** Aneignung geworden. Außer diesen unmittelbaren Organen bilden sich daher **gesellschaftliche** Organe, in der Form der Gesellschaft, also z.B. die Tätigkeit unmittelbar in Gesellschaft mit anderen etc. ist ein Organ einer Lebensäußerung geworden und eine Weise der Aneignung des menschlichen Lebens.... darum sind die Sinne der gesellschaftlichen Menschen **andere** Sinne ...«.[1]

»Denn nicht nur die 5 Sinne, sondern auch die sog. geistigen Sinne, die praktischen Sinne (wollen, lieben, etc.), mit einem Wort der **menschliche** Sinn, die Menschlichkeit der Sinne, wird erst durch das Dasein seines Gegenstandes, durch die **vermenschlichte** Natur. Die **Bildung** der 5 Sinne ist eine Arbeit der ganzen bisherigen Weltgeschichte ...« (S. 242). Verwandt ist die Metapher in MEW, Band 8, S. 201: »Fenster sind an einem Haus, was die 5 Sinne für den Kopf sind.«

Wenn also von Natureigenschaften die Rede ist, so geht es bei Wesenseigenschaften, die Menschen für sich besitzen, sowohl um Eigenschaften aus der **ersten Natur** als auch um deren produktive Verlängerung unter den Bedingungen der **zweiten Natur**, und zwar so, daß beide Naturen auf die Basis und den Aufbau, auf originäre Natur des Menschen und auf die gesellschaftlichen Organe, gleichermaßen die ganze Zeit über einwirken.

Es liegt auf der Hand, daß die gesellschaftlichen Organe (lieben, wissen usf.) relativ neueren Ursprungs, die originären Organe, bis zu den Zellen zurück, dagegen Produkte der gesamten Erd- und Gattungsgeschichte sind. Sie scheinen, gemessen an der hohen Beeinflußbarkeit der gesellschaftlichen Organe und Eigenschaften, eine sehr geringe Variation, selbst unter den einschneidenden Bedingungen fortgeschrittener Gesellschaften, aufzuweisen. Wir lassen dahingestellt, ob der jüngste Fortschritt, die kapitalistische Epoche, die Hirne, die Zellen ebenso verändert hat, wie das z.B. für die Augen zutrifft, die jetzt dem »Sinn des Habens« folgen, oder für die Haut oder den Bauch. Es genügt, die außerordentliche Prägung durch die gesellschaftlichen Bedingungen, die die gesellschaftlichen Organe erfahren, zu vergleichen mit der mindestens relativen Resistenz des materiellen Aufbaus z.B. von Hirn und Zellen **gegen** Variation. Das, **was** die Zellen konstituiert, wie sie in der Umwelt vergiftet werden können; das, **was** das Hirn erarbeitet, unterliegt den Prägungen der gesellschaftlichen Natur. **Wie** sie in ihrer eigenen spezifischen Natur wirklich funktionieren, wie sie materiell aufgebaut sind, ist seit Tausenden Jahren kaum verändert.

Diese älteren Sinne der menschlichen Natur ragen aber in die fortgeschrittenste Krise der Gesellschaft hinein und ihre Natureigenschaften bestimmen diese Krise mit, verhalten sich als Widerspruch zu diesem Fortschritt. Gerade ihre Invariabilität, daß sie gewissermaßen Sockel und Pyramide zugleich bilden, bedeutet an der Spitze der Pyramide der Entwicklung ihre materielle Kraft. Wären sie variabler, könnten sie Kompromisse bilden. Diese Naturhärte des Widerspruchs wiederholt sich im Verhältnis von gesellschaftlichen Organen und ihrer Sinnlichkeit zu den originären Organen und ihrer Sinnlichkeit. Ein Wissen kann sich nicht absolut verhalten gegen die Natur des Gehirns, auch nicht ein Wollen.[2]

Es ist so, daß ein arbeitendes Zusammengesetztes notwendig Rücksicht nehmen muß auf die elementare Natur, von der sie sich abgeleitet hat, durch die sie sich ausschließlich äußern kann und die ihre Bedingung ist. Man kann hier den Satz überprüfen: »Eine revolutionäre Situation entsteht, **wenn die unten nicht mehr wollen und die oben nicht mehr können.**« Wenn z.B. in der Hierarchie des

Das Extreme, dessen Feststellung Selbstüberwindung kostet, besteht darin, daß die Zellen in der abgebildeten Verfassung bis kurz vor ihrer Vernichtung nach dem gleichen Prinzip arbeiten wie in irgendeiner anderen.

psychischen Aufbaus, einem kulturell-gesellschaftlichen Organ, Konflikte durch ihre Umverteilung nicht mehr gelöst werden können und der Streit in die Knochen oder die Zellen fährt. Die Dissoziation wird dann zugunsten der Zellen entschieden, heißt psychosomatische Krankheit, Kreislaufstörung, Kollaps, d.h. die Zellen entfalten ihre originäre Eigentätigkeit, aber nicht im Sinne des gesellschaftlich zusammengesetzten Menschen. Es ist hier kein Sieg von oben nach unten möglich.

Nun steht das scheinbar im Gegensatz zu der Erfahrung, daß mit dem Anschein der Omnipotenz die arbeitenden Menschen sich von oben nach unten regulieren. Das Hirn läßt sich **instrumentell** einsetzen, bis an die Leistungsgrenze sind Zellen und Zellenverbände der **Kommandogewalt** des Individuums oder des Produktionsprozesses unterstellt. In den wenigen Konzentrationslagern, die nicht in erster Linie als Vernichtungsmaschinerie gegen Ende des Kriegs eingerichtet wurden, sondern in denen Insassen Rüstungsarbeit und Tunnelbau betreiben sollten, sind unter dem Stichwort: »Verschrottung durch Arbeit« massenhafte Menschenexperimente angestellt worden, die über die erfahrungsgemäße Leistungsgrenze des menschlichen Körpers weit hinausgingen. Die Mehrzahl dieser Häftlinge ist daran gestorben, nicht an der Rebellion der Zellen, sondern an deren Mißbrauch und Vernichtung.

Interpretation des Satzes:
»Wenn die unten nicht mehr wollen und die oben nicht mehr können«

Die Formel bezeichnet das Prinzip der revolutionären Situation. **Revolution findet statt, wenn die unten nicht mehr wollen und die oben nicht mehr können. Auch dies mißt sich nicht nach den Absichten oder nach Befehlen, sondern in Selbstregulierung der Kräfte. Es geht aber nicht nur um die Produktivkräfte, deren Regulationen wachsen und an einem bestimmten Punkt die Fessel der Produktionsverhältnisse sprengen. Man muß es auf den verschiedenen selbstregulierenden Ebenen gleichzeitig untersuchen.**

Es war zu sehen, daß, wenn die Zellen und die Zellverbände als körperliche Organe (unten) nicht mehr wollen und die höher zusammengesetzten Vermögen der Person und die objektiven Zwangsverhältnisse (oben) dagegen nicht mehr ankönnen, das, was sich ereignet, nicht etwa dem Bild der Revolution entspricht, sondern dem Zerfall.

Für ein anderes Unten, das bereits zusammengesetzter ist als die Zellen: die libidinöse Struktur, sagt Sigmund Freud: »Der befremdendste Charakter der unbewußten (verdrängten) Vorgänge, an den sich jeder Untersucher nur mit großer Selbstüberwindung gewöhnt, ergibt sich daraus, daß bei ihnen die Realitätsprüfung nichts gilt, die Denkrealität gleichgesetzt wird der äußeren Wirklichkeit, der Wunsch der Erfüllung, dem Ereignis, wie es sich aus der Herrschaft des alten Lustprinzips ohneweiters ableitet.«[3]

Selbstregulierung heißt hier die prinzipielle Gleichgültigkeit, der Konservatismus der Elementarkräfte, die unten nicht mehr wollen und, wenn das Ich nicht mehr gegen sie ankommt, dieses in die Flucht schlagen. Das Resultat erinnert aber wiederum nicht an das Bild einer Revolution, sondern sieht wie die Abwehrschranke aus, die Ausgrenzung, die das flüchtende Ich vornimmt; diese Ausgrenzung erscheint in der Tätigkeit der Ich-Kollektive wiederum anders, nämlich als mächtige, in Kultur, Moralität und im Realitätsprinzip versteckte Gewalt. Es ist jetzt weder dem Zerfall, noch dem Bild einer politischen Revolution ähnlich, sondern der Kitt, der ein gesellschaftliches System zusammenhält.

Wiederum eine höhere Stufe der Zusammensetzung von Selbstregulierung produziert die Motive. In der bürgerlichen Revolution sprengen sie zunächst, weil sich die Produktivkräfte über sie ausdrücken, das politische Produktionsverhältnis, indem sie König und Adel erst im Selbstgefühl und dann auch wirklich absetzen. Dies ist die politische Revolution. Sie verhält sich zu ihrem Unterbau an Motivationen als Oben. Sobald die Motive nicht mehr wollen und die Oben, d.h. die politischen und ökonomischen Verhältnisse, nicht mehr können, sprengen sie die Fessel der Revolution, und es geht zurück zu dem Stand, daß sich nur noch die ökonomischen Verhältnisse verändern: die politische Revolution hat sich in die ökonomische rückverwandelt. Der revolutionäre Prozeß sieht also auf Grund der selbstregulierenden Strukturen *unten* auf jeder Ebene verschieden aus, und die Selbstverwirklichung menschlicher Produktion als revolutionärer Prozeß kann nur stattfinden, wenn **alle** Unten nicht mehr wollen und die **verschiedenen** Oben nicht mehr können. Ohne Rücksicht darauf hat der revolutionäre Prozeß keine Kontinuität, und er ist nichts Emanzipatorisches.

Das zänkische Gehirn

Das komplizierteste Organ in der Natur von Menschen ist das Hirn. Es ist auffällig, daß menschliche Hirne überhaupt nicht in der Form der sog. Rationalität arbeiten. Weder arbeiten sie von ihrer Natur oder Einrichtung her logisch noch teleologisch (zielbezogen), noch theologisch (mythenbildend), noch machen sie die gewaltigen Pausen wirklich, die sie scheinbar machen, wenn sie diszipliniert oder nach Arbeitsanweisung funktionieren. Sie befinden sich vielmehr, gerade wenn sie nach den Kriterien eines unternehmerisch geführten Betriebs »nichts tun«, auf höchster Arbeitsstufe, während längerdauernder Zwang zum Nichtstun sie lähmt. Wenn einer »gar nicht denkt«, zeigt das Enzephalogramm »weißes Rauschen«, hohe Aktivität. Offensichtlich ist das Hirn, seiner Entwicklungsgeschichte nach, durchaus vorbereitet auf Komplexität, Bewegung, auf ein natürliches Verhältnis zu Objekt- und Menschenwelten, die beziehungsreich und vielfältig zusammengesetzt sind. Es geht so adäquat mit der verwirrendsten Fülle von Eindrücken um, weil seine **Grundform** auf einer spezifischen Selbstregulation beruht, die sich übrigens von allen anderen eigentümlichen Formen der Selbstregulation in der Natur und in anderen menschlichen Organen unterscheidet.

Eiszeit

Es gibt keine Selbstregulation an und für sich. Man kann sagen, daß die grundlegende Differenz z.B. zwischen der Kälte einer Eiszeit – diese regelt sich *für sich* nach nichtmenschlichen, physikalischen Gesetzen –, der Selbstregulation in Form der Homöostase des menschliche Körpers und der spezifischen Selbstregulation des Hirns, das das Draußen wahrnimmt und das Innen fühlt und selber noch andere Hauptsachen in seiner Selbstregulation zusammenfaßt, daß diese Differenz die **Unruhe** bildet, von der her der Mensch unter anderem begonnen hat zu arbeiten. Die Differenz zwischen unmenschlichem Außen (Natur) und menschlichem Innen (Natur) hat zwischen sich als Vermittlung der Chiffrenwelt des Hirns, die einerseits eine hermetisch in sich geschlossene, interessierte Regulation betreibt und gleichzeitig ein Abbildungsorgan ist. Das Hirn ist also keineswegs ein Fenster. Realität dringt nicht durchs Hirn hindurch in irgendwelche tieferen Organe. Das, **was** das Hirn **tut**, und das, **wie** das Hirn **seine Arbeit** leistet, unterscheidet sich grundlegend. Im Wie seiner Arbeitsweise ist das Hirn Selbsttätigkeit **für sich**, sein Wesen besteht darin, daß es lebendig ist und nach seinen spezifischen Gesetzen, die sich zunächst weder um die Außenwelt noch um das Übrige im Menschen kümmern, noch mit ihm kongruent sind, sich betätigt. Erst wenn diese Eigentätigkeit von einigen Milliarden von Synapsen gelebt hat, erweist sich, daß es zugleich in der Lage war, Funktionen zu erfüllen. Seine eigene Formbestimmung und seine Inhalte sind von Anfang an nichtidentisch, verhalten sich wie Monade **und** Fenster.[4]

Distribution of ice age according to Gartmann (see p. 394). Mindel ice age (Elster stage) 480,000–430,000 B.C; Saale (Riss-) ice age (Warthe stage) 240,000–180,000 B.C; Würm ice age (Weichsel stage) 120,000–20,000 B.C.

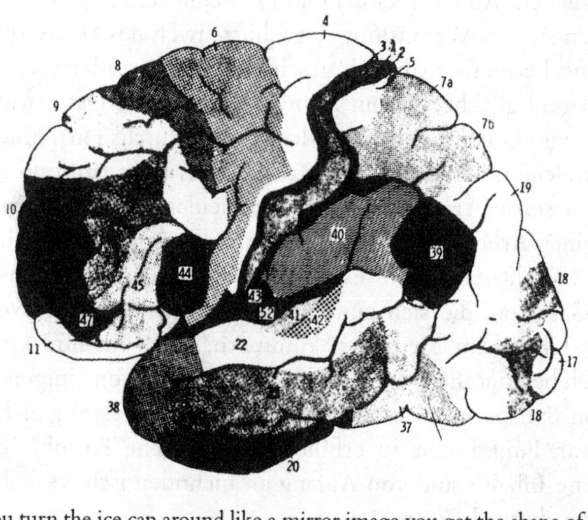

If you turn the ice cap around like a mirror image you get the shape of the human brain« (Gartmann). It is a fact that, as Gartmann shows, intelligence came into being »during an emergency«, e.g. out of the ice age. Fig. shows the *cerebrum* divided into areas according to Cytoarchitectonics (modified according to Brodmann).

Zelle

Das einfachste Element unter den Natureigenschaften der Menschen wiederum ist die Zelle. Etwas Einfaches ist sie nicht. Man hat ihre eigentätige Arbeitsweise (denn es gibt kein Organ, das z.B. vom Hirn über die Nerven zur Zelle Direktverbindungen, die sich auch empfinden lassen, herstellt, es gibt insbesondere keinen Kontakt zur Einzelzelle, sondern allenfalls zu Zellenverbänden), das Grundverhalten der Eigentätigkeit der Zellen, so beschrieben: **»Soviel innen wie möglich, so wenig außen wie nötig.«** Die Zellen schotten ihre Eigentätigkeit als Einzelne, also zum ganzen Menschen und zur Außenwelt hin mehrfach ab. Andererseits bewahren sie in ihrem Innern Programme, die die vollständige Erinnerung an die gesamte Vorgeschichte und alle Eigenschaften der Gattung enthalten, also nicht nur die Gen-Zellen, sondern alle Zellen besitzen dieses Erfahrungspotential innerlich.

Ungehorsam

Würde das Kapital oder ein Befehlshaber der Zelle Befehle erteilen, so würde sie nicht hören. Sie ist ja auch nicht als **einzelne** Zelle durch das **Individuum**, ihren Herrn, in Bewegung zu setzen. Ich kann die Muskeln, den ganzen Mann, in Marsch setzen, aber ich kann nicht Zellen und Zellenverbände aus ihrer Eigenregulation lösen und so in Marsch setzen. Selbstregulation ist deshalb etwas Spezifisches, das in einem jeden organischen Ganzen einen Charakter annimmt, der sich zu jedem höher gearteten organischen Ganzen hermetisch, d.h. unübersetzbar eigen, und erst Vermittlungen und Chiffrenwechsel in Verbindung hält. Man beobachte den Zeitunterschied der Gattungsgeschichte, der bei den Einzelzellen des menschlichen Körpers, die sich nicht wesentlich von denen der Tiere oder den Einzellern in den Urmeeren im Grundturnus ihrer Arbeit unterscheiden, im Vergleich zum Arbeitsturnus der Hirnzellen und vergleiche damit wiederum die Ansätze zur Eigenbestimmtheit bei Kindern oder Beispielen von Selbstregulation, die Anteile an der gesellschaftlichen Arbeit haben.

Brüderlichkeit

Alle diese Selbstregulationen haben eine räumliche, rhythmische (zeitliche) und spezifisch chiffrierte Eigenwelt, und wären niemals, wie der bürgerliche Begriff der Freiheit, etwas Allgemeines, das nur in verschiedener Verfassung und von verschiedenen Individuen ausgeübt wird. Im Verfassungsartikel von 1789 folgt ja dem Wort Freiheit auch sogleich das Wort Gleichheit, kritisiert gewissermaßen das bloße Programm der Freiheit »wovon«. Aber erst in dem Assoziationsinteresse, das im 3. Wort des Verfassungsartikels, der Brüderlichkeit, enthalten ist, ist auch ein spezifischer Selbstregulationsprozeß bezeichnet, der mindestens für den Kreis der Revolutionäre, d. h. für die assoziierten Produzenten der Revolution, eine Aufforderung zur Selbstregulation ihrer Konflikte enthält.

Selbstregulierung als Ordnung

»Es gibt keine Selbstregulierung an und für sich.« Als lebendige Arbeit entsteht sie in der Reibung am Gegenstand. Der daraus entstehende Ordnungsbegriff unterscheidet sich von einem, der durch Kommandogewalt (= **Leitungsnetz**) hergestellt wird, dadurch, daß die selbstregulierende Ordnung vielgestaltiger ist. In einer Schule, die selbstreguliertes Lernen zuläßt, sind zwei Kinder in das Entziffern von Buchstaben vertieft. Drei Kinder klettern an einer Kletterstange. Eine Gruppe von Kindern stürmt und tobt, eine andere Gruppe hat Tische zu einem Haus zusammengestellt und hockt darunter. Konzentriert lösen andere Kinder ein Rätselspiel, wieder andere verfertigen künstlerische Pappfiguren. Der Lehrer bewegt sich dazwischen. Alle diese Gruppen stören einander nicht, obwohl wiederholt Verkehr und Brühungen zwischen ihnen stattfinden. Die in Aktion befindlichen und die still arbeitenden Kinder bleiben bei ihrem jeweiligen Tun. Es sind offenbar unsichtbare Ordnungen im Raum vorhanden, die die Störung ausschließen: Diese Ordnung könnte ein Verkehrspolizist nicht herstellen, weil er die Regeln von Vorfahrt und Warten, die hier gelten, nicht kennt.

Spezifische Störbarkeit

Eine selbstregulierende Ordnung ist genauso störbar wie eine durch Leistungsnetze kontrollierte. In der beschriebenen Momentaufnahme des Schulversuchs ist es nicht die Selbstregulierung an sich, sondern die Form, in der sie zugelassen wurde, die die Ordnung bewirkt. Die Kinder haben zuvor Erfahrungen darin gemacht, daß sie als »Privatarbeiter ihres ursprünglichen Eigentums« Anerkennung finden, und haben diese Anerkennung wechselseitig auf die verschiedenen Tätigkeiten übertragen. Es können ja jederzeit die Kinder, die eben konzentriert gearbeitet haben, diejenigen sein, die herumspringen und diejenigen, die am Klettergerät geübt haben, fangen jetzt, weil ihr Interesse umspringt, an, konzentriert zu arbeiten. Die Ordnung beruht auf eigener Kenntnis dessen, was die anderen machen, und damit verbundener Anerkennung. Es ist sozusagen ein Glücksfall. Eine Subsumierung solcher Glücksfälle in der Erfahrung der Kinder schafft ein Vermögen, ein Gemeinwesen.

Dringt ein Fremder ein und will stören, weil er diese Ordnung nicht kennt, so werden die Kinder, je nachdem wie erfahren sie in selbstregulierenden Ordnungen sind, wie selbstsicher, eine Zeitlang ihn nicht beachten. Ist die Störung beharrlich, wird sie sich auswirken und kann die Ordnung zerstören. Während aber eine durch Kommando hergestellte Ordnung bei ihrem Zerfall fast vollständiges Verkehrschaos ergibt, hat die selbstregulierende Ordnung, wenn sie einmal von den Mitgliedern beherrscht wird, eine gewisse Trägheit. Es fällt den Kindern nicht schwer, nach Störung ihrer Ordnung eine neue zu erfinden. Sie solidarisieren sich z.B. gegen den Störer.

In einer Wohngemeinschaft, die sich an sich zur Selbstregulierung bekennt, arbeiten zwei Mitglieder an einem Manuskript. In der benachbarten Küche streitet ein Paar. Wahrscheinlich aufgeregt durch diesen Streit veranstalten Kinder, indem sie zwischen Küche und Arbeitsraum hin- und hertoben, eine Störung. Auch hier sind einigermaßen selbstregulierende Kräfte am Werk, der Streit reguliert sich den Nachmittag über hin und in den Abend hinein **auf seine Weise**, die Kinder reagieren sich ab, fürchten sich danach vor den unverständlichen Streitereien und der ihnen unverständlichen Arbeit am Manuskript weniger. In den Köpfen der zwei Manuskriptarbeiter reduzieren sich bei jeder Störung selbstregulierend die sachbezogenen Einfälle. Es ist in diesem Beispiel nur die Möglichkeit der wechselseitigen Anerkennung weggenommen. **Selbstregulierung** ist ohne diese Form im wesentlichen **Störung**.

Selbstregulierung, auseinandergelegt

Es gibt für gesellschaftliche Menschen nicht eine Natur. Es finden sich ebensoviele Unterscheidungen von **natürlich** und **konstruiert**, wie es von Menschen hergestellte subjektiv-objektive Verhältnisse gibt. Jedes dieser Verhältnisse hat einen Anteil von Konstruktion und einen Anteil an Selbstregulierung, wobei alle Konstruktionen wiederum aus selbstregulierenden Natureigenschaften erbaut sind.

Wir finden nicht *einen* Begriff der Selbstregulierung vor, sondern *verschiedene,* die jeweils ein anderes Bewegungsgesetz haben: (1) Selbstregulierung der Naturgesetze untereinander; (2) Selbstregulierungen, die aus den erworbenen, lebendigen Vermögen der Evolution stammen; sie haben im Gegensatz zu Regulationen der Physik immer auch einen subjektiven Anteil: zur toten Natur hin, geringeren Stufen organischer Zusammensetzung erscheint er als stark; gegenüber höheren Organisationsformen, oder gegenüber der Willenskraft der lebendigen Arbeit, erscheint der subjektive Anteil dieser Regulierung eher schwach – so als wäre er etwas bloß Objektives. (3) Ins geschichtlich Bewußte und ins gegenwärtig Kollektive abgezogene Regulationen; sie arbeiten nach geschichtlichen Gesetzen und treten den einzelnen Menschen gegenüber wie etwas Objektives, sie Überwältigendes in Erscheinung, besitzen aber an der gattungsgeschichtlichen Autonomie wiederum stärkere subjektive Anteile. (4) Die in einer menschlichen Person kollaborierenden Selbstregulationen, die jede für sich eine subjektiv-objektive und verschiedene Struktur haben, die unterste fast wie Natur, die oberste fast wie Selbstregulation an sich: Eigensinn. Einen Eigensinn, je für sich, haben aber alle verschiedenen Regulationen, miteinander oder gegenseitig.

Selbstregulierung nennen wir die vollständige Anerkennung der verschiedenen Bewegungsgesetze der in einem Menschen zusammenstoßenden Kräfte. Dies ist Selbstregulierung im weitesten Sinn. Ein darauf achtender Begriff ist materialistisch.

Im engeren Sinn bezeichnet Selbstregulierung die spezifischen Prozesse des subjektiven Anteils: das was in den Bewegungen das Lebendige ausmacht. Praktisch: den Eigensinn der lebendigen Art. Man muß dafür nicht von einer Lebenskraft, einem spezifischen subjektiven Elan oder von primären Trieben, die man nicht weiter zurückführen könnte, ausgehen. Es genügt die Beobachtung, daß etwas, das einen Zusammenhang bildet, sich auch als ein solcher Zusammenhang anzuwenden versucht. Daß die Physik die Naturgesetze immer vollständig realisiert und in der Herausgabe ihrer Vermögen nicht zögert oder geizt, ist darin, sobald Selbstregulierung stattfindet, dem psychischen Geschehen der Arbeitsweise gesellschaftlich hergestellter Stoffveränderung gleich. Um es zu erklären, braucht man nicht mehr als den Satz von der Erhaltung der Energie. Diese grundlegende Einfachheit ist so wenig augenfällig, weil Selbstregulierung, sobald es um Geschichtsverhältnisse geht, nirgends ohne Störung auftritt.

Eine Ordnung, die mit verkürzten Ausschnitten umgeht, wird zu ihrer Regulierung Leitungsnetze brauchen.[5] Eine solche Ordnung heißt entropisch. Sie denkt in Systemen. Die materialisti-

»Fenster sind an einem Haus, was die fünf Sinne für den Kopf sind.«
Hier: »Augen ohne Lider.«

sche Wendung oder Öffnung einer solchen Ordnung denkt in Geschichtsprozessen. Sie verhält sich negentropisch. Sie faßt sich nicht über Leitungsnetze zusammen, sondern über Formen des Vertrauens und der Anerkennung, was nichts als die menschliche Seite dafür ist, daß die Verschiedenartigkeit von natürlichen und geschichtlichen Kräften mir unter bestimmten Umständen nicht schädlich ist. Es ist ein anderes Wort dafür, daß man sich mit etwas so Verschiedenartigem umgehen läßt. Die in einem Geschoß zusammengefaßten Selbstregulierungen und die in meinem Körper zusammengefaßten vertragen sich nicht miteinander. Ich gründe darauf kein Vertrauen. Halte ich dem Beschuß stand, so kann das nur diszipliniert geschehen, selbstreguliert flüchte ich. Die Erfahrung kann mich lehren, daß unter Beschuß es das Gefährlichste wäre zu flüchten. Tapferkeit setzt insofern eine komplizierte Vermittlung zwischen unvereinbaren Regulierungen voraus: »Tapferkeit ist die Kenntnis dessen, was zu fürchten und was zu lieben ist« (Sokrates). Habe ich auf diese Weise den etwas abstrakten, traditionellen Begriff der Tapferkeit des Soldaten in etwas aufgelöst, was meine zivilen Gefühle verstehen können, so bin ich um diese Verarbeitung der Selbstregulierung näher; zugleich bin ich um die Selbstdisziplin von einigen Naturzuständen der Selbstregulation entfernter. Selbstregulation im engeren Sinn, was ein anderes Wort für Lebendigkeit ist, kann unter geschichtlichen Umständen nicht rein dargestellt werden. Sie wäre panisch.

Eindringgesetze des Wassers

Wie Wasser nach dem Gesetz des geringsten Widerstands dichtere Materie aushöhlt, erscheint als **List der Natur.** Die Selbstregulation des Wassers erscheint vollständig, weil keine subjektive Kraft in dieser Regulierung die atomaren Materialisten, aus denen sich Wasser zusammensetzt, hindert. Menschliche Selbstregulierung kann das Wasser aufhalten, wenn sie sich vollständig in dessen Bewegungsform einlebt.

»Es geht um einen wichtigen Augenblick. Deshalb sind die Augen geschlossen.«

Tücke des Objekts

Im Stummfilm der zwanziger Jahre sind willensstarke Leute bemüht, Stühle umzurücken, Nägel einzuschlagen, aber der Eigenwille der Objekte entzieht sich diesem Willen. Die vollständige Physik der Gegenstände stößt auf die unvollständige Organisation des Privatwillens. Selbstregulierung ist wiederum nichts anderes als die Anerkennung der Gesetze, nach denen Möbel, Nägel oder Werkzeuge mit menschlichen Griffen kooperieren.

Erinnerungsvermögen bei Computern und bei Gehirnen

Computer gehorchen. Sie haben, was das Schnelligkeitsprinzip betrifft, das bessere Gedächtnis. Sie speichern durch Trommelspeicher, Plattenspeicher, Magnetkernspeicher. Das letztere sind kleine Ferrit-Ringe mit winzigem Durchmesser, die in einer Sekunde millionenmal magnetisiert und entmagnetisiert werden können. Die Muster bleiben als Magnetisierung ruhen, bis die nachfolgende Magnetisierung eines andern Kernes erfolgt. Solche ruhenden Festlegungen kennen die Gehirne nicht. Die synaptischen Bahnungen verlöschen bei Nichtgebrauch. Wenn also im Gedächtnis des Gehirns etwas aufbewahrt werden soll, muß es im unbewußten Rohmaterial beweglich bleibe, d.h. es arbeitet dort, es darf nie vergessen werden. Computer können nichts vergessen, Gehirne können es. Wann sie aber das eine und das andere tun, ist dem Kommando entzogen.

Die Selbstregulierung von Erinnern und Vergessen ist offensichtlich etwas ganz anderes als die Selbstregulierung von Naturkräften. Sie haben geschichtliche Gründe, die ins Unbewußte abgezogen wurden, kollektiv, und nochmals anders, individuell. Die Regulierung ist in Wirklichkeit eine Auseinandersetzung der lebendigen Arbeit mit sich selbst. Könnten wir nicht vergessen, so wäre an einem bestimmten Punkt lebendige Arbeit nicht mehr zuzuführen. Wir verwandeln uns in tote Arbeit, die das Unvergeßbare permanent wiederholt, davon nach Zwangsgesetzen ausgefüllt. Würden wir aber *alles* vergessen, so gäbe es keine Erfahrung über Raum und Zeit. Als zeitlose Moment- und Flächentierchen könnte nichts von uns leben oder arbeiten, so wie wir das tun. So rational erfolgt indessen die Ausein-

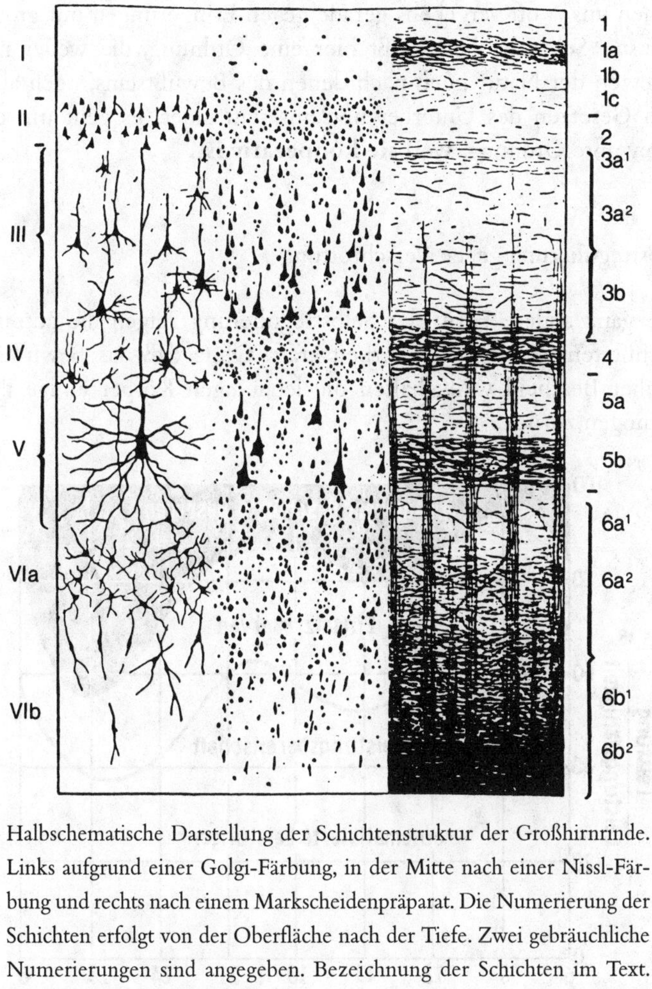

Halbschematische Darstellung der Schichtenstruktur der Großhirnrinde. Links aufgrund einer Golgi-Färbung, in der Mitte nach einer Nissl-Färbung und rechts nach einem Markscheidenpräparat. Die Numerierung der Schichten erfolgt von der Oberfläche nach der Tiefe. Zwei gebräuchliche Numerierungen sind angegeben. Bezeichnung der Schichten im Text. (Nach *Brodmann* und *Vogt*)

andersetzung zwischen den regulierenden Apparaten der lebendigen Arbeit nicht. Die Auseinandersetzung zwischen den subjektiven Bedürfnissen nach Zurücktreten oder Heranrufen der Erinnerung wäre von Moment zu Moment widersprüchlich. Die Selbstregulierung ist in ein autonomes System zurückgezogen. Nicht der bewußte Wille entscheidet über Vergessen und Erinnern, sondern diese menschlichen Vermögen regulieren sich nach eigenen Gesetzen. »Wir bemühen uns ja oft vergebens gerade gegen Erinnerungen mit größter Unlust.«[6] Selbstreguliert heißt hier eine Ordnung, die weder nach Gesetzen der Natur noch nach denen des Bewußtseins, noch allein nach Gesetzen des Unterbewußtseins stattfindet. Es geht um eine unbewußte Ordnung, **weil sie kooperativ ist.**

Selbstregulierung gegen Verschrottung

Eine ganz andere Form der Selbstregulierung zeigen die autonom geschützten Reserven der Arbeitskraft. Ohne daß das Bewußtsein darüber Bescheid weiß, halten die lebendigen Körper einige ihrer Vermögen zurück.

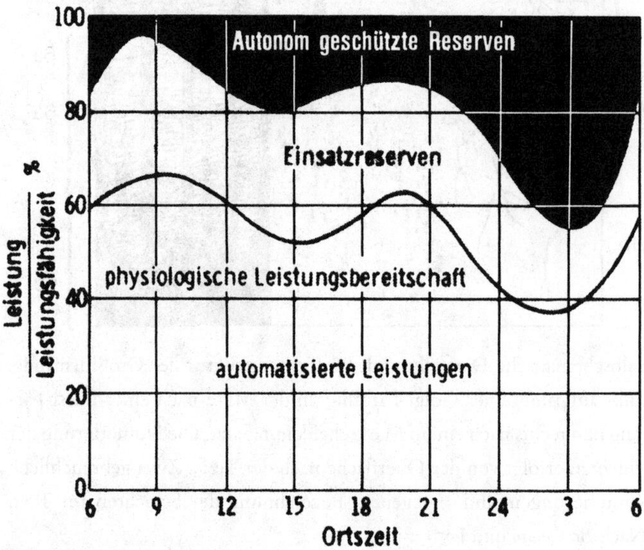

Die Kurven zeigen, verteilt auf 24 Stunden, die sog. Leistungsfähigkeit. Automatisierte Leistungen, z. B. den Ruheansatz, Lebensäußerungen, Hantierungen, die im normalen Leben anfallen, erbringen Menschen ohne besondere Willensanstrengung, wenn es nicht tiefe Nacht ist. Die physiologische Leistungsbereitschaft fordert bereits Anstrengung, und bei Anspannung der Kräfte können die Einsatzreserven aktualisiert werden. Darüber hinaus haben Menschen noch weitere Reserven, die sie aber durch

Willensanstrengung nicht abrufen könnten. Sie müßten dazu die Körper erst überlisten. Es ist ein **Zustand** des ganzen Menschen, der den selbstregulierenden Schutz dieser Reserve durchbricht, keine **Absicht** vermag das. Sie könnte nur laborieren, um den exzessiven Zustand herbeizuführen.[7]

Fingerspitzengefühl, Trennschärfe

Die Hautsinne reagieren auf sechs unterschiedliche Eindrücke: Druck, Berührung, Wärme, Kälte, Vibration und Schmerz.[8] Übt man mit dem sog. Tasterzirkel, der zwei verschiebbare Elfenbeinspitzen besitzt und Druckpunkte mißt, einen Druck auf den Handrükken aus, so entsteht nur ein punktförmiger Druckreiz. Anders als auf der Fingerkuppe: dort spürt man zwei. Die Druckpunkte der Tastkörperchen sind in den Fingerspitzen zahlreicher vertreten.

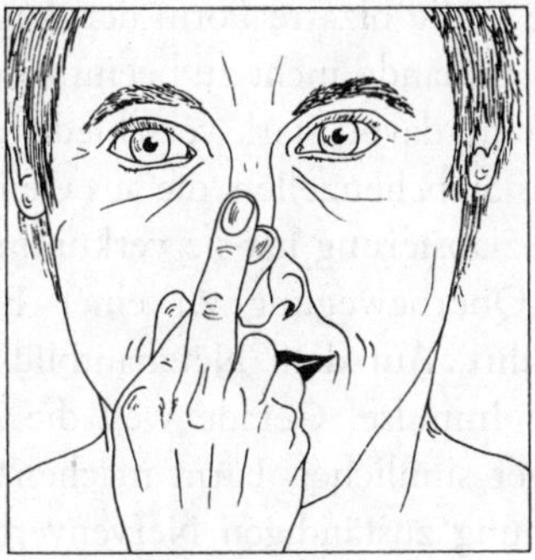

Wenn Sie Zeigefinger und Mittelfinger kreuzen und mit deren Zwischenraum über die Nasenspitze fahren, erscheint Ihre Nase wie verdoppelt: die sog. aristotelische Täuschung. Die natürliche Kooperation zwischen verarbeitenden Hirn und Fingerspitzengefühl ist durch die Versetzung der Finger überlistet. Die Korrektur der Sinnestäuschung kann nicht mehr selbstreguliert, sondern nur über Erfahrungsarbeit stattfinden.

Die besondere Trennschärfe des Fingerspitzengefühls ist vermutlich bereits evolutionäres Vermögen. Die bewußte Verarbeitung im zentralen Nervensystem erfolgt nach einer davon getrennten Selbstregulierung. Beide Regulierungen sind kooperativ flexibel; wird die

Kooperation gestört, bleiben sie starr auf dem Standpunkt ihrer verschiedenen Regulation.[9]

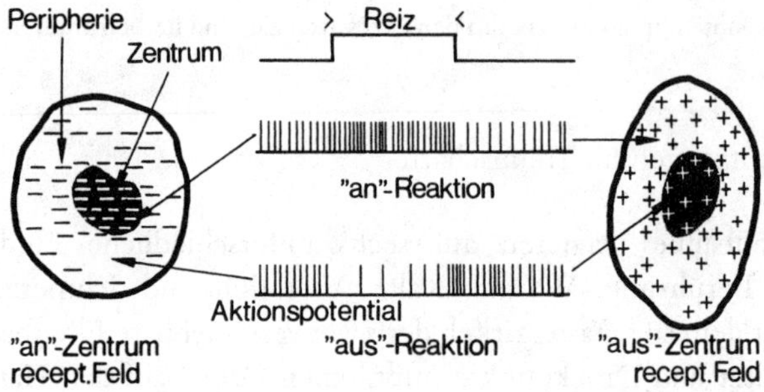

J. Dudel, Allgemeine Sinnesphysiologie, Zum Prinzip der Umfeldhemmung, in: R. F. Schmidt und G. Thews, *Physiologie des Menschen,* Berlin-Heidelberg-New York, 19. Aufl. 1977, S. 184.

Wir haben auf Seite 11 die bizarre Form der Augenbewegung gesehen. Sie ist durch Kommando nicht zu beeinflussen. Das System des Netzhautbildes hat eine davon stark verschiedene Regulierung. Die Netzhaut besteht aus Stäbchenzellen, die aus Geißelzellen hervorgegangen sind; die Spezialisierung hat sie verkümmert, so daß nur die Information einer Querbewegung zu einer Erledigung der Erregungspotentiale führt. Auf dem Netzhautbild geben die Ränder besonders schwache Impulse. Gerade weil die Erregungslinien an den Rändern weniger sinnlichen Lärm machen, haben die für die optische Wahrnehmung zuständigen Nervenverbände im Hirn die Chance, die Randzonen des Bildes zu deuten, d. h. die Eindrücke **nebeneinanderzulegen** und die Bedeutungen zu verrechnen. Im Resultat ist die Wahrnehmung, entgegengesetzt zum Netzhautbild, sehr viel *rand*sicherer. Die Konturen des Umweltbildes sind nachträglich vom Gehirn schärfer herausgearbeitet als sie eigentlich auf der Netzhaut des Auges eintrafen.[10]

In diesem Fall kooperieren mehrere verschieden geartete Eigentätigkeiten innerhalb eines sinnlichen Zusammenhangs. Die Nahtstellen enthalten wiederum Eigengesetze einer Selbstregulierung (z. B., daß an der Nahtstelle starker und schwacher Energiebündelung eine Zone besonders schwacher Impulse entsteht, deren Schwäche die Stärke der Deutungen ausmacht).

Diese Selbstregulierungen sind deutlich unterschieden von der Natur, vom Eigenwillen von Werkzeugen oder Möbeln, verschieden von der autonomen Reserve – sie sind ja Bestandteile bewußter Sinnestätigkeit. Die Selbstregulierung ist angelegt in der **Kooperation** von nach verschiedenen Bewegungsgesetzen arbeitenden einzelnen Eigentätigkeiten.[11]

Die junge Kassiererin, vom Gewehr bedroht, hat heute ihren ersten Tag in dieser neuen Stellung angetreten. Sie blickt ruhig, fast gleichgültig. Minuten später ist sie tot. Der Bankraub ist durch eingebaute Kameras aufgenommen.

Selbstregulierung von Synthesen

Die konkreten Augen von Menschen sehen etwas anderes als das, was die kollektiv vereinigten Augen der Menschen sehen. Kollektive Warenproduktion entwickelt Bilder vom Tauschwert, die durch zwei menschliche Augen nicht geprüft werden könnten. Politische Bilder und Weltbilder entfalten eigene Bewegungsgesetze, die nicht dadurch widerlegt werden können, daß ein einzelner Mensch seinen Augenschein dagegensetzt. Ergreift der Sinn des Habens das Auge, so sieht es tatsächlich Werte anstelle der konkreten Gegenstände.

Es unterscheiden sich dann zwei Wahrnehmungsweisen: sog. horizontale und vertikale Wahrnehmung. Sie kommen nie rein, sondern nur in der Vermischung vor. Es entspricht der Beobachtung, daß Arbeiter bei einem für sie gefährlichen Produktionsvorgang sich nacheinander an jedem einzelnen Schritt des Arbeitsgangs orientierten. Sie bilden zunächst keinen Begriff, gehen nicht von der Gesamtgestalt oder einer Deutung aus, sondern verfolgen jeden gefährlichen Moment einzeln und nur dadurch vermeiden sie, daß sie ihre Finger verletzen. In einer öffentlichen politischen Diskussion wird anders vorgegangen. Konkrete Eindrücke werden zunächst registriert, nebeneinandergelegt wie bei der horizontalen Wahrnehmung. Sogleich wird der als bedeutungsvoll empfundene Eindruck aus dem horizontalen Zusammenhang gelöst und auf ihn eine Deutungspyramide gesetzt. Es wird ein Begriff oder ein Gesamteindruck entwikkelt, von dessen abstrakter Ebene vertikal nach der Einordnung mit anderen Bedeutungen und Begriffen gesucht wird. Eine so festgelegte Verknüpfung hat selbstregulierende Eigenschaften und läßt sich nur durch eine überwältigende Gegen-Konkretion auf das Maß der Augen zurückführen. So Arbeitende sitzen auf ihren Augen.

Das Konstruierte lebt von seinem Stück Natur; es hat daraus eine eigene Natur, eine kollektive Selbstregulierung hervorgetrieben, dieses Eigenleben der Synthesen setzt sich von den Eigentätigkeiten der zugrunde liegenden Konkretionen ab. Meist bildet es weniger Zusammenhang als die Konkretion und ist daraus zu Fall zu bringen. Es gibt aber Synthesen, z.B. solche aus Wünschen, die gegenüber der wahrnehmbaren Realität eine so reiche Masse an Selbstregulation bilden, daß sie gegen die bloße Real-Wahrnehmung der Sinne immun sind.

Selbstregulierung als Geschichte

In einer zerstörten Stadt sind nach kurzer Frist über die Trümmer Trampelpfade gelegt, die in gewisser Weise die alten Wegeverhältnisse, besonders der Zeit vor der Zerstörung, wiederherstellen, zugleich aber Abkürzungen und Umwege beschreiben, die offensichtlich neu sind. Deutet man die Pfade, so erhält man, als wäre ein Archäologe tätig, ein Bild der Vorgeschichte dieser Stadt.

Im Innern der Menschen führen die Verarbeitungswege von inneren und äußeren Endrücken praktisch niemals direkt von A nach B. Sie folgen variablen Bahnen des Assoziationsstroms, nach Art der Entstehung von Trampelpfaden.

Das Eigengesetz solcher Bahnungen und die Entstehung der polizeilich nicht regulierbaren Trampelpfade in der bombardierten Stadt sind, ihrem Eigensinn nach, miteinander verwandt. Es sind Selbstregulierungen des Verhältnisses von Aktualität und Geschichte.

Briefträger. »Entstehung von Trampelpfaden.«

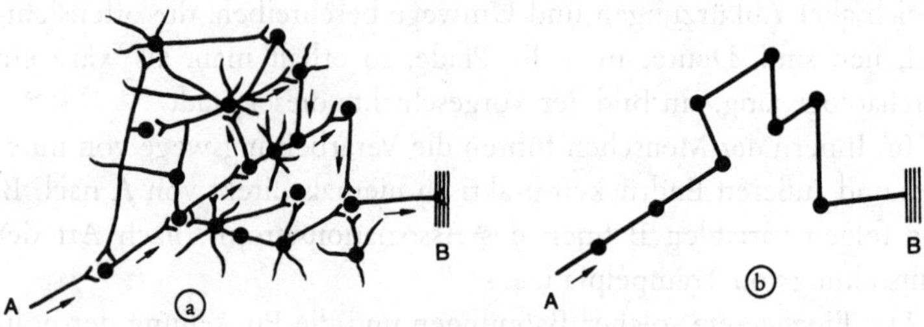

a) zeigt ein Stück Nervennetz. Von den Punkten, die die Empfänger darstellen, findet sich eine Lücke zur jeweiligen Synapse, die den Sender darstellt. Es verhält sich wie bei einer schlechten Wegstrecke, die durch Gräben und Löcher die Straße jeweils unterbricht. Dadurch sind fast alle Wege gleich chancenreich, die Umwege wie die Hauptbahnen. Die Assoziation kann den unter b) dargestellten Weg, aber auch zahlreiche andere Wege nehmen. Das macht den Reichtum der Verknüpfungen aus. Die Geschichte aller früheren Bahnungen geht in die Variante der jeweils aktuellen Bahnungen ein. Sie ist niemals mit der Vorgeschichte gleich, und sie kann sich niemals von ihr absolut entfernen.

Selbstregulierung der Wünsche

Gehen wir zunächst von Wünschen aus, die im Erotischen wurzeln. Sie sind immer schon Synthesen und haben ihre Geschichte. In ihrer Geschichte werden sie daraus entstanden sein, daß neben der Prägung zum Arbeitswesen ein erwachsener erotischer Charakter geprägt wurde, der sich panzern mußte. Ohne diese Parallel-Aktion hätte das Arbeitswesen nicht entstehen können. Der erwachsene sexuelle Charakter und die direkt oder indirekt libidinös strukturierte übrige Person bilden zwei Personen mit unterschiedener Regulation.[12] Es verhält sich anders als bei den kooperativ arbeitenden sinnlichen Tätigkeiten, bei denen das Eigenleben der einen Voraussetzung mit dem Eigenleben der anderen das Eigenleben von etwas Drittem, der selbstregulierenden Vermittlung, zur Entstehung bringt. Zwischen Sexualität, verinnerlichter Arbeitsmoral, Pflicht, Recht, Kultur gibt es, sobald es um die erotischen Wurzeln der Sexualität geht, keine solche Kooperation.[13]

In der Wurzel – bei allen sublimierenden Wechselwirkungen – sind die beiden Charaktere dissoziiert. Daß die Wechselwirkung keine Selbstregulierung aufweist, verstärkt die zugrunde liegenden Eigenleben. Das hat eine eigentümliche Beobachtung zur Folge: (1) die verinnerlichte Arbeitsdisziplin, die Moral, und auf der anderen Seite die Sexualität produzieren kollektive Bilder, die lügen. Das eine führt sich auf als Versatzstück des anderen. (2) Das eine davon, die Sexualität, ist geradezu immun gegen Lügen, sie kann es überhaupt nicht, gerade wegen der Domestizierungsversuche, die an ihr vorgenommen werden; diese Versuche treiben sie zu ihrer erotischen Wurzel hin, genau dort lügen die in ihr zusammengefaßten Wünsche nicht, während sie in allen darauf gründenden Bauten ebenso lügen könnten wie die Moral, die Kultur, die Pflichten.

Die Integration der zwei Charaktere, in die der gesellschaftliche Mensch zerfällt, schwächt die spezifische Selbstregulierung der zwei Momente. Der Auseinanderfall verstärkt die Selbstregulierung, so daß nur mit der Folge der Impotenz gegen sie verstoßen werden kann. Vollständige Störung der Kultur, Moral und erreichter Sublimierung macht ebenso impotent wie Moralisierung, Verpflichtung oder Kultivierung der Sexualität, sobald diese mit ihrer gesamterotischen Grundlage Kontakt hat. Wir beobachten hier selbstregulative Prozesse unter dem Gesichtspunkt der Nicht-Kooperation.

Die Geschichte der Wünsche hat weder im Realitätsprinzip noch im Lustprinzip, weder im Panzer der Sexualität noch im Panzer des Arbeitswesens ihre zusammenhängende Berührungsfläche. Die Wünsche, jeder für sich, die dominanten und die subdominanten für sich, und alle Wünsche nochmals gemeinsam, bilden kein Gegen-Gemeinwesen zur Herrschaft des sexuell-moralischen Realitätsprinzips, das zerstückelte Teile des Lustprinzips mit sich führt. Dieses Gegen-Gemeinwesen hat aber, weil nur Teilstücke davon ihren Gegenstand finden, einen potentiellen Überhang, der es hindert, je **seinen** Zusammenhang zu konkretisieren. Deshalb haben die Systeme der Wünsche kein Maß. Sie haben es nicht, weil ihre Selbstregulierung vom eigenen Zusammenhang abgeschnitten bleibt. In dieser unrealistischen Form erscheint die Selbstregulierung der Wünsche als permanente Rebellion, d. h. als Störung aller übrigen Regulationen, der Ordnung wie der Unordnung.[14]

Doppelsinn der Selbstregulierung: (1) Kategorie von Zusammenhang überhaupt, (2) Kategorie des lebendigen Zusammenhangs

Umsonst ist der Tod, d.h. er ist selbstregulierend. Selbstregulierung hat verschiedene Bedeutungen. Primär ist sie die **Kategorie des Zusammenhangs,** indem vom Zusammenhang ausgehende jeweilige Eigentätigkeit bezeichnet wird. Im engeren Sinn ist sie die Kategorie des **Zusammenhangs von lebendiger Arbeit**, indem sie die Aufmerksamkeit auf den darin enthaltenen subjektiven Eigensinn richtet.

Als **Kategorie des gesellschaftlichen Zusammenhangs** schließlich richtet sie den Blick auf die eigentätigen Kräfte, die die Gravitation zwischen toter Arbeit und lebendigen Arbeiten immer dann ausmachen, wenn der Zusammenhang lebendiger Arbeit zu sich selbst findet, den Ausschlag gibt. In dieser besonderen Konstellation mischen sich die primäre Allseitigkeit der Naturstoffe und die subjektive Lebendigkeit des menschlichen Naturstoffs; zur subjektiven und subjektiv-objektiven Komponente, die selbstregulierend arbeiten, tritt ein Zuschuß von Subjektivität hinzu. Unsere Aufmerksamkeit liegt auf diesem bis heute seltenen dritten Fall der Selbstregulierung, der es fertig bringt, die Fülle primärer, dem menschlichen Willen an sich entzogener und ihm fremder Regulationen ohne Ausschluß in den Zusammenhang der lebendigen Arbeit einzugemeinden. Glückt das in reichlichem Maße, so entsteht daraus ein eigentätiges Kraftfeld, das weder in der Natur, noch in der Geschichte als andauernder Zustand *natürlich* vorkommt: Das bedeutet »Humanisierung der Natur und Naturalisierung des Menschen.«

Der Begriff der Selbstregulierung ist ungeeignet für affirmative Annahmen: Er ist zunächst nicht positiv zu fassen

Auf das Prinzip der Selbstregulierung hat sich in der Protestbewegung eine affirmative Hoffnung gerichtet. Es schien so, als gäbe es Selbstregulierung als Substanz. Legt man das, was Selbstregulierung betreibt, auseinander, so sind das **Naturgesetze** im Widerspruch zu denen der Gesellschaft, **Dinge und Möbel**, also der Moment der toten Arbeit, die auf ihrem Eigengesetz verharrt, **gattungsgeschichtliche** und **geschichtliche Arbeitsvermögen** wie **autonome Reserve**, Erinnern und Vergessen, recht vielgestaltige Momente der **Kooperation** des inneren sinnlichen Gemeinwesens, Selbstregulierung der gesellschaftlichen **Assoziationen**, Wirkungsweise der **Geschichte**, Aporien, Protest, Arbeit der Wünsche, also **Widersprüche**, die keine Affirmation zulassen. Selbstregulierung ist eine umfassende Ordnung, die unter den Bedingungen der Entfremdung in der Regel als Störung von Organisation und nicht als organisierendes Moment auftritt. Einfache Freisetzung konkurrierender Selbstregulationen ist die organische Unfreiheit.

Berechtigt waren die Hoffnungen insofern, als Selbstregulierung die Kategorie des Zusammenhangs wiedergibt. Selbstregulierungen bilden deshalb Gravitationsfelder, die von selbst die Tendenz haben, Zusammenhänge nach materieller Vollständigkeit nach eigenem Prinzip herzustellen. Gelungene Selbstregulierung – dies ist nicht Freilassung, sondern operativer Prozeß – übt zersetzende Kraft (und dies selbsttätig) aus auf Leitungsnetze. In dieser Hinsicht sind selbstregulierende Prozesse die lebendige Kritik an Anpassung und Kommandogewalt. Kinder lernen, ohne Zutun der Erwachsenen, dreimal auf verschiedene Weise schwimmen; der früheste Umgang mit dem Element des Wassers ist kein Lernprozeß, sondern angeboren. Es ist zu vermuten, daß sie auf Grund anderer Anpassungsprozesse des frühen Lebewesens diese Fähigkeiten notwendig wieder verlernen. Selbstreguliertes Schwimmen bliebe erhalten, wäre die gesamte übrige Entfaltung des Kindes anders. In ähnlicher Weise verhalten sich alle anderen Entwicklungsprozesse: Sie bilden immer einen Zusammenhang, der Selbsttätigkeiten *reduziert* und Selbstbeherrschung *produziert*. Es herrscht also permanenter Antagonismus zwischen partiellen Selbstregulierungen und partiell erworbenen übergeordneten Regulierungen. Man kann deshalb nie sagen: im Erziehungswesen werden wir auf Selbstregulierung vertrauen, in anderen sozialen Bereichen, z.B. dem Gefängniswesen, gilt anderes. Der selbstregulierende Gesamtarbeiter, der zum zusammengesetzten, fremdregulierten Gesamtarbeiter sein wirkliches Verhältnis hat, wird auf dem innewohnenden Prinzip aller Selbstregulation: sich in vollständigen

Zusammenhängen zu bewegen, beharren. Als Konservatismus bedeutet dies Störung, als emanzipatorischer Prozeß ist die das Alles- oder Nichts-Prinzip der Revolution. Sie ergreift entweder alles oder wird rückläufig. Dann ist die Revolution aber kein bloßer Prozeß der Machtergreifung (Macht arbeitet nicht selber). Revolution ist ein Produktionsprozeß, der **alle** verschiedenen Eigensinnigkeiten der Selbstregulierung in einen assoziativen Zusammenhang setzt[15]; die Arbeit dafür leisten die Selbstregulierungen selber. Der revolutionäre Prozeß – wenn er emanzipatorisch ist – arbeitet an den dafür erforderlichen Räumen und Zeiten, er bildet Schutzkreise, das revolutionäre Resultat stellt er nicht her.[16]

Geburt

Wir begegnen der Selbstregulation erneut auf anderer Stufe bei der Geburt des Menschen. Man kann das, was hierbei geschieht und was wir als die Geburt und die ersten Wochen bezeichnen, die ersten Eindrücke zwischen Kind und Welt, von ganz verschiedenen Richtungen verfolgen, von der von Anfang an einsetzenden Reduktion dessen, was das Kind als Körper und als allseitige Bewegung (beides ist identisch, in seiner Chiffre, für die Erwachsenen nicht unbedingt verständlich) ausdrückt. Das in der ersten Zeit sich andeutende »Programm« des Kindes scheint insgesamt reichhaltiger zu sein als alles, was später durch Wachsen und Erziehen entsteht. Der Mensch wird, verglichen mit anderen Lebewesen, besonders nackt und hilflos geboren, aber er ist dem Realitätsprinzip noch nicht begegnet. Es ist aber vermutlich nicht richtig, eine Geburt als Geburt des »kreatürlichen Menschen« zu beschreiben, für den es in der Gesellschaft keinen Platz gibt, denn er gerät ja sofort in das Umfeld der Erwachsenen, in aufgeteilte Räume, in gesellschaftliche Organisation, in organisierte Zeitmaße.

Gesellschaftliche 2., 3., 4. usf. Geburt

Man kann deshalb die biologische Geburt nur in den Zusammenhang mit einer Art gesellschaftlicher 2. Geburt verstehen, in der er die Chiffrierung der ihm innewohnenden Ziele, der Verarbeitung der frühesten Erfahrung, vornimmt (das ist die ursprüngliche Sprache seiner Selbstregulation), sie dann aufgibt und die der gesellschaftlichen Umgebung erlernt. Diese 2. Geburt umfaßt die Zeit der Grundstörung (also bis zum Erlernen von Sprache und eines Minimums der Körperbeherrschung), höchstens die Ausbildung der psychischen Instanzen, die nach Freud bis zum 6. Jahr einmal abgeschlossen ist. In dieser Zeit kann er als gesellschaftlicher Mensch »fertig geboren sein« oder ein »nicht zu Ende geborener Mensch« geworden sein.[17]

Bei allen Prozessen der 1. und 2. Geburt und sämtlichen auf dieser Gegenständlichkeit aufbauenden weiteren Entwicklungen, 3., 4., 5. Geburt, der sog. Erziehung, sind das Naturgesetz der zur Verfügung stehenden Energien (die der Triebökonomie) und ihre Umwandlungen in menschliche oder gesellschaftliche Formen immer durch die zugrunde liegende Selbstregulation bestimmt. Eigentlich kann der harte, energische, erzieherische Eingriff, das gelungenste Resultat an Selbstbeherrschung, nicht verstanden werden, ohne daß man untersucht, wie es geschah, daß die sich selbst regulierenden Triebenergien **mit ihrem Willen** so aufgebaut und organisiert werden konnten. Der mechanische Außendruck der Erziehung, wie er z.B. in den Apparaturen des Dr. Schreber erscheint oder in mechanischem Üben, wird nur wirksam dadurch, daß er solche Selbstregulationen trotz der widersinnigen Methode des Eingriffs gewinnt.

Kant betont, daß nicht stückweise, weder durch Erziehung noch durch empirische Willenserklärungen, sich ein Charakter verändere. »Der Mensch, der sich seines Charakters in seiner Denkungsart bewußt ist, hat ihn nicht von der Natur, sondern muß ihn jederzeit erworben haben. Man kann auch annehmen: daß die Handlung derselben, gleich einer Art der Wiedergeburt, eine gewisse Feierlichkeit der Angelobung, die er sich selbst tut, sie und den Zeitpunkt, daß diese Umwandlung in ihm vorginge, gleich einer neuen Epoche, ihn unvergeßlich mache. Erziehung, Beispiele und Belehrungen können diese Festigkeit und Beharrlichkeit in Grundsätzen überhaupt nicht **nach und nach**, sondern nur gleichsam durch eine Explosion, die durch den Überdruß am schwankenden

Zustand des Instinkts auf einmal erfolgt, einwirken. Vielleicht werden nur wenige sein, die diese Revolution vor dem 30. Jahre versucht, und wenigere, die sie vor dem 40. fest gegründet haben. Fragmentarisch ein besserer Mensch werden zu wollen ist ein vergeblicher Versuch; denn der eine Eindruck verlischt, während man an einem anderen arbeitet; die Handlung eines Charakters aber ist eine absolute Einheit des inneren Prinzips des Lebenswandels überhaupt.« *Werke* Band VII, S. 637.

Die Bezeichnungen Explosion und Revolution verwendet Kant für gesellschaftliche Verhältnisse sonst nicht. Die Beobachtung, daß es bei der Charakterbildung um die Wiederherstellung einer Einheit nach den eigenen Maßgesetzen der zugrunde liegenden Kräfte geht, findet sich ebenso heute bei Piaget (z.B. J. Piaget, *Psychologie und Intelligenz,* Oldenburg 1972, 5. Aufl. Für die Übersicht: Mary Anne Pulasky, *Piaget, Eine Einführung in seine Theorien und sein Werk,* Frankfurt 1978). Er beschreibt insbesondere das Lernen in den Formen eines **Kristallgitters**. Zunächst wird z.B. im Mathematikunterricht durch bloßes Üben und die Quantität des Unterrichts so gut wie gar nichts gelernt, dann werden plötzlich bei Berührung und selbsttätiger Organisierung aus dem Bereich der Selbstregulationskräfte Ganzheiten als Ganze gelernt und behalten. Es findet also der der Einteilung des Unterrichts und des Lehrplans zugrundeliegende, etappenweise Lernprozeß in kleinen Teilstücken gar nicht wirklich statt.

Politik des Körpers

Michel Foucault[18] hat die Institutionalisierung von Herrschaft in der Mikrophysik der Körper an Beispielen der frühesten Körpererziehung beschrieben. Er spricht von der **Politik des Körpers** und von der **politischen Ökonomie des Körpers.** Der Körper des Kindes will sich allseitig betätigen, mit aller Haut, allen Muskeln, allen Gelenken, allen Hirnimpulsen, allem was die Augen oder die Hände fassen. Aber auch gütige Erwachsene werden auf dieses allseitige Interesse nicht antworten. Sie interessieren sich *zum Wohle des Kindes* dafür, daß es sitzen, stehen und gehen lernt. Sie waschen z.T. nicht immer allseitig, sondern dort, wo sie Verunreinigung sehen. Es entsteht eine Selektion. Diese Selektion ist Einengung, schafft Bewegungen oder Hautregionen, die aus dieser Aufmerksamkeit herausfallen. Es ist jetzt noch nicht von weiteren »Strafen«, Gewaltverhältnissen oder Schranken die Rede, wie sie z.B. das Inzest-Tabu oder die Tatsache auslösen, daß das Kind nicht nur aufrecht gehen, sondern einmal ein arbeitswilliger Erwachsener werden soll. Jede dieser Stufen der Auseinandersetzung zwischen dem Eigenwillen des Kindes und den Schranken, an denen es lernt und leidet, an denen es seine Form findet und sich verkürzt, ist ein Kampf zwischen Selbstregulation und ihr entgegenstehender Gegenständlichkeit (auch die Erzieher verhalten sich ja, geprägt durch die Realität, im Verhältnis zur Selbstregulation wie Gegenstände). In diesem Kampf gewinnt die Erziehung nur so weit, als sie ihrer Natur nach selbsttätige Energie in ihre Erziehungsformen aneignet. Es ist grobe Täuschung, wenn man sagt, die Erziehung macht etwas; die Kinder machen es mit ihren Kräften.[19]

Der kollektive Arbeitsprozeß, der bei der Geburt und der Entwicklung neuer Gesellschaften stattfindet oder sich in Revolutionen zeigt, ist ebenfalls dadurch bestimmt, daß spezifische, auf Eigenbestimmung beruhende Elemente, die zu einer Produktivkraft herangewachsen sind, auf Schranken stoßen, nach neuen Formbestimmungen suchen, in denen sie sich vergegenständlichen können. So ist die ganze Denkweise des in die Poren der Feudalherrschaft eindringenden Kapitalismus für den Feudalherrn zunächst gar nicht verständlich. Die Kette von historischen Fehlhandlungen und Fehleinschätzungen, die auf seiten der königlichen Regierung Frankreichs und des Adels der französischen Revolution zuarbeiten, ist nicht Unfähigkeit – zur gleichen Zeit bringen die gleichen Kreise Produkte der Aufklärung hervor oder dulden sie, sie sind nicht dumm–, sondern die Chiffren der Selbstregulation (das, was der 3. Stand will) sind ihnen unklar. Sie sehen es als eine Machtfrage oder als Frage der Steuergesetze, es ist aber die Entfaltung einer Produktionsweise. Ähnlich kann später die Gironde die Kräfte des Sansculotten-Viertels St.Antoine in ihre im übrigen höchst flexiblen Rechnungen, sie sind ja Kaufleute, Bilanzierer, nicht einbeziehen. Das stürzt sie.

Oft genug ist von der Kraft der neuen Idee die Rede, die die französische Revolution vorantreibt. Es ist gesagt worden, daß das Zentrum Paris ein Gravitationsfeld ausmacht, dessen Schwerkraft die französische Revolution erzeugt. Man prüft am Hof, ob man nicht durch Einschließung von Paris dieses von Frankreich trennt und so die Revolution beseitigt. Hier findet sich wieder die Täuschung über das, was die Arbeit tatsächlich leistet, und zwar nach ihren eigenen Gesetzen in den Text des Terrors und der Fehlkonstruktion hinein. Vermag die Eigennatur der revolutionären Energien sich nicht mehr als Arbeit zu äußern, so folgt der Thermidor.

Barrington Moore, *Ursprung der Demokratie und des Sozialismus,* Suhrkamp 1970, hat insbesondere für den Zeitraum der französischen Revolution und deren Vorgeschichte neue Aspekte beigetragen, die das verdeutlichen, was vor und in dieser Revolution eigentlich arbeitet. Wir verweisen hier auf das reiche Material bei Moore. Man könnte es in folgender Weise verkürzen (wobei wir hier nicht Geschichte schreiben, sondern die Sprengpunkte, d.h. die radikalen Unterschiede in den Eigengesetzen der Motive der Produzenten der Revolution herausheben wollen): Sièyes behauptet: »Was war der 3. Stand? Nichts, Was wird er sein: Alles.« Dies ist für den Zeitpunkt von 1789 nicht wahr. Der 3. Stand, als die sich entfaltende bürgerliche Gesellschaft, bildet nicht die Hauptmasse von Frankreich. Diese Hauptmasse wird durch die Bauern und den Kleinadel gebildet, wobei sich der letztere in einer der bürgerlichen Produktion verwandten Weise durch Weinhandel, den Betrieb kleiner Landgüter, Kriegsdienst usw. engagiert. Es sind aber die bürgerlichen Kräfte, und zwar die in den Handelsstädten, die das eigentümlichste Phänomen Frankreichs, die sich selbst ausstellende königliche Zentralgewalt, mit dem Eigensinn ihrer bürgerlichen Produktionsweise als etwas ausmachen, **das es für sich zu erwerben gilt.**

Marx hat an früher Stelle in seinem Werk darauf beharrt, daß Gegenstand des kapitalistischen Raubs nicht nur die Ausbeutung der Arbeitskraft und die Aneignung der Ressourcen von Boden und Gegenständen ist, sondern auch der **Raub** am Staat. Am Beispiel der Moselbauern zeigt er, daß die kapitalistischen Grundbesitzer sich nicht nur alte Rechte dieser Bauern, etwa das

Recht, Holz zu sammeln, aneignen, sondern auch, unbezahlt, die Arbeitskraft der Förster und der Polizisten, die diesen Raub schützen. Wer sich ein Stück Staat stiehlt, erhält unbezahlte Arbeit.

Man kann deshalb die Machtergreifung der Elite des 3. Standes in Frankreich 1789 nicht nur in der bewegenden Form des Durchbruchs neuer Ideen und der Verfassungsdebatte beschreiben, sondern auch als den abenteuerlichen Raub von ganz Frankreich durch eine einzelne Klasse von Besitzern. Sie haben jetzt den Staat, der sich so auffällig, durch Zentralisation und Selbstdarstellung in Versailles als Erwerbsobjekt angeboten hat; sie haben, was sie wollten, und setzen sich zur Ruhe, mit dem gleichen Eigensinn, mit dem sie ihn zuvor ergriffen. Man muß die Zeit haben, die Vorteile zu ziehen, man kann die Zeit nicht permanent den Staatsgeschäften widmen. Dieser Rückzug des Eigeninteresses und nicht die Redekämpfe im Konvent besiegeln die Niederlage der Gironde. Die Sansculotten, d.h. die Bevölkerung von Pariser Vororten, die in der Hauptmasse aus Handwerkern und Ladenbesitzern besteht, hat eine ganz andere Form der Regulation ihrer Interessen. Sie, im politischen Alltag vertreten durch ihr Repräsentanten in den Clubs und im Konvent, die Bergpartei, können sich aber unmöglich über Repräsentanten ausdrücken. Ihre Sprache ist bestimmt durch den Widerspruch, daß sie sich einerseits als ganz Frankreich, als Staat, selber fingieren müssen, andererseits konkrete Konkurrenz und Produktionsinteressen, die von Nähesinnen und Handwerk gekennzeichnet sind, vertreten. Repräsentanten werden notwendig diesen Widerspruch zu planieren suchen, was irreal ist, oder in seinen Extremen schwanken, was ebenso irreal ist. Sobald deshalb das Prinzip der Repräsentanz bürgerlicher Öffentlichkeit durch Konvent und Wohlfahrtsausschuß durchgeführt ist, die Jakobinische Verfassung von 1793 steht soeben zur Abstimmung, haben sie die Möglichkeit verloren, die Selbstregulation ihrer revolutionären Interessen in deren Eigenformen noch auszudrücken. Ihre Interessen, während sie als überzeugte Sansculotten, d.h. ganze Männer, noch das Gegenteil von sich annehmen, haben sich von der Revolution zurückgezogen, die Folge ist der **Thermidor.**

David Gérard, Deputierter aus Rennes, 1793, Jakobiner, Maler. Familienbildnis. Gérard hat sich, in revolutionärer Vorliebe, als Bauer gekleidet. Die Kindergeneration folgt ihm darin nicht, kleidet sich modisch.

ZUSATZ 1

KOMMENTAR ZU FRÜHSCHRIFTEN, S. 273

»Wenn der **wirkliche, leibliche,** auf der **festen wohlgegründeten Erde stehende, alle Naturkräfte aus- und einatmende Mensch** seine – wirklichen, gegenständlichen **Wesenskräfte** durch seine Entäußerung als fremde Gegenstände **setzt,** so ist nicht das **Setzen** Subjekt: es ist die Subjektivität **gegenständlicher** Wesenskräfte, deren Aktion daher auch eine **gegenständliche** sein muß. Das Gegenständliche wirkt gegenständlich und es würde nicht gegenständlich wirken, wenn nicht das gegenständliche in seiner Wesensbestimmung läge. Es schafft, setzt nur Gegenstände, weil es durch Gegenstände gesetzt ist, weil es von Haus aus **Natur** ist. In dem Akt des Setzens fällte es also nicht aus seiner ›reinen Tätigkeit‹ in ein **Schaffen** des **Gegenstandes**, sondern sein **gegenständliches** Produkt bestätigt nur seine **gegenständliche** Tätigkeit, seine Tätigkeit als die Tätigkeit eines gegenständlichen natürliches Wesens. Wir sehen hier, wie der durchgeführte Naturalismus oder Humanismus sich sowohl von dem Idealismus, als dem Materialismus unterscheidet, und zugleich ihre beide vereinigende Wahrheit ist. Wir sehen zugleich, wie nur der Naturalismus fähig ist, den Akt der Weltgeschichte zu begreifen.«[1]

»… seine Entäußerung als fremde Gegenstände **setzt**«

Das bedeutet, daß die einzelnen gegenständlichen Wesenskräfte, also die einzelnen im Menschen praktisch arbeitenden Eigenschaften sich einerseits wie Dinge zueinander und zum ganzen Menschen verhalten, andererseits gerade sie den Sitz der Subjektivität ausmachen. Sie, die einzelnen Eigenschaften, bilden das innere Gemeinwesen, also eine Gesellschaft unterhalb der Person, die mit der Gesellschaft außerhalb der Person verkehrt. Es ist dies »die Subjektivität gegenständlicher Wesenskräfte, deren Aktion daher auch eine **gegenständliche** sein muß.«

»… so ist nicht das **Setzen** Subjekt…«

Die Person und die gesellschaftlichen Repräsentanzen, die sich die historischen Personen im Verlauf der Zeit zurecht gemacht haben, sind **nicht** das Subjekt. Beide sind historische Konstrukte, historisch und empirisch real, aber zugleich unwirklich. Sie sind im radikalen Moment **durchlässig**. Sie verdecken den wirklichen Verkehr zwischen den einzelnen gegenständlichen Wesenskräften, die sich innerhalb der Person nur versammeln und innerhalb der Gesamtgesellschaft ebenfalls nur lose zusammenfassen. Ihre wesentlichen Beziehungen verlaufen zwischen wirklicher Mikrophysik und wirklicher Makrophysik, d.h. der Subjektivität **gegenständlicher** Wesenskräfte. Was dem Anschein nach die Beziehungen setzt, setzt sie also nicht; was dem Anschein entgeht, setzt sie.

»… weil es von Haus aus Natur ist…«

Die wirklichen Beziehungen tauschen durch Ich und gesellschaftliches Ganzes (das als Produktionsprozeß nur eine Vorstellung ist) hindurch. Ähnlich halten wir eine Eisenstange für ein festes undurchlässiges Ding. Mein Finger oder ein Strahl Wasser dringt tatsächlich nicht hindurch. Tatsächlich besteht die Stange Eisen im wesentlichen aus Leeräumen, in denen Protonen und Elektronen aus großer Ferne miteinander umgehen. Lege ich einen Magneten daneben, so ergeben sich Wechselwirkungen, deren Kraftfelder ich nicht sehe. Hätte ich aber als Naturwesen Augen, die nicht auf den engen Ausschnitt der Lichtwellen, sondern auf Magnetfelder reagieren, so sähe ich etwas ganz anderes als einen Magneten und eine Stange Eisen. Während es bei diesem Gleichnis aber immer nur um verschiedene *Ausschnitte* ein- und derselben Wirklichkeit geht, geht es bei der wirklichen Beziehung zwischen den äußeren und inneren Gestalten der Subjektivität gegenständlicher Wesenskräfte um deren natürliche Veränderung, also ihr *wirkliches Verhältnis* insgesamt, das sich allen natürlichen Sinnen entzieht und sich nur gesellschaftlichen Sinnen öffnet. Weil es von Haus aus Natur ist, also älter und materieller, ist diese unentdeckte Beziehung aber besonders materiell, an sich mächtig und besonders offen. Sie ist die Basis für Identität: »Das individuelle und das Gattungsleben des Menschen sind nicht **verschieden.**« (a.a.O., S.238 f.). »Das reelle Gesellschaftsleben« (a.a.O., S.239), also das in einem Gewaltzusammenhang organisierte Ganze und das innere individuelle Gemeinwesen korrespondieren tatsächlich. Ohne diese Grundlage wären Emanzipationsprozesse nicht möglich.

»Wir sehen hier wie der durchgeführte Naturalismus oder Humanismus sich sowohl von dem Idealismus, als dem Materialismus unterscheidet …«

Nur der Naturalismus ist fähig, »den Akt der Weltgeschichte zu begreifen«. Was der Ausdruck Naturalismus bedeutet ergibt sich aus der Formel »der durchgeführte Naturalismus des Menschen und der durchgeführte Humanismus der Natur« (a.a.O., S.237). Die Vorstellung davon erfordert, daß man sich gegenüber dem historischen Erbe des Denkens zunächst dumm stellt. Es ist ein naiver Ansatz, der sich an nichts Zusammengebautem, an keiner der gewohnten Verknüpfungen festhält, sondern zu den Elementen drängt und, gewissermaßen durch »gedankenlose Nachahmung«, diejenigen Beziehungen ermittelt, die Wirklichkeitscharakter haben müssen. Es werden alle sonstigen Rückkontrollen, außer der einen naturalistisch-radikalen, ausgeschaltet. Deshalb funktionieren auch hier nicht mehr die Zurechnungsmechanismen Idealismus und Materialismus.

ZUSATZ 2

DER ANTEIL BEWUSSTER ZUARBEIT BEI DER SELBSTREGULIERUNG

Selbstregulierung ist zwar, wie wir gesehen haben, eine Naturqualität, da es aber in der Gesellschaft immer um zusammengesetzte Prozesse zwischen zueinander antagonistisch stehenden Selbstregulierungen geht, ist ihre Verwirklichung kein Selbstlauf. **Nur negativ kann man sagen, daß keine emanzipatorischen Prozesse stattfinden werden, wenn sie ihre Kräfte nicht aus Selbstregulierung schöpfen. Damit positiv emanzipatorische Selbstregulierung möglich wird, sind Eingriffe erforderlich.** Die verschiedenen Selbstregulierungen müssen als Elemente markiert und ihr Verhältnis zueinander in einem spezifischen Produktionsprozeß, der selbst wieder in Selbsttätigkeit wurzelt, gegeneinander übersetzt werden.

Wie sich Organisation und Spontaneität zeitlich und ihren Berührungsflächen nach zueinander verhalten, das ergibt das »Gefäß- und Röhrensystem«, das dafür entscheidend ist, ob der Selbstlauf eine emanzipatorische oder zerstörerische Richtung annimmt oder in einen labilen Zustand zerfällt.

Eine emanzipatorische Richtung gelingt nie, wenn sie die Selbstregulierungen nur auf partikulare Punkte richten. Die wechselseitigen Störverhältnisse zwischen den Selbstläufen werden dabei aufrechterhalten, und es kann keine Produktivkraft vereinigt werden, die eine Übersetzung leistet.[1]

Es scheint einen Moment, daß diese Annahme für einige Bereiche – den der Musik, den der Erkenntnis aus Lust, für den der Verliebtheit – nicht gilt. Dies sind besondere Bereiche und Tätigkeiten *für sich,* von einem gesellschaftlichen Gesamtzusammenhang gesehen *partikular.* Die Musik zeigt andererseits eine zunehmende Bewegung in Richtung der Emanzipation der Töne.[2] Die *gesellschaftlichen Ohren* haben an dieser Erziehung der Töne zum Eigenleben aber nicht gleichen Anteil. Sie fallen auf traditionelles Hören zurück, suchen Emanzipationen seitlich von avancierter Musik. **Partikulare Selbst-**

regulierung entwickelt an allen Berührungsflächen Devolution. Der freiere Bereich übt Anstoßung, der weniger freie antwortet mit Abstoßung, es entsteht Entfremdung.

Dies wiederholt sich in stringenten Prozessen der Erkenntnis, deren Lust das, was an ihr nicht teilhat, abstößt, so daß sich gerade Erkenntnis, die nur aus Lustgewinnen sich zu finanzieren vermag, sich als Pflichtgedanke und bitterer Ernst tarnen muß.

Man vergleiche auch die wechselseitig isolierende Ausstrahlung von Verliebtheit, die das glückliche Paar in die Einsamkeit zurückwirft, der es gerade entgehen wollte. Die konkurriert mit der kollektiven Ideologie der Zusammenführung und der Annahme, daß, bei allseitigem Mangel an Glück, wir glücklichen Momenten, die sich auf uns selber nicht beziehen, gern zusähen. Psychologisch ist dies haltlos.

Verliebtheit ist insofern ein Moment der Selbstregulierung als absichtslos, mimetisch, ohne Worte Menschen aufeinander zulaufen. Müßten sie sich dafür Mühe geben, würden wir das nicht Verliebtheit nennen. Daß etwas zwischen Menschen von selbst läuft, trennt sie von dem anderen. Sie sind mit dem, was in ihnen selbsttätig ist, vollständig beschäftigt und in Übereinstimmung, momentweise. Alle Umgebenden werden die Differenz empfinden. Für sie bedeutet das Trennung. Man muß hier nicht nur an Liebespaare denken, sondern an das charakteristische Triangel zwischen Eltern und Kindern. Die Kinder sind Beobachter. Nichts schlimmer als Eltern gegenüberzustehen, die sich fortwährend verliebt verhalten. Das Kind kann sich nur auf etwas anderes als die Eltern zurückziehen.

Ein verliebtes Paar wacht auf, indem es diese selbstgeschaffene Isolierung bemerkt. Isolierung hat die Macht, Verliebtheit zu töten, deren Wurzel war ja der Wunsch nach Berührungsfläche. Sie wird wieder zu Sehnsucht, was sie vor der Verliebtheit war. Sehnsucht aber geht immer in alle Richtungen. Besser wäre es gewesen, sie hätten, noch im Vollbesitz der selbsttätigen Kräfte der Verliebtheit, entgegen der Gewohnheit, Eingriffe gemacht, sich Mühe gegeben, ja geradezu einander gezwungen, Zusammenhang zu Dritten herzustellen. Das können sie nur, solange sie so viel überschüssigen Selbstlauf besitzen. Wie bei der Musik muß Natur einmal durch Anti-Natur hindurch. Die Nähe erzeugt dann aus sich rechtzeitig Distanz.

Die wider Willen hergestellte Distanz ist der Krach. Die Unmöglichkeit partikularer Verwirklichung von Selbstregulierungen bezieht sich also nicht auf den jeweiligen Einzelprozeß – dieser kann für sich, eine ganze Zeit lang zugleich selbstregulierend, emanzipatorisch und konstruktiv sein – die Unmöglichkeit der Vermittlung entsteht an der Nahstelle zwischen sämtlichen gegenläufigen Selbstregulierungen, die die partikulare Regulierung negiert hatte, um sich zu realisieren.

In der Betriebs- und Beziehungsarbeit und bei politischen Tätigkeiten gibt es spezifische Antreibersysteme. In der Masse treiben sie etwas an, was ohnehin selbsttätig laufen würde. Das, was wir als Übersetzung zwischen gegenläufigen Regulierungen bezeichnen, hat mit schieben, mobilisieren und ähnlichen Kraftzuführungen nichts zu tun. Vielmehr vertraut es im materialistischen Sinne darauf, daß alles Tatsächliche und sämtliche Motive der Menschen sich ohnehin von selber bewegen. Der produktive Eingriff bezieht sich ausschließlich auf *Bahnungen* und die *Produktion des Zusammenhangs,* die Herstellung von Situationen. Diese *Formseite* entsteht nicht selbsttätig. Sie bedarf der Orientierung, damit sie ihr gemäße Strukturen auffindet. *Unstrukturiert* heißt hier *gegenläufig.* Bloße Theorie leistet diese Arbeit nicht, bloße Praxis auch nicht. Man muß sich den Eingriff, d.h. die organisierende Orientierung in der Haltung verankert vorstellen (also nicht *nur* in den Gefühlen, nicht *nur* im Verstand und nicht *nur* in den äußeren Handlungsketten). Als Haltung bezeichnen wir die Momente, in denen Potentiale und aktuelle Vergegenständlichung auf einen Augenblick zusammentreten.

Wenn einer freitags nach Betriebsschluß nach Hause fährt, so ist er noch nicht im strukturierten Zuhause und nicht mehr im strukturierten Betrieb, er könnte eine Zeitlang bei sich sein, hat eine *Haltung.* Brecht beschreibt das gleiche anläßlich einer Reifenpanne. Ich will nicht da sein, wo ich hinfahre, sagt er, ich will nicht dort sein, wo ich herkomme, was treibt mich so zur Eile?

Eben noch Kämpfe im Zwangsrahmen der Front, danach 6 Tage Weihnachtsurlaub, erfüllt von privatem Lärm, jetzt auf der Rückfahrt zur Front. Der Soldat findet sich zwischen zwei Zwangszusammenhängen und verfügt über *beobachtende Haltung.*

Dies alles ist der Versuch, den Sitz von orientierender Theorie zu umschreiben. Wir sprechen dabei nicht nur von professioneller Theorie, sondern jeder Mensch ist mit einem Anteil seiner Haltung praktisch-sinnlicher Theoretiker.[3]

Tasten, Zuspitzung, Gegensatz

»Die denkende Vernunft aber spitzt, sozusagen, den abgestumpften Unterschied des Verschiedenen, die bloße Mannigfaltigkeit der Vorstellung, zum **wesentlichen** Unterschied, zum **Gegensatz**, zu. Die Mannigfaltigen werden erst, auf die Spitze des Widerspruchs getrieben, regsam und lebendig gegeneinander und erhalten in ihm die Negativität, welche die innewohnende Pulsation der Selbstbewegung und der Lebendigkeit ist.«[4]

Die Zuspitzung richtet sich auf Zusammenhang. Im großen Stil ist das die bis auf den Tod erste Arbeit des Begriffs. In der Praxis sind das imaginäre Krüge, Tragetaschen, Koffer, Kisten, in denen Menschen ihre wichtigsten Erfahrungen umhertragen. Es geht um den Arbeitsprozeß der Vermittlung. Vermittlung hat nichts mit Mitte zu tun; sie geht durch die Extreme, die Härte der Widersprüche hindurch. Ist das *Ziel* eine recht ungewöhnliche Haltung des Selbstvertrauens und der Unerschütterlichkeit (Ataraxie), so ist das *Mittel,* geradezu entgegengesetzt, die Irritabilität (lebendige Empfindung). Der Rohstoff der Empfindung wurzelt im Schmerz. Es ist ein aggressives Mittel zum friedlichen Ziel. Ähnlich sagt Groddeck von guten Ärzten, daß sie sadistisch sein müßten, und zwar so radikal, daß sie die *Hemmung* ihrer Aggression zuverlässig beherrschen.

»Die gewöhnliche Zärtlichkeit für die Dinge aber, die nur dafür sorgt, daß diese sich nicht widersprechen, vergißt hier wie sonst, daß damit der Widerspruch nicht aufgelöst, sondern nur anderswohin, in die subjektive oder äußere Reflexion überhaupt geschoben wird, und daß diese in der That die beiden Momente, welche durch diese Entfernung und Versetzung als bloßes **Gesetztseyn** ausgesprochen werden als aufgehobenen und auf einander bezogene in Einer Einheit enthält.«[5]

Die Zuspitzung besteht darin, daß die selbstregulierenden Kräfte als singuläre von Natur aus zunächst partikular sind. Sie produzieren die sog. Knotenlinie der Maßverhältnisse, also

Sprünge, Brüche, Kampf.

Da sie das produktive Prinzip ausmachen, erweist dieses sich auf jeder bisher bekannten gesellschaftlichen Organisationsebene als besonders schwach. Die Schwäche liegt nicht in mangelnder Masse oder in Kraftlosigkeit der partikularen Motive, sondern darin, daß die geradezu ungeheuren Kraftfelder die Gegenständlichkeit zerschlagen. Insofern bleiben abstrakte Prinzipe, die weniger Selbstregulation erfassen, organisatorisch überlegen. Um das zu wenden, muß man nicht Selbstregulierungen antreiben oder mobilisieren wollen, was ganz unnötig wäre, sondern den verlorenen oder nie zustande gekommenen allseitigen Gegenstand produzieren, an dem sich die Realisierung abarbeitet.[6]

3. Kapitel

Konstituierende Elemente einer politischen Ökonomie der Arbeitskraft

Das Liegengebliebene, Ausgegrenzte, in dem noch keine analytische Arbeit drinsteckt, kritisiert das, was bereits bearbeitet worden ist. Am Anfang einer jeden kritischen Arbeit steht deshalb ein Perspektivwechsel.

In unserem Buch *Öffentlichkeit und Erfahrung* ging es um den Begriff der proletarischen Öffentlichkeit. Aus den Perspektiven, Materialien und den Mechanismen bürgerlicher Öffentlichkeit ist diese proletarische Öffentlichkeit praktisch nicht zu erkennen, oder sie erscheint immer nur als substanzloses Anhängsel, eine Restgröße. Es ist notwendig, die Ausgrenzungsmechanismen bürgerlicher Öffentlichkeit zu untersuchen und mit dem ganzen Interesse sich auf den Standpunkt zu begeben, der sich aus dem von der bürgerlichen Öffentlichkeit ausgeschlossenen Material ergibt: jetzt erst erhält man eine Perspektive – nicht etwa auf proletarische Öffentlichkeit, sondern auf die bürgerliche Öffentlichkeit.

Es ist also so, daß ohne eine Standpunktverschiebung selbst bürgerliche Öffentlichkeit nicht angemessen analysiert werden kann, da sie ja den Blick auf sich selber verstellt. Sie läßt sich nur untersuchen von ihrem Gegenpol, den sie selber zuvor provoziert hat, den sie aber, um sich am Leben zu erhalten, aus dem Bewußtsein drängt.

Wir haben also bisher kein Buch über die proletarische Öffentlichkeit geschrieben, sondern eines über bürgerliche Öffentlichkeit. Zur proletarischen Öffentlichkeit ergeben sich Schnittpunkte, Perspektiven, Hinweise auf deren notwendiges Bewegungsgesetz: offene Fragen. Fragen wir aber weiter, so wird der Blick, der sich starr auf die Substanzfrage proletarischer Öffentlichkeit richtet, nichts Analytisches hervorbringen. Es ist wiederum ein Perspektivwechsel nötig: Was grenzt die direkte Frage nach proletarischer Öffentlichkeit notwendig selber aus?

Es gibt diese proletarische Öffentlichkeit als **Bedürfnis** und als **nicht-öffentlichen Rohstoff**, der in der **Geschichte aller bisherigen Produktion** verborgen ist.

Wir gelangen zu einer einfachen Frage: Offensichtlich besitzen wir eine ausgeführte Theorie der politischen Ökonomie des Kapitals: *Das Kapital* von Marx. Der Gegenpol dazu ist eine politische Ökonomie der Arbeitskraft. Hierzu existiert kein theoretisches Fundament. Marx hat diese politische Ökonomie der Arbeitskraft, die als Gegenseite des Kapitals in seinem Gedankensystem immanent vorausgesetzt ist, nicht niedergelegt. Wir gehen davon aus, daß dies der Grund ist, warum er keine Politik geschrieben hat. Sie setzt nämlich notwendig eine Theorie der proletarischen Öffentlichkeit und diese notwendig eine Theorie der Entwicklungsgeschichte aller einzelnen Arbeitsvermögen voraus.

Was heißt: Politische Ökonomie der Arbeitskraft?

Der Ausdruck **Ökonomie** überträgt den Gesetzesbegriff der Physik in die zweite Natur: auf Produktion und Austausch in der Gesellschaft. Das Prädikat **politisch** bezeichnet dazu einen Gegensatz: den bewußten, gemeinschaftlichen, Assoziationen bildenden Umgang mit diesem quasiphysikalischen Verkehr. Das Wort *Kritik* in: »Kritik der politischen Ökonomie« bezieht sich bei Marx auf bereits erarbeitete Theorien zur politischen Ökonomie (z.B. Adam Smith, Ricardo). Kritik ist nicht die Umgangsform mit der Sache selbst. Kritik richtet sich gegen die Metaphysik der politischen Ökonomen. Der politisch-ökonomischen Praxis dagegen kann nur durch *Gegenproduktion* kritisch geantwortet werden.

Marx verwendet in diesem Zusammenhang verschiedene Ausrücke. Er spricht von **politischer Ökonomie der Arbeiterklasse**, wenn es um die Konfrontation mit einer kapitalistischen Einzelklasse geht (z.B. der Mittelklasse, als der wichtigsten produzierenden Kapitalisten-Klasse; oder es geht darum, daß die kapitalistische Herrschaft bestimmte Bündnisse mit feudaler Oberklasse, Staatsgewalt, Armee, Kirche, der Tory-Oberklasse usf. eingeht, dann steht dieser Ballung die Politische Ökonomie der Arbeiterklasse gegenüber).[1] Von **politi-**

scher Ökonomie der Arbeit dagegen spricht Marx, wenn er bestimmte örtlich umgrenzte Betriebe bezeichnet, in denen Arbeitskraft sich in Arbeit umsetzt; so, wie sich die Klasse in konkretem Kampf äußert. Das Pendant zu dieser Bezeichnung ist Besitz, d. h. konkretisiertes Kapital.[2] Wenn es dagegen um das Potential, die Konstitutionsgeschichte, die Emanzipierungsmöglichkeit der geschichtlichen Arbeit geht, so spricht Marx von »wirklichen menschlichen und natürlichen Wesenskräften« oder »wirklichen Wesenskräften und Vermögen«.[3] Er vermeidet also den Oberbegriff.

Es ist übrigens zu erwarten, daß dasjenige, was die politische Ökonomie der Arbeitskraft ausmacht, selber keinesfalls einen Oberbegriff im klassischen Sinne duldet. Was wir versuchen, wird aber unverständlich, wenn wir es nicht benennen können. Der Gebrauchswert der Kategorie »Politische Ökonomie der Arbeitskraft« liegt ausschließlich in der in dieser Bezeichnung enthaltenen Unterscheidungskraft gegenüber allen übrigen Spiegelungen der menschlichen Arbeit und ihrer Entstehungsgeschichte. Es geht also nicht um einen Oberbegriff, der sich durch nähere Untersuchung mit immer konkreterer Mannigfaltigkeit ausfüllt und irgendwann einen Begriff ausmacht, sondern um eine Bewegungsform der Kritik, die die Geschichte der einzelnen Eigenschaften der Arbeitskraft mit der anderspoligen Geschichte der Assoziationsbedürfnisse kontrastiert. Es wird dann nämlich keine Arbeitskraft **an sich** geben können, und was Arbeitskraft **für sich** ist, kann man fragen.

Wer sich zu dem Ausdruck »politische Ökonomie« nichts Faßliches vorzustellen vermag, braucht nur zu fragen, was **unpolitische Ökonomie** oder **unökonomische Politik** wäre.

Mit der Analyse der Arbeitsvermögen und der empirischen Arbeit befassen sich Fachwissenschaften: Die Arbeitspsychologie, die Betriebswirtschaftslehre, Industriesoziologie, Sozialpsychologie, die Triebökonomie, die Bildungsökonomie. Sie haben keine Tendenz, integrierte theoretische Zusammenhänge einer politischen Ökonomie der Arbeitskraft herauszubilden.

Arbeitskraft als »ungeheure Sammlung« der Vorgeschichte von Eigenschaften und als Quelle ihrer möglichen Anwendung bezieht daraus, daß sie nicht als für sich existierende geschichtlich werden konnte, ihre spezifisch veränderte Energie. Sie verhält sich dann aber zur Vorstellung ihres eigenen Begriffs ungesättigt. Nicht weil sie etwas ist, sondern weil sie etwas zu werden vermag, hat sie das Vermögen, alle verschiedenen bestimmten Gestalten anzunehmen, unter den geschichtlichen Bedingungen aber vorwiegend die Gestalt der Nicht-Identität. Die ist ihr Stachel. Stellt man sich aber vor, sie käme zu einer Art Identität mit sich, so hätte sie bereits das Vermögen über sich hinaus und wäre auf Grund ihrer Vorgeschichte ebenfalls ungesättigt. Sie hat also ein spezifisches Vermögen, Oberbegriffe immer erneut zu sprengen, nicht aber sich im Gehäuse eines Oberbegriffs einzurichten.

Wir treffen eine Unterscheidung: die politische Ökonomie der Arbeitskraft ist selber arbeitender Begriff, und **dies** ist der Grund, weshalb es Oberbegriffe dafür nicht gibt. Wir selber stehen aber, und dies ist ein ganz anderer Grund, definitorische Umschreibungen zu vermeiden, am Anfang der Begriffsarbeit. Das bedeutet: wir müssen zunächst überhaupt erst den Sitz des Widerspruchs aufsuchen, der den Gegenstand, an dem wir uns abarbeiten, erzeugt.

Die zwei Ökonomien im Verhältnis von Lohnarbeit und Kapital

Der **Geldbesitzer** tritt dem Arbeiter so gegenüber, daß dieser als **Besitzer der Ware Arbeitskraft** erscheint. Dieser Besitz des Arbeitskraftbesitzers ist aber eine Fiktion, da er zwar als solcher, als Verkäufer dieser Ware, auftritt, über sie aber zum Zeitpunkt des Verkaufs keineswegs verfügt. Er mag im Kopf die Bereitschaft haben, ob seine Sinne, Organe, die Tücken seiner Erziehung, diese Bereitschaft ausfüllen, dazu muß er jedoch noch Arbeit leisten. Z.B. gehorcht ihm das Bewußtsein nicht, die Bewegungen zeigen Eigenwillen, Fehlleistungen bringt er ein, Fluchtphantasien usw. Als Besitzer der Ware Arbeitskraft muß er die Arbeitskraft permanent neu erarbeiten.

In diesem Arbeitsprozeß, der innerhalb der Arbeitskraft selber stattfindet, kämpfen oder tauschen aus: die Natureigenschaften und die aus der Ökonomie der gleichen Natureigenschaften der Arbeitskraft schon bewältigte Arbeit der **Arbeitsdisposition**. Durch die Erziehung zur Arbeitskraft sind ursprünglich selbstregulierte triebökonomische Kräfte in eine Art geronnene tote Arbeit, eine Charaktermaschinerie, eingegangen. Sie bildet gewissenmaßen vorangegangene Vergegenständlichung der Arbeitskraft in der Arbeitskraft.

Die ist die *eine* Seite des Arbeitsvermögens. Nur in der Reibung mit diesen bereits individualgeschichtlich und gattungsgeschichtlich erarbeiteten Prägungen – der einen Seite des Arbeitsvermögens – können sich Natureigenschaften der Arbeitskraft neu binden. Ein bestimmtes Quantum dieser im konkreten Arbeitsprozeß neu hinzutretenden Naturkraft ist notwendig, damit der Bestand von erarbeitetem Arbeitsvermögen die Zustandsveränderung bewirkt, die wir dann Arbeit nennen.

Am Ende des Kapitels »Verwandlung von Geld in Kapital«[4] entwickelt Marx eine Metapher. Er sagt: »Der ehemalige Geldbesitzer schreitet voran als *Kapitalist,* der Arbeitskraftbesitzer folgt ihm nach als *sein Arbeiter;* der eine bedeutungsvoll schmunzelnd und geschäftseifrig, der andre scheu, widerstrebsam, wie jemand, der seine eigene Haut zu Markt getragen und nun nichts andres zu erwarten hat als die – *Gerberei.*«

Es liegen zwei Produkte vor, wo der Kapitalist oder Nationalökonom nur **eines** sieht. Das eine Produkt entsteht im Tauschverhältnis zwischen kapitalistischer Produktion und Lohnarbeit; das andere besteht im Austausch des inneren Verhältnisses der Arbeitskraft zu sich selbst, also **im Produktionsverhältnis der Arbeitskraft als Ware zu sich als Lebewesen.** In der Perspektive der politischen Ökonomie der Arbeitskraft – entgegengesetzt zum Betrachtungswinkel der Kapitallogik – ist das Arbeitsresultat das Nebenprodukt, der Prozeß im Arbeitenden selbst das Hauptprodukt; ein Stück wirkliches Leben. Die andere Seite der Arbeitskraft als Ware ist somit nicht der Gebrauchswertcharakter dieser Ware. Er ergibt sich vielmehr eine ganze Kette von Unterscheidungen, von denen erst die letzte den Kernwiderspruch enthält: Anwendung der Naturkräfte / abstrakte Arbeit / Arbeitskraft als Ware / Gebrauchswertcharakter für den kapitalistischen Sinn / Gebrauchswertcharakter für den Eigensinn der Arbeitsvermögen / inneres Produktionsverhältnis der Selbstentfremdung; das letztere ist der Kern des politisch-ökonomischen Widerspruchs der Arbeitskraft. Dieser Widerspruch sprengt permanent den Begriff der politischen Ökonomie, denn dieser ist aus der Beobachtung des Kapitalprozesses nur übertragen. Anders gesagt: Eine Ökonomie gehorcht dem hier untersuchten Widerspruchspotential nicht, der untersuchte Erfahrungsbereich bricht die Regeln der Ökonomie. Zugleich bricht das Prädikat *politisch*, wenn das Politische seine Substanz aus der Kraft dies Widerspruchs zieht, offenbar die überlieferten Vorstellungen des Politischen. Im Kern geht es um die Ungültigkeit aller ökonomischen und politischen Bedingungen, so wie sie die geschichtlichen Arbeitsvermögen im widersprüchlichen Produktionsverhältnis zu sich selbst hervorgebracht haben, sobald sie die Arbeitsvermögen in diesem Zustand festzuhalten trachten. Und dieser Bruch wird deutlich, sobald der Perspektivwechsel sich auf die **Einheit von Individuum und Gattungsgeschichte** richtet, statt sich die **Einheit von Kapital und Arbeit** einzubilden. Ist die trinitarische Formel entzaubert, wird der Bruch offenbar.

Wir hatten gesehen: Für den Geldbesitzer ist der Tausch erledigt, für den Besitzer der Arbeitskraft beginnt erst die Doppelarbeit. Er leistet Arbeit für das Kapital und er leistet Arbeit an sich selbst, um die Eignung für diese Arbeit in sich zu erzeugen.

Dies ist der erste Widerspruch in der politischen Ökonomie der Arbeitskraft

Selbstausbeutung, instrumentelles, planendes Funktionieren des Hirns, Gehorsam oder Nichtmucksen der Organe und Zellen (bis an die Grenze der psychosomatischen Krankheit oder des Todes) sind das **äußere Gesetz**. Das **innere Gesetz** lautet dagegen umgekehrt: Ohne die Zuarbeit dessen, was allein arbeitet, die selbstregulative Triebökonomie, könnte überhaupt keiner dieser Vorgänge stattfinden. Dieser Widerspruch zwischen Schein und Wesen des wirklichen Prozesses drückt sich darin aus, daß die Geschichte der Selbstregulation in unserer Kultur als Geschichte ihrer Störungen geschrieben werden muß. Dies ist einer der Gründe, weshalb ihre machtvolle Arbeit so wenig ins Bewußtsein springt. Untersuchen wir die oben beschriebene Frage nach der Trennung der Arbeitskraft von den

Produktionsmitteln an diesem Punkt, dann geht es um die **Trennung von Motiv und Arbeitskraft.** Werden der Naturkraft, den selbstregulativen Kräften, die chiffriert ihr eigenes Wertsystem, die Vorstellung davon haben, was sie können, Aufgaben gestellt, die so inadäquat sind, daß sich die Kräfte darin nicht äußern können, so trennt sich innerhalb der Arbeitskraft **Arbeitsgegenstand und Arbeitsvermögen.** Umgekehrt: wird die produzierte Motivation auf etwas Unmögliches gerichtet, so entsteht die gleiche Folter der Trennung von Arbeitsvermögen und Arbeitsgegenstand *innerhalb* der Arbeitskraft. Das schlimmste, was einer Arbeitskraft angetan werden kann, ist die totale Trennung von Können und Betätigungsfeld.

Bei der Frage der Trennung der Produzenten von ihren Arbeitsmitteln oder dem Produktionsgegenstand geht es nicht nur um Güterproduktion in den Betrieben. Dieses Bild herrscht vor, weil dies die hauptsächliche Anwendung von Arbeitskraft zu sein scheint. Uns interessiert jedoch vor allem auch die Arbeitskraft, die im traditionellen Bewußtsein inadäquat wiedergegeben wird.

Im Betrieb und außerhalb des Betriebs ist dies z.B. die Protestarbeit, die Widerstandskraft. Hat die Rebellion der Zellen, Sinne, des Hirns oder haben die in einer Arbeitssituation angestauten Protestgefühle kein ihnen adäquates Produktionsmittel und keinen Gegenstand der Reibung, so entsteht eine Spannung. Es entsteht eine proletarische Situation, die sich explosiv nach außen oder nach innen gegen den Träger der Arbeitskraft richten kann. Das gleiche gilt, wenn Protest oder Widerstandskraft zu Aggregaten zusammengefügt werden, die dem Eigengesetz, der selbstregulativen, natürlichen Entstehung dieser Kräfte, nicht entsprechen; dann entsteht eine entfremdete Situation von ähnlicher Spannung. Werden solche Proteste falsch politisiert, so wenden sie sich entweder ungesteuert explosiv nach außen, oder sie richten sich nach innen gegen den Träger dieser Kräfte. Für die selbstregulative Naturkraft, die in jeder gesellschaftlichen Abreit tätig ist, ist der andere Mensch ein Bedürfnis; die Macht der Arbeitskraft, die in Beziehungen eingeht, ist nicht zu unterschätzen. Auch hier geht es um die Frage »der Trennung von den Produktionsmitteln und den Arbeitsgegenständen«.[5]

Das, was sich in der Form der Buchstaben als relativ »dünne Abstrakta« andeutet, ist in der Realität, im Überhang des Objektiven, versteckt, eine ungeheure Fülle von Erfahrung. In dieser wirklichen

Gestalt ist nichts abstrakt, sondern alles so substanziell, daß die damit verbundene Verbitterung (Fülle) einer der Gründe ist, warum das Bewußtsein es so schwer hat, mit den Prozessen der Arbeitskraft in deren eigener Proportion umzugehen; wieviel leichter ist es, sich mit **Sachen** zu beschäftigen, mit Wissensgebieten, die sich objektiv ihrem Material nach organisieren lassen, wie Physik, Biologie der Tiere, Wetterkunde. Als ob es etwas Objektiveres gäbe als die geschichtliche Prägung der Arbeitskraft! Es geht um die Produktion dieser Arbeitskraft: diesen **Rohstoff** (Selbstregulierung, **von unten** organisierte Kräfte), ihre **Arbeitsmittel** (Erziehung, Prägung durch alle vorangegangenen Vergegenständlichung der Arbeitskraft, lernen durch Realität der Arbeit), ihre **Produktionsweise** (sie ist so verschiedenartig wie die Arbeit des Komponisten und die des Fließbandarbeiters, wie die Arbeit in einer Liebesbeziehung oder die der Produzenten einer Revolution) und schließlich ihre **Produktionsverhältnisse** (als das Tauschverhältnis zwischen Selbstausbeutung des Subjekts, bereits konstituierter Arbeitskraft, hiergegen Eigensinn der von ihr immer erneut anzueignenden Naturkraft). Dies alles ist ein **organisches Ganzes**, genau wie Marx in der Einleitung *Zur Kritik der politischen Ökonomie (Grundrisse)* den Prozeß von Produktion, Distribution und Konsumtion als organisches Ganzes, mit Rückwirkung aller Teile untereinander, begreift: So, daß das jeweils erarbeitete Produktionsverhältnis sich wieder in einen Rohstoff verwandelt, aus dem auf weiteren Stufen der Prozeß der Produktion der Arbeitskraft sich durchsetzt. Und zwar in zwei Richtungen: (1) Vernichtung von historischer Arbeitskraft; (2) in Form eines größeren Reichtums kollektiver Arbeitsvermögen. Diese aber als ein **gesellschaftlicher Reichtum**, der bezahlt wird durch **individuelle Verarmung** an Produktivkräften. Es geht an dieser Stelle nicht darum, diese Bewegungen vollständig aufzuzählen, sondern darum, die grundlegende Anwendung aller für die Warenproduktion von Marx postulierten Kriterien auf die Produktion der Ware Arbeitskraft anzudeuten.[6]

Es ist die Trennung von den Produktionsmitteln und vom Gegenstand, die den Stachel bildet; die Empfindung der Differenz, die als Motor in die Selbstregulation eingeht. Aus diesem Grunde ist **Unruhe** und nicht die **Ruhe**, die doch als nach rückwärts projizierte Hoffnung immer wieder das Bild eines ursprünglich glücklichen Menschen schafft oder die als Lohn der ganzen Unruhe in der Phantasie irgendeinen Fleck der Zukunft besetzt hält, das Kennzeichen der geschichtlichen Arbeitsvermögen.[7]

Dann ist aber umgekehrt zu vermuten, daß die Aufhebung der Trennung von den Arbeitsmitteln und dem Gegenstand, das Bedürfnis nach **Assoziation**, den Kern der radikalen Bedürfnisse bestimmt. Die Geschichte produziert Arbeitsteilung, Konkurrenz, Parzellierung, Robinsonismus, Absentismus, sich gegen Abreit überhaupt richtenden Protest, Entwertung von Bewußtsein **und** Widerstandsarbeit, weil diese in so zahlreichen Beispielen in hochindustrialisierten Gesellschaften nichts bewirkt haben; dadurch Realitätsverlust, den gerade die radikalen Bedürfnisse erleiden. Es scheint eine gewagte Hypothese, die gewissermaßen in Gegenrichtung zur Hauptmasse der geschichtlichen Empirie steht: **Gerade dies alles deutet auf den Kern des Eigenwillens der Arbeitskraft.** Das Bedürfnis nach Föderation und Assoziation der Produzenten (als der subjektiven Arbeitsvermögen und der Arbeitskraft) **vergegenständlicht sich nicht: wegen des Eigensinns dieser Bedürfnisse.**

Es stecken in einem brauchbaren Begriff immer zwei Elemente: *ein authentisches Interesse* (sowie dessen Antizipation) und **ein Horizont** (oder dessen Antizipation), Ordnung nicht durch Reduktion, sondern durch Selbständigkeit. Dies ist der **Motor**, daß der Begriff auf Vollständigkeit des Zusammenhangs hinarbeitet. In den *Flüchtlingsgesprächen*[8] sagt Ziffel zu Kalle: »Die Begriffe ... sind die Griffe, mit denen man die Dinge bewegen kann.« Daß Begriffe gewissermaßen wie Hände sind, ist überhaupt der Grund, die »Anstrengung des Begriffs« auf sich zu nehmen. Der Begriff arbeitet.

Deshalb läßt sich, wie wir bereits angedeutet haben, die **politische Ökonomie der Arbeitskraft** nicht **für sich** als Begriff setzen und irgendwie Länge, Breite, Vorgeschichte, Zukunft abmessen. Damit sich ein Produktionsprozeß innerhalb des Begriffs bildet, ist vielmehr die Konfrontation mit der Interessenwurzel notwendig: das ist das **Assoziationsbedürfnis der menschlichen Produzenten, die den Horizont einer politischen Ökonomie für das brauchen, was ihre Stärke ausmacht, nämlich die Arbeitskraft.** Es scheint, als wäre dieses Assoziationsbedürfnis ein zweiter Begriff, den man z.B. selbständig erforschen könnte. Es ist aber nur der eine Begriff durch den anderen überhaupt tätig. Insofern ist, als ein arbeitendes **organisches Ganzes,** nur das Gegeneinander beider **ein** brauchbarer Begriff. Das eine (die politische Ökonomie der Arbeitskraft) ist das Material, das andere (die Föderation oder Assoziation, das Bedürfnis nach Gesellschaft, nach Vereinigung der Kräfte) der Motor, das Maß, die Steuerung der Verarbeitung. Dann aber kehrt es sich um, denn in der vorausgegangenen Geschichte der Arbeitskraft liegt dieses Maß, die Verarbeitung, wiederum für das Assoziationsbedürfnis; letzteres bildet jetzt den Horizont für den Horizont, und wieder kehrt es sich um. Eines ohne das andere wäre ohne Gegenstand und ohne Interesse, bewegte sich nicht. In diesem nicht-pragmatischen Sinne muß der Marxsche Satz verstanden werden, daß sich die Ideen immer blamiert haben, wenn sie nicht mit einem Interesse verknüpft sind.

Dieser Arbeitsvorgang hat, wenn er sich rein im Kopf darstellt oder in Form von geschriebenen Buchstaben, etwas Spielerisches.[9] Das ist anders in der Realität, in der gewissermaßen Real-Begriffe miteinander arbeiten oder kämpfen. Der Begriffsteil »Ich will überleben« von Kellerinsassen während eines Luftangriffs und der Begriffsteil »Die Stadt ausradieren, den Job korrekt ausführen« samt höchst ungleichen Machtmitteln bilden **eine** Situation, **einen** Erfahrungsgehalt.

Diese Situation ist aber zugleich die Veröffentlichung, die öffentlich lesbare Chiffre, für ein im sonstigen Alltag oder sog. Frieden verstecktes Verhältnis einer ganzen Gesellschaft zu den Menschen. Dies ist ein Begriff. Man kann sich deshalb, zumindest in allen Real-Begriffen – die nicht wie der kritische Kopf Faktorenisolierung betreiben können – Begriffe nicht nur aus einem arbeitenden Gesetzespaar, sondern muß sie sich aus einer organischen Vielfalt zahlreicher mit- und gegeneinander arbeitender Teile vorstellen. Es ist unsinnig, solche arbeitenden Begriffe zu Kategorien wie richtig oder falsch oder Wahrheit oder Sinn in Beziehung zu setzen. Das ist, vom menschlichen Gebrauchswert her gesehen, ein inkommensurabler Maßstab. Vielmehr geht es zunächst um Proportionen, ein Verhältnis, um die Frage: Vollständigkeit oder Nicht-Vollständigkeit des Zusammenhangs.

»Mein Nam' ist Milchsack Nummer IV
Ich saufe Schmieröl, du saufst Bier
Ich fresse Kohlen du frißt Brot
Du lebst noch nicht ich bin noch tot
Ich mache täglich meine Tour
Ich war vor dir hier an der Ruhr
Bist du's nicht mehr, bin ich's noch lang
Ich kenne dich an deinem Gang.«

Bert Brecht:
Song des Krans Milchsack IV

Lebendige Arbeit schlägt sich in Produktion nieder, sie verschwindet darin. Diese geronnene Form von Arbeit nennt Marx tote Arbeit.[10] Solche tote Arbeit sind z.B.: Maschinen, gebahnte Wege (Beziehungen), das gesellschaftliche Produktionsverhältnis, das Geschichtsprodukt, z.B. Geld, Staat. Die lebendige Arbeit steht der Gesamtheit ihrer Vorgeschichte gegenüber: der toten Arbeit.

Der zweite Widerspruch in der politischen Ökonomie der Arbeitskraft lautet: Die Masse der toten Arbeit stellt sich der lebendigen Arbeit als Übermacht dar.

Erfahren wird das Verhältnis von lebendiger zu der bereits Produkt gewordenen Arbeit in Lebensläufen. Das sind, von der Geschichte bereits materialisierter Produktion her gesehen, extrem kurze Zeitabschnitte. Die tote Arbeit hat sich in weitaus längeren Zeitgestalten organisiert: der Lebenszeit von Maschinen und ihren Erben[11], im Zeitraum ganzer gesellschaftlicher Formationen, im Zeitmaßstab des Geschichtsverlaufs und letztlich in den mit den Rhythmen und Sinnlichkeiten eines individuellen Lebenslaufs gar nicht vorstellbaren Zeiträumen der Gattungsgeschichte.[12]

Dies ist zunächst ein Widerspruch der Erfahrensweise: Die Wechselbeziehung zwischen lebendiger und toter Arbeit kann auf Grund von deren so unterschiedlichen Produktionszeiten individuell nicht wahrgenommen werden. Es tritt hinzu, daß die Masse der toten Arbeit sich in Klassengesellschaften in der Verfügungsmacht der

Unterdrückerklasse befindet. Das erarbeitete Produkt tritt als tote Arbeit gegen die lebendige Arbeit auf. Das gilt im Grundsatz.

In der Praxis verhält es sich vielgestaltiger. Die Angehörigen der Unterdrückerklasse, die über die tote Arbeit verfügen, in deren Eigentum sie steht und die als Besitzer sie der lebendigen Arbeit zur Verfügung halten, sind für den unmittelbaren Umgang nicht kompetent. Die lebendige Arbeit, die in der Klassengesellschaft um die tote Arbeit enteignet ist, besitzt diese Kompetenz im Umgang mit der toten Arbeit in höchstem Maße; diese Kompetenz verringert sich mit der Zunahme der abstrakten Arbeit, der Veinseitigung.[13]

Dem *Grundsatz* nach herrscht also Übermacht von Unterdrückung und toter Arbeit, als Allianz gegenüber der lebendigen. **Praktisch** kann sich dagegen keine der Klassen um unbestrittenen Besitz der toten Arbeit fühlen. Vielmehr findet ein Stellungskrieg um Berührungsfläche und Anteile der toten Arbeit statt, ähnlich dem, der permanent um die Grenzen der Arbeitszeit, um Distributionsanteile am gesellschaftlichen Produkt oder an den Schnittstellen des Lebenszusammenhangs stattfindet.

Ein Streik ist z.B. die bewußte Trennung der lebendigen Arbeit von den Arbeitsmitteln der toten Arbeit auf Zeit; es sollen Anteile an toter Arbeit für die Realisierung der lebendigen Arbeit erkämpft werden. Der Generalstreik stellt die Funktionsunfähigkeit der toten Arbeit als ganzer sinnlich greifbar vor.[14]

In Revolutionen wird das Verhältnis von lebendiger und toter Arbeit von der Seite der lebendigen Arbeit neu bestimmt. Produktivkräfte des gesellschaftlichen Menschen rebellieren gegen die Produktionsverhältnisse, indem sie umwälzen; in diesen revoltierenden Produktivkräften ist immer schon eine Allianz von lebendiger und toter Arbeit enthalten. Innerhalb der toten Arbeit revoltieren die bereits erarbeiteten Fähigkeiten als stummer Zwang des Fortschritts, der von lebendigen Kräften aufgegriffen, ausgedrückt und gegen die Produktionsverhältnisse in Bewegung gesetzt wird. Ziel dieser Bewegung ist, lebendige Arbeit zur Herrschaft zu bringen.

In der Praxis verlaufen die Kämpfe um die tote Arbeit in der Masse in engeren Ausschnitten. Es geht um Punktualitäten. Gemessen am wirklichen Kampf sind Streik, Revolutionen und insbesondere der Generalstreik selten. Bei dem Theoretiker Clausewitz findet sich die Unterscheidung von möglichen und wirklichen Gefechten. Mögliche Gefechte haben die gleichen Realfolgen wie wirkliche. Dieser Erfahrungssatz bezieht sich genauso auf die Kämpfe zwischen den Klassen in der Auseinandersetzung zwischen toter und lebendiger Arbeit. In dieser Auseinandersetzung sind jederzeit mögliche Streiks, Revolutionen oder der Generalstreik auch dann wirkliche Bestimmungen der gesellschaftlichen Verhältnisse, wenn sie zur Zeit nicht stattfinden.[15]

Wir halten fest, daß der Widerspruch zwischen lebendiger und toter Arbeit das ganze politische Grundverhältnis einer Gesellschaft umfaßt. Eine einzelne Maschine schubst den Produzenten in eine Stellung, sei sie körperlich oder zeitlich, die der Maschine paßt, gleich ob sie dem Produzenten paßt. Eine Gesamtheit von Maschinerien und erarbeiteten gesellschaftlichen Beziehungen übt – als Geschichte – auf den Produzenten der lebendigen Arbeit eine Schubkraft aus, ohne Rücksicht auf deren wirklichen Willen. Dieser übermächtige Vorgang spiegelt sich nicht einmal vollständig in der Erfahrung der Produzenten. Um mit dem so gekennzeichneten politischen Verhältnis umzugehen, bedürfte es zunächst einer Öffentlichkeit, in deren Produktionsprozessen sich die historische Bewegung von toter und lebendiger Arbeit in Erfahrung umsetzen läßt. Proletarische Öffentlichkeit ist also zunächst die Veröffentlichung der Produktionsprozesse der toten Arbeit im Verhältnis zur lebendigen.

Widerspruch zwischen individueller Arbeit und gesellschaftlicher Gesamtarbeit

Im *Kapital* sagt Marx, daß die Erzeugung des gesellschaftlichen Reichtums, des Reichtums der ganzen Gesellschaft, verknüpft ist mit der Verarmung des individuellen Arbeiters. Das bedeutet, daß der Arbeiter, indem er seine Wesenskräfte entäußert und veräußert, nicht wirklich an diesem von ihm selber produzierten Reichtum teilhat. Was er davon zurückbekommt, ist immer nur das Minium von Selbsterhaltung, das er nötig hat, um auf dem jeweiligen kulturellen und materiellen Niveau seine individuellen Lebensverhältnisse zu reproduzieren. Dieser Begriff der Verarmung ist keine physische Bestimmung (Hunger), sondern bezeichnet ein spezifisches Verhältnis zwischen dem in der Gesamtgesellschaft objektiv verfügbaren Reichtum an Verhältnissen, Beziehungen und Produkten und der individuellen Möglichkeit, diese Verhältnisse, Produkte und Beziehungen für die Erweiterung seines individuellen Lebenszusammenhangs zu verwenden. Der Widerspruch ist zunächst im Kampf um die Distribution, des besonderen Anteils des Einzelnen am gesellschaftlichen Reichtum, angesiedelt.

Die Pauperisierung greift jedoch über in den Produktionsbereich. Die reichere Zusammensetzung der Gesellschaft mit Produktivkräften geht einher mit der individuellen Verarmung der Arbeitsqualifikationen. Der allseitigen expansiven Tätigkeit der Gesamtgesellschaft entspricht zunehmende Vereinseitigung und Abstrahierung der individuellen Arbeit.

Beide Seiten des Widerspruchs lassen sich auch beschreiben als das Verhältnis von gesellschaftlicher Produktion und privater Aneignung. Die einzelne Arbeitskraft ist in ihrem Lebenslauf gefangen, sie sieht auf die Vorgeschichte und auf die gegenwärtige Totalität der Gesellschaft aus diesem individuellem Zerrwinkel. Zugleich ist dies aber, obwohl eng wie ein Nadelöhr, und nicht wirklich vorbereitet auf Durchlässigkeit, gegenüber dem Gesamtprodukt gesellschaftlicher Bestimmungen der persönliche Sitz, an dem sich die Prägung der einzelnen Arbeitskraft zu einem gesellschaftlichen Arbeitswesen durchsetzt. **Die individuelle Arbeit ist also gerade nicht individuell bestimmt,** sondern gesellschaftlich. Individuell, durch Privateigentümer, erfolgt die Aneignung.

Das Individuum verhält sich diesem gesellschaftlichen Gesamtarbeiter gegenüber in doppelter Hinsicht ohnmächtig. Zum einen steht es einem Zusammenhang gegenüber, den es mit seinen kognitiven, affektiven und praktischen Organen und Möglichkeiten nicht wirklich erfahren und erfassen kann; es erfährt lediglich die Unangemessenheit, die Ohnmacht seiner individuell verfügbaren Mittel gegenüber der Totalität. Umgekehrt vermag die individuelle Arbeitskraft sich der Prägung und Bestimmung durch die gesellschaftliche Gesamtarbeit nicht zu entziehen. Diese ist vor Eingriffen des Individuums geschützt, das Individuum dagegen kann sich nicht abschotten oder abgrenzen gegen seine gesamtgesellschaftliche Prägung. Seit es eine Arbeiterbewegung gibt, gibt es Versuche, diesen Widerspruch zu beantworten durch solidarische Assoziation: Viele individuelle

Arbeitskräfte vereint gegen das Gesamtverhältnis. So entspricht es dem **Gefühl. Praktisch** sind solidarische Vereinigungen aber immer abgelenkt auf einen Gegner, der mit dem gesellschaftlichen Gesamtverhältnis nicht identisch ist. Die Entstehung der Arbeitsvermögen aus der Trennung – ein historischer Widerspruchszusammenhang, der an dieser Stelle einwirkt – macht es schwierig, die assoziativen Arbeitsvermögen so zu vereinigen, daß stabile gemeinsame Bewegungen zum Zwecke der *Aneignung* des gesellschaftlichen Gesamtverhältnisses zustandekommen. Dies fordert ein Mehrprodukt an Solidarität und Einigung. *Verteidigungsgemeinschaften,* die sich im Widerspruch von individueller Lohnarbeit und gesellschaftlicher Totalität *einrichten,* benötigen davon weniger. Z.B. richtet die Mehrzahl der Gewerkschaften in der Geschichte der Arbeiterbewegung die gemeinsamen Kräfte nicht auf politische, das gesellschaftliche Gesamtverhalten verändernde Kämpfe, sondern auf den Kampf um einen Anteil an Rückgewähr der toten Arbeit, also auf z.B. Lohnerhöhungen; zum geringeren, aber heute wachsenden Teil schon auf Verbesserungen der Situation am Arbeitsplatz, auf Zustandsänderungen der lebendigen Arbeit.

Umgekehrt funktioniert die zwangsweise assoziative Verknüpfung der Gesamtarbeit über den kapitalistischen Mechanismus – wenigstens bis zur Grenznutzen-Schwelle – umfassend. Es besteht ein Widerspruch in der Organisationsfähigkeit zwischen individueller Arbeit und gesellschaftlicher Gesamtarbeit. Die Gesamtarbeit tritt praktisch auf die Seite der Unterdrückerklasse, während die Kosten der Individualisierung einerseits (eine vergesellschaftete Gattungsbestimmung) und die Vergesellschaftung andererseits (eine gesellschaftliche, erworbene Eigenschaft) bei der lebendigen Einzelarbeit verbleiben. Dies schafft eine vehemente Gegenreaktion in den Motivationen der einzelnen Lebensabläufe. Die konsumtiven Bedürfnisse treten als Forderungen eines besseren Lebens in den Vordergrund, die auf Autonomie und Selbstbestimmung sich richtenden Bedürfnisse dagegen in den Hintergrund. In dieser Lagerung der Motive aber wird es schwieriger, Vorstellungsvermögen, Vereinigungen und Öffentlichkeiten zu produzieren, die sich überhaupt zum Gesamtprodukt der Gesellschaft vermitteln lassen. Die Kämpfe haben die Tendenz, sich naturwüchsig zum Distributionskampf zu verlagern, und passen sich dabei in der Regel an die **vorhandenen** Organisationsvermögen an.

Arbeitskraft als Resultat und als Prozeß

Im Resultat geht nie der Prozeß auf. Das Resultat selber ist ein stillgelegter Ausschnitt des Prozesses, deshalb ist vom Resultat aus der Gesamtprozeß nicht zu rekonstruieren, aus dem Prozeß auch nicht zwingen das Resultat. Der aktuelle Prozeß der Arbeit ist zusammengesetzt aus zwei verschiedenen Dimensionen der Veräußerung von Arbeitskraft; die eine Dimension besteht in einer Vielzahl von mehr oder weniger koordinierten Tätigkeiten, die immer vorhanden sind, aber während des Prozesses nie ins Bewußtsein treten. Es sieht so aus, als liefen sie nur nebenher, tatsächlich bilden sie aber eine sehr vielfältige Zuarbeit, die direkt und selektiv gar nicht auf das Produkt gerichtet ist, sehr wohl aber die Produktionsgrundlage bildet für jene **zweite** Dimension von Arbeit, die viel stärker intentional auf die Herstellung eines bestimmten Produkts und auf die Organisierung der Mittel konzentriert ist. Diese beiden Dimensionen, die im aktuellen Arbeitsprozeß gleich notwendig sind, können unter bestimmten gesellschaftlichen Bedingungen zu einer ungeheuren Summierung von Arbeitsmitteln führen, mit Resultaten, in denen die einzelnen Schritte dieser Arbeitstätigkeit und die tatsächlich aufgewendeten Energien überhaupt nicht mehr erkennbar sind. Rückwirkend vom Resultat zu versuchen, diesen Prozeß zu rekonstruieren, ist aus mehreren Gründen nicht möglich. Der eine Grund besteht darin, daß der Arbeitsprozeß in seiner ganzen Vielseitigkeit ohnehin nicht im Produkt objektiviert ist, sondern nur selektive Teile; der andere besteht darin, daß erhebliche Anteile der Tätigkeit selber gleichsam **unter der Schwelle des Bewußtseins** abgelaufen sind und auch jetzt, durch die Teilobjektivierung im Resultat, nicht sichtbarer, bewußter werden. So richtig es ist zu sagen, daß der Prozeß im Resultat nicht voll aufgeht, so richtig ist andererseits auch, daß das Resultat nicht im Prozeß aufgeht, also sich das Resultat im Prozeß spiegeln läßt. Es besteht hier eine grundsätzliche **Inkongruenz** zwischen Prozeß und Resultat, die in der Struktur des Arbeitsvermögens selber begründet ist. Ein weiterer Grund für diese Grenze der Erkennbarkeit wird von Marx genannt, wenn er das Beispiel von der zerbrochenen Gabel anführt, indem er sagt: Im **gelungenen** Produkt wird die Erinnerung an den Prozeß aufgezehrt, während erst die **zerbrochene** Gabel den Menschen darauf bringt, darüber nachzudenken und sich daran zu erinnern, ob etwa im Produktionsprozeß selber etwas schief gelaufen ist: das funktionierende, gelungene Produkt löscht die Erinnerung an die Produktion aus, so wie man sagen kann, daß ein gelungener Wiederaufbau einer Gesellschaft die Erinnerungen an das Leid und die Leistungen aufzehrt, die mit diesem Wiederaufbau verknüpft sind.

»Zerbrochene Gabel.« Richmond. Landeshauptstadt von Scarlett O'Hara.

In diesem **Mehrprodukt** des Arbeitsprozesses gegenüber dem Resultat liegt auch der innere Grund für die Beobachtung von Marx, daß hundert Arbeiter in einer Stunde mehr leisten als ein Arbeiter in hundert Stunden. Marx nennt diese Erscheinung: animal spirits. Es hat aber mit einer Begeisterung, »als wären Tiere versammelt«, nichts zu tun. Der Arbeitsprozeß findet statt auf Grund einer reichhaltigen Variationsmöglichkeit von Arbeitsvermögen. Aus diesem variierbaren Strom von Rückhandlungen, Umweghandlungen, möglichen Fehlhandlungen sowie einem Quantum von frei und erfundenen Varianten selektiert der auf das Resultat hinführende Arbeitseingriff das, was unter den konkreten Umständen paßt. Die **möglichen** Handlungen sind zunächst so wirklich wie die wirklichen. Bei der Zusammenarbeit zahlreicher Arbeitskräfte verbinden sich nun freie Varianten, erlernte Varianten oder Arbeitseingriffe, die Fehlhandlungen und Umwege ausschließen, so daß im Zeitraum zwischen den Arbeiten, unterhalb der Ebene bewußter Arbeit, intersubjektive Verknüpfungen von Arbeitsvermögen stattfinden, die das Resultat bereichern oder den Arbeitsvorgang schneller machen.

Im Prozeß, nicht aber im Resultat, kehrt sich dabei das Verhältnis von Zweck und Mittel vielfach um. Im Grunde finden meistens zwei Produktionen statt. Arbeitskräfte produzieren an einem **Produkt** und produzieren zugleich Verständigungen untereinander, solidarische Einhilfe, Lernvorgänge, zweigen Stücke gegenseitiger Lebendigkeit ab. Dies ist für den Prozeß der Wertbildung bloße Unterseite, für das wirkliche Leben, das sich im Arbeitsprozeß erhält, die Hauptseite.

In einer Leistungsgesellschaft gilt die ganze Aufmerksamkeit den Resultaten. Die Resultate erscheinen als das Wirkliche, demgegenüber erscheinen die Prozesse, aus denen das Wirkliche hervorgegangen ist, als geminderte Wirklichkeit, sozusagen Privatsache. Für die politische Ökonomie der Arbeitskraft sind es aber gerade die Prozesse und nicht die Resultate, welche die für die Analyse notwendige Bedingung erfüllen, daß **Arbeit und wirkliches Leben** identisch sind. Das sind sie im Resultat nicht. Es erweist sich, daß abstrakte Arbeit in der Wegnahme von konkreter Lebenszeit besteht sowie in der Rückgewähr eines Teilstücks. Die Zeit, in der eine Stanzerin an ihrem Gerät steht, ist aus ihrem Lebenslauf quasi gestrichen, es ist nicht sie als lebendige Person, sondern ihre Abstraktion, die dort steht. Macht sie Überflußbewegungen, die ihr der MTS-Mann auszutreiben gedenkt, so verstößt sie als etwas Wirkliches gegen die Unwirklichkeit des Zeitraums. Eine wichtige Frage der politischen Ökonomie der Arbeitskraft liegt wiederum darin, wie diese genannte Stanzerin sich für diese Abstraktion aus ihren Kräften herzurichten vermag. Für die Bedienung der Maschine muß sie sich nicht Mühe geben – es ist anstrengend, es verzehrt ihre Kräfte, aber die Maschine diktiert den Willen –, Mühe geben muß sie sich, **um es in**

dieser Abstraktion auszuhalten. Die Arbeitsleistung liegt also in diesem Produkt, das sie mit sich selbst herstellt. Ganz zweifellos geht genau das nicht in das Resultat ihrer Arbeit ein. Es ist dem Resultat nicht anzusehen, ob es von einer unwilligen oder einer zufriedenen Arbeiterin hergestellt wurde, solange der von Dritten gemachte Arbeitsplatz ihren Willen ausschließt und ihr Vermögen, sich in Fehlleistungen auszudrücken, einengt.[17]

> *Marianne Herzog* beschreibt eine Röhrenschweißerin, die nach etwa 30 Schweißungen jeweils eine ausholende flügelartige Bewegung mit ihren Armen macht, um in die funktionelle Arbeit an weiteren etwa 30 Röhrenteilen einzutreten. Für sie als Person wirklich (also Lebenslauf) ist die ausholende Bewegung, das Übrige ist unwirklich. Für den am Resultat orientierten Prozeß der Wertbildung verhält es sich umgekehrt.
>
> Assoziiert man die flügelartige Bewegung, Kratzen am Kopf, Auffangen eines Blicks einer Kollegin, einige Worte, kurze Frühstückspause, so bildet dies zusammengenommen kein Leben. Die personal unwirklichen, übrigens als Einzelprodukte ebenfalls unwirklichen Resultate des Teilprodukts verknüpfen sich zu einem verkaufbaren Zusammenhang.[18]

Die Umkehrung im Verhältnis von Fluß und Unterbrechung in der politischen Ökonomie der Arbeitskraft

Für den Arbeitszeitmesser ist der Arbeitsbegriff des Arbeiters der Fluß, die Pause eine Unterbrechung. In der **Lebenszeit** der Arbeitskraft ist es genau umgekehrt: die Arbeitszeit eine Unterbrechung. Nur eine ganz andere Form von Arbeit, die nicht-Entfremdete, ist »eine von allen Gesellschaftsformen unabhängige Existenzbedingung des Menschen, ewige Naturnotwendigkeit, um den Stoffwechsel zwischen Mensch und Natur, also das menschliche Leben zu vermitteln«[19]. Das Bedürfnis nach solcher Arbeit, »die Naturkräfte ein- und ausatmet«, verhält sich als Fluß gegenüber der entfremdeten Freizeit und der entfremdeten Arbeit. Es ist z.B. der Fluß des Protestes, der über Selbstentfremdung, den an sich vorhandenen Protest stillstellen muß, damit einer es in Arbeit und Freizeit aushält.

Die Umkehrung bezieht sich auf alle Grundstoffe, aus denen Arbeitsvermögen hergestellt sind. Diese Grundstoffe stecken keineswegs nur im Ruheansatz oder in der Leerbewegung, sondern sie sind vorausgesetzt bei jeder Vergegenständlichung von Arbeit selber. Sie sind dort, weil unbezahlt und separat nicht merklich, in ihrem Fluß unauffällig. So besteht Erinnerung aus einem solchen permanenten Fluß; die in dem Erinnerungsvermögen tätigen Kreisläufe (Spiralen) werden dadurch, daß eine Erinnerung ins Bewußtsein tritt, unterbrochen; der **bewußte** Kreislauf stellt für eine bestimmte Zeit, in der die Erinnerung sich wieder abschwächt und scheinbar verschwindet, den unbewußten still, danach beginnt erneut das unbewußte Fließen. Kinder in der Schule werden in dem permanenten inneren Strom an selbstvergessenen Vorstellungen **unterbrochen,** dadurch nämlich, daß sie aufmerken, Antworten geben, vom Lehrer aufgerufen werden. Ihre Subjektivität ist insofern die Unterbrechung.

Der Fluß des körperlichen Gemeinwesens besteht in der Ruheenergie der Nervenzellen, die durch die Reizung unterbrochen wird, um später zu ihrem eigenständigen Fluß zurückzukehren. Von Natur aus haben die Muskeln die Fähigkeit, sich – wie bei einem Parkinson-Kranken – permanent anzuspannen und zu entspannen. Dieses, ihr Potential, ist ihr Fluß; ein kompliziertes System von Hemmungen vermeidet diesen Bewegungssturm und ermöglicht, durch Unterbrechung, **gezielte Handlung.** Die zusammengesetzten Arbeitsvermögen selber fließen als **Potential.** Es ist im Ansatz des einzelnen Arbeitsaktes immer ein Mehr davon tätig, aus dem die Unterbrechungsfähigkeiten das für den konkreten Arbeitsgang Erforderliche auswählen und durch Stillstellung des übrigen Flusses befestigen. Die ist überhaupt der Grund, warum sich bewußte und zielstrebige Tätigkeiten aus dem Versuch/Irrtum-Verfahren herausbildet. Dieses Verfahren wäre nicht möglich, wenn nicht aus einem reicheren Fluß von Nicht-Realisiertem das Resultat sich verwirklicht.

Die Balance-Ökonomie der Arbeitsvermögen

Zu den im Arbeitsresultat nie und im Arbeitsprozeß selten sichtbaren Strömen gehören diejenigen notwendigen Arbeitsvermögen, die aus dem Prinzip der Doppelarbeit folgen, die die Arbeitskraft auf

Grund des Ersten Widerspruchs in der politischen Ökonomie der Arbeitskraft leisten muß. Dieser Strom von permanent aufgewendeter Arbeitskraft vergegenständlicht sich als die **Balance-Ökonomie.** Sie äußert sich z.B. in der Umwegproduktion der Kultur, in der Phantasietätigkeit, Arbeit des Protests, der Deutungsarbeit, der Trauerarbeit, in einer Fülle von Selbst- und Fremdtröstungen; sie ist praktisch als Annex Bestandteil eines jeden Arbeitsprozesses und zugleich Praxis einer kompensatorischen Gegenproduktion. Ihre Masse in der heutigen Gesellschaft entspricht etwa der, die in den beiden größten sichtbaren Anwendungsbereichen der Arbeitsvermögen, d.h. in der betrieblichen Arbeit und im Sozialisationsbereich, angewendet wird. Sie zeigt die Tendenz, immer mehr menschliche Energien an sich zu ziehen und ihrer Praxis zu subsumieren, da jede zusätzliche Entfremdung auch zusätzliche Gegensteuerung erfordert, damit es auszuhalten ist. Sie vermag aber diesen Abzug von Kräften gegenüber den mächtigen Realitätsagenturen der betrieblichen Arbeit nur in geringem Maße durchzusetzen; daher zieht sie sie aus dem weniger bewachten Lebenszusammenhang ab. Erfolgt das Abziehen von Kräften zur Balancierung durch weitere Verdünnung des Lebenszusammenhangs, so erfordert das wiederum zusätzlichen Aufwand an Balance-Ökonomie, um dies auszuhalten: Deshalb der bevorzugte Kräfteabzug aus allgemeinen, insbesondere politischen Interessen und Arbeitsvermögen. Da gerade die in solcher, auf das Allgemeine bezogenen Richtung verausgabten Interessen und Arbeitsvermögen Selbstbewußtsein konstituieren, werden auch hier anderweitige Balancen benötigt. So zehrt die Balance-Ökonomie gerade das auf, was sie unnötiger machen würde. Es versteht sich, daß nicht eine Balance-Ökonomie – und damit ein Arsenal von Arbeitsvermögen dieses Charakters –, sondern daß für jede Klasse, Produktionsweise, für Kinder, Frauen, alte Menschen, je nach Stellung im gesellschaftlichen Verhältnis, *verschiedene* Balancen nötig sind.[20]

Steuerungsarbeit

Die Balance-Ökonomie ist ein Spezialfall der Selbststeuerung. Unterschieden davon ist aber in jeder Verausgabung von Arbeitskraft ein Anteil von Steuerungsarbeit enthalten. Das, was bei Marx als

Unterschied zwischen Tischler, miserablem Baumeister und Biene erscheint, ist dieser Anteil der spezifischen Arbeitsvermögen der Steuerung. Sie müssen nicht im merkfähigen Bewußtsein, sondern können in der Routine, der besonderen Geschicklichkeit, verstreut sein. Ins Auge fallen sie vor allem als **Steuerungsverlust.** Ausfälle in der Balance-Ökonomie ergeben solchen Steuerungsverlust; das gleiche Resultat ergibt sich auf Grund des Balance-Imperialismus, d.h. aus der Logik des Abzugs von Steuerungsenergien, die zur Balancierung benötigt werden.[21]

Arbeitsvermögen, die sich auf Vereinigung der Kräfte richten

Es handelt sich um die Gegenbewegung zu Steuerungsverlust und aufzehrender Tendenz der Balance-Ökonomie. Wir hatten gesehen, daß ein System von Arbeitsvermögen, das historisch aber nicht als Zusammenhang entstanden ist, Arbeitsvermögen immer schon als etwas Zusammengesetztes entwickelt. Etwas Zusammengesetztes, d.h. eine Vereinigung, ist auch der Fluß der Arbeitsvermögen selber. Ohne eine spezifische **Ökonomie der Assoziation** ist die Erscheinung von Kooperation und die Erscheinung der unterhalb der industriellen Prozesse sich herausbildende **Solidarität** gar nicht denkbar. Diese Vermögen könnten nicht zwangsweise entstehen. Unter dem Gesichtspunkt der Nicht-Emanzipation reduziert sich diese Frage darauf, wie diese Kräfte funktionieren; als aus Trennungsprozessen und Widersprüchen entstanden, haben sie nicht die Tendenz, sich über ihre bereits vorhandene Kollektivität hinaus zu vereinigen. Unter dem Gesichtspunkt der Emanzipation lautet die Frage: In welchem Zusammenhang hätten diese Kräfte von sich aus die Tendenz, ihre historische Vereinigungsfähigkeit zu übertreiben und zusammenzufinden. Der Akzent liegt auf den Worten: **von sich aus.** Die Perspektive der Untersuchung muß sich also auf das selbsttätige Moment dieser Arbeitsvermögen richten. Nicht auf die Stellen, an der sie sich vereinigen **sollten,** kommt es an, sondern auf die Stellen, an der sie dies tatsächlich tun.

Das zunächst Verblüffende ist, daß die Konzentration der empirisch feststellbaren Vereinigungsfähigkeit nicht in den Arbeitsprozessen oder Lebensprozessen liegt. Die dort vorherrschenden zwangsweisen Vereinigungen enthalten ebensoviel auseinandertreibende Vermögen wie assoziative. Vielmehr existieren sie quer zum Arbeits- und Lebenszusammenhang. So besteht zwischen alle spezialisierten Arbeitsvermögen – z.B. allen Linguisten, Physikern, Ingenieuren, aber auch Briefmarkenexperten, Amateur-Funkern, Artisten, Arbeitern mit spezifischen Geschicklichkeiten – eine auf ihr Fach bezogene selbstverständliche und spontane Querbeziehung, dies sogar weltweit.[22] Die gleichen Qualifikationen sind in ihrer Verständigung innerhalb eines Betriebs durch Hierarchie und Konkurrenz gehemmt. Keine Querbeziehung innerhalb eines konkreten Arbeitsprozesses – und auch nicht die Beziehungen innerhalb einer gemeinsamen politischen Organisation – besitzt die Verknüpfungsstärke von fachlichen Querverbindungen, die die Arbeitsfähigkeiten untereinander, auf Grund stillschweigender Anerkennung, produzieren, sobald sie gewissermaßen aus dem unmittelbaren Zwangsverhältnis ihrer Produktion ausscheiden. Wie für die Betriebsarbeit und das Zusammenwirken innerhalb der allgemein verfaßten und nicht fachspezifischen Öffentlichkeit gilt dies auch für die Arbeitsformen der Beziehungen im Sozialisations- und Lebensbereich. Die Verständigung z.B. über erotische Fragen: so unmöglich sie in jedem einzelnen Beziehungsverhältnis ist, erfolgt spontan im scheinbar anonymen Querbereich, sofern dort Erfahrungsaustausch möglich ist. Öffentlichkeit verhält sich nicht nur zu Erfahrung, sondern spezifisch zu Intimität. Die Intimität als diejenige Realisierung von Erfahrung, in der ich selber in mir – und zwar geheim – prüfe, ob etwas mit meiner Erfahrung übereinstimmt. Solche Intimität ist der Gegenpol zur Öffentlichkeit. Tatsache ist, daß brauchbare Öffentlichkeit für Menschen als Prüfmechanismus diese Intimität besitzen müßte. Die Querverbindung der Intimität stellt ein Anwendungsfeld für die sich auf Vereinigung richtenden Arbeitsvermögen der Beziehungsarbeit dar, die die repräsentative, d.h. allgemeine – und auf Grund ihrer Ausgrenzungsmechanismen kontrollierende – Öffentlichkeit nicht besitzt.

Vertrauen als Basis der Arbeitsvermögen, die sich auf Realismus richten

In einer antagonistischen Realität ist eine realistische Handlung dadurch gekennzeichnet, daß sie den Anti-Realismus der Gefühle – deren Protest gegen unerträgliche Verhältnisse – als den Motor für Realismus anerkennt. Dies fordert, da der Anti-Realismus in Sinnen, aus Sinnlichkeit zusammengesetzten Ich-Gefühlen und den daraus wiederum zusammengesetzten Arbeitsvermögen gegen das offensichtlich mächtige Realitäts-Prinzip verstößt, **Selbstvertrauen.** Das Selbstvertrauen kann sich nur ernähren aus kollektiven Verhältnissen. Kernpunkte des Realismus – und der in ihm tätigen Arbeitsvermögen – ist die Produktion von solidarischen Erkenntnisverfahren, d.h. Selbstbewußtsein im materialistischen Sinn. Dies ist nichts individuell Herstellbares.[23]

Kein Mensch ist von Natur aus sachlich. Selbsttätig ist die antirealistische Arbeit der Motive, die Veränderung der Stoffe durch die Arbeit, die Unruhe. Daß daraus sachliche Haltung entsteht, bedarf der Konstruktion. Eine der wichtigen konstruktiven Tätigkeiten der realistischen Haltung besteht darin, das Fremde und Feindliche in sich aufzunehmen und es in etwas Eigenes zu verwandeln. Mißlingt solche konstruktive Arbeit, so muß es ausgegrenzt und abgewehrt werden; das **erscheint** als Sachlichkeit, ist aber die höchste Form von **unsachlich.** Unmöglich dagegen wäre es, das Fremde und das Feindliche weder auszugrenzen, noch durch Anerkennung sich zu eigen zu machen, da dies die Eigentätigkeit der lebendigen Arbeit außer Kraft setzen müßte. Das Teilstück eines solchen Versuchs ist in der Ausgrenzungsarbeit der Abwehrschranke enthalten; daß diese die Wiederkehr des Verdrängten und die Störung der auf Verdrängung begründeten Ordnung nicht ausschließt, zeigt, daß die Eigentätigkeit der lebendigen Arbeit nicht endgültig angehalten werden kann. Einer kann so tun als wäre er tot, aber er wird es dadurch nicht sein.

Das für die Konstruktionsarbeit der realistischen Haltung notwendige Vertrauen, aus dem die Anerkennung des Anderen sich produziert, hat in den Fraktionen des inneren Gemeinwesens Gegner: (1) Das natürliche Mißtrauen, das Fremdeln; (2) die Ambivalenz, die Unberechenbarkeit des fremden und Nicht-Eigenen, Mangel an Kredit; (3) der Mangel an Vertrauen darauf, daß die Anderen meine Widersprüche und Dissonanzen aushalten: Verheimlichung. Die Anerkennung des Fremden setzt voraus, daß ich meinen Widerspruch, mein Eigenes aufrechterhalten darf. Von der positiven Gegenseite aus gesehen geht es um: (1) Ein Stück Urvertrauen, einen Zuschuß aus der frühen Entwicklungszeit, ich muß Glück gehabt haben, um zur Realität gerecht zu sein; das ist das prinzipiell Ungerechte und Ungleiche des Realismusproblems[24]; (2) Selbstvertrauen; (3) Vertrauen zu den anderen, daß sie mich aushalten, die Dissonanz, wenn ich etwas Wirkliches von mir einbringe, und sich nicht fortwährend an mir rächen.

So wie Selbstvertrauen auf einen Funken von Urvertrauen immer wieder zurückgeht, muß ich mich selber für vertrauenswürdig halten, wenn ich annehmen soll, daß andere mich aushalten. Mißtrauen verewigt sich, wenn ich vor mir selber erschrecke. Das Bild, das ich mir von den Fähigkeiten der anderen mache, meinen Widerspruch anzuerkennen, ziehe ich aus mir selber.[25]

Man sieht Sachlichkeit am besten, wenn man sie als Erfahrungsvernarbung versteht. Sie schwankt zwischen dem **guten Willen,** sich der Reibung der Gegenstände, dem Objektdruck, zu unterwerfen, und dem **Omnipotenzgefühl,** dem spezifischen Eigensinn und Übermut der Erkenntnis. Aus beidem: (1) der Allgewalt, (2) der Berührungsfläche bilden sich die Wurzeln des Vertrauens, die der **Trennschärfe** und die des **Zusammenhangs,** jeweils auf zweifache Weise. Soweit Erkenntnisvermögen **Potential** bleibt, bleibt es bei dieser Zwiegestalt, in allen **Vergegenständlichungen** kommt es auf Grund der zwiefachen Wurzel zu einer Verwundung, später ist sie Narbe. Hierin ist eine realistische Haltung immer tote und lebendige Arbeit zugleich.

Die Unterscheidung von starken und schwachen gesellschaftlichen Kräften, von hermetischen und assoziativen

Konkretisieren wir die politische Ökonomie der Arbeitsvermögen in emanzipatorischer Perspektive, so zeigt die Praxis eine deutliche Unterscheidung: Abstoßung und Anziehung wie sie in den Sozialisationen, insbesondere in der Familie arbeiten, unterscheiden sich im Intensitätsgrad der Gefühle deutlich von den Motiven, die in die öffentlichen Angelegenheiten eingehen oder von denjenigen, die den Grundstoff in den industriellen Arbeitsprozessen bilden. Die letzteren bestimmen zwar die gesellschaftlichen Verhältnisse im wesentlichen, aber sie wären im einzelnen Menschen selber schwache Motive. Einige der stärksten Reaktionsbildungen, was Dissonanzen betrifft, z.B. Eifersucht, Ich-Stärke in Form des Charakterpanzers, Sinn des Habens, unbeirrbare Liebe, Geiz, Selbstaggression (Realitätsflucht, Flucht in den Tod), Panik usf. binden und entäußern stärkste Kräfte, aber verbleiben hermetisch; die darin arbeitenden Vermögen sind nicht assoziationsfähig. Bei Häufung explodieren sie eher, als daß sie sich mit verwandten Kräfteakkumulationen binden. 22 Medeas, 46 Othellos, 5 Shylocks, mehrere Michael Kohlhaas', 12 Hamlets, 4 Beethoven und 14 Lady Macbeth konzentrieren gemeinsam ungeheure Kräfte, aber diese bilden **keine** Gesellschaft.[26]

Ohne das Moment der Dramatik – also der einseitigen Konzentration von Kräften –, welches Prinzip des bürgerlichen Trauerspiels ist, erweist sich die hermetische Struktur von Arbeitsvermögen als das Wesen derjenigen Produktionsweisen, die das Besondere zu ihrem Gegenstand haben. Das, was ich als Besonderes bin, z.B. meine Würde, **mein** Acker, **meine** Frau, **meine** Tiere: das, was ich um keinen Preis verkaufen würde, was meine feste Gewohnheit und die Überlieferung der Generationen ist, das steht dem Austausch ebenso wie der Vereinigung der Kräfte (Assoziationen) entgegen. Letztlich produziert dieses Besondere – es ist als Kategorie des ursprünglichen Eigentums etwas Mächtiges und Allgemeines – auch ein Gemeinwesen, das aus vielfachen Besonderungen besteht, ein Gemeinwesen für mich, was ausschließt, daß ich es gemeinsam mit anderen **wirklich** bilde.

Man muß sich vorstellen, daß in einer vom Kapitalprozeß unberührten Agrarlandschaft ein Interesse erweckt werden soll für Universalien wie Geld und Logik. Dieses Interesse kann im Individuum, das von einer Blutsverwandten- oder Stammesgesellschaft hergestellt wird, nur als schwache Kraft entwickelt sein. Das, was ich um keinen Preis verkaufen würde, wird stärkere Kraftfelder in mir besetzt halten als die gewiß auch vorhandene schwache Vorstellung, es könnte ein abstrakt Allgemeines geben, das die Welt untereinander verbindet. Es ist ein komplexer Prozeß, der stattfindet, damit unter Einwirkung des Kapitals und seiner Fähigkeit, starke fremde Faktoren in seinem Kreislauf zu vereinigen, das schwache Bedürfnis, etwas, das ich von meinem Besonderen erübrige, als Allgemeines zu bezeichnen und zu tauschen, zur starken Eigenschaft wird. Dies ist auch nur deshalb möglich, weil die in jedem Einzelnen nur schwach vorhandene Reaktion auf den kapitalistischen Vorschlag – und auch nach gewaltsamer Trennung von den ursprünglichen Produktionsmitteln und gewaltsamer Durchsetzung der Ware als Kategorie der Realität macht das Kapital **der Form nach** nur Vorschläge – sich **assoziativ** zur gleichen schwachen Kraft in den anderen Menschen verhält.

Die Akkumulierung dieser Annahme, daß es allgemeine Zeichen wie Geld und Logik gibt, führt, äußerlich gesehen, weder zu Explosionen gegeneinander, noch zur Dissoziation. Sobald dies eine kollektive Erfahrung geworden ist, arbeitet sie dem Vorschlag des Kapitals zu. Sind einmal die individuell schwachen Kräfte verallgemeinert, d. h. ist durch kollektiven Austausch von Erfahrung ein kollektiver gemeinsamer Bestand des Verhaltens entstanden, erweisen sich Geld und in begrenzterem Umfang Logik als **dominierende Mächte,** die in Rückwirkung die schwache Kraft im einzelnen Menschen als starkes Motiv erscheinen lassen. In Wahrheit ist es als einzelne Eigenschaft nicht stark geworden, aber es hat sich gesamtgesellschaftlich assoziiert. Man könnte, statt von einer Gesellschaft zu sprechen, **für jede solcher Assoziationen,** der des **Geldes,** der des Allgemeinen Wohls, der der gemeinsamen Abwehrgemeinschaft in Form des **Vaterlandes,** der der **Höflichkeit,** Hilfsbereitschaft – sämtlich im Individuum **schwache Kräfte** – als von einer Gesellschaft sprechen, einer konkreten Assoziation von Eigenschaften. Die starken wie die schwachen Eigenschaften können sich **unmittelbar,** kollektiv-übersetzt als gesellschaftliche Eigenschaft, als **induktive Kräfte, konform** oder **in Gegenbewegung,** als **Übersprungsmo-**

tiv oder **Ersatzhandlung,** als **Übertragung** usf. verhalten. Z.B. kann eine Beziehung zum Vater Anziehung und Abstoßung umfassen. Beides werden wegen Stärke der Berührungsfläche und Kristallisation, also der Verletzungen durch die väterliche Autorität und der Attraktion dieser Autorität, **starke Kräfte** sein können. Sie induzieren eine Kette von Nachahmungen, Vermeidungen, die jeweils in die Ich-Stärke oder deren Panzerung eingehen. Sie können in Form einer Übertragung und Verwechslung sich auf den Staat oder den Staatsführer beziehen. Diese übertragenen Kräfte sind dann wegen des unvermeidlich auftretenden libidinösen Übertragungsverlusts schwächer als gegenüber dem konkreten Vater, aber um die Abstoßung zum Vater wiederum von Hemmungen befreit, und erscheinen deshalb stark.

Hohe Intensitätsgrade der Motive, die starke Arbeitsvermögen hervorbringen, haben ihre Wurzel in dem, was mich angeht; die Gefahr von Verlust trifft mich, ich verteidige diese Kräfte, sie gehören zu meinem ursprünglichen Eigentum. Dann setzt ihr Einzug in die Kooperationen, ihre Vergemeinschaftung, ein Vertrauen voraus, das in der Regel nirgends produziert ist. Es ist eine Funktion ihrer Stärke, daß sie beim Zusammenbau eher explodieren als sich einfügen. Das gleiche gilt nicht für die schwachen Kräfte, die sich zu Arbeitsvermögen zusammensetzen, deren Verteidigung und Abgrenzung mir nicht so notwendig erscheint. Auch Terror produziert in diesem Sinne immer nur schwache Eigenschaften.

In der Physik unterscheiden wir vier Kräfteverhältnisse: die Coulomb-Kräfte, die starke und die schwache Wechselwirkung und die Gravitation. Elektrische Anziehung und Abstoßung, d.h. Coulomb-Kräfte, unterscheiden sich in ihrer Stärke um die Größenordnung von 10^{36} von der Gravitation. Die negative Ladung der Elektronen und die positive des Atomkerns gestalten die Verhältnisse innerhalb des Atoms abschließend – wir lassen hier einige Faktoren aus. In dieser Ebene ist die Gravitation so schwach, daß sie kein Physiker berücksichtigt. Die starken Coulomb-Kräfte lassen sich über ein bestimmtes Maß hinaus aber nicht vereinigen; eine Assoziation über dieses Maß hinaus bringt das Aggregat zur Explosion. Ganz anders verhält es sich mit der im einzelnen Atom schwachen Wirkung der Gravitation. Zu ganzen Sonnen assoziiert (unsere Sonne enthält 10^{56} Atome) bestimmt diese Kräfteassoziation die Bahnen der Planeten.

Die Unterscheidungen der Physik haben direkt mit unserem Thema nichts zu tun, da sie sich nicht auf *gesellschaftliche* Anziehungs- und Abstoßungskräfte beziehen. Von ihnen geht jedoch eine Herausforderung aus. Es wird offenkundig, daß wir bei gesellschaftlichen Wechselwirkungen ohne Beobachtung der elementaren Natur der Grundkräfte vorgehen, von den bloßen Resultaten her pauschalisieren. Wir müssen darüber beunruhigt sein, daß wir aus der Beobachtung gesellschaftlicher Kräfte nicht *mehr* elementare Unterscheidungen gewinnen, als die Physik der Natur abliest, wenn es doch dort sicher um keine komplexere Materie geht. Die Bindungs- und Trennungserscheinungen der Natur sind in den *organischen* Körpern übrigens noch wesentlich subtiler. Wir kennen die chemischen Bindungen (Hauptvalenzen). Sie liefern aber nur einen Teil der Kräfte, die im inneren Gemeinwesen der lebendigen Körper die Makromoleküle und komplizierten Strukturen überhaupt ausbilden. Es sind nicht Hauptvalenzen, sondern die *Neben- und Restvalenzen*, die diese zentrale organisierte Arbeit leisten: die Wasserstoffbrücken und die van der Waals'-Kräfte. Sie sind gegenüber den sonstigen intramolekularen und zwischenmolekularen Kräften unglaublich schwache Wirkungen, summieren sich eben *gerade dadurch* zu erheblichen Bindungskräften. Schwach = beziehungsreich. Es verhält sich wie mit dem Denken, das schwächer ist als Tun, und **um dieses Schwächer beziehungsreicher.**[26a]

Es sind die Organisationsweisen, nicht die Kräfte, die bei starken Eigenschaften hermetisch wirken

In der Praxis wird die Hermetik der starken und die Assoziationsform schwacher Kräfte überlagert durch Hierarchien und Autorität. Das sind bereits Synthesen, Ansammlungen. Eine starke Autorität polarisiert; sie ruft um sich herum Gegenkräfte hervor, in ihrer unmittelbaren Nähe schafft sie eine Wüste. Sie zeigt wenig Neigung, sich mit anderen starken Autoritäten zu assoziieren, vereinigt eher sämtliche umgebenden Schwächen auf sich. Sie muß Mimikry begehen, sich schwächen, wenn sie größere Zusammenhänge ergreifen soll.[27]

Der Kern liegt in den Verkehrsformen der Organisation. Starke Eigenschaften sind nicht *an sich* assoziationsunfähig; sie erweisen sich in den überlieferten Organisationsweisen als hermetische, als schwache. Die Ableitung differenziert das Eigentumsverhältnis. Es kommt darauf an, ob einer etwas von sich an eine Assoziation abzugeben vermag. Bei großer **Masse an Trennschärfe** (Unterscheidungsvermögen) und, damit verbunden, großer **Masse an Zusammenhang des Besonderen** erweisen sich die bekannten Organisationsweisen als zu abstrakt. *Sie* sind es, die bei starken Eigenschaften hermetisch wirken.

Das Teilinteresse am Kegeln oder Pferdelotto läßt sich quer durch die Gesellschaft vollständig organisieren. 7000 Kleinhändler könnten Teilstücke ihrer Existenz miteinander vereinigen, Einzelinteressen. Geht es um ihre gesamten Existenzen, wäre dies bereits schwieriger. Sind es nicht Kleinhändler, sondern ist das, was sich assoziieren soll, in einer konkreten Produktion gebunden, so läßt es sich wiederum schwer organisieren, auf jeden Fall nicht zentralisieren, wenn die produktive Situation nicht in die Zentrale mit eingerückt werden kann. **Interessen sind daher assoziationsfähiger als Bedürfnisse.** Richtet sich in einer Partei der Grünen die Assoziationen ausschließlich auf die Abwehr von ökologischen Gefahren, die alle kennen, so ist der Einigungsgrad hoch. So könnte eine gegen Kernkraftwerke und offensichtliche Umweltverschmutzung gerichtete Massenbewegung recht kurze Parteitage veranstalten und dennoch Ausstrahlung auf Dritte haben. Werden dagegen Fragen der ganzen Existenz eingebracht, so sind die Zusammenhänge und die Trennungen so elementar, daß die Sitzungen praktisch permanent sein müßten, um die notwendig folgende Fraktionierung aufzuheben; und auch dann würde jede denkbare Versammlung darunter leiden, daß sie nicht vollständig ist; wären andererseits alle Abwesenden zur Stelle, müßten die Redezeiten über Jahre hin auseinandergelegt sein. Es bliebe immer noch der Widerspruch, daß es den unmittelbar in ihrer Existenz Betroffenen um ihr Leben und um ein praktisches Tun und nicht nur um Reden geht. Die Härte liegt darin, daß die schwächere, einseitigere Organisation vollständiger sein kann, als die zusammenhängendere. Die Organisationsdebatte muß sich auf diese Dialektik einlassen. Kleinhändler, die wir als Beispiel genommen hatten, haben von sich den Eindruck, daß sie unter bestimmten Bedingungen Herren ihrer Existenz sein oder werden könnten. Arbeiter sind nicht Herren ihrer Existenz. Ihr Besonderes steckt in den Lücken des Produktion- und Lebenszusammenhangs und ist von dort besonders schwer wegzuholen. In die Arbeiterorganisation geht deshalb wenig von diesem Unmittelbaren, aus dem der Klassenkampf wirklich besteht, ein.

Die Assoziationsschwierigkeit der Stärken hat insofern grundlegend verschiedene Ursachen: (1) die Zerstreuung, die zeitlich und örtliche *wirkliche* Verteilung der Stärken in der Gesellschaft; (2) die Substanz dieser Stärken. Substantiell stark sind z.B. nach Trennschärfe und Zusammenhang, Liebe, Hautberührung, Angst, Trauer. Was ich an jemand liebe, kann ich schon meinem besten Freund nicht genau und vielleicht niemals in Worten erklären, die Haut unterscheidet vielfältig; es ist möglich, das Fingerspitzengefühl verschiedener Arbeitender zu vereinigen, aber wo ist so etwas organisiert? Man kann beobachten, wie Angst zusammendrängt, bei der ersten Erschütterung läuft aber dieselbe Angst auseinander. Für Gesellschaften und Einzelne ist es gewiß, daß Trauerarbeit eines der elementarsten vereinigenden Momente enthält; praktisch macht aber Trauer in der Öffentlichkeit einsam. Nur die Abstraktionen der Trauer werden in kollektiver Form aufgegriffen und zu Verschleierungsarbeit angewendet. Man darf sich bei der Beobachtung nicht dadurch irritieren lassen, daß jede starke Kraft zugleich sekundär als schwache Eigenschaft von gesellschaftlichen Organisationen angewendet wird.[28]

Kräfte sind stark, weil sie sich bereits vielfältig zusammensetzen; eine Eigenschaft ist individuell stark, wirkt sich in kollektiver Kombination schwach aus; eine starke gesellschaftliche Bewegung hat im Einzelnen schwache Echos; durch Reizung, Stauung oder aber auch durch Betätigung wird eine ursprünglich schwache Eigenschaft ausgebildet und auf diese Weise stark. Durch Nicht-Anwendung, Streuung, wird eine starke Eigenschaft schwach. Die Bewegungen kommen nicht nur dadurch zustande, daß alle Eigenschaften Reflex der bestehenden Assoziationserfahrung sind, sondern die Kräfte besitzen selber Eigenbewegung, die sich verändert.

Michael Kohlhaas

»Die *Enteignungen der eigenen Sinne* finden nicht unter Naturverhältnissen, sondern in der Gesellschaft statt. In der Tat: ›Der Herr des Gemeinwesens war irgendwann einmal etwas Gutes, sein Enkel tut nichts Gutes.‹ Nehmen wir die Geschichte des Michael Kohlhaas, als Beispiel für Enteignungen, die ein Motiv des großen Bauernkrieges sind und die sich, bis zu Verwüstungen, im Dreißigjährigen Krieg fortsetzen. Der Roßhändler Kohlhaas, ›Muster eines guten Staatsbürgers‹ erzieht seine Kinder in der Furcht Gottes zur Arbeitsamkeit und Treue. Das Rechtsgefühl aber machte ihn zum Räuber und Mörder, stellt Kleist lapidar fest. Was ist geschehen? Kohlhaas trifft, als er wohlgenährte Pferde zum Markt ins ›Ausland‹ bringen will, auf einen Schlagbaum, den es vorher nicht gegeben hat. Ist der alte Herr tot? fragt er. ›Am Schlagfluß gestorben‹, erwiderte der Zöllner, indem er den Baum in die Höhe ließ. – ›Hm! Schade!‹ versetzte Kohlhaas, ›ein würdiger alter Herr, der seine Freude am Verkehr der Menschen hatte, Handel und Wandel, wo er nur vermochte, forthalf…‹ (Kleist, *Michael Kohlhaas*). Der neue Junker der Tronkenburg verlangt, überraschenderweise, einen Paßschein, den die Bürokratie in Dresden ausstellt; um ihn holen zu können, überläßt Kohlhaas ihm, immer noch auf altes Recht vertrauend, seine Rappen als Pfand. Als er zurückkehrt, sind sie zu Schindmähren heruntergewirtschaftet. Er fordert Wiedergutmachung, zunächst friedlich und geduldig, mit Eingaben bei seinem Landesherrn, dessen Güte ihm nicht zweifelhaft ist. Erst als alles nichts nützt, entschließt er sich, sein altes Recht eigenmächtig und mit Gewalt einzuklagen, *und er kämpft, wie Bloch gesagt, hat für ein überholtes Pfandrecht, als wäre es Naturrecht.*

Am Vorabend der bürgerlichen Agrarreformen.

Nicht das *Motiv* der Rebellion, ihr *Ende* verweist auf Charakterzüge der preußisch-deutschen Geschichte. Der eigensinnige Sozialrebell erhält *sein* Recht, um eine komplette Rehabilitierung, bis in die unrechtmäßig entwendeten Kleinigkeiten hinein, Rappen, Halstuch, Reichsgülden, Wäsche, sogar die Kurkosten für seinen gefallenen Knecht – und wird anschließend hingerichtet. Wegen Landfriedensbruch. Seine Söhne werden nobilitiert, zur Pagenschule geschickt und zu Rittern erzogen. Hinrichtung und Nobilitierung – das sind die zwei, sich genau entsprechenden Methoden, den kollektiven Protest zu *privatisieren*, den Eigensinn zu enteignen.«[29]

Wir finden hier eine ganze Kette von Ineinanderverwandlungen starker und schwacher Eigenschaften. Wiederholt greifen kollektive Manipulationen ein, die Verwandlungen auslösen, immer wieder sind es aber auch Eigenbewegungen, die in Verwandlungen antworten. Wird das überholte Pfandrecht sinnlich konkret verletzt, so wird aus einem schwachen Motiv ein starkes; der Blick auf die herabgewirtschafteten Pferde macht aus der Abstraktion des Rechts eine Konkretion. Der preußische Charakterzug, den Kleist in Kohlhaas' Ende hineinlegt (er wiederholt sich heute alltäglich bei jeder Entlassung aus der Strafanstalt), ist eigentümlich kasuistisch. Er besteht bei einer Reihe von schwachen Fundierungen. Kein lebendiger Mensch wird in seine Hinrichtung einwilligen, nur damit ein ursprünglicher Rechtsgedanke dargestellt wird und er zuvor verlorene Kleinigkeiten zurück erhält. Die Rückgewähr dessen, was Kohlhaas rechtlich zusteht, im Tausch gegen sein Leben, ist als Tausch unwirklich. In der Geschichte des preußischen Staates ist aus solchen Energien etwas Handfestes gemacht worden, praktisch das Umgekehrte wie in der Geschichte von Kohlhaas. Die sog. Preußische Idee der versachlichten Moralität hat ein pragmatisches Machtwesen hervorgebracht. Im deutschen Reich nach 1871 besteht der Tausch zwischen der Gesamtheit der Einzelnen und der neuen Reichsorganisation darin, daß die verinnerlichten Prinzipien und Ideen aufgegeben werden müssen und dafür die gesellschaftlichen Kräfte pragmatisches und ökonomisches Leben einhandeln.[30]

Es gibt Phantasiebilder starker Eigenschaften, die die Eigenschaften selber fast vollständig geschichtlich ersetzen. Starke Eigenschaften scheinen aus der Praxis zu verschwinden. Dies gilt z. B. von der Rache. Sie ist noch im Mittelalter eine starke Kraft; heute ist sie das vor allem in Randzonen; die Vorstellung davon ist stark, die Ausübung selten. Die einer Eigenschaftskette zugrunde liegenden Energien können nicht verschwinden. Man muß sie suchen: (1) in der Zerstreuung, zersplittert in Milliarden Rachegeister, ist die ursprünglich starke Eigenschaft in zahllose Verhältnisse versprengt; (2) in den Elementen, in die durch Zusammensetzung starke Eigenschaften bei Wirklichkeitsverlust zurückfallen.

Man erkennt dies, wenn man die Verschlüsselung des Wortes Rache auf das hin auflöst, was ihr zugrunde liegt: sie ist Narbenbildung[31], die aus den Versuchen entsteht, ursprüngliches Recht wiederherzustellen, **Unrecht umzukehren** (siehe Bd. 6.3, S. 283 ff.). In dieser Ausdrucksweise ist ihr Produktionsmoment sichtbar, das in der Verbindung mit dem Vernichtungsprinzip, in den Racheakten selber, verdeckt ist. Man wird davon ausgehen können, daß keine Assoziation Stärke haben wird, wenn sie nicht dieses Element der Umkehr des Unrechts in sich hat.

Im Dritten Reich dringen die verinnerlichten und ausgegrenzten Bilder ins Kollektiv zurück und tauschen dafür Zerstörung der Städte, Vernichtung von Leben, Ökonomie, Staatswesen ein. In verschiedenen Konstellationen verwandeln sich starke und schwache Eigenschaften ineinander.

DREHPUNKTE DER ARBEITSVERMÖGEN

Arbeit ist die Kategorie der gesellschaftlichen Veränderung. Was das ist, wird verständlich aus dem Gegensatz: der naturwüchsigen, im gesellschaftlichen Sinne **un**bestimmten Veränderung. Voltaire protestiert gegen das Erdbeben in Lissabon: das Erdbeben verändert, aber es ist nicht Arbeit.

Andererseits: Eine Stadt wurde gebaut; eine Industriezone entsteht; diese bestimmte Landschaft ist jetzt in spezifischer Weise verändert: die zahlreichen Dinge, Baumaterialien, Beziehungen, von Menschen bewegt und verändert, daraus ist ein gesellschaftliches Verhältnis entstanden; es sind menschliche Interessen und Bedürfnisse, in Dinge eingebaut; **das ist Arbeit.**

Als Kapitalwert wird **eine** Dimension dieser Veränderung gemessen, alle übrigen werden nicht gemessen. In dem physikalischen Meßwert 1 erg wird ebenfalls etwas davon gemessen. Es ist nicht identisch mit dem Wert im kapitalistischen Sinne, aber gemessen wird gleichfalls nur ein Resultat (Kraft × Weg). Wesentliche Seiten der gesellschaftlichen Veränderung sind ausgelassen.

Nähere Bestimmung der Kategorie Arbeit

Das Korn auf dem Felde wächst heran. Dieser Vorgang ist nicht Arbeit. Im Zusammenhang des Produktionsprozesses der Bodenbearbeitung heißt, ist es notwendiger Bestandteil. Die begriffliche Unterscheidung zwischen Wachsen und produktivem Eingriff des Menschen ist für den Produktionsprozeß gleichgültig. Für die Frage, was in einem Produktionsprozeß als Arbeitskraft bezahlt werden muß und was unbezahlte Arbeit leistet, was dem subjektiven Willen unterliegt und was davon unbeeinflußt bleibt, ist die Unterscheidung dagegen **wesentlich.** Die Schärfe des auf die Unterscheidung angewandten analytischen Interesses folgt aus dem Ausbeutungsinteresse, zum anderen aus einem Interesse, sich zum Produktionsprozeß realistisch zu verhalten, d. h. festzustellen, was ein Arbeitender überhaupt vermag. Die analytischen Antworten werden, je nachdem, welchem dieser beiden Interessen ich folge, verschiedenartige Abgrenzungen ergeben.

Die Summierung von instrumentellen Egoismen, die das Geschichtsprodukt hervorbringt, drückt sich dazu negativ aus. Das einzelne Ausbeutungsinteresse interessiert sich vehement für einen hohen Zuschuß an unbezahlter Arbeit, »Naturarbeit«, benennt also nur den unbedingt notwendigen Eingriff als **Arbeit.** Die lebenslängliche Arbeit des Herzschlags wird sowenig bezahlt wie die Doppelarbeit der Arbeitskraft, die aufgewendet werden muß, um mit sich zurechtzukommen. Wie der nach diesen Subtraktionen vom ganzen Menschenwesen übrigbleibende **Rest** an instrumenteller Arbeit funktioniert, interessiert das Verwertungsinteresse dagegen außerordentlich.

Die Summierung aller Ausbeutungsinteressen gemeinsam verfährt anders. Dies ist der Blick der Kultur auf die Arbeit. Sie hat kein Interesse, den Widerspruch zwischen unbezahlter und bezahlter Arbeit überhaupt öffentlich aufzuwerfen, und blendet, wie wir später sehen werden, Arbeits- und Lebenszusammenhang als Prozesse überhaupt aus, befaßt sich nicht mit Unterscheidungen.

Wieder anders liegt das Interesse der Arbeitskraft selber. Die Frage danach, was noch zur Arbeit zählt und wo das sog. Private beginnt, ist ein Kampffeld von Klassenauseinandersetzungen.[32] Die Vereinigung aller Arbeitskräfte vermag hierzu keinen gegenüber der bürgerlichen Kultur selbständigen Begriff der Kategorie Arbeit zu entwickeln, weil sich gerade hierüber keine Einigungen erzielen lassen, keine öffentliche Diskussion stattfindet. Die Produktion dieses Begriffs setzt die Produktion proletarischer Öffentlichkeit voraus.

Wir haben die Entstehung der Arbeitsvermögen aus den geschichtlichen Trennungsprozessen von Boden und Gemeinwesen – und der Permanenz von Enteignung und Auftrennung in der Geschichte des spezifischen Landes angedeutet. Für den Charakter der Arbeitsvermögen wird diese historische Chiffrierung in jeder besonderen Geschichte eines Landes vermutlich verschiedene Grenzen und Grenzüberschreitungen für die Bestimmung der Arbeitsvermögen umfassen.

Wir haben Grund, nicht so nach einer festen Grenze zwischen Arbeit und ihren Gegenpolen zu suchen, als könnte diese Abgrenzung die Form eines Zaunes haben: bis zu diesem Punkt – und allgemein – ist es Arbeit, darüber hinaus Natur, Wachsen, »bloße Tätigkeit«. Statt dessen versuchen wir, vom Drehpunkt der einzelnen geschichtlich entstandenen Arbeitsvermögen deren Kraftfeld zu bestimmen. Diese Bewegungsgesetze, Pole oder Drehpunkte liegen im Zentrum, dem **Motiv** von Eigenschaften. Sie verhalten sich zur genauen Bestimmung der Grenze relativ gleichgültig.[33]

Antagonistische Realität der Arbeit

Von jedem klassenspezifischen Interesse, das einem anderen Interesse notwendig widerspricht, läßt sich an den Begriff der Arbeit eine andere Frage richten. Der Antagonismus des Unterscheidungsinteresses überträgt sich auf die Antworten. Das Ergebnis sind verschiedenartige Abgrenzungen. Vom Interesse des **Lebendigseins** aus gesehen, sind breite Teile der abstrakten Arbeit unwirklich; für das verwertungsinteresse sind sie dagegen besonders harte Wirklichkeit. Der instrumentelle Arbeitsbegriff, wie er der Kapitallogik entspricht, widerspricht dem emanzipatorischen, der auf allseitige Entfaltung von Arbeitseigenschaften sich richtet, aber die eine Unterscheidung ist nicht falsch, wenn die andere korrekt ist; sie koexistieren nebeneinander, bezeichnen verschiedenen Perspektiven, so wie die Widersprüche in den Arbeitsprozessen miteinander streiten.

So gleichgültig eine allgemeine Trennlinie auch ist, so interessiert ist jeder der in Bewegung befindlichen, in Widerspruch zueinander stehenden gesellschaftlichen Beobachter doch an den Drehpunkten und den Nahstellen, an denen die Konflikte besondere Erfahrungen und Arbeitsvermögen provozieren. Besonders wichtig ist die Verschiedenartigkeit der Aspekte, wenn sich ihre Unterschiede mit weiteren Unterscheidungen verbinden: die Arbeitsvermögen unterscheiden sich äußerlich, je nachdem, ob sie funktionell, historisch oder analytisch nach der widersprüchlichen Zusammensetzung ihrer Grundeigenschaften untersucht werden. Diese in der empirischen Arbeit durch die Synthese verdeckten Grundelemente besitzen sämtlich als einzelne **Eigensinn.** In einer antagonistischen Realität wechseln die Wirklichkeitscharaktere zwischen unwirklich, antiwirklich und wirklich.

Unter Subtraktion der Widersprüche betrachtet, d.h. in unrealistischer Perspektive, handelt es sich um gleichzeitige Eigenschaften oder Prozesse. Vom realistischen Standpunkt der wirklichen Interessen gibt es diese Eindeutigkeit nicht. Bleibt anerkannt, daß die menschlichen Produzenten sich wie Zuschauer, aber nicht als Bestimmende, zu dem von ihnen produzierten Geschichtsprodukt verhalten, so ist das gesamte Vermögen: die historische Synthese der empirischen Arbeitskraft, **wirklich.** In dieser Feststellung ist der Antirealismus des Protests ebenso ausgegliedert wie die Kategorie der Emanzipation. Diese ist nach dem um seine antirealistischen Züge beschnittenen Realitätsprinzip etwas Unwirkliches, Utopisches.

Die Partei der Emanzipationsinteressen vertritt, so wie sie in den materiellen Verhältnissen zwar verstreut, aber wirksam ist, den genau entgegengesetzten Standpunkt: ein gesellschaftliches Verhältnis, dessen bestimmendes Merkmal darin besteht, daß die Produzenten von ihrem eigenen Produkt beherrscht werden, ist ein **unwirkliches** Verhältnis.

In einem Krisenzusammenhang, der auf einen modernen Krieg zutreibt, sind alle einzelnen Elemente Arbeitsprozesse, die in ihrer Isolierung als zweckmäßig gesehen werden können. Der aus diesen Elementen zusammengesetzte Gesamtprozeß ist **unwirklich.** Die einzelnen Elemente bestehen aus gegenständlichen Arbeitsgängen. Der Bewegungsrichtung des Gesamtzusammenhangs hingegen fehlt die wichtigste Bestimmung von Wirklichkeit: die Gegenständlichkeit. Umgekehrt: Einzelnen Prozessen der abstrakten Arbeit, die sich auf Teilzulieferung beschränken, fehlt die bestimmte Gegenständlichkeit. Sie erweisen sich als entwirklicht. Erst im nachhinein wird das ungegenständliche Teilprodukt zu einer Ware, d.h. zum Gegenstand. Im Gesamtzusammenhang entsteht so hohe industrielle Produktion, etwas Wirkliches.[34] Die entwirklichte Grundsituation ist vom Lebenszusammenhang der darin Betroffenen her gesehen aber wirkliches Leben gewesen. Zugleich sagen die Antirealismen im Gefühl derselben Betroffenen: **Es kann nicht wirkliches Lebens gewesen sein.**

Die Vielgestaltigkeit des Wirklichkeitsbegriffs enthält Ordnung und nicht Verwirrung. Verwirrend ist es, einen Allgemeinbegriff auf das Verschiedenartige zu setzen.

Unser hauptsächliches Untersuchungsinteresse bezieht sich auf diejenige Kategorie der Arbeit – unter so vielen –, welche die Arbeitsvermögen auf ihre Fähigkeit hin untersucht, das Geschichtsprodukt zu beherrschen und nicht von ihm beherrscht zu werden. Man könnte zunächst denken, daß für eine solche emanzipatorische Absicht die materielle Zusammenfassung an Vermögen und Kräften sehr viel größer sein muß, als es Arbeitsvermögen sein müssen, die sich in der Entfremdung einrichten. Tatsächlich messen sich aneinander: die Materialität des Gegenstandes (der Geschichtsproduktion) und die Materialität der Arbeitsvermögen.[35] Bei diesem Vergleich geht es jedoch nicht um Quantitäten. Unter bestimmten Umständen ist die Materialität von Arbeitsvermögen, die sich im Bestehenden einrichten, sogar quantitativ höher als die Arbeitsvermögen, die zum Durchbruch nötig sind. Weil hohe Mengen an Arbeitskraft verausgabt werden müssen, um es auszuhalten. Der materielle Unterschied – und damit der Kernpunkt des Vergleichs – liegt in der unterschiedlichen Formgestalt und der Qualität der Allianzen, die die Arbeitsvermögen untereinander eingehen. Es geht um ein überragendes Maß an Kooperation, nicht um Quantitäten.

Wir weiten den Begriff dessen, was Arbeit ist – wie zuvor in *Öffentlichkeit und Erfahrung* den Produktionsbegriff – aus. Andererseits zentrieren wir ihn, indem wir vom Drehpunkt der in ihm tätigen Widersprüche und Stachel ausgehen. Dies müssen wir für sämtliche **einzelnen** Arbeitsvermögen tun, so wie sie historisch aus verschiedenen Geschichten entstanden sind.

Synthetisches und analytisches Interesse an der Kategorie der Arbeit

Jede Arbeit, die wir beobachten, ist synthetischer Natur. Unser Interesse gilt aber der Untersuchung ihrer Fähigkeiten, die sie für einen ganz anderen Gegenstand als den der Reproduktion der bestehenden Verhältnisse haben. Wir interessieren uns also für die Analyse, d. h. die Unterscheidung der Teilprozesse, die *elementare*n Arbeitsformen, die erst zusammengenommen – und erst dies wäre erneut Synthese – **einen** Begriff der Arbeit ausmachen, hat ihre je spezifischen Ökonomien: Ökonomie der Steuerung; Balance-Ökonomie; Ökonomie der Übersetzung und Übertragung von Arbeitsvermögen; Ökonomie der Arbeitsteilung (z.B. Handarbeit, Kopfarbeit); Arbeitsformen, die besondere Naturnähe haben; abstrakte Arbeit, Arbeitsvermögen, die auf die Bildung von Vereinigungen sich richten usf.[36]

Die private Aneignung der gesellschaftlich erzeugten Produktion sieht Marx als Aneignung durch den Patron, den Privateigentümer. Dieser Kapitalbesitzer hat aber seine Wirklichkeit in der anarchischen Konkurrenz aller Privateigentümer. Nicht als Resultat, sondern als Produktionsprozeß verstanden, geht diesem Privateigentumsverhältnis die nicht-öffentliche Produktion **des Privateigentums als öffentlicher Instanz** voraus. Die private Aneignung ist Öffentlichkeitsprodukt.

Ablenkung der Aneignung

Die private Aneignung zeigt bei näherer Untersuchung Einschränkungen. Öffentlich ist das Prinzip, nicht-öffentlich geblieben sind die Kräfte, die das Prinzip in Wirklichkeit aufrechterhalten und seine nähere Ausführung bestimmen; es sind nicht die Verfassungsartikel, die juristischen Formen, die das private Eigentumsverhältnis aufrechterhalten und reell prägen, sondern die tatsächliche Betriebs-Praxis. Sie ist als Gewaltverhältnis nicht-öffentlich; nicht-öffentlich sind aber die einzelnen Betriebe, insbesondere was die in ihnen vereinigten Kenntnisse, Erfindungen, »unternehmerischen Staatsgeheimnisse« anbetrifft. Es zeigt sich, daß zwar die Waren allseitig verkäuflich sind, daß aber die Produktionsprozesse, die diese Waren hervorbringen, in der Regel nicht zum Verkauf stehen[37]: Einige der Privateigentümer akkumulieren einen Wert, von dessen Aneignung andere Privateigentümer ausgeschlossen sind.[38] Wie der Konkurrenzmechanismus den Erfahrungsaustausch beflügelt und begrenzt, so entsteht ein Wirtschaftskampf unter den privaten Aneignern um Betriebsgeheimnisse, gerade weil sie *nicht* Gegenstand des Austauschs sein dürfen. Es entsteht dadurch eine Verengung in der Bahn des Aneignungsinteresses, die die Zielrichtung der privaten Aneignung (über die Beschränktheit des Privaten und die Anarchie der Konkurrenz hinaus) auf das Erreichbare lenkt. **Private Aneignungsprozesse bilden keine Steuerung.**

Als private, gesellschaftlich vereinigungs*un*fähige, verzerren sie die gesellschaftliche Produktion ohnehin. Durch die Zerteilung in nichtöffentliche, nicht austauschbare Anteile dieses Steuerungsprodukts und öffentliche Resultate – Einzelwaren als dasjenige, was der Aneignung offensteht –, die in übertriebener Weise in den Tauschprozeß eingebracht werden (Reklame, Zwangstauschgesellschaft), entstehen zusätzliche Steuerungsunfähigkeiten. Das Privateigentum geht also mit seinem eigenen Prozeß konsumtiv um. Der neuen Produktion von Aneignungsprozessen steht die von Anfang an in der privaten Aneignung enthaltene Tendenz zum Monopol entgegen. Könnte man von einer Selbstbestimmung des kapitalistischen Interesses sprechen, so wäre es genau aus diesem Grunde von der Selbstbestimmung abgelenkt. Es kann nicht zu seinem Begriff kommen; wegen seiner Privatheit nicht, wegen seiner Anarchie nicht und zusätzlich, weil es innerhalb seines Prinzips der privaten Aneignung den Widerspruch zwischen möglicher Aneignung und wirklicher Aneignung nicht auflösen könnte.

Wir hatten gesehen, wie in der politischen Ökonomie der Arbeitskraft die **subjektive Produktion** und die **Objektivierung** der Arbeitskraft als Funktion des Lohnarbeitsprozesses auseinandertreten. Die subjektive Seite dieser Doppelökonomie drückt sich in Motivierungen aus. Der Besitzer der Ware Arbeitskraft ahmt dabei das Verhältnis der privaten Aneignung, weil er es als erfolgreiches öffentliches Prinzip um sich herum sieht, in der Produktion der Motivierung nach. Diese Verwirklichung des Prinzips der privaten Aneignung innerhalb der Arbeitskraft – es ist der verzweiflungsvolle Umgang mit der Rückgewähr, die punktuell über die reine Reproduktion der verbrauchten Arbeitskraft hinausgeht; die gerechte Verteilung eines winzigen Quantums, über dessen Anwendung er seinem Teilhaber, den rebellierenden Naturkräften, Rechenschaft schuldig ist – führt zu einer Selektion im Ausdruck der Bedürfnisse: Die Bedürfnisse, die sich auf **Selbstbestimmung** richten, treffen auf keinen öffentlich produzierten Austausch. Man kann sie nicht kaufen oder verkaufen. Die Bedürfnisse, die sich auf eine bloß bessere Einrichtung in der Fremdbestimmung richten, die sogenannten **konsumtiven Bedürfnisse,** treffen auf öffentlich erkennbare Realisationsangebote. Ganze Industrien, politische Versprechungen und Organisationen befassen sich mit ihnen. Das hat

Konsequenzen für die Vereinigungsfähigkeit der Arbeitsvermögen, die innerhalb der Arbeitskraft an der Realisierung der Bedürfnisse arbeiten. Der Verwirklichung geht die **Produktion der Vorstellung davon** und die Produktion eines gemeinsamen **öffentlichen Ausdrucks** dieser Bedürfnisse voraus. Es finden sich in der Geschichte der Arbeiterbewegung immer erneut Organisationen, die das Bedürfnis von Selbstbestimmung, die Umformung des Produktions- und Lebenszusammenhangs ins Auge fassen, aber sie haben infolge der Ablenkung innerhalb der privaten Aneignung keine Kontinuität. Sie haben Kontinuität zwar in der Loyalität der Arbeiter, nicht aber auf der Ebene der Arbeitervereinigungen.

Im Resultat erscheint das als Übergewicht der Organisationen in der Arbeiterbewegung, die sich damit befassen, einzelne Ansprüche über ein Mehr an Rückgewähr aus der toten Arbeit oder einzelne Verbesserungen von Arbeitsbedingungen durchzusetzen. Sie sind Verteidigungsgemeinschaften, wie z.B. die Gewerkschaften. Im Prinzip richten sie sich innerhalb des fremdbestimmten Produktionsprozesses ein, indem sie **mögliche** Allianzen zwischen konsumtivem Bedürfnis und gesellschaftlicher Produktion herstellen. Sie verteidigen im Interesse der Arbeiter das Prinzip einer abgelenkten privaten Aneignung. Das ist nicht das unmittelbare Prinzip, so wie es im Verhältnis des Privateigentums entstand. Sondern dessen Übertragung.

Mit der Frage Sichtbarkeit / Unsichtbarkeit von Arbeitskraft hat das nichts zu tun

Plötzlich entsteht die Industrielandschaft des Ruhrgebiets. Dieser Prozeß spielt sich in wenigen Jahrzehnten ab: eine verschwindend geringe Zeit im Geschichtsverhältnis unseres Landes. Die Arbeitsvermögen werden hauptsächlich aus des Ostgebieten und aus Polen angesaugt. In der Lebenserfahrung der einzelnen Arbeitskraft stehen Erfahrungsbrüche im Vordergrund. Die Arbeitskräfte kommen zum großen Teil aus einer landwirtschaftlichen Produktionsweise im Osten. In ein und derselben Generation finden sie sich in eine Industriezone eingefügt. Diese einzelnen Arbeitskräfte und ihre Organisationen (Vereine, erste Ansätze zur Gewerkschaftsorganisation) entwickeln kein Abbild des Gesamtprozesses. Es sind Splitter vom Ganzen, mit denen ihre Erfahrung umgeht.

Auf der Gegenseite ist die Vorstellung der Gründer, Patrone, Kapitalisten, die die Patente aus Manchester ins Ruhrgebiet tragen, als Konkurrenten die einzelnen Fabriken anlegen lassen, ebenfalls nicht vollständig. Wie bei einem Goldrausch gehen sie **mit dem Strom.** Die Tradition des preußischen Bergbaus ist staatlich; Preußen hat nach dem Wiener Kongreß die Westteile zugewonnen. Die Landräte werden von der Entwicklung des Ruhrgebiets praktisch überfahren. Sie sind auf die Administration der Industriezone infolge der ursprünglichen Ost-Orientierung der preußischen Verwaltung gar nicht vorbereitet. Jede der beteiligten Klassen und Gruppen hat eine zersplitterte und partikulare Erfahrung. Inzwischen ist die Industriezone als etwas Wirkliches entstanden, ohne daß deshalb dieser Prozeß sichtbar war.

Das Verhältnis von Sichtbarkeit und Unsichtbarkeit ist für denjenigen, der eine Einzelarbeit leistet, nicht anders. Die Handgriffe und die Anteile der Kopfarbeit sind nur im Anlernprozeß einigermaßen deutlich nebeneinandergestellt. Fände die Arbeit selber so statt, wäre sie ungeschickt. Die Eingriffe des Kopfes wandern in ein nicht separat wahrgenommenes Fingerspitzengefühl aus; von der Kognition ins sog. Praktische Verhalten. In **ihm** liegt jetzt, nicht gesondert wahrgenommen, das Stück Bewußtsein. Der Nachbar-Arbeiter oder der Werkmeister sieht es, die Arbeitskraft selber bemerkt es nur im Fall der Störung. Das gleiche gilt für die Handgriffe, die eine Art Eigensinn ihres praktischen Verlaufs annehmen, der schwer im nachhinein zu erklären ist. Konzentrierte Arbeit – das gilt für die geistige ebenso wie für die körperliche – erfolgt im wesentlichen **selbstvergessen.**[39]

> »Das Nachdenken über die Formen des menschlichen Lebens, also auch ihre wissenschaftliche Analyse, schlägt überhaupt einen der wirklichen Entwicklung entgegengesetzten Weg ein. Es beginnt post festum und daher mit den fertigen Resultaten des Entwicklungsprozesses.« (Marx, Kapital I, Berlin 1966, S. 89)

Das Verhältnis bewußte / nicht-bewußte Arbeit; anderer Sitz des Bewußtseins der Arbeitsvermögen

Die Arbeitskraft als Ware ist »die selbstbewußte und selbsttätige Ware..., die Menschenware ...«.[40] Im Gleichnis, daß ein Baumeister oder Tischler der fleißigen Biene dadurch überlegen ist, daß sich der menschliche Produzent erst einen Gegenstand bewußt vorstellt, um ihn dann zu produzieren, präzisiert Marx diese Verknüpfung von Arbeit und Selbstbewußtsein. Es ist intentionaler, instrumenteller Arbeitsbegriff. Dieser bewußte Anteil kann versteckt sein in vorangegangener kollektiver Produktion oder nachgeschoben werden, indem ein zunächst blinder Prozeß als gelungenes Produkt nachträglich ratifiziert wird. Immer aber ist ein Stück Willenskraft, Vorstellungskraft, Bewußtsein von sich selbst und dem anderen inbegriffen. In den Fragestellungen der politischen Ökonomie der Arbeitskraft fällt es stärker auf als bei der Analyse der Kapitallogik, daß diese Intentionalität die materiellen Fähigkeiten des Menschen zur Veränderung der Naturstoffe, seiner eigenen gesellschaftlichen Natur, und von sich selbst, stark einengt. Man kann sagen: (1) Mein Herz arbeitet lebenslang. (2) Voraussetzung, daß die Menschenware entsteht, ist es, daß menschliche Lebewesen geboren werden. Das, was in diesen Produktionsprozessen der Intention unterliegt, ist ein äußerst enger Ausschnitt des wirklichen Veränderungsprozesses, der offenkundig als Produkt der Gattungsgeschichte stattfindet.[41]

Die Einengung ergibt sich indessen nur, wenn man den Anteil des Bewußtseins an der falschen Stelle sucht, d.h. in dem engen Ausschnitt der bewußten Reflektierens, dessen was sich davon im individuellen Kopf spiegelt. Stellt man sich dagegen den Sitz des Bewußtseins zugleich auch im praktischen Verhalten und in den einzelnen Arbeitsvermögen vor, wie die selbstbewußten Vermögen, die Eigensinnigkeiten, auch wirklich ihren Sitz haben, so können wir auch Produktionsprozesse (als aus Einzelarbeiten und deren Zusammenfassung bestehend) uns vorstellen, die **vom Bild instrumenteller Arbeit völlig abweichen.** In diesem Sinn ist es die Arbeitskraft, die Denk- und Vorstellungsvermögen besitzt und durch ihre Vergegenständlichung reflektiert – gleich, ob der Arbeitende dabei zusieht, es merkt.[42]

Bewußt/nicht bewußt und im vorigen Abschnitt sichtbar/unsichtbar sind objektive Unterscheidungen. Sie sind nicht zu verwechseln mit den subjektiven Abwehrschranken, der der Abbildung unerträgliche Verhältnisse in der Wahrnehmung entgegenwirken. Für die Arbeit der spezifischen sinnlichen Systeme, die auf Reize antworten, gibt es diese Gegenbewegung nicht. Daß die Sinne nicht auf alle Reize antworten, liegt an ihren Grenzen als Werkzeug. Ihre Arbeit wird jedoch beeinflußt durch das unspezifische Wahrnehmungssystem, das die Masse der sinnlichen Wahrnehmung **nicht** auf sich bezieht.

Sprachverlust

»... Es kommt darauf an, das **Hoffen** zu lernen. Seine **Arbeit** entsagt nicht, sie ist ins Gelingen verliebt statt ins Scheitern ...« »Die **Arbeit** gegen die Lebensangst und die Umtriebe der Flucht ist die gegen ihre Urheber, ihre großenteils sehr aufzeigbaren, und sie sucht in der Welt selber, was der Welt hilft ...«[43]. Phantasie**arbeit; Arbeit** in Gestalt von Praxis; **Arbeit** in Landkommunen, die Erinnerung **arbeitet;** »Die Wut **arbeitete** in ihm«; Er **arbeitet** in einer Widerstandsbewegung; **Arbeit** des Begriffs; »in ihr **arbeitet** etwas, er wußte nicht was, war es ein Gedanke oder ein Gefühl?«; sein Gesicht **arbeitet;** »Mozart **arbeitete** meist nach Tisch«; »man wird nie fertig, Panik, man muß immer arbeiten, arbeiten«; ich muß zur Arbeit; Montagsfrüh, d.h. Arbeitsanfang; Freitag 17 Uhr, Arbeitsende; »er ließ andere für sich arbeiten, gelegentlich ließ er andere für sich lieben, insbesondere in Romanen mit tragischem Ausgang, die las er gern«. Es gibt in der deutschen Sprache kein Wort, das Poieis (griechisch, abgeleitet von poiein, machen, erzählen, politisch sein, etwas mit den Händen plastisch bilden) wiedergibt: Machen, Gemachtes, Macher, Macker, bilden, Bildung, verfertigen, anfertigen, fertig.

Auffällig an dieser Aufzählung von Tätigkeiten und Bezeichnungen, die alle etwas mit Arbeit zu tun haben, aber etwas je Verschiedenes bezeichnen, ist die Kargheit der Sprache.

Die Lappländer haben für Schnee, etwas, was ihr Leben elementar betrifft, mehr als 10 verschiedene Worte, je nach den Eigenschaften des Schnees, ob er naß, locker, verkrustet ist, wann er fällt, usf. Die altgriechische Sprache kennt für das Wort gelb etwa 40 Ausdrücke. Für das, was Menschen für Glück halten, stehen verschiedenartige Ausdrücke zur Verfügung, die jeweils einen besonderen Akzent haben, etwas vorangegangene Tätigkeiten oder Eigenschaften, Zustände, ein höheres oder ein von Menschen bestimmbaren Geschick bezeichnen. **Eudaimon** (unübersetzbar: »mit gutem Dämon«), **eutyches** (»betucht«, aber auch beseelt, d.h. geborgen), **makarios** (glücklich, weil mit Gütern gesegnet und mit reichen Beziehungen zu anderen Menschen, man hilft ihm). Für den Begriff Arbeit existiert dagegen in der griechischen Antike kein Einheitswort. Das hat aber den klar bestimmbaren Grund, daß die unangenehmen Arbeiten von Slaven verrichtet oder als fertiges Produkt über den Seehandel eingekauft werden.

Es ist für die deutsche Sprache ein Phänomen, daß Arbeit offenbar eine Bedeutung hat, die unter Anhängung dieses Wortteils die verschiedenartigsten Tätigkeiten zu vereinheitlichen vermag. Umgekehrt unterscheidet das Wort nicht die außerordentliche Verschiedenartigkeit dessen, was Arbeit und die Objekte der Arbeit beinhaltet. Die Arbeit eines Bauern um 1200, die eines Zunfthandwerker in Nürnberg um 1526, die eines Manufakturarbeiters, die Arbeit der vorindustriellen Hauswirtschaft, Fließbandarbeit, Arbeit, die befriedigt, und Arbeit, die entfremdet ist oder widerwillig geschieht, sind sprachlich nur indirekt, und nicht durch Verben zu bezeichnen.

Duden, *Das Herkunftswörterbuch der deutschen Sprache,* Mannheim 196: »Arbeit w: das gemeingerm. Wort mhd. ar[e]beit, ahd. ar[a]beit, got. arbaiþs, aengl. aerfođe, aisl. erfiđi ist wahrscheinlich eine Bildung zu einem im germ. Sprachbereich untergegangenen Verb mit der Bed. ›verwaist sein, ein zu schwerer körperlicher Tätigkeit verdingtes Kind sein‹, das von idg. *orbh- ›verwaist; Waise‹ abgeleitet ist (vgl. Erbe). Eng verwandt ist die slawische Wortgruppe von poln. rabóta ›Arbeit‹ (s. den Artikel Roboter). Das gemeingerm. Wort bedeutet ursprünglich, im Dt. noch bis in das Nhd. hinein, ›schwere körperliche Anstrengung, Mühsal, Plage‹. Den sittlichen Wert der Arbeit als Beruf des Menschen in der Welt hat Luther mit seiner Lehre vom allgemeinen Priestertum ausgeprägt. Er folgte dabei Ansätzen zu einer Wertung der Arbeit, wie sie sich in der Ethik des Rittertums und in der mittelalterlichen Mystik finden. Dadurch verlor das Wort Arbeit weitgehend den herabsetzenden Sinn ›unwürdige, mühselige Tätigkeit‹. Es bezeichnete nun die zweckmäßige Beschäftigung und das berufliche Tätigsein des Menschen. Das Wort bezeichnet außerdem das Produkt einer Arbeit.«[44]

Man kann nicht Arbeit als eine Vorstellung an sich untersuchen, weil alle Erfahrungen, die wir haben, ausschließlich gesellschaftliche Arbeit betreffen. Versucht man näher zu bestimmen, was gesellschaftliche Arbeit ist, so gelangt man zunächst zu einer fast unendlichen Kette von Beschreibungen, Aufzählungen; man muß praktisch große Teile der Gesamtgeschichte referieren unter einem Gesichtspunkt, der unter bestimmten Produktionsweisen enge Ausschnitte, unter anderen Produktionsweisen sehr weite und unter dem Gesichtspunkt verlorengegangener Potentiale quasi unendlich weite oder enge Ausschnitte betrachtet.

Eine schärfere Perspektive ergibt sich erst, wenn wir **gesellschaftliche Arbeit** als die **Produktion von Arbeitsvermögen** näher kennzeichnen. Es fällt bei Anwendung dieser Kategorie aber auf, daß diese Arbeitsvermögen niemals in ihrer Vollständigkeit realisiert worden sind, andererseits die Realisierung, d. h. Vergegenständlichung, die Konstitutionsbeschreibung von Arbeitsvermögen ist. Wir brechen also bei dieser Untersuchung der gesellschaftlichen Arbeit unter dem Gesichtspunkt der produzierten Arbeitsvermögen immer wieder aus dem Bereich der Realgeschichte aus, aber auch dies nützt nichts, weil Arbeitsvermögen, die sich nicht realisiert haben, zwar durchaus Spuren hinterlassen, als Protest oder Wandlungsenergien im geschichtlichen Arbeitsvermögen Induktionswirkung erzeugen, als selber bloß unrealistische Möglichkeit aber keine Formbestimmung haben, also ein Vermögen sind, das nichts Sicheres vermag. Es kommt deshalb darauf an, gesellschaftliche Arbeit aus der Kategorie produzierter Arbeitsvermögen von dem Pol aus zu betrachten, der ausgelassen wird, wenn ich dieses Arbeitsvermögen nur unter dem Aspekt ihres tatsächlichen Funktionierens in der Geschichte studiere.

Proletarisch nennen wir nicht nur die Trennung derjenigen Arbeitskraft von den Produktionsmitteln, von der auch die Herrschaftsseite sagen würden, sie sei getrennt. Unsere Aufmerksamkeit gilt vor allem auch denjenigen **proletarischen Eigenschaften** der Arbeitsvermögen, von denen nur von der eigenen Seite, der die Arbeitskraft konstituierenden Motive, Interessen, Bedürfnisse und Selbstregulationen, gesagt werden kann, das sie von den Produktionsmitteln getrennt sind. Daß der Untersuchung hierbei für einen Moment die handfesten Erfahrungen, ja das Sprachvermögen ausgeht, ist kein Zufall, sondern gerade durch die Verdeckung, die die Aufmerksamkeit auslöst, bedingt. **Was geschieht hier verdeckt und ist die ganze Zeit über geschehen?** Was arbeitet proletarisiert, d.h. von den Produktionsmitteln getrennt oder an anderen als der Natur der so konstituierten Arbeitskraft entsprechenden Gegenständen und Produktionsmitteln, also entfremdet, tritt aber für das Bewußtsein in der Überlieferung nicht in Erscheinung?

Das Verschwinden der politischen Ökonomie der Arbeitskraft in der Kapitallogik

Im Vorwort zur ersten Auflage des *Kapital* heißt es: »Was ich in diesem Werk zu erforschen habe, ist die kapitalistische Produktionsweise und die ihr entsprechenden Produktions- und Verkehrsverhältnisse«. In diese Produktions- und Verkehrsverhältnisse geht menschliche Arbeitskraft als notwendige Bestimmung ein. Sie erscheint aber in diesem Zusammenhang nur als **notwendige** Produktionsgröße; ihr Maß sind die Reproduktionskosten. Von ihrer Entstehung, d.h. den Problemen ihrer spezifischen Produktionsweise, die sie als fertiges Resultat in die kapitalistischen Produktions- und Verkehrsverhältnisse einbringt, handelt dagegen das *Kapital* nur in Nebenbemerkungen sowie im 24. Kapitel: »Die sogenannte ursprüngliche Akkumulation.«

In den Kapiteln von Arbeitstag, Rate und Masse des Mehrwerts, Begriff des relative Mehrwerts, Kooperation, Teilung der Arbeit und Manufaktur, Maschinerie und große Industrie, Größenwechsel von Preis der Arbeitskraft und Mehrwert usf., hinsichtlich des Doppelcharakters der Ware schließlich im ersten Kapitel – in allen diesen Zusammenhängen geht es durchweg um die Analyse der Arbeitskraft, aber immer nur aus der Perspektive dessen, was sie den Kapitalisten kostet, und in welcher Weise sie als lebendige Arbeit den Produktionsprozeß selber »verflüssigt« oder »begeistet«.

Marx spricht von Arbeitskraft im *Kapital* auf den Seiten 61, 181, 184 ff., 197 ff., 203 ff, 223 ff., 331 f., 417, 542, 547 ff.

Zunächst schreibt er: »menschliche Arbeitskraft im flüssigen Zustand oder menschliche Arbeit bildet Wert, aber ist nicht Wert. Sie wird Wert in geronnenem Zustand in gegenständlicher Form« (S. 56). Arbeitskraft und Arbeitsvermögen werden von Marx synonym verwendet. Er spricht bis 1850 von **Arbeitsvermögen.** Unterschieden von Arbeit, d. h. angewandten Arbeitsvermögen. In den *Grundrissen* spricht er (z. B. S. 361, 366, 367, 368 usf.) stets von Arbeitsvermögen.

Diese Arbeitsvermögen oder die Arbeitskraft entstehen historisch aus Arbeit, aus dem Lernprozeß der »menschlichen Wesenskräfte« an den ihnen entgegenstehenden entfremdeten Produktionsmitteln, Produktionsweisen, Produktionsrhythmen und Arbeitsformen. Als bloße Vermögen sind sie ein Potential, eine Disposition; Fähigkeit in unbestimmt vielseitiger Richtung. Wenn Marx von dem flüssigen Zustand der Arbeitskraft spricht, so ist dies die zu ihrer Anwendung im Produktionsprozeß vorbereitete Arbeitskraft, also die verfügbare, im Gegensatz zu der bereits angewendeten, die in Form von Werten und Gegenstandswelt, d. h. in geronnenem Zustande, den Augen entschwindet. Die sind nur verschiedene Aggregatzustände der Arbeitskraft, keine Unterschiede ihres Wesens.

»Der Wert von Arbeitskraft, gleich dem jeder andern Ware, ist bestimmt durch die zur Produktion, also auch Reproduktion, dieses spezifischen Artikels notwendige Arbeitszeit. Soweit sie Wert, repräsentiert die Arbeitskraft selbst nur ein bestimmtes Quantum in ihr **vergegenständlichter** gesellschaftlicher Durchschnittsarbeit. Die Arbeitskraft existiert nur als Anlage des lebendigen Individuums. Ihre Produktion setzte also seine Existenz voraus. Die Existenz des Individuums gegeben, besteht die Produktion der Arbeitskraft in seiner eigenen Reproduktion oder Erhaltung. Zu seiner Erhaltung bedarf das lebendige Individuum einer gewissen Summe von Lebensmitteln. Die zur Produktion der Arbeitskraft notwendige Arbeitszeit löst sich also auf in die zur Produktion dieser Lebensmittel notwendige Arbeitszeit, oder der **Wert der Arbeitskraft** ist der **Wert** der zur Erhaltung ihres Besitzers **notwendigen Lebensmittel.** Die Arbeitskraft verwirklicht sich jedoch nur durch ihre Äußerung, betätigt sich nur in der Arbeit. Durch ihre Betätigung, die Arbeit, wird aber ein bestimmtes Quantum von menschlichem Muskel, Nerv, Hirn usw. verausgabt...« (S.184f.). »Der Gebrauchswert, den Letzterer (der Gutsbesitzer) seinerseits im Austausch erhält, zeigt sich erst im wirklichen **Verbrauch,** im **Konsumtionsprozeß der Arbeitskraft.**« »Aus nichts wird nichts.« ›Wertschöpfung‹ ist Umsatz von Arbeitskraft in Arbeit. Ihrerseits ist die Arbeitskraft vor allem im menschlichen Organismus umgesetzter Naturstoff« (Anmerkung 27, Note zu 2. Ausgabe, S.229). »Indem die Maschinerie alle Glieder der Arbeiterfamilie auf den Arbeitsmarkt wirft, verteilt sie den Wert der Arbeitskraft des Mannes über seine ganze Familie. Sie **entwertet** daher seine Arbeitskraft...« (S.147). »Zwei andre Faktoren gehen in die Wertbestimmung der Arbeitskraft ein. Einerseits ihre **Entwicklungskosten,** die sich mit der Produktionsweise ändern, andererseits ihre **Naturdifferenz,** ob sie männlich oder weiblich, reif oder unreif. Der Verbrauch dieser differenten Arbeitskräfte, wieder bedingt durch die Produktionsweise, macht großen Unterschied in den Reproduktionskosten der Arbeiterfamilie und dem Wert der erwachsenen männlichen Arbeiters. Beide Faktoren bleiben jedoch bei der Untersuchung ausgeschlossen« (S.542). Engels merkt hier in Note zur 3. Auflage unter 9b an, daß der Fall von Seite 336 ebenfalls ausgeschlossen wird.

In Anmerkung 41 zu S.184 bezeichnet Marx die Perspektive, die diesen Ausschlüssen zugrunde liegt: »Was also die kapitalistische Epoche charakterisiert, ist, daß die Arbeitskraft für den Arbeiter selbst die Form einer ihm gehörigen Ware, seine Arbeit daher die Form der Lohnarbeit erhält. Andererseits verallgemeinert sich erst von diesem Augenblick die Warenform der Arbeitsprodukte.«

Arbeitskraft (= Arbeitsvermögen) ist, wenn sie sich auch unter dem Auge der Wertform nur in ihrer entfremdeten Anwendung realisiert, als Potential, d.h. an sich etwas anderes (S.181: »Unter

Arbeitskraft oder **Arbeitsvermögen** verstehen wir den Inbegriff der physischen und geistigen Fähigkeiten, die in der Leiblichkeit der lebendigen Persönlichkeit eines Menschen existieren und die er in Bewegung setzt, sooft er Gebrauchswerte irgendeiner Art produziert.«) Der Verkäufer der Ware Arbeitskraft muß auf diesen, von der Wertform später verarbeiteten, aber von ihr nicht gemachten ganz anderen Charakter der Arbeitskraft Rücksicht nehmen. **»Er als Person muß sich beständig zu seiner Arbeitskraft als seinem Eigentum und daher seiner eigenen Ware verhalten, und das kann er nur, soweit er sie dem Käufer stets nur vorübergehend, … zur Verfügung stellt… also durch ihre Veräußerung nicht auf sein Eigentum an ihr verzichtet.«** (S. 182).

»Im Gegensatz zu den andren Waren enthält also die Wertbestimmung der Arbeitskraft ein historisches und moralisches Element. Für ein bestimmtes Land, zu einer bestimmten Periode jedoch, ist der Durchschnitts-Umkreis der notwendigen Lebensmittel gegeben. Der Eigentümer der Arbeitskraft ist sterblich. Soll also seine Erscheinung auf dem Markt eine kontinuierliche sein, wie die kontinuierliche Verwandlung von Geld in Kapital voraussetzt, so muß der Verkäufer der Arbeitskraft sich verewigen, wie jedes lebendige Individuum sich verewigt durch Fortpflanzung. Die durch Abnutzung und Tod dem Arbeitsmarkt entzogenen Arbeitskräfte müssen zum allermindesten durch eine gleiche Zahl neuer Arbeitskräfte beständig ersetzt werden. Die Summe der zur Produktion der Arbeitskraft notwendigen Lebensmittel schließt also die Lebensmittel der Ersatzmänner ein, d. h. der Kinder der Arbeiter, so daß sich diese Race eigentümlicher Warenbesitzer auf dem Warenmarkt verewigt.« (a. a. O., S. 185 f.).

Alle diese Stellen sind durch eine extrem spartanische Ausdrucksweise gekennzeichnet. Man könnte sagen, daß die Härte der thematischen Schwerpunktbildung, in Spiegelung der Härte der Verhältnisse, die Beispiele verzerrt. Z. B. **ermüdet** das Hirn, aber es vermag sich nicht wie ein Muskel zu verausgaben, es verschwindet nicht, und es wird durch Nahrungszufuhr nicht mehr. Unter den Beispielen für **Naturdifferenz** wäre gerade »die schwächere Arbeitskraft von Frauen« sicherlich nicht naturbedingt, die ganze übrige Naturdifferenz zur Wertform der Arbeitskraft wird nicht aufgeführt, obwohl es an jeder Stelle um den Ausschluß der Naturdifferenz aus der Untersuchung geht. Man weiß aus anderen Texten, die Marx geschrieben hat, was er zu reichen Begriffen wie Sterben, historisch, moralisch, individuell, leben (statt des reduktiven »Lebensmittel«), Leiblichkeit usf. mitteilen könnte. Es muß deshalb in der Darstellungsmethode ein zu untersuchender Hinweis, ein Kernpunkt enthalten sind, der nicht allein darauf beruht, daß das ganze Buch sich thematisch auf die Logik des Kapitals konzentriert, wozu allerdings Arbeitskraft als Lohnarbeit gehört. Marx hat von seinem Buch gesprochen als seinen artefact, seinem **Karfunkel,** »einer ästhetischen Konstruktion«. Verfolgt man strukturell z.B. die Kapitelschlüsse des 1. Bandes des Kapitals und im übrigen überhaupt das Proportionsgefüge dieses Werks, so wird man sich rasch davon überzeugen, daß nicht in robuster Weise der Forschungsweg einfach auf die Darstellung durchgeschlagen hat, so daß hier und da Beschreibungsweisen auf Zufall beruhen, sondern daß gerade die Darstellung und damit die bewußte Auslassung, einen eigenständigen Arbeitsgang für Marx darstellte. Gerade die Form, in der er spricht, ist alles andere als zufällig. Dem Grund für seine offenbare rigorose Fokussierung, unter offensichtlichem Abschneiden von Erfahrungsgehalten, muß die Untersuchung deshalb folgen. Diese Erfahrungsgehalte sind in ihrer differenzierten Struktur ausgeblendet, aber sie deuten sich durch Worte an. Wenn ich in einem Text mit einem Gedanken den Leser provozieren will, sich mit eigener Erfahrung und eigenem Gefühl die Komplexität dieses Gedankens selber anzueignen, dann habe ich die Neigung, die **dünnste** Formulierung zu wählen, die überhaupt möglich ist.

Bei Kant heißt es, ganz analog zur Marxschen Darstellungsaskese im Eherecht (Metaphysik der Sitten, Suhrkamp-Taschenbuch, Frankfurt/Main 1977, S. 389, §24: »**Geschlechtsgemeinschaft** (commercium sexuale) ist der wechselseitige Gebrauch, den ein Mensch von eines anderen Geschlechtsorganen und Vermögen macht (usus membrorum et facilitatum sexualium alterius)…« A.a.O., S. 389f. §25: »Denn der natürliche Gebrauch, den ein Geschlecht von den Geschlechtsorganen des anderen macht, ist ein **Genuß,** zu dem sich ein Teil dem anderen hingibt. In diesem Akt macht sich ein Mensch selbst zur Sache, welches dem Rechte der Menschheit an seiner eigenen Person widerstreitet. Nur unter der einzigen Bedingung ist dieses möglich, daß, indem die eine Person von der anderen, **gleich als Sache,** erworben wird, diese gegenseitig wiederum jene erwerbe; denn so gewinnt sie wiederum sich selbst und stellt ihre Persönlichkeit wieder her. Es ist aber der Erwerb eines Gliedmaßes am Menschen zugleich Erwerbung der ganzen Person – weil diese eine absolute Einheit ist –; ...Daß aber dieses **persönliche Recht** es doch zugleich **auf dingliche Art sei,** gründet sich darauf, weil, wenn eines der Eheleute sich verlaufen, oder in eines anderen Besitz gegeben hat, das anderes es jederzeit und unweigerlich gleich als eine Sache, in seine Gewalt zurückzubringen berechtigt ist.«

Wir vermuten, daß es in der Auseinandersetzung mit radikal verfestigten **besonderen Gewaltverhältnissen** einen in die Ausdrucksform eingehenden Protest gibt, der die Sprache und die Vorgehensweise des Gedankens in diese Richtung verkürzt. Anders ist die expressive Gewalttätigkeit im wirklichen Verhältnis nicht wiederzugeben.

Es ist also ein großes Mißverständnis von Marx-Kritikern, die meinen, in diesen Formulierungen sei schlicht eine funktionalistische Denkweise enthalten, die schon in sich jene technokratischen Tendenzen habe, wie sie sich dann in bestimmten Phasen im Sowjet-Marxismus niedergeschlagen haben. Diejenigen, die buchstäblich die eingeengten Marx-Sätze zur Anwendung bringen, ebenso wie diejenigen, die sagen: das alles entspricht nicht unserer Erfahrung, ist zu eng, Marx ist überholt, versuchen sich beide nicht an einer Interpretation im strukturellen Kontext, die sich doch schon daraus ergeben muß, daß Marx in den **Grundrissen** oder in einer Schrift wie **Nationalökonomie und Philosophie** (*Die Frühschriften*, Stuttgart 1971, S. 226 ff.) so diametral anders ausdrückt. Beide Positionen gehen davon aus, daß entweder alles, was und wie Marx geschrieben hat, richtig ist oder daß sein ganzes Werk überholt ist. Sie ignorieren gleichermaßen, daß es bei Marx unerfüllte Programme gibt.

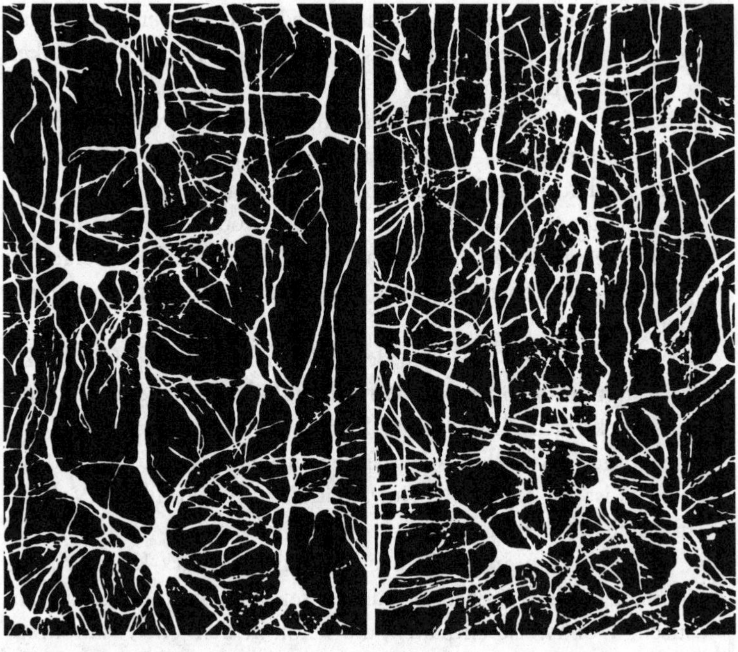

Verknüpfungsnetze von Hirnzellen; links: 1 Monat nach der Geburt; rechts: nach drei Monaten. Mit diesem Apparat ist praktisch alles möglich; alles, was bisher damit gemacht wird, alles, was noch damit gemacht werden kann.

Unter unmöglichen Bedingungen können Menschen immer noch alles.

»Zurückgekehrt«.

Die Milchstraße ist eine flache, spiralförmig angeordnete Sternenmasse.
Hier Blick auf das Zentrum. Die Erde bewegt sich um die Sonne.

Die Sonne bewegt sich mit 750 000 km/h um das Zentrum. Für einen Umlauf braucht sie 250 Millionen Jahre. Etwa 4 Milliarden Jahre ist das Alter des Planeten Erde.

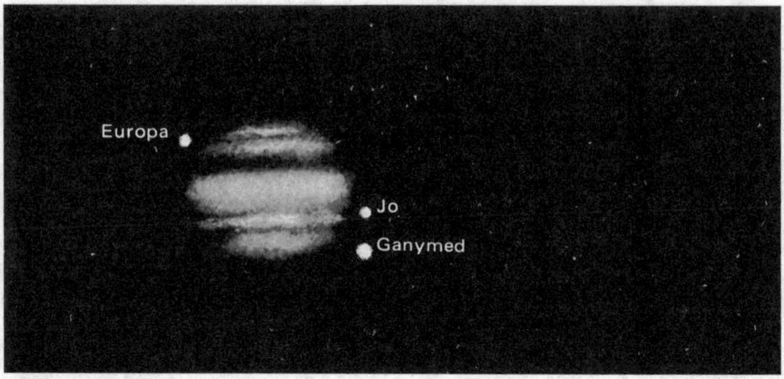

Jupiter mit drei seiner großen Monde. Ihre Bewegungen haben Bestimmtheit wie eine Uhr. O. Römer hat Ende des 19. Jahrhunderts nach dieser Uhr die Lichtgeschwindigkeit gemessen.

Der vierte der großen Jupiter-Monde.

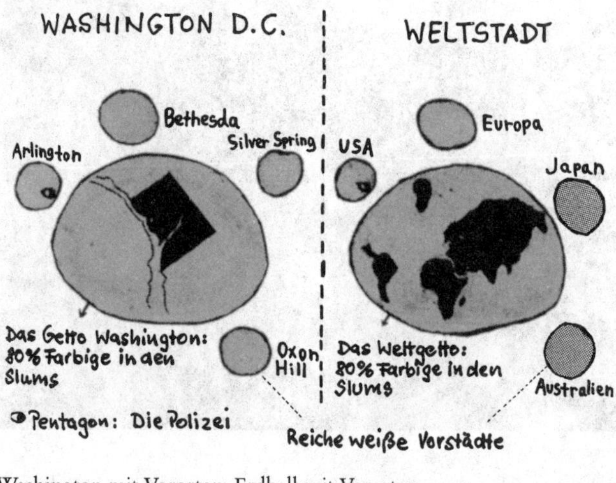

Washington mit Vororten. Erdball mit Vororten.

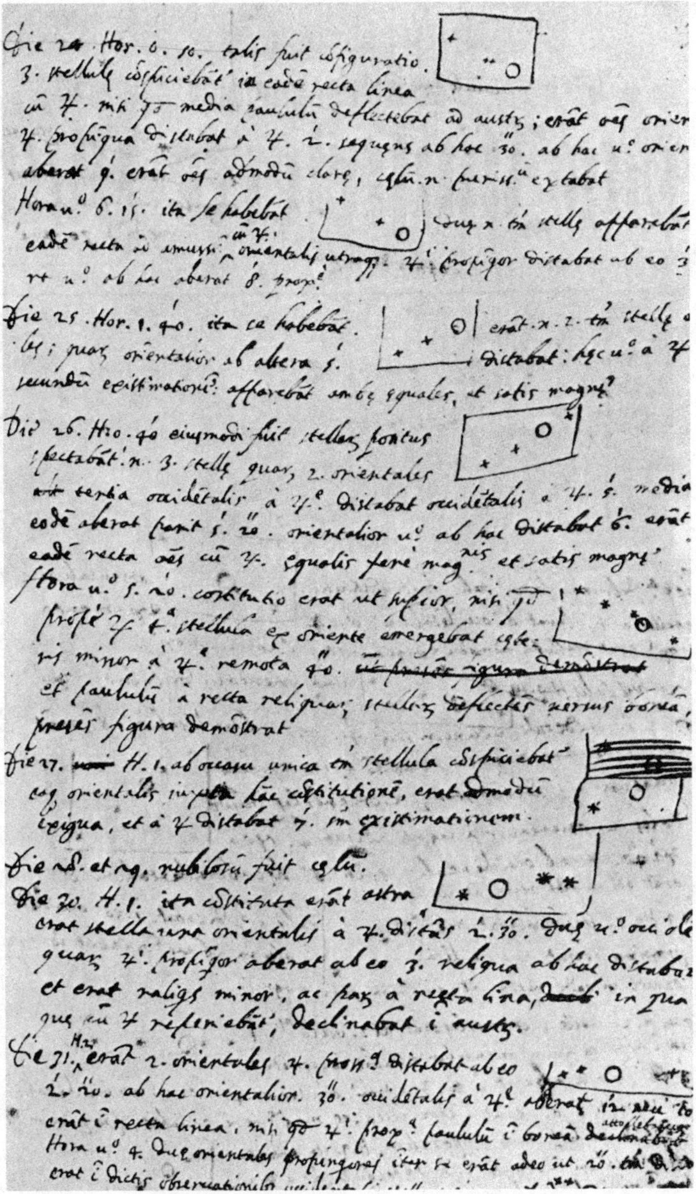

Manuskriptseite Galileis, auf der er seine Entdeckung der Jupiter-Monde und ihre Bewegungen notiert hat.

Umfang: 16 Seiten.

IV. Jahrgang.
No. 50

124. Kriegsnummer

10. Dezember 1916.
Einzelpreis 10 Pfg.

Das Illustrierte Blatt

Verlag der Frankfurter Societäts-Druckerei G. m. b. H. Frankfurt am Main

Arbeiterinnen einer staatlichen Geschoßfabrik in der Mittagspause.

Gegenständlich und **bestimmt** ist der Umgang mit vier Milliarden Jahren Evolution, 2000 Jahren Geschichtszeit, gesamter Landschaft der Industrie und Gefühl des ganzen Körpers. Die Zellen wissen alles bis zu den Sternen hin, der Kopf hat so etwas nie erfahren oder vergessen.

»Ball«.

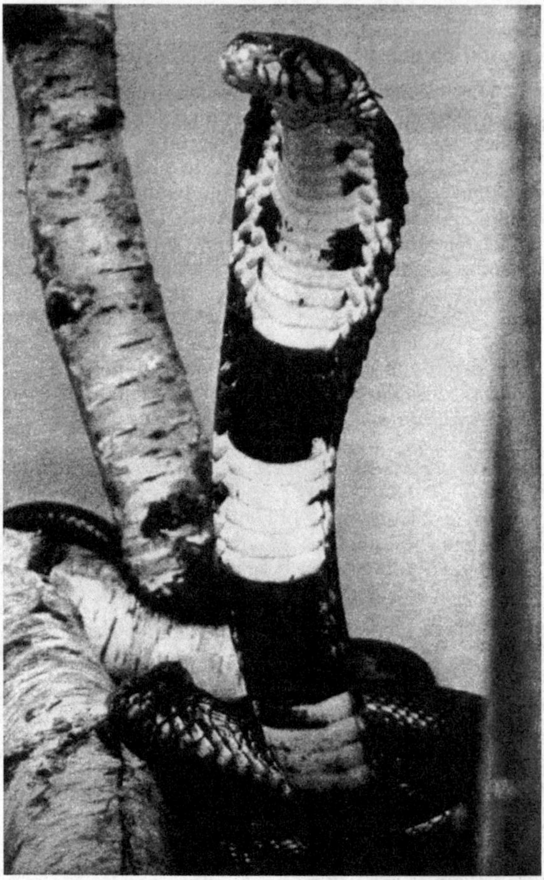

Eine der Mord-Kobras von Düsseldorf. Ein Zoohändler wollte damit seine Frau umbringen. Als sie den Plan durchschaute, ließ er sich selbst von den Schlangen beißen.

Er hat seine Frau töten wollen, und dann lebt sie und er hat sich getötet. Die Richtung hat sich umgekehrt. Die wirkliche Kraft aber, die das Unglück hervorgebracht hat, ist geblieben, was sie war. Das hat sich nicht in irgendeiner für die Sinne unerreichbaren Ferne ereignet, sondern in völliger Nähe. Es waren aber immer nur zwei Menschen zu sehen, die einander nicht ertragen. Das Mörderische hat unbestimmte Richtung.

Blick auf den Saturn, von einem seiner Monde.

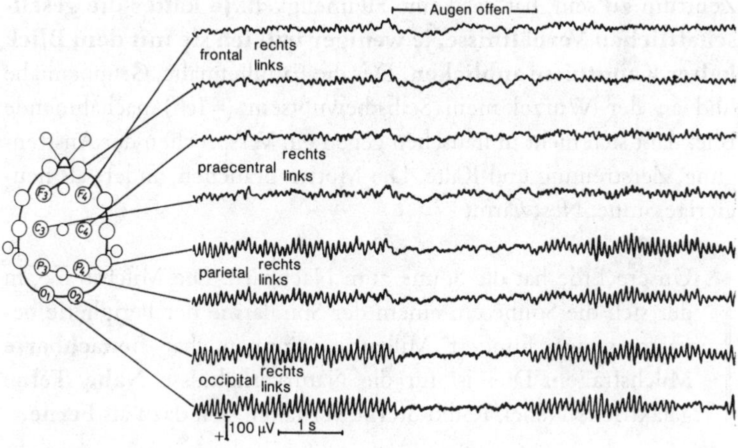

Hirntätigkeit. Kein menschliches Hirn hat je Sterne gesehen. Hirnzellen sehen nicht, sie deuten.

Im Verlauf der Geschichte sind die subjektiven Eigenschaften in ihrer Masse in Produkte eingegangen und liegen in ihnen verstreut. **Um die Gravitation dieser toten Arbeit bewegen sich die gesellschaftlichen Verhältnisse und die Menschen.** Man müßte zu der wirklichen Bewegung (Verstreuung) hingehen, die subjektiven Splitter wiedererkennen, einsammeln und daraus eine menschlich zentrierte Welt zusammensetzen.

Für die Erfahrung bedeutet das eine kopernikanische Wende. Die Neugier der Sinne ist dazu von sich aus fähig, die Absichten sind es bisher nicht. Die kopernikanische Wende (Galilei, Kepler, Kopernikus, Newton) – gestützt darauf die Einsteinsche Wende – ist äußerlich und als uns fremde Methode anerkannt, innerlich herrscht ptolemäische Bilderwelt. Der Grund dafür liegt in einer zwingenden Didaktik. Das antike Weltbild blickt mit dem Gefühl von Menschen zu den an sich kalten Sternen, es erfüllt als geschlossenes Weltbild die Herzen mit Wärme. Es erfüllt einen kollektiven Wunsch. Es sind waghalsige Individualisten, die dieses um die auf dem Erdkreis hausenden Menschen errichtete Welthaus erschüttern. Die neuen Kenntnisse erwärmen nicht die Herzen. Wenn sich alles in zu kalter oder zu heißer Strenge bewegt, wir keinesfalls hoffen dürfen, ein Zentrum zu sein, hat das keine Heimeligkeit. **Je kälter die gesellschaftlichen Verhältnisse, je weniger will ich sie mit dem Blick kalter Kenntnisse anblicken.** Der die Familiennähe, Gruppennähe und an der Wurzel mein Selbstbewußtsein (= Ich) nachahmende Blick läßt sich nicht umtauschen gegen ein Versprechen der Anstrengung, Zerstreuung und Kälte. Die Motive brauchen, anders als neugierige Sinne, Nestwärme.

Unsere Erde hat die Sonne zum Nachbarn. Die Milchstraße, in der sich die Sonne ein einem der Spiralarme der Peripherie bewegt, einige hundert Milliarden Sonnen, hat **benachbarte** Milchstraßen. Dies ist für die Naturverhältnisse **Nähe.** Ferne galaktische Nebel, Radio-Sterne verhalten sich dazu als **Ferne.**

Unterhalb der Größenmaße der Menschen besitzen die Elementarteilchen eine ähnliche Ferne. Dazu völlig verquer bewegen sich Masse und Geschwindigkeiten der Geschichte und Evolution.

Mit all diesen wirklichen Verhältnissen geht die kollektive Erfahrung und gehen die praktischen Arbeitsvermögen nicht um. Eigentlich ist das unrealistisch. Es würde, um damit umzugehen, die Anerkennung genügen, daß wir mit unseren Sinnen davon nichts wissen können. Dies hätte, mit der Folge der Ehrfurcht, Bestimmtheit.

»Arbeit und Sprache sind älter als Mensch und Gesellschaft.«[45] Elementare Eigenschaften, die in die Arbeitsvermögen eingehen, haben die Zeitdimensionen der Evolution zur Grundlage. Sie haben dann ihre Wirklichkeit zugleich in dieser zeitlichen Ferne **und** in der Nähe des Heute. Wird das eine vom anderen subtrahiert, so wird entweder die Nähe oder die Ferne zu einer Abstraktion.

DIE ZWEI-FAKTOREN-THEORIE DER BIOLOGISCHEN EVOLUTION UND VARIATION DIESER THEORIE BEI DOMESTIZIERTER, INSBESONDERE MENSCHLICH-GESELLSCHAFTLICHER PRODUKTION[46]

Die Evolutionstheorie ist wie die marxistische Gesellschaftstheorie das Werk der Zusammenarbeit zweier Männer: von Alfred Russel Wallace und von Charles Robert Darwin. Der Grundgedanke wurde von beiden am 01. Juli 1858, auf 18 Seiten, der Linean-Society in London vorgetragen: **On the tendency of species to form varieties: and on the perpetuation of the varieties and species by natural means of selection.** Es wird festgestellt: Die Aneignung der Arten geschieht durch Varietätenbildung, und die Fortsetzung der Varietäten und Arten vollzieht sich durch Auslese. Diese zwei Faktoren sind notwendige und hinreichende Bedingungen, um die Evolution zu erklären. Schneider a.a.O., S. 59, weist darauf hin, daß hier Wallace, deutlicher als das Darwin tut, das **Subjekt** als den **originären Träger der Phylogenie,** d.h. als Schrittmacher der Evolution, heraushebt. Ontogenie, d.h. Geburt eines Lebewesens, und Phylogenie, d.h. Entwicklungsgeschichte der Gattungen, bilden also einen *organischen* Produktionsprozeß, den die Zwei-Faktoren-Theorie nicht mechanistisch oder objektivistisch beschreibt. Zwar geschieht die Bildung der Varietäten durch Zufall; die Selektion ist Wirkung der Umweltdominante, mechanischer äußerer Druck: Zufall einerseits, Determination andererseits. Für eine Entelechie, einen biologischen Idealismus, ist hier kein Raum gelassen. Trotzdem handelt es sich in der Gattungsgeschichte **nicht** um eine **biologische Naturmaschine.**

Der wesentliche Punkt, der die **subjektive Seite des Evolutionsmechanismus** ausmacht, zeigt sich bei genauer Beobachtung. Es geht darum, wo in der subjektiven Lebensgeschichte, der Ontogenie, die zwei Faktoren der Varietät und der Selektion ihren **Ansatz** finden. Dieser Ansatz beschreibt sich durch die Ereignisfolge, die spezifische **Zeitgestalt,** in der die Geburt eines Lebewesens über die Heranbildung bis zur Geschlechtsreife, zur Geburt des Lebewesens der nächsten Generation stattfindet. Nicht in den Ereignissen selber nur, sondern besonders in den **zwei Zeiten** findet die Selektion ihren Ansatz, produziert an der Phylogenie, indem sie am Tod oder

Überleben des Einzelwesens arbeitet. Schneider, a.a.O., S.1. »Daß wir uns reproduzieren hält uns z.B. tierisch, aber daß wir es lang- und sorgsam tun, macht uns zum Menschen unter den Primaten.« Die lang dauernde Kindheit und Jugend des Menschen ist eines seiner subjektive Merkmale.

Auf diese Weise produziert sich zunächst das Prinzip: »survival of the fittest«. Dies gilt jedoch zunächst nur für das wilde Verhältnis in dieser reinen Form. Bei jeder Domestikation, d.h. unter gesellschaftlichen Verhältnissen, kommen zum Zwei-Faktoren-Ansatz Manipulationen, die sich gegen das Bilden von Varietäten richten oder diese nicht-zufällig erzeugen, hinzu. Es kommt weiter hinzu, daß durch besondere Schutzvorkehrungen und Trennungen von der Natur Manipulationen der Umwelt zum Schutze oder zum Nachteil der Individuen stattfinden – genau diese gemeinschaftliche Abkehr von der Natur ist die *Erfindung der Gesellschaft* –, die die natürliche Selektion so weit verändern, daß das Prinzip nunmehr ebenso **survival of the fittest** wie **survival of the unfitted** heißen kann.[47]

Die subjektive Seite aber ist wiederum abhängig nicht von den objektiven Faktoren allein, sondern ihrer konkreten **Ansatzfläche** im Lebenslauf des Lebewesens: Zeitraum der Schwangerschaft, spezifische Zeitgestalt von Schutz, Pflege, Erziehung nach der Geburt, zweizeitiger Entwicklungsansatz, ehe z.B. ein Mensch zum Erwachsenen wird, Breite des Zeitraums der Geschlechtsreife usf.

Es sind, gesehen von der ontogenetischen Ereignisfolge, die außerordentlich stark entwickelten **Pausen,** die das lernende und arbeitende Menschenwesen ausmachen. Die ontogenetischen Ereignisse aber (Geburt, Schutz, Lernen des Mutterfolgers, Bildungszeiten, Entwicklung der Arbeitskraft, Arbeit, Zeugung und Tod) sind in ihrer Zeitgestalt und ihren vielfältigen Modulationen von einer neuen Fülle subjektiver Faktoren bestimmt. Die Analyse von Engels über die Menschwerdung des Affen durch die Arbeit ist insofern eine stark mißverständliche Verkürzung. Besser verständlich wäre es, wenn man von der Voraussetzung ausgeht, die ein lernendes und arbeitendes Wesen gattungsgeschichtlich und individualgeschichtlich jederzeit erst wieder herstellt, und die ist die Produktion der Zeitansätze, die Gynäkozentrie. Sie setzt die Formbestimmungen, an die alle Faktoren der menschlichen Reproduktion wiederum erst anknüpfen.

Friedrich Engels beginnt seine Darlegung mit einer Geschichtserzählung: »Vor mehreren hunderttausend Jahren, während eines noch nicht fest bestimmbaren Abschnitts jener Erdperiode, die die Geologen die tertiäre nennen, vermutlich gegen deren Ende, lebte irgendwo in der heißen Endzone – wahrscheinlich auf einem großen, jetzt auf den Grund des Indischen Ozeans versunkenen Festlande – ein Geschlecht menschenähnlicher Affen von besonders hoher Entwicklung. Darwin hat uns eine annähernde Beschreibung dieser unserer Vorfahren gegeben. Sie waren über und über behaart, hatten Bärte und spitze Ohren, und lebten in Rudeln auf Bäumen.«[48]

Den entscheidenden Schritt sieht Engels darin, daß diese Affen sich der Beihilfe der Hände beim Gehen entwöhnten, es entsteht der aufrechte Gang. Die Hand war frei geworden und die »erworbene große Biegsamkeit vererbte und vermehrte sich von Geschlecht zu Geschlecht … So ist die Hand nicht nur Organ der Arbeit, **sie ist auch ihr Produkt.** … Und der Tastsinn, der beim Affen kaum in seinen rohesten Anfängen existiert, ist erst mit der Menschenhand selbst, durch die Arbeit herausgebildet worden …« Engels entwickelt dann die Rückwirkung der Entwicklung des Gehirns und der **dienstbaren Sinne.** Er spricht vom **Abstraktions- und Schlußvermögen auf Arbeit und Sprache.** Sodann erläutert er als »neu hinzutretendes Element« die Gesellschaft, das Zusammenwirken von Hand, Sprachorgan und Gehirn. Eine wesentliche Wirkung sieht er in der Fleischkost, die das Gehirn versorgt, zur Zähmung von Tieren und zur »Dienstbarmachung des Feuers« führt.

Zum Reproduktionsproblem der menschlichen Art (Zeitgestalten der generativen Reproduktion)

Hartmut Schneider[49] untersucht die systematische Verlangsamung des Tempos der postnatalen Entwicklung unter den höheren Säugern. Er verwendet Kenntnisse aus der Forschung von **Alfred Russel Wallace** und **Charles Robert Darwin,** Einsichten von **Freud,** verknüpft diese mit biologischem Tatsachenmaterial. Untersuchungsmomente sind **Zeitgestalten,** z.B. die Geburt der Mutter, die Zeitgestalt der Geschlechtsreifung, die Geburt einer neuen Generation und der Tod. Es ergeben sich folgende Beschreibungen:

Die spezifisch-menschlichen Eigenschaften gegenüber anderen Primaten, auf die sich die Arbeitsvermögen und die Gattungsmerkmale des Menschen (Homo homo L.1735) gründen, sich durch den Zeitraum bestimmt, der für die Zeit nach der Geburt zur Heranbildung der Eigenschaften und für die Prägung durch erfahrene Eltern (Gesellschaft und Bildungswesen in der erweiterten Funktion von Eltern) zur Verfügung steht. Genauer: Der Vergleich aller Primaten und des Menschen prüft die Zeitpunkte des Zahnwechsels, die Proportionen der Schädelgestalt im Verhältnis zu der Verlängerung der Geschlechtsreifung, andererseits Schwangerschaftszeiten und Lebenszeiten, Generationstempi.

Ein wesentliches Merkmal der menschlichen postnatalen Entwicklung ist die zweistufige Sexualentwicklung. Getrennt durch die Latenzzeit, entwickelt sich ein erstes menschliches Wesen, entstanden aus der Entwicklung etwa bis zum achten Lebensjahr, überlagert durch ein zweites menschliches Wesen, entstanden aus der Pubertät und Adoleszenz. Menschen sind als Gattungswesen, die gewissermaßen, getrennt durch den Untergang des Ödipus-Komplexes, zwei verschiedene Menschen herausbilden, die sich als Vater und Sohn zueinander verhalten: »Das Kind ist der Vater des Mannes.«[50] »Das weibliche Kind ist die Mutter der erwachsenen Mutter.«

Das Kernproblem der Reproduktion der Arbeitskraft, nämlich die privilegierten Phasen der menschlichen Entfaltung sind in dem Rätsel der thebanischen Sphinx wiedergegeben:

»Ein Zweifüßiges gibt es auf Erden
Und ein Vierfüßiges
Mit dem gleichen Wort gefunden,
Und auch dreifüßig.
Die Gestalt ändert es allein von allen Lebewesen,
Die sich auf Erden, in der Luft und im Meer bewegen.
Schreitet es, **sich auf die meisten Füße stützend,**
So ist die Schnelle seiner Glieder am geringsten.«

Zu unterscheiden ist zwischen den Begriffen Tempo, Geschwindigkeit und Beschleunigung: **Tempo** ist Geschwindigkeit ohne Vergleich eines anderen, nur durch Fahrtmesser der Räder zu messen, z.B. durch Tachometer eines Autos. **Geschwindigkeit** ist der Begriff für den Vergleich zweier Bewegungen zueinander. **Beschleunigung** ist die Veränderungsquote einer Bewegung zu einer anderen durch Bremsung oder Verschnellerung, Bremsung ist negative Beschleunigung, Verschnellerung positive Beschleunigung.

»Die Schnelle seiner Glieder«, die für den Säugling am geringsten ist, bezeichnet die **nächste Nähe zur Entwicklungskonstante von Menschen.** Alle weiteren Schnelligkeiten sind manipuliert. Würde man aber die Schnelle der Glieder in der frühsten Entwicklungsphase zu manipulieren versuchen, so bedeutete das Retardierung, die schädlich ist.

»Daß das Ich nicht Herr sei in seinem **eigenen** Haus« (Freud, *Gesammelte Werke*, Band XII, S. 11) bezieht sich nicht nur auf das Es, sondern ebenso auf die Zeitgestalten, in denen Überich, Ich und Es überhaupt erst zustande kommen.

Eine zweite Feststellung bezieht sich auf die gynäkozentrische Deutung der Menschheitsentwicklung.[50a] »Die prominente Stellung des Menschen unter den Primaten bestünde danach erst (via Selbstauslese) in seinen kulturell verfeinerten Tragehandlungen am Neugeborenen, einschließlich ritueller Tradierungen des Getragenen an die nächste Generation. Dann hätte die Mutter ein Kind, das selbst nach der Entwöhnung von der Brust sich keineswegs der Mutter als sozialem Partner entwöhnte. Da sie als spezialisiert aufgerichtete

Trägerin dem Kind ein bewegliches Nest (nidus mobilis) war, versichert sie sich nun durch Zuruf oder andere Zeichen seiner Gefolgschaft. Wie die Mutter es **macht,** so macht es das Kind ihr nach und versteht dadurch den Dialekt (Redeweise) ihrer körperlich-sinnlichen Mittel. Mutter und Kind würden ein Hegeklima für Zerebralisation schaffen …; daß der gewünschten Geburt die Befruchtung vorausgehen mußte – dieser diachrone Erkenntnissprung verbesserte revolutionär die Sicherung der generativen Reproduktion: Adam ging arbeiten.«[51]

Zu den Merkmalen Nestflüchter, Nesthocker, Tragling, Mutterfolger

Bernhard Hassenstein, Stuttgart 1970, *Tierjunges und Menschenkind im Blick der vergleichenden Verhaltensforschung,* Schriftenreihe der Bezirks-Ärztekammer Nord-Württemberg 1970: »… eine Fülle von Indizien (spricht) dafür, daß die Vorfahren des Menschen Baumkletterer gewesen sind, und für Baumkletterer ist die Jungenform des Traglings die einzig mögliche (außer für kleine Tierarten wie Eichhörnchen oder manche Halbaffen, die Nesthocker-Junge haben und diese in einem Nest oder in einer Baumhöhle aufziehen). Hieraus kann man schließen: In der Stammesgeschichte der Vorfahren der Menschen gab es eine Periode, in der die Säugling echte Tragline waren. … Der menschliche Säugling ist demnach eine ehemaliger Tragling.«

Ein Tragling ist ein Mutterhocker, entweder weil eine Hautfalte für die Aufnahme des jungen Lebewesens nach der Geburt vorgesehen ist (Pinguine, Känguruhs) oder weil der Mutterhocker sich anklammern und von der Mutter getragen werden will (Affen, Flußpferde, menschliche Vorfahren).

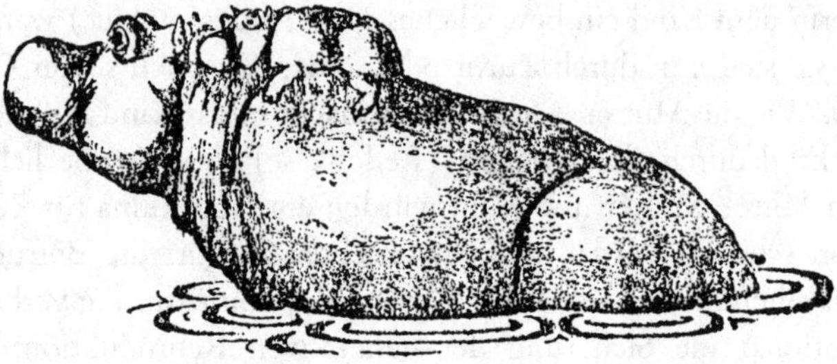

(Zeichnung) aus P. C. Mitchell, 1913, S. 185 »Flußpferd mit Jungen auf dem Rücken.«[52]

Wenn anzunehmen ist, daß die menschlichen Vorfahren sich in dieser Weise an ihre Mütter geklammert haben, dann sind menschliche Säuglinge unechte Nestflüchter. Schneider (a. a. O., S. 27, Anmerkung 2) schlägt deshalb auch zu Recht vor, daß man den Begriff Mutterfolger ersetzen solle, denn der Säugling bedarf der Orientierung zur Mutter von Geburt an. **Ist aber dieses Anklammern entwicklungsgeschichtlich so bedeutend, dann ist die Entwicklung der menschlichen Hand (und deren Bedeutung für die Entwicklung des Hirns) erst in zweiter Linie ein Produkt der Geschichte der Arbeit, in erster Instanz ein Rudiment der Schutzsuche und der Mutterfolge, d. h. des Anklammerns.** Dies ist der ursprüngliche Boden, der zur Erfindung von Arbeit und Gesellschaft führt, eine Wurzel, die dann Bodenbearbeitung, Industrie, Bewußtsein prägen wird.

Die Regression zu dieser Wurzel muß möglich sein und erklärt einige der Verhakungen und Anklammereffekte, die allem Denken und Fühlen und dem gesellschaftlichen Gemeinwesen als Form- und Zeitgestalten zugrunde liegen. Kein Arbeitsprozeß, keine einzelne Eigenschaft der Arbeitsvermögen wird plausibel in ihrer Gesamtbewegung zu erklären sein ohne die Rückbeziehung auf die ursprüngliche Schutzsuche, den Klammergriff.[52a]

Friedrich Engels geht in seiner Analyse mit Beobachtungen der Evolution um, wie wir es heute – von einigen Ungenauigkeiten abgesehen: wir stammen nicht von den Affen, sondern von den kleinen Spitzhörnchen ab – nicht viel anders täten. Die Elemente sind bei Engels aber eigenartig verstreut. Die Bedeutung der Fleischkoste deutet das an, was wir den Einbruch der Eierfresser (siehe Bd. 6.3, S. 103 f.) nennen würden, und zugleich das, was Lévi-Strauss als die Differenz des Rohen und Gekochten beschreibt. Aufrechter Gang und Arbeitsvermögen der Hände setzt den Mund frei für die Sprache usf. Der Bericht geht so vor, als wäre die Evolution ein Rationalist. Deshalb gab »die Rückwirkung der Entwicklung des Gehirns und seiner dienstbaren Sinne, des sich mehr und mehr klärenden Bewußtseins, **Abstraktions- und Schlußvermögen auf Arbeit und Sprache** beiden immer neuen Anstoß zur Weiterbildung …«. Unzutreffend ist, daß dies irgendwie logisch, nacheinander und auseinander als Einzelnes sich entwickelt hätte. Es kann nur auf einen Schlag mitsamt potentieller Gesellschaftlichkeit als **ein Zusammenhang** entstanden sein, inmitten und mit den Kräften der Evolution, aber subjektiv-revolutionär. **Die Vermögen von Arbeit und Sprache, aus Hautsinnen, libidinösen Händen, Fingerspitzen entwickelt, sind nicht Produkt von Abstraktions- und Schlußvermögen, sondern subjektiver Erfolg des Konkretionsprinzips und in den Poren mimetisch.**

Dorf im Schnee.

Berliner Kaiser-Wilhelm-Gedächtniskirche im letzten Kriegsjahr.

ARBEITSVERMÖGEN IN DER HISTORISCHEN AUFEINANDERFOLGE DER PRODUKTIONSWEISEN

Wir untersuchen das Folgende nach den Kategorien: Masse, Gegenständlichkeit, Zeit, Rhythmus; dazu; Verwandlungsprozeß der Arbeitsvermögen, d.h. die Übersetzung, die sie erfahren, wenn sie auf ganz anderen Stufen des Produktionsvermögens wieder auftauchen (Transformation, Transversalisierung).

Bodenbearbeitung

Alle Gesellschaften Westeuropas beginnen mit der einzelbäuerlichen Produktionsweise. Die Zeitmaße aller Arbeitsvermögen sind jahreszeitlich, lebenszeitlich; die Übertragung der Produktionserfahrung vollzieht sich durch die Generation und von Dorfgemeinschaft zu Dorfgemeinschaft. Es gibt den Exodus: Sind die Böden verbraucht oder sind Abhängigkeitsverhältnisse entstanden, die als unerträglich empfunden werden, so gibt es im Mittelalter die Abwanderung ganzer Dorfgemeinschaften. Sie tragen dann ihre Erfahrung mit sich.

Die Arbeiten sind gegenständlich. Sie orientieren sich an der Selbstversorgung. Die Arbeitsvermögen bilden deshalb einen vollständigen Zusammenhang; das Korn, das gebraucht wird, wird ebenso produziert wie das Tuch für die Kleidung; Schmied und Müller gehören zum Dorf. Die Masse der Tätigkeiten besteht in einfacher Arbeit, da Boden, Arbeitsmittel und Jahr die Kombinationen potenzierter und zusammengesetzter Arbeiten schwer anwendbar machen.[53]

Die Dichte der Arbeitsvermögen beruht auch drauf, daß in einer solchen Gesellschaft so viele das gleiche tun. Die Arbeitsvermögen der Phantasie trennen sich selten vom Gegenständlichen. Man kann dies allerdings schwer beurteilen, weil alle überlieferten Phantasien der Bauernklasse doppelsinnig sind. In Gebr. Grimm; *Kinder- und Hausmärchen*, München 1949 (Ausgabe von 1819), findet sich das Märchen: »Der Dreschflegel vom Himmel«. Ein Bauer, der mit einem Paar Ochsen zum Pflügen auszog, gerät in den Himmel. Oben sieht er, daß die Engel Hafer dreschen.

»Wenn du da herabstürzt, das wär' ein böses Ding, dacht er, und in der Not weiß er sich nicht besser zu helfen, als aus der Spreu vom Hafer einen Strick zu drehen und an diesem Seil sich wieder zur Erde herunterzulassen. Auch griff er zu einer Hacke und einem Dreschflegel, die da herum im Himmel lagen [...] Er kam aber unten auf der Erde gerade in ein tiefes, tiefes Loch, und war es ein rechtes Glück, daß er die Hacke hatte, denn er hackte sich damit eine Treppe [...], [...] und brachte den Dreschflegel zum Wahrzeichen mit, so daß niemand an seiner Erzählung mehr zweifeln konnte.« (A.a.o., S.547f.)

Der Bauer findet im Himmel nichts anderes als was er in seiner irdischen Praxis kennt. Das Märchen ist spät erzählt. Der Dreschflegel hat sich auch als **Waffe** gegen die Herren erwiesen. Daß er vom Himmel kommt, hat besonderen Sinn, und insofern ist die Phantasie nicht einfach nur gegenständlich.

Dem Arbeitsprozeß liegt die Vorstellung eines Gemeinwesens zugrunde, das mit dem Zusammenhang der häuslichen Produktion identisch ist. Das wirkliche Gemeinwesen kommt dabei nicht zustande. Ebenso liegt alsbald das Prinzip des Privateigentums zugrunde. Es gilt aber nie vollständig, sondern wird überlagert durch die Vorstellung des ursprünglichen Eigentums: Wer den Boden beackert, dem gehört er. In der Entwicklungsgeschichte der aufeinanderfolgenden gesellschaftlichen Formationen wird die Bodenbearbeitung als einseitige, einfache, **vorzeitige** Stufe verstanden, die Bauernklasse wird **deklassiert.**

Seilpflugprojekt eines »Ingenieurkünstlers«.

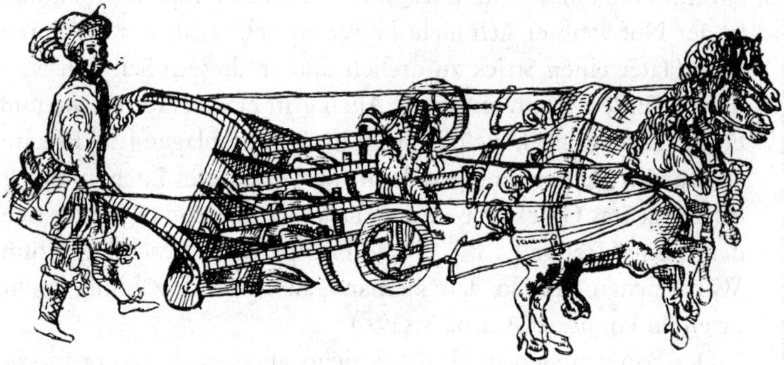

Vierscharpflug, Werkzeichnung eines »Pflugkünstlers« aus dem Braunschweigischen, gesandt an Kurfürst August von Sachsen.

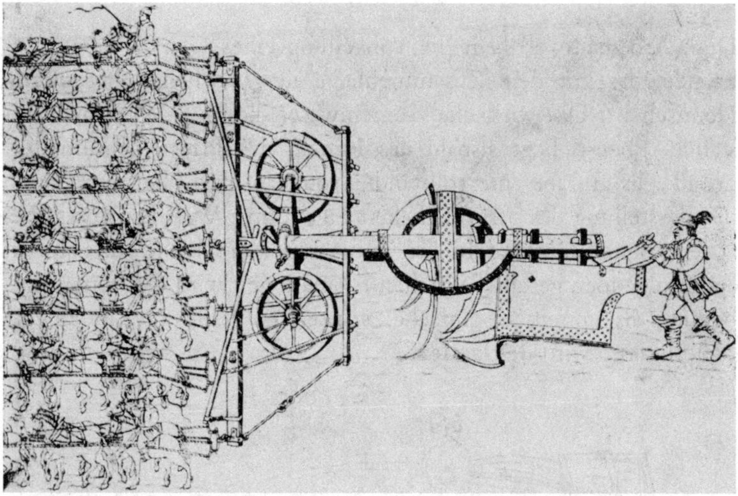

Pflugmonstrum mit Riesenschar, drei Sechen und gewaltigem Pferdevorspann. Peter Opel (Regensburg), Ende des 16. Jhs.

1790. Vater von Caspar David Friedrich. Tatsächlich sind die Arbeitsvermögen der ursprünglichen Bodenbearbeitung nur in der Verzerrung des Rückblicks einseitig oder einfach. Sie sind, was Zusammenhang betrifft, die strukturierteste Form der Arbeitsvermögen.

»Die Landwirtschaft abzusondern ist im Grunde genommen eine verkehrt gestellte Aufgabe. Im geschichtlichen Entwicklungsprozeß hat sich nämlich nicht die Landwirtschaft zu einem eigenständigen Sektor der Gesamtwirtschaft abgesondert, sondern alle anderen Wirtschaftssektoren haben sich allmählich von der Landwirtschaft getrennt. Die Landwirtschaft umfaßte ursprünglich – so wie später noch vereinzelte autarke Bauerngehöfte – fast alle Tätigkeiten, die zu ihrer Reproduktion notwendig waren. Erst im Laufe der Zeit haben sich von diesem vollständigen Vertikum einzelne Tätigkeitsgebiete abgesondert, vor allem einige – bei weitem nicht alle – Zweige des Handwerks. Die Landwirtschaft war jeweils der verbleibende Rest, ein Rest, in dem sich die Vielfältigkeit der Tätigkeiten allmählich verringerte. Der Begriff der Landwirtschaft als Bezeichnung eines Wirtschaftssektors ist demnach an den geschichtlichen Stand der gesellschaftlichen Arbeitsteilung gebunden. Zwar bilden die unmittelbar an Grund und Boden gebundenen Tätigkeiten einen nahezu beständigen Kern dieses Sektors, doch vermindert sich im Laufe der Geschichte der Kreis von Tätigkeiten, in den dieser Kern gebettet liegt, mit dem er jederzeit, zu einem eigenständigen Ganzen verwachsen, als landwirtschaftlicher Wirtschaftssektor in Erscheinung tritt.«[54]

Wenn vom Nachbargarten ein Baumzweig über den Zaun herüberhängt, darf einer ihn abhacken.[55]

In der Mitte links der Bauer, der um sein Gehöft einen Zaun machen darf. Er darf aber (unteres Bild) die Tiere im Stall nicht direkt neben dem Schmelzofen halten. Es muß Zwischenraum sein.

Der Vasall hat ostentativ seine Hand zurückgezogen und nimmt die Einkünfte des Gutes nicht an. Er ist **nicht einverstanden.** Es geht um die Zeitbestimmung, bis zu der der Lehnsmann die Einkünfte noch für den anderen bereithält. Die Zeit wird als Datum und mit dem Hinweis auf das Sonnengestirn bezeichnet.

Wenn eine Flut Land wegnimmt, so hat der Betreffende das Land verloren, ändert ein Wasserlauf seine Ufer und entsteht dadurch eine neue Insel, so gehört sie dem Anlieger. **Es gibt für jede konkrete Einzelheit des Lebens eine konkrete Erfahrungsregel.**

Uhren sind: Körper-Uhren, Tag- und Nacht-Uhren, die Jahreszeit als Uhr. Es geht um Termine: »Am St. Bartholomäus (24. August) ist allerlei Zins und Abgabe fällig. Zur Wurzmesse (15. August) der Gänsezehnt, am St. Johannistag (13. Juli) ist jeder andere Kornzehnt fällig.«[56] Die psychologische Zeit ist zugleich die Zeit der Produktion, so wie Lebenslauf und Arbeitsläufe einen **einheitlichen Zusammenhang** bilden.

Man darf sein Vieh, das dem Hirten folgen kann, nicht daheim lassen. Der Hirte erhält ein Stück Käse für seine Dienste. Für Säue, welche Ferkel säugen, gilt diese Vorschrift nicht. Diese soll man in Kästen einsperren, damit sie keinen Schaden anrichten.

Die umfassenden Potentiale in den Arbeitsvermögen der Bodenbearbeitung zeigen sich uns erst in den Transformationen. Da alle Produzenten ursprünglich einmal in ihren Voreltern aus der Bauernklasse stammen, gibt es den »Bauern in mir«.[57] Dieser Anteil – in gewisser Hinsicht ist es die Grundlage – in den modernen Arbeitsvermögen erweist sich, anders als die *historischen* Bilder, als **wendig,** er arbeitet **nichtparzelliert,** entwickelt konkretere Vorstellungen vom **Gemeinwesen** als sämtliche anderen Arbeitseigenschaften. Der subtile Anteil der **geistigen** Tätigkeit folgt der **bäuerlichen** oder **gärtnerischen** Produktionsweise. Arbeitsvermögen, die sich auf emanzipatorische Prozesse oder ökonomisches Bewußtsein richten, gehen um mit der Vorstellung eines ursprünglichen Eigentums, das aus der Geschichte der Bodenbearbeitung stammt. Die Vorstellung von der Natürlichkeit eines Produkts, die Entwicklung menschlicher Zeitmaße leitet sich von dort her ab. Dagegen ist die empirische Bodenbearbeitung heute in unserem Lande Teil eines industrialisierten Prozesses.[58]

Die Vermögen der Bodenbearbeitung sind in der frühen Gesellschaft, die sie hervorgebracht hat, Garanten der Unbeweglichkeit des Gesamtsystems. In ihren modernen Transformationen bilden sie die Formgestalt der **Bewegung,** verstanden als innere Bewegung, emotionale Grundlage. Sie haben diese Eigenschaft, weil in Krisen potenzierte Arbeit auf einfache Arbeit, geraffte Zeit auf einfache Zeit (also Uhrzeit auf psychologische Zeit) zurückfallen. Es entspricht einem gesellschaftlichen Gesetz, daß diese Zeit- und Masseform die natürliche Grundlage darstellt. Das ist dann immer auch der Rückgriff auf Vermögen, die ihre Erfahrung in der Bodenbearbeitung entwickelt haben. Formen der Energien dieser Eigenschaften gehen in die Transformation **fast vollständig** ein: (1) weil die Trennung von der strukturierten, rein bodenbearbeitenden Gesellschaft **fast vollständig** stattfand; (2) weil in der modernen Krise der Rückfall **selbsttätig** auf die ursprüngliche Grundlage erfolgt.

Handwerkliche Produktionsweise

Sie entwickelt sich logisch *nach* der Bodenbearbeitung, zeitlich *parallel* zu ihr.[59] Das Handwerk bearbeitet alle möglichen Gegenstände, auch Nicht-Naturprodukte. Der Jahresrhythmus ist nicht zwingend; die Übertragung der Produktionserfahrung erfolgt zunächst innerhalb der Familien und ortsgebunden; zugleich über die organisierten Gewerbe. Eine charakteristische Übertragungsform ist der Exodus: Ganze Gewerbezweige oder innerhalb eines Gewerbes tätige Unterklassen wandern aus der Stadt aus und begründen an anderem Ort neue Produktion:[60]

Es ist weder die Natur des Bearbeitungsgegenstandes, noch die Natur des Produzenten, welche Maße, Zeiten, Rhythmen und Gegenständlichkeit vorgibt. Maß und Gegenständlichkeit des Produktionsprozesses vertreten die Natur. Es ist der Produktionsprozeß von Kleinproduzenten, von denen jeder seine Ehre darin sieht, daß sich seine Tätigkeit von der des anderen unterscheidet. Ein solches Konkurrenzprinzip bedeutet allseitige Produktionserweiterung: und wenn die Sache um ihrer selbst willen geschieht, auch wenn niemand dafür zahlt, gebe ich mir Mühe wegen der Anderen. Diese Tendenz steckt im Handwerk bis zur Existenzvernichtung hin. Die von den Zünften erzwungene notwendige Korrekturbewegung heißt: Beschränkung der Produkte, Grenzsetzung in der Wahl möglicher Berufe. Es können nicht **sämtliche** Gegenstände erzeugt oder repariert werden, sondern die tote Arbeit des Berufsbilds und die der Berufsvereinigungen verstellt den Weg der Produktionserweiterung. Eine solche Erweiterung wäre, anders als bei der Bodenbearbeitung, jederzeit und in allen Richtungen möglich. Der Hemmschuh liegt in der gesamtgesellschaftlichen Abhängigkeit, die im instrumentellen Arbeitsbegriff ihren Ausdruck findet.

Der Handwerker muß zweierlei herstellen: (1) sein Produkt und (2) die Vorstellung bei den Bestellern, die im Mittelalter im wesentlichen der Herrenklasse angehören oder Konkurrenten sind (beide Käufer verstehen nichts von der spezifischen Produktion, die der Handwerker ausübt, und könnten von sich aus keine angemessenen Bestellungen formulieren), daß genau **sein** Produkt unentbehrlich und **allein** brauchbar sei.

Eine solche Vorstellung mußte der Bodenbearbeiter nicht zusätzlich produzieren. Für das Handwerk ergibt sich aber: Wo sich Mühe nicht sichtbar macht, sich kein Selbstbewußtsein des besonderen Berufs anbringen läßt, ist es nicht handwerklich, bringt kein Brot. Es muss Berufsehre dabei sein, **eine** Zahlung, die Anerkennung und Markierung des Handwerks enthält, und **eine zweite** Bezahlung, die in Geld erfolgt.[61]

> Die städtischen Handwerker produzieren nicht für diejenigen, die durch ihre Arbeit den Reichtum der Gesellschaft wirklich herstellen, sondern für diejenigen, die über die Abgaben der wirklichen Produzenten verfügen. Dies ist die Herrenklasse und ihr Anhang (Diener, Militär, Vögte), die von Produktion nichts verstehen. Zugleich sind es Räuber, die für ihr Geld, das immer nur die Höhe des Abgabestroms haben kann, auch das Mehrfache an Leistung entgegennehmen würden. Der Kaufwille dieser Unkundigen muß angereizt und zugleich in Schranken gehalten

werden. Beides sind Bornierungen, die auf die handwerkliche Stadtproduktion zurückschlagen und ihre Arbeitsvermögen ebenso prägen wie das Prinzip der Produktivität.

Das ist die Erklärung für den Zustand im Herbst des Mittelalters, daß die offenkundig vorhandene Kapazität zu technischen und wissenschaftlichen Neuerungen sich so vehement am Unpraktischen oder Luxurierendem orientiert. In der italienischen Renaissance, auch in deutschen Reichsstädten, wären alle Produktionsvoraussetzungen für eine industrielle Entwicklung bereits vorhanden, sie findet aber erst nach Jahrhunderten wirklich statt.[62]

Schlacht bei Murten. Karl der Kühne hat sich gegen die Schweizer Haufen mit einer Kanone ausgerüstet. Sie ist in dem handwerklich hochentwickelten Herrschaftsgebiet Flandern hergestellt (die Kanone links an der Bildgrenze). Die Bedienungsmannschaften sind bereits geflüchtet. Es sind Handwerker; jede Kanone ist ein Individuum. Sie verschießen besondere Kugeln, die Pulvermischung, nach Geheimrezept hergestellt, in eine besondere. Die Handwerkerkanone schießt nicht weit, man muß schießen, »sobald man das Weiße im Auge des Feindes sieht«, früher zu schießen hat keinen Zweck. Das Weiße im Auge der Eidgenossen sehen die burgundischen Handwerker, wenn der Schweizer Haufen etwa auf 30 m heran ist. Man kann dann **einen** Schuß abgeben. Danach sind sie über der Kanone. Deshalb sind die Handwerker schon geflohen.

Daß sie sterben, ist im Vertrag mit dem Herzog nicht inbegriffen. So weit reicht ihr Dilemma nicht. Es besteht darin, daß weder der Herzog noch seine Soldaten mit einer Kanone umgehen könnten. Nicht einmal eine exakte Bestellung könnten sie formulieren. Die Handwerker müßten ihnen erst beibringen, was eine Kanone, was Kugeln oder Pulver sind, das ist aber wiederum ausgeschlossen, weil der Herr oder seine Befehlshaber dann anderswo diese Kriegsmittel herstellen lassen könnten. Die Markierungsarbeit des Handwerkers besteht also nicht nur darin, dem Herrn vorzuschreiben, was er bestellen muß, sondern ihn auch weiterhin von der Bildung eines Eigenwillens als Käufer auszuschließen. Dies alles ist ebenso wichtig wie, daß das Produkt funktioniert.

Handwerker in seiner Werkstatt. Heiliger als Meister.

Watts Werkstatt an der Glasgower Universität.

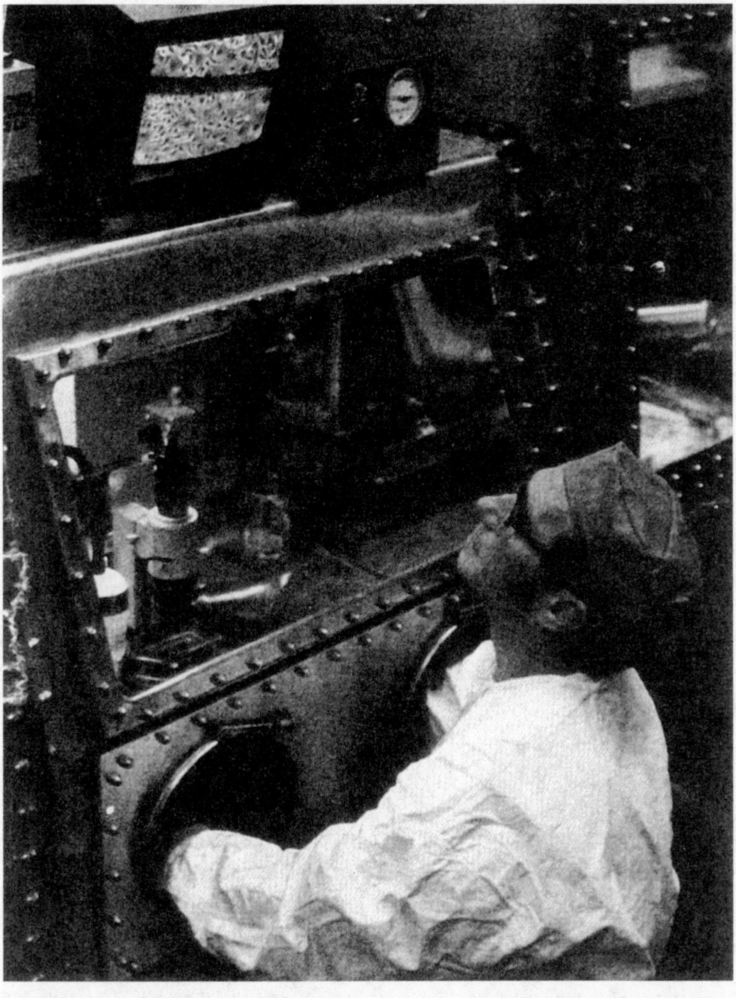

Gentechnisches Sicherheitslabor. »Wildeste Experimente« werden geplant. Die Gentechniker haben das Problem: (1) ein Produkt zu liefern; (2) der Gesellschaft darzulegen, daß genau ihre Arbeit etwas Brauchbares darstellt; (3) daß das, was brauchbar ist, auch gefahrenlos wäre. Mit den Kernkraftwerken haben sie das gemeinsame Problem, daß sie auf zwei verschieden organisierte Bestellersysteme stoßen: die unkundigen Regierenden und die, soweit sie sich auf den inneren Bodenarbeiter verlassen, instinktsicheren Wähler dieser Regierenden, die von der Gefahrlosigkeit nicht zu überzeugen sind.

Spezialisten, 1946.

Die handwerkliche Stufe der Arbeitsvermögen zeigt bei ihren modernen Transformationen und Transversalisierungen (Übersetzung und Zerstreuung auf die heutigen gesellschaftlichen Stufen) deutlich ihre ursprüngliche Prägung. Sie kehrt ihr Potential nicht um, wie die bäuerliche, sondern konserviert ihre Begrenztheit. So werden nicht sämtliche Produktionsgegenstände vom »Handwerker in mir« bearbeitet, sondern diejenigen, die im Gravitationsfeld von Berufsbildern über markierte Aufmerksamkeiten verfügen. Der Rechtsanwalt ist kein Sozialanwalt; der professionelle Politiker verliert das Politische; der Intelligenzarbeiter betätigt sich nicht allseitig intelligent, Intelligenz der Gefühle schreckt ihn; Straßenbauer planen die Straßen dort, wo Verkehrsverhältnisse überreich sind, nicht dort, wo Straßen gebraucht werden. In Gegenbewegung dazu: Immer erneut der Ausbruch der an sich vorhandenen Gesamtfähigkeit in den Fällen von

Auswanderung oder bei Konfrontation mit Situationen die noch nie da waren. In diesen Momenten ist die sonst verbotene Variation und Trivialisierung der Produkte möglich. Die Erzeugung von Massenwaren, die im eigenen Land unmöglich schien, ist im fremden Land selbstverständlich. Massenproduktion ist auch bei jedem neuartigen Eindringen in die eigene Gesellschaft, z.B. bei Eisenbahnbau, Kanalbau, ursprünglicher Akkumulation möglich.[63]

Von der Transformation der handwerklichen Vermögen in industrielle ist **der Anteil der handwerklichen Eigenschaft an Selbstregulation und Selbststeuerung in den modernen Menschen** zu unterscheiden. Diese Innenseite der Eigenschaften geht vor allem in die Arbeit der Kultur-, Öffentlichkeits- und Wissenschaftsproduzenten ein.[64].

Ohne ihre Begrenzung wäre die handwerkliche Produktionsweise das natürliche Einzelelement einer flexiblen Gesellschaft; ihr haftet das Defizit an, daß sie nie gezwungen war, menschliche Maße und Gegenständlichkeiten zu respektieren; sie konnte immer darüber hinaus. Insofern gilt: Handwerk macht frei. Die handwerkliche Produktionsweise wird durch die späteren Stufen des industriellen Prozesses in ihrer städtischen Dominanz vernichtet, entsteht jedoch am Sockel der Industrie – je höher die Konzentration, desto naturwüchsiger – immer neu. Vom Kapital wird sie nur formell subsumiert, d.h. der kapitalistische Prozeß bildet den sie bestimmenden Realisierungsrahmen, vermag sich in die Einzelheiten der Produktion aber so wenig einzumischen wie die mittelalterlichen Herren. Im Punkt reeller Subsumtion verschwinden diese Produktionsvermögen und gehen als Anteil in industrielle Arbeitsvermögen ein.

Manufaktur, Maschinerie und große Industrie; Kooperation

Die sog. Stufe der Manufaktur bezeichnet die Zerlegung der Arbeit in Teilprozesse, Arbeitsteilung. In der Praxis der Industrialisierung ist sie ein Kunstprodukt; sie ist als ökonomisches Modell wichtig, weil in ihr das Prinzip der Vereinseitigung der Arbeit, ihre Spezialisierung und Aufgliederung in Teilarbeiten schulmäßig dargestellt werden kann. Eine *ganze* Gesellschaft ist nie von der Stufe der Manufaktur vollständig ergriffen worden.[65]

Die Arbeitsvermögen der Manufaktur tragen den Stachel zur großen Industrie in sich. Diese entsteht aber nicht als Erweiterung der Manufakturproduktion, sondern **daneben** im Rückgriff auf einfache Arbeit und Massenproduktion. Sind es Zehntausende Jahre der Bodenbearbeitung und mehr als einige tausend Jahre kontinuierlicher handwerklicher Produktionsweise neben der bäuerlichen, so tritt Maschinerie und große Industrie ihre Dominanz in zeitlicher Überstürzung an. Sie verdrängt die frühen Produktionsweisen, nimmt daraus Transformationen auf und bringt die ursprünglichen Produktionsweisen auf der Unterseite der Industrie als Nebenproduktion wieder hervor.

Tauschgeschäft zwischen einem Gutsherren und Bauern.

Englische Unternehmer im 18. Jahrhundert besprechen ihre Geschäfte in einem Kaffeehaus.

Cromptons Erfindung verband Hargreaves' »Jenny« mit Arkwrights Spinnmaschine und wurde vermutlich deshalb »Maulesel« getauft.

Frauenarbeit im Ersten Weltkrieg. Maschinengewehrfabrik.

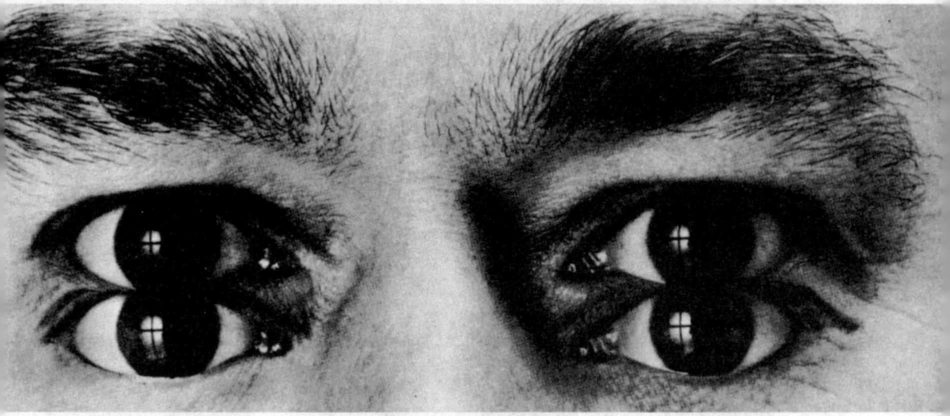

Vermehrfachung der Augen.

Vollautomatisierte Produktion bei VW (1980).

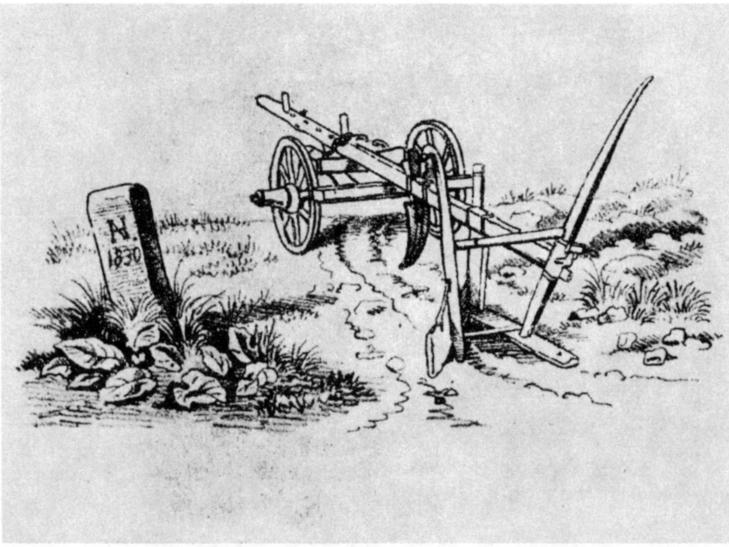

Süddeutscher zweisterziger Beetpflug »altdeutschen« Typs mit Radvorgestell.

Sklaven auf einem Schiff nach Westindien.

Kinder und Öl.

DER WEG DER FRAU

NUMMER 7

BERLIN, 1. DEZEMBER

Jahrgang 1931

rscheint jeden Monat
Ausgabe A, ohne Schnitt-
muster, Preis 20 Pfg.;
Kč. 1.60
Ausgabe B, mit Schnitt-
muster, Preis 30 Pfg.;
Kč. 2.50

AUS DEM INHALT

Wenn Hitler regiert / Jede 11.
rau ohne Mann / Hygiene
bei der Heilsarmee / Was
wissen wir von Jugend-
Cliquen? / Die Bräuteschule /
rau Gründlich und Frau
Grämlich / Die Schwestern

Zu unserem Titelbild:

Da hat sie nun soviel ge-
lernt und bekommt doch
keine Arbeit. Denn sie ge-
hört, trotz der auffälligen An-
preisung ihrer Kenntnisse,
zu dem Millionenheer der
Stempelbrüder, das der Ka-
pitalismus weder beschäfti-
gen noch ernähren kann

Auf dem Umhängeschild ist zu lesen: »Hallo! Ich suche Arbeit! Ich kann Stenographie und Schreibmaschine … Ich nehme jede im Haushalt vorkommende Arbeit an. Kann alles, was einen aufmerksamen Geist erfordert.«

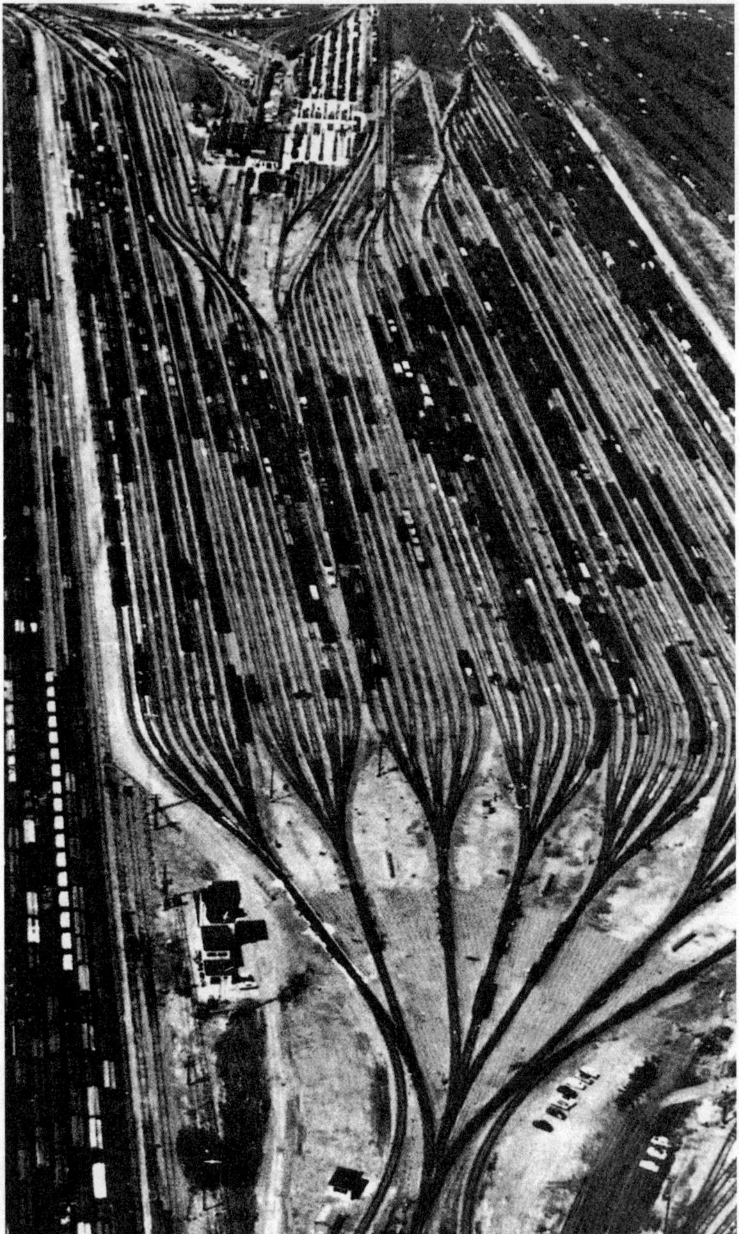

»Acker des Verkehrs«.

Matrosenschlafstelle. Was die Industrie übrig läßt, darum kümmern sich Krämer und Gastwirte. Frühes 19. Jahrhundert. So haben übrigens die Spitzhörnchen und Baumkletterer (siehe Bd. 6.3, S. 203) geschlafen.

In der Notzeit Rückkehr zur einfachen Arbeit. Handel mit Pferdewürsten.

In der Industrie sind als Potential sämtliche im Vorangegangenen produzierten Arbeitsvermögen in Aufregung gehalten; es entsteht eine fast universelle Anwendung und neue Bindungsfähigkeit dieser Arbeitsvermögen, die den Anschein erweckt, als entstünden vermöge der Industrialisierung immer neue Arbeitsvermögen, auch wenn es sich nur um Transformationen und Aufsplitterungen der ursprünglichen Vermögen handelt. Ihr Zerfall läßt sie Bindungen eingehen, denen sie nach den Gesetzen ihrer Entstehung widerstrebt hätten. Universell anwendbar werden sie im Potential, davon vergegenständlicht sich aber nur das, was sich in den realitätsmächtigen, aber vom Entstehungsgrad der Arbeitsvermögen (den lebendigen Motiven her) falsch zusammengesetzten Gesamtarbeiter eingruppiert. Es entstehen zugleich die zusammengesetzten Arbeitsvermögen der Kooperation – in dieser **Zusammensetzung** sind sie neuartig –, Solidarität und Assoziation (Vereinigung), teils als Potential, teils wirklich; zugleich mit der Trennung der produktiven Klassen an menschlichen Eigenschaften, die von jetzt an einander nicht mehr recht verstehen.

In den vorangehenden Produktionsweisen waren Lebenszusammenhang und Produktion eine strukturierte Einheit. Familie und Werkstatt, Hof und landwirtschaftliches Jahr, Personenkreis der Großfamilie und Verwandtschaft bildeten einen integrierten Zusammenhang, in dem jedem Arbeitsvermögen ein Beziehungsverhältnis entspricht: Beziehungsarbeit und produktive Arbeit sind in wesentlichen Zügen identisch. In der industriellen Auftrennung ist diese Identität in der Bedürfnisproduktion länger bewahrt als in den wirklichen Verhältnissen, praktisch läßt sich aber kein einzelnes Arbeitsvermögen mehr auf seinen Zusammenhang eindeutig zurückführen – auch nicht die Arbeit der Wünsche und Bedürfnisse.

Man versteht die Arbeitsvermögen, die unter industriellen Bedingungen hervorgebracht werden, nicht vollständig, wenn man sie nur oder auch nur vorwiegend in den Fabriken sucht. Die industriellen Produktionsbetriebe nehmen nur Ausschnitte und nützliche Resultate dieser Vermögen auf, grenzen sie als vollständige Vermögen dagegen konsequent aus. Die Eigentätigkeit der Arbeitsvermögen, ihr natürlicher Zustand, aus dem lebendige Arbeit ausschließlich besteht, erfolgt nach wie vor strukturiert und zusammenhängend. Auch industrielle Arbeitsvermögen können sich in Wirklichkeit nur vollständig oder gar nicht verausgaben. Vollständig sind sie mitsamt dem Lebenszusammenhang, ihren Variationen, die ins Potential zurückgenommen sind, den Beziehungsverhältnissen, nach denen sie steuern und die sie notwendig mitproduzieren, wenn sie sich der Vereinseitigung fügen. Was wir in der gesellschaftlichen Praxis, die die Lebens- und Arbeitszusammenhänge nach Berufs-, Produktions-, Konsumtionsparten und in private und öffentliche Teile zertrennt, als Arbeitsvermögen beobachten, sind die scheinbaren Bewegungen. Die wirklichen Bewegungen, die sie machen, sind nicht sinnenklar. Sie treten erst auf Grund eines spezifischen Arbeitsvorgangs ans Licht: Wenn wir sie in der Zerstreuung der falsch zusammengesetzten Gesamtarbeit wieder einsammeln und ihre spezifische, als Doppelprogramm zur Realität stattfindende Selbstregulierung für die Sinne rekonstruieren.[66]

Spezifische Eigenschaften in der technischen Industriearbeit

Wie gesagt, ist dies immer der **Ausschnitt** aus der gesellschaftlichen Produktion einer Industriegesellschaft, der aus den Bedingungen dieses Ausschnitts allein gar nicht herstellbar wäre. In diesem Ausschnitt treten die Bewegungsgesetze der politischen Ökonomie der Arbeitskraft immer **unvollständig** auf. Die lebendige Arbeit erscheint um ihren Zusammenhang und nochmals durch den Anteil der toten Arbeit verkürzt. Sie macht also in der Fabrik immer Teilbewegungen.

Einerseits diese Verkürzung, andererseits die Fülle der Arbeitsformen, die in keiner vorindustriellen Stufe der Gesellschaft vorstellbar wäre. Der industrielle Betrieb ist darin gleichmacherisch und zugleich **alles andere als gleichmacherisch.**

Allein im Ausschnitt der Kooperation unterscheiden sich die verschiedensten Formen der teamartigen Kooperation (Erzfahrer, Hochofenschmelzer) von denen der gefügeartigen Kooperation (Blockstraße, darin unterschieden z.B. Steuern, Arbeitsvollzug, Kooperation, Reparatur).[67]

Stahl.

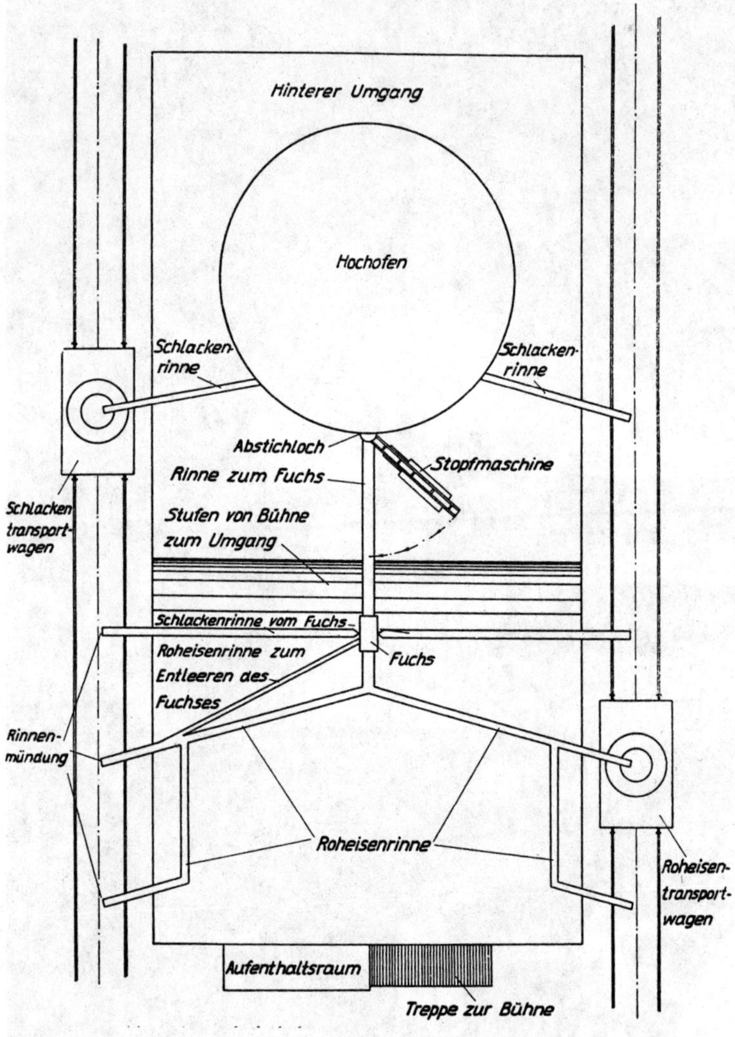

Die Hochofenbühne.

Arbeiter.

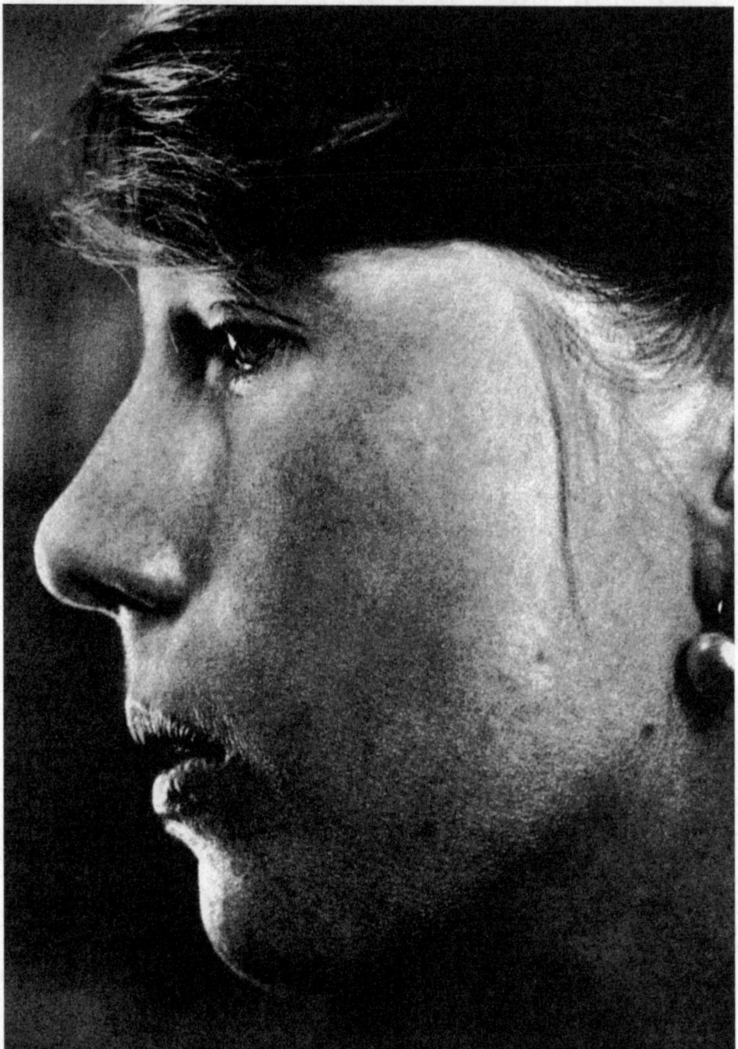

Obsthändlerin.

Vergleichen wir die Werkstatt eines Handwerkers mit einer Maschinenhalle. In der Werkstatt sitzt der Meister mit einigen Gesellen, vielleicht einem Lehrling, und repariert Schuhe. Es findet Arbeitsteilung statt, aber sie kann zu jedem Zeitpunkt durch Eingriff des Meisters aufgehoben werden, ohne daß ein schlechter Schuh entstünde. Ein anderes Bild ergibt die vorindustrielle Arbeitskolonne. Im Altmühltal finden sich die Reste eines von Karl dem Großen gebauten Grabenstichs, der den Fluß Regen und die Altmühl verbindet und so einen Wasserweg von der Nordsee über Rhein, Main, die genannten Flüßchen zur Donau und zum Schwarzen Meer etwa um 800 n. Chr. legte. Diese Arbeit wurde von Kolonnen geleistet. Anschließend verlaufen sie sich wieder, ohne daß ein gesellschaftliches Arbeitsvermögen entstanden ist. Es ist Zwangsarbeit. Die Kooperation als gesellschaftliches Arbeitsvermögen ist nicht eine beliebige Form der arbeitsteiligen Zusammenarbeit. Sie entwickelt sich **im Gegensatz** zu vorkapitalistischen Arbeitsformen. »Ihnen gegenüber erscheint die kapitalistische Kooperation nicht als eine besondere historische Form der Kooperation, sondern die Kooperation selbst als eine dem kapitalistischen Produktionsprozeß eigentümliche und ihn spezifisch unterscheidende historische Form«.[68] Sie setzt die Steuerung des Produktionsvorgangs durch dominante technische Apparatur, Maschinen, voraus und wird von dieser toten Arbeit erzwungen, wäre aber nicht industriell brauchbar, wenn nicht auf diesen Zwang die technische Sensibilität der lebendigen Arbeit adäquat antworten würde. Die kooperativen Vermögen sind insofern subjektiv hervorgebracht, als sie objektiv durch Auftrennung des Produktionsprozesses, Einfügung toter Arbeit, angereizt sind.

Die Masse der durch tote Arbeit verdichteten lebendigen Vermögen ist gegenüber vorindustrieller Produktion ungeheuer und gegenüber jeder einfachen Arbeit eines Individuums eine durch solche Massierung getrennte gesellschaftliche Ebene.[69] In der Bodenbearbeitung geht die lebendige Arbeit in die Gelegenheiten und Zwänge ein, die die Jahreszeiten vorgeben. Eine solche natürliche Nähe von psychologischer Zeit und Produktionszeit ist in den Geschwindigkeiten der

Teilarbeiten des industriellen Prozesses nirgends mehr vorhanden. Repetitive Arbeit und die eine gewisse Dispositionsfreiheit enthaltende Wartungs-, Kontroll- oder Steuerarbeit bilden in ihren Anforderungen einen radikalen Gegensatz. In beiden Fällen sind aber die Zeitmaße unnatürlich verzerrt. Keine denkbare psychologische Zeit kann sich mit einer dominierenden Produktionszeit, wie sie in einseitiger Reputation steckt, abfinden. Bei den Kontroll- oder Reparaturarbeiten stehen einander Zeiten gegenüber, in denen das volle Aufmerksamkeitsprogramm ohne äußere Tätigkeit abläuft, um dann, im Gefahren- und Eingriffsmoment, in geraffter Zeit stattfindende Tätigkeiten abzufordern. Die Eigenbestimmung psychologischer Zeit findet hier fast überhaupt keine Rücksicht, es entstehen mehrere durchweg künstliche Zeit- und Geschwindigkeitsformen.

Während wir die Transformationen und Transversalisierungen der vorindustriellen Arbeitsvermögen in den modernen Arbeitsvermögen gut wiedererkennen, gibt es über die Übertragung aus Arbeitsvermögen der industriellen Erfahrung keine abschließenden Beobachtungen. Wesentliche Transformationen erfolgen ja meist erst nach Untergang einer Produktionsweise, wenn diese auf der **Unterseite** des gesellschaftlich dominanten Prinzips wiederkehrt. Erst dann geht sie in die subjektive Seite der lebendigen Arbeit, **die Gesellschaft übergreifend,** ein. Für die industriellen Vermögen ergeben sich daraus mehrere Besonderheiten: (1) industrielle Betriebsarbeit hat nie, wie die Bodenbearbeitung, die Arbeit *aller* Gesellschaftsmitglieder ausgemacht; (2) alle Glieder der industriellen Produktion leisten verschiedene, spezialisierte Arbeit, sie tun **nicht** im wesentlichen das gleiche wie die Bodenarbeiter (und im wesentlichen noch, wenn es um die Grundeigenschaften des Sich-Mühe-Gebens, die Formseite der Arbeit geht, die Handwerker); (3) nur einige historische Prozesse der industriellen Produktion sind durch die neue industrielle Entwicklung so überlagert, daß die von ihnen ausgewanderten formellen Eigenschaften sich verallgemeinert haben könnten; (4) die Übertragung der Vermögen und ihrer Erfahrungsgehalte erfolgt zu einem wesentlichen Teil über die tote Arbeit. Maschinen übertragen Eigenschaften, die lebendigen Arbeiter erst in zweiter Linie; (5) Organisatoren und Agenten der Übertragung sind die Unternehmen, nicht die Produzenten; Träger eines Teils der Übertragung sind nicht einmal die Unternehmer, die die Arbeitserfahrung, die Zusammensetzung der Arbeiten und die darin gebundenen Eigenschaftsketten aneignen, sondern die **Waren.** Die Resultate sind Agenten, der Prozeß als der wirkliche Aggregatzustand, in dem sich Arbeitsvermögen aufhalten, hat keine Repräsentanten.

Man vergleiche nochmals die Übertragung von Erfahrung und Arbeitsvermögen von Generation zu Generation, von Dorf zu Dorf, von Meistern zu Gesellen, innerhalb der Zünfte, durch Lehr- und Wanderjahre, durch Auswanderung sowie die Transformationen aller solcher Eigenschaften (indirekt) durch Wiederkehr des Untergegangenen bei Rückfall auf einfache Arbeit und einfache Zeiten in der modernen Krise. Keiner dieser Übertragungsprozesse läßt sich auf die industriellen Arbeitsvermögen übersetzen.

Arbeitsprozesse und Sozialisation sind in der Industrie getrennt. Der Sohn des Bauern, der des Handwerkers und auch der des Arztes sieht alles, was sein Vater und seine Mutter und deren Vorbilder tun. Gleich ob es sich auf die Arbeit oder auf den Lebenszusammenhang bezieht. Es ist nicht im gleichen Maße selbstverständlich, daß der Sohn eines Schweißers oder Umwalzers die Arbeitseigenschaften seines Vaters überhaupt kennenlernt. Kennt er das, was der Vater nicht mit nach Hause bringt und von dem die Mutter in wesentlichen Teilen abgetrennt arbeitet, so wird er das, was Lebenszusammenhang produziert, und das, was Anwendung der Arbeitskraft heißt, als etwas Getrenntes erfahren. Es ist schwierig, Motive, die auf Lebenszusammenhang drängen, und Nachahmung von Arbeitseigenschaften, die vom Lebenszusammenhang getrennt sind, strukturiert zu verbinden, so daß zusammengefaßte Motive entstehen. Geht ein industrieller Beruf unter, so gehen meist zunächst eine Reihe von darin verfaßten historischen Vermögen ebenfalls unter.

Der Entfremdungsprozeß in der Betriebsarbeit ist dadurch bestimmt, daß die Produzenten über ihre Arbeitsmittel nicht selber verfügen. Geht ein Industriezweig unter (und nimmt er die in ihm begriffenen Arbeitsvermögen mit sich), so bedeutet dies nicht Trennung von einem ursprünglichen Eigentum. Die Arbeitsvermögen fallen vielmehr auf ihren natürlichen Stand der allseitigen Bindungsfähigkeit, ihr Potential, auf einfache Arbeit oder Ruhe zurück. Industrialisierung setzt zwar voraus, daß Arbeitsdisziplinen und -vermögen vollständig verinnerlicht wurden, von diesen Verinnerlichungen geht aber in die konkrete Betriebsarbeit nur ein Teilstück ein. Es wird nicht die gesamte Fähigkeit der Disziplin und des Unendlich-sich-Mühe-gebens abgefordert, sondern präzise nur das, was unmittelbar für den konkreten Arbeitsgang notwendig ist. Das Gesamtvermögen der industriellen Arbeitsform ist nur formell subsumiert, nur das formell Verinnerlichte wird gesellschaftlich vergegenständlicht. Deshalb trennt die Entlassung aus einem bestimmten Arbeitsprozeß und die Neubindung an einen anderen nicht so gründlich wie z.B. die Trennung von der ganzen Existenz der Bodenbearbeitung oder die von einem historischen Handwerk. Entsprechend entstehen geringere Transpositionsenergien.[70]

Wir greifen aus einer Fülle von Arbeitsprozessen die Qualifikation des *Umwalzers* heraus. Der Umwalzer steht vor seinen Walzengerüsten. Dies sind Maschinen, die der Umwalzer selbst an- oder abstellt und deren Geschwindigkeit er nicht regelt. Er hat, wenn die Maschine läuft so gut wie keinen Einfluß auf sie. Seine Eingriffe müssen in die Lücke der toten Arbeit eindringen. Das gibt seinem Tun, bei dem sich die Maschine »so penetrant in den Vordergrund schiebt«[71], ihn zu einem Quasisubjekt macht, eine merkwürdige Eigenständigkeit des Reagierens. Der Umwalzer greift mit einem Werkzeug die Ader auf und bearbeitet sie. Diese Walzader muß er bearbeiten und umstecken. Der Vorgang enthält eine artistische Leistung. Ob die Bewegungen bei Umsteckungen richtig oder falsch gemacht werden, richtet sich nicht nur nach den Anforderungen der Maschine, sondern auch nach den Ansprüchen, die der Körper stellt.

»Es ist eine nach eigenen Gesetzen verlaufende, spezifische Körperbewegung, die bewußt erlernt wird, in Fleisch und Blut übergeht, aber von Zeit zu Zeit ins Bewußtsein erhoben und umgesteuert werden muß.«[72]

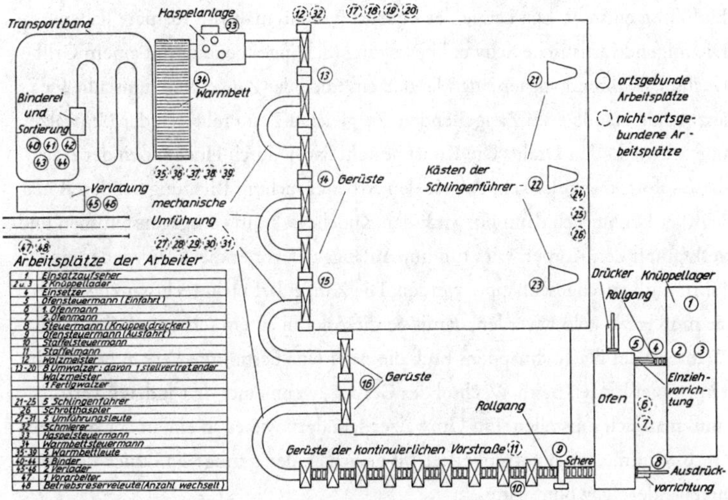

Die Drahtstraße: Der Arbeitsplatz der acht Umwalzer befindet sich in der Mitte der Drahtstraße (Pos. 13–20), am Rande des Hallenkomplexes des Walzwerks; die sog. Knüppel, die zu Draht verwalzt werden sollen, werden vom Knüppellager durch ein Knie zum Ofen gebracht und auf die notwendige Walztemperatur erhitzt. Sie durchlaufen dann als glühende Drahtschlangen 8 Gerüste. Der Umwalzer muß mit einer Zange die zwischen zwei Walzen des linken Gerüsts herausschießende Walzader »schnappen«. Er dreht sich um sich selbst, schwenkt das Aderende um sich herum und steckt es in die Führungen des rechts von ihm stehenden Gerüstes. Die aus dem linken Gerüst nachdrängende Ader vergrößert die Schlinge, löst sich erst auf, wenn die Ader vollständig durchlaufen ist. Nachdem sie »umgesteckt« ist, schießt sie durch die »Umführung« (halbkreisförmige Rinnen auf der Rückseite der Gerüste) von hinten in das nächste Gerüst, wo sie vom nächsten Umwalzer geschnappt und wieder umgesteckt wird. Der erste Walzer hat sich inzwischen wieder dem linken Gerüst zugewandt, erwartet die folgende Drahtader.

Der Umwalzer kann nicht warten, bis er den Draht aus der Führung herauskommen sieht. Die Ader schießt so schnell heraus, daß das überstehende Ende zu lang wäre. Er greift mit der Zange »ins Schwarze«. Er kann, über die ersten beiden Gerüste hinwegblickend, die Ader kommen sehen. An den beiden anderen Gerüsten muß er sich nach dem Vordermann richten. Eine bestimmte intuitiv eingeschätzte Zeit wartet er nach dessen Umstecken, dann packt er zu und schnappt mit der Zange tatsächlich die Ader von vorne. Manche Umwalzer orientieren sich mit den Augen, andere an dem knackenden Ton, der beim

Einführen entsteht. Die Länge der Zeitspanne muß man »im Körper« haben. Die folgende artistische Schwenkbewegung (Schlinge) beginnt mit einem Griffwechsel. Während vorher jede Hand je ein Ende der Zange hielt, umschließen jetzt beide Hände zwei Zangenenden. Zu gleicher Zeit dreht sich der Umwalzer und schwenkt den Draht. Die Kunst besteht darin, durch Hochreißen der Ader diese sofort so abzulenken, daß sie den Arbeiter nicht in Richtung auf den Kanal reißt; er könnte sich dann nur »mit den Knochen« kräftig entgegenstemmen und verkrampft den Körper. Dies tun nur Anfänger. Bevor er die Ader wieder einführt, muß »nachgeschnappt« werden. Die Zange darf nicht rechtwinklig stehen, sie muß etwas gelöst werden, damit sie die Ader in einem schrägen Winkel faßt. Während des Nachschnappens muß die Ader eine bestimmte Verkantung erfahren (»Spießkant«). Beim Wechsel des Gerüsts, wenn einer den anderen vertritt, muß man sich umstellen. Ein Umwalzer schildert, wie er an einem der späteren Gerüste immer nach vorn überfiel, bis er sich an den geringeren Druck der dünneren Adern gewöhnt hatte.
Die Arbeit ist gefährlich, Nervenanspannung. Die Hitze ungewöhnlich. Es sind Ventilatoren aufgestellt, die den Schweißgeruch verdunsten lassen, aber die Ausdörrung des Körpers nicht verhindern. Anstrengung und Nervenanspannung sind so groß, das die Umwalzer halbstündlich ausgewechselt werden müssen.[73]

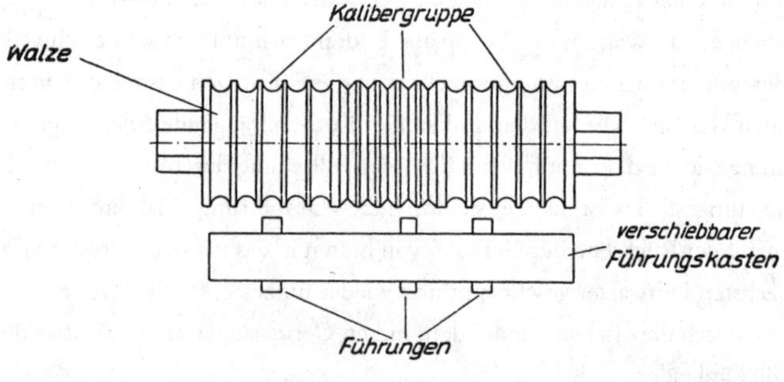

Aus Popitz u. a., a. a. O., S. 102. Walze und Führungskasten einer Drahtstraße.

Der Arbeiter vermittelt zwischen Maschine und dem eigenen Körper, er legt Bahnen der Selbstregulierung von Bewegungen, die er durch das Bewußtsein nicht stören darf, und vermittelt zwischen spontanem Verlauf und Bewußtsein, das er für die Umsteuerung braucht. Er entwickelt so Fähigkeiten, die es nirgends in der Gesellschaft naturwüchsig gibt.[74] Kommt er nach Hause, so wird er auf sein Verhältnis zu seinen Kindern oder seiner Frau dieses spezifische Geschick nicht anwenden, sondern allenfalls die sekundäre, formelle Prägung seines Bewußtseins und Teile seiner Beziehungsarbeit mit den Kollegen. Es ist aber offensichtlich, daß subtile Feingriffe in der Vermittlung zwischen Bewußtsein, spontan, eigener Körper, Körper des Anderen, eigener Wille und Wille des Anderen in der Beziehungsarbeit Wunder verrichten würden, wenn es hierüber Produktionserfahrung gäbe.

Die Zusammensetzung von Arbeitsvermögen beim Umwalzen überträgt sich auf keinen der anderen industriellen Arbeitsprozesse; hinzu kommt, daß wiederum Ersatzmänner der Umwalzer im gleichen Beruf in besonders begrenztem Umfang angelernt werden. Eine solche spezifische Erfahrung überträgt sich auch nicht durch Transformation auf Intelligenzarbeit, politische Arbeit oder auf Fähigkeiten des Gesamtarbeiters, da ja sämtliche übrigen Teilarbeiter mit dem Umwalzen gar nicht in Berührung stehen. Wird eine solche Arbeit in den industriellen Metropolen durch Automaten ersetzt, so kann die Abwanderung einer solchen Qualifikation wiederum nur in andere, neu entstehende industrielle Zentren erfolgen, sie wird nicht dorthin übertragen, wo in unterentwickelten Zonen eine Industrialisierung erst bevorsteht. Für eine solche Erfahrungsübertragung würde es nicht genügen, daß die lebendige Arbeit sich dorthin begibt; vielmehr setzt die Übertragung die Mitnahme der Maschinen voraus.

Praktisch werden nur ausgewählte Eigenschaften und Erfahrungsgehalte des industriellen Prozesses in allseitige gesellschaftliche Vermögen als Anteil übertragen. Wiederum selektiv arbeiten die Agenturen dieser Übertragung. So geht die Erfahrung verdichteter einfacher Arbeit und ihrer Verknüpfung mit potenzierter toter Arbeit und Ingenieurswissen vor allem in politische und militärische *Organisations*vorstellungen der dreißiger Jahre ein. Zwar akkumulieren die Unternehmensführungen diese Erfahrungen bereits in den zwanziger Jahren, sie fürchten aber die vollständige Anwendung ebenso, wie sie einen solchen Einsatz lockend finden. Sie sammeln und verallgemeinern die Erfahrung vom Masseneinsatz und der Potenzierungschance zusammengesetzter Arbeitsvermögen in den **tayloristischen Grenzen,** weil die sich daraus ergebende Produktionschance in ihren Köpfen auf die offenkundige Grenzsetzung stößt, die der Absatzmarkt der Produktion entgegenstellt. Vollständige Mobilisierung der Arbeitskraft bedeutet Überproduktion, d.h. die Krise. Die Nationalsozialisten sehen sich von dieser Hemmung frei. Massenmobilisierung und Potenzierung der Arbeitskraft geht in den spezifischen **Organisationsbegriff** ein, der eine Zeitlang alles in der Welt durch sog. Organisation für erreichbar hält.

Im Ersten Weltkrieg sind neuartig zusammengesetzte Vernichtungs-, Durchbruchs- und Kriegstüchtigkeitsvermögen entwikkelt worden. Meist werden sie gefunden, entgegengesetzt zur Planung der Strategen, eingesammelt nach Enttäuschung. In Deutschland ist durch den Versailler Vertrag die Reichswehr um alle modernen Kriegsmittel entreichert und vom Kriegsgegenstand (in gewisser Hinsicht auch vom staatlichen und gesellschaftlichen Zusammenhang) abgetrennt. Sie verfügt über besonders reiche Erfahrung und fast keine Anwendungsmöglichkeit, außer in Gesten abstrakter, wirklichkeitsentlegener Drohung. In einer ähnlichen Lage ist die Rote Armee in der Sowjetunion. Sie ist vom Konzept der Weltrevolution, der Fülle ihrer Erfahrungen aus dem Bürgerkrieg, den bei Aufbau der Roten Armee unbefangen aufgegriffenen modernen Kriegsvermögen eigentümlich getrennt; man könnte sagen, daß die Sowjetunion in den zwanziger Jahren, von der übrigen Welt gesehen, wie auf einem anderen Planeten lebt. Dies ist die andere Seite der westlichen Isolierungsstrategie. Reichswehrführung und Rote Armee eröffnen nach dem Vertag von Rapallo eine intensive Kooperation. Die Erfahrungsüberragung ist einseitig: Die Sowjets lernen aus den deutschen Erfahrungen, die Reichswehr, zu hochmütig, um von diesen Schülern zu lernen, erhält Übungsplätze, führt Experimente in der Kooperation von Flugzeugen, Panzern und Artillerie durch, die das Blitzkriegskonzept vorbereiten helfen. Werden diese Erfahrungen nicht angewendet und geübt, gehen sie verloren.

Ein solcher Verkehr von recht konservativen Reichswehrmilitärs und einer revolutionären Armee vollzieht sich quer zu den

Trennungen unvereinbarer gesellschaftlicher Systeme, enthält ein Höchstmaß an Versachlichung. Es muß erstaunen, daß ein ähnlicher Verkehr zwischen verschiedenartigen Tüchtigkeiten zwischen den Produzenten industrieller Arbeitsprozesse so wenig möglich ist und schon nicht stattfindet im Verhältnis der Produktion und Industrie. Es sind entlegene Bereiche, wie das Militär oder die sog. Organisationsleitung und Führung, die Transformationsprozesse der industriellen Vermögen aufweisen, im Zentrum der Erfahrung finden sie nicht statt.

Was ist bei dieser Stufenfolge ausgelassen?

Zunächst sind ausgelassen all die Eigenschaften, die in der Geschichtserzählung noch vor der Bodenbearbeitung liegen. Das Vermögen des aufrechten Ganges, Laufen, Religion, Krieg, Erfindungen wie das Feuer, das Haus oder zunächst: wie finde ich vor der Naturgewalt eine Höhle; dagegen: die Bewegungsfreiheit der Prärie; Rebellion; Einwanderung, Auswanderung. Einiges hiervon entwickeln die Nomaden, anderes ist älter. Die zugehörigen Arbeitsvermögen kehren ohne Veränderung oder mit Veränderungen in allen späteren Stufen wieder, aber sie sind von den Stufen ab der Bodenbearbeitung nicht erzeugt. So etwa ist das Vermögen, einen Ort als zu mir gehörig zu bestimmen (wenn er mir das nicht dadurch spiegelt, daß er meine Arbeitskraft gewissermaßen gefangen hält, da ich mich von ihm ernähre), ebenso wie die Fähigkeit, sich von ihm wieder zu trennen, aus Vorarbeit entstanden und nicht einfach natürlich. Die darin enthaltenen Vermögen Binden / Trennen, haben zugleich ihren Sitz in jedem modernen Produzenten; im Mittelalter sind sie Kernstücke der Theologie. Ähnlich die Fähigkeit, etwas zu vergessen, zu verdrängen, mit der Rückkehr des Verdrängten umzugehen und sich vor dem, was nicht durch Trauer abgearbeitet ist, zu fürchten: Diesem Vermögen liegt die gattungsgeschichtliche Produktion von Erinnern und Vergessen zugrunde. Arbeitsvermögen dieser Art bilden Transformationen und Transversalien in gespenstischer Weise. Sie verwandeln sich in ihren einzelnen Anteilen in Schock, Starre, sie verschwinden in religiöse Erwartung, in Würgen, in Geld, Logik – nehmen praktisch jede denkbare Gestalt an.

Quer zu solchen, im heutigen Produzenten und in seinen kollektiven Repräsentanzen als Anteil enthaltenen einzelnen Vermögen und ihrer Geschichte findet sich die Transformationsgeschichte derjenigen Arbeitsvermögen, die überhaupt erst als Konstellationen, d.h. als Zusammengesetztes, Arbeitsvermögen wurden. Herzschlag, die Zellen, die Kontrollen der körperlichen Zeit-, Stoffwechselmaße und Rhythmen durch die Schilddrüse, das Nervensystem, sind Arbeitsvermögen auf Grund von Zusammensetzung. Die Produktion ganzer Individuen geschieht nicht, indem sich diese nach einem gesellschaftlichen Vertrag zusammenschließen, sondern als primitive Gesellschaft, Horde. Sie produziert den Rohstoff, aus dem auf wesentlich späteren Stufen das Selbstbewußtsein entsteht, das überhaupt nur als Zusammengesetztes etwas Bewußtes ist; Familienallianz; individuelles Wesen; in Staaten gesammeltes Wesen, kooperatives Wesen. **Da alle im vorangegangenen skizzierten Vermögen die Fähigkeit besitzen, gewissermaßen ahistorisch, entfremdet vom Gesetz ihrer Entstehung, sich aufeinander zu beziehen – und weil aus einer solchen alternativen Zusammenarbeit völlig veränderte Bedeutungs-, Figurations- und Verknüpfungsmuster der Arbeitsvermögen entstehen – ist es nicht abwegig, daß als Gesamtvermögen das menschliche Naturwesen, wenn es alle diese gesellschaftlichen Verhältnisse eingeht, zu praktisch jedem denkbaren Produktionsprozeß in der Lage ist.**

Wir unterscheiden: (1) Die Dominanz, d.h. **spezifische Bestimmtheit,** eines äußerst engen herrschenden Produktionsverhältnisses, das gewissermaßen seine permanente Gegenwart sich einbildet. Es hat aber große Einfachheit, wegen des ersichtlichen direkten Zwangs, selber aber wenig Materialität; es hat diese im wesentlichen nur, soweit es sich diese Materialität als eine ihm fremde Natur aneignet. (2) Eine **unspezifische Bestimmtheit,** die aus dem stummen Eigengesetz – hierzu gehört die allseitige Umformbarkeit – aller einzelnen Arbeitsvermögen, einschließlich der in ihnen enthaltenen antirealistischen Proteste, entsteht. Reflektiert die Bitterkeit der spezifischen Bestimmtheit (sie ist unmenschlich) auf die in den Menschen entfaltete unspezifische Bestimmtheit (sie ist die Form des gesellschaftlichen Selbstgefühls), so entsteht **gesellschaftliches Bewußtsein.** Es ist dem Vorgang nach die gleiche **Reflexion** (Spiegelung), die individuelle Hirne kennen. Auch dieses individuelle Bewußtsein ist nicht Geist oder Materie, sondern die Beziehung zwischen zwei antagonistisch arbeitenden Bestimmtheiten, die eine unspezifisch, die andere spezifisch, die eine erfährt Provokationen, die andere bezieht sie auf das Selbstgefühl. In dieser Bewegungsrichtung meinen wir, daß die emanzipatorischen Arbeitsvermögen als ein Gesamtes Denkvermögen haben.

> Da die emanzipatorischen Vermögen in der Herrschaft des nicht-emanzipatorischen Produkts **eingeschlossen** sind, weisen sie in der gesellschaftlichen Praxis dieses Denkvermögen nicht auf. Als eine Gesamtheit betreiben die Vermögen teilweise (selektive) Universalisierung. Sie übertragen sich und verallgemeinern die Wünsche und Bedürfnisse, die Lebenszusammenhänge, die einzelnen produktiven Erfahrungen und daraus verschieden gebildete Arbeitseigenschaften jeweils **getrennt.** Dies ist der Rohstoff, aus dem die Entfremdung auf erweiterter Stufe gemacht ist. Sie zerreißt die Menschen und die Kollektive, die doch wiederum ihre Realitätsbeziehungen als Vergegenständlichung brauchen. Sie sind zwangsweise aufgetrennt und zugleich zwangsweise in einem fremden Zusammenhang festgehalten. Die Vermögen, es in einem solchen quälerischen Verkehr auszuhalten, müssen sie selber produzieren.

Umgang mit einander entfremdeten Zeichen

Die Trennung von sich selbst (Entfremdung) ist das beobachtbare Spiegelbild der Reibung verschiedenartiger Beschleunigungen zwischen von Menschen produzierten Dingen und lebendigen Eigenschaften; ihre Wurzel liegt immer in Beschleunigungen menschlicher Beziehungen.[75]

Man kennt Bewegung und Gegenbewegung in der Erscheinung verfrühter körperlicher Reife (Akzeleration) und verspäteter psychischer Reife (Retardierung). Körperliche Prozesse überholen die Reifung; das löst umgekehrt auch die Gegenbewegung aus: Psychische, überhastete Vorstöße, denen die Körper nicht folgen können. Große Augen sehnen sich nach etwas, das kein Körper der Welt vermag.

So weit eine Phase der individuellen Entwicklung. Die Geschichte verfährt mit den Kollektiven nicht anders. Einzelne Eigenschaften werden treibhausmäßig vorwärtsgetrieben, andere in die Untergrundarbeit oder Blockierung gedrängt; wiederum die Gegenbewegung, daß in der Blockierung oder Untergrundarbeit Energien sich ballen und Beschleunigungen erzielen, auf die im langsamen Wachstum der Gesellschaft keine Praxis antworten kann.

Alles dies ist Umgang mit einander entfremdeter Zeit. Es gibt so viele Zeiten, wie es solche Bewegungen gibt; die Reibungsfläche selber bringt ihre spezifische Zeit hinzu.

Man beobachtet das in jedem Arbeitsprozeß, für jeden Arbeitsgang verschieden. In dem Beispiel des Umwalzers ist das **Jetzt** nicht die unendlich keine Grenzscheide zwischen Vergangenheit und Zukunft; »Jetzt« heißt eine jeweils kleinere oder größere Zeitspanne, die zum jeweiligen Einzelprozeß paßt. Popitz u.a. bezeichnen das: »Die Situation hat einen **Zeithof**«.[76] Nicht die Uhrzeit, nicht die psychologische Zeit (die aus dem Lebenszusammenhang, mit der Wurzel in der Kinderzeit, zusätzlich in den Betrieb hineingetragen wird), auch nicht die Geschichtszeit, die alle Elemente des Arbeitsprozesses früher hervorgebracht hat, sondern die Wechselwirkung der Drahtader, der Maschine, der Kollegen, der eigenen Körper, die Produktionsvorschrift und die Intuition produzieren die Eigenzeit des Produktionsvorgangs. Jeder Verstoß gegen diese Zeit verursacht Fehler. Kollidiert die Eigenzeit der Produktion mit anderen Zeitkategorien, so entsteht eine quälende Kollision. Der Arbeiter wird hin- und hergerissen, wenn nicht entweder die Maschine und damit die Produktionszeit abgestellt oder die Störung zurückgestellt wird.[77]

> Frau M. hat einen konzentrierten Arbeitstag vor sich. Für sie beginnt dieser Arbeitstag am Vorabend gegen 19 Uhr; es kommt darauf an, daß sie austrudelt und früh schlafen geht. Daß sie ausreichend schläft, gibt ihr Sicherheit für den kommenden Tag. Für sie ist das eine Einheit, daß sie ausreichend schläft und gut arbeitet. Ihr Ehemann, die Kinder und ihr Chef sehen das anders. Für sie fängt die Arbeit erst morgen früh an, wenn Frau M. den Be-

trieb betritt. Am Vorabend erwarten der Ehemann und die Kinder, daß sie gemeinsam mit ihnen ein spannendes Fernsehprogramm ansieht, danach noch mit ihnen plaudert. Frau M. fühlt sich durch die Erwartung körperlich zerrissen. Für sie hat der Arbeitstag schon begonnen. Sie hat die Zeit nicht zweimal.

Geht man nicht vom einzelnen Arbeitsvorgang, sondern von den darin tätigen Arbeitsvermögen aus, so wären die miteinander verkehrenden Zeithöfe noch weiter erstreckt. Ihre Wurzel haben die Vermögen geschichtlich früh (lebensgeschichtlich, gattungsgeschichtlich), ihre Vergegenständlichung finden sie im Moment. Es verkehrten also Geschichtszeiten, Psychologie- und Sachzeiten des Jetzt.

Die Momente weisen die Vermittlung von sich. Die Jetztzeit ist rücksichtslos, die Geschichtszeit ebenso. Es sind sog. Inkubationszeiten notwendig, in denen, entlastet vom Moment, Vermittlungen auf Vorrat angelegt werden. Das sieht aus wie träumen. Inkubationsphasen, wie sie Kinder vor und nach jedem wichtigen Entwicklungsschritt und wie sie ganze gesellschaftliche Kollektive, aber gestörter und unvollständiger, machen, sind die einzigen Zeiten, in denen erfolgreich mit einander fremden Erfahrungsmassen und aus der Fremdheit resultierenden Geschwindigkeiten umgegangen werden kann. Solche Pausen sind **Zeitschleusen.** Sie machen es möglich, daß wenigstens imaginär, in der Phantasie, in der Erinnerung, die Geschwindigkeiten sich einander anpassen, objektive und subjektive Verhältnisse sich zu einer subjektiv-objektiven Beziehung zueinander vereinen. Es ist auch die einzige Erfahrung, die wir darüber haben, wie sich die Potentialität des Prozesses mit der Wirklichkeit von Prozessen wechselseitig übersetzt.

Dialektik von Aktualität und Regression

In seinem Aufsatz *Psychosexuelle Parallelen zum biogenetischen Grundgesetz* beschreibt Michael Balint eine Konstante, die für jede menschliche Lebensform und Lebensformen überhaupt ein Grundmaß bildet.[78]

Balint leitet dies in Analogie zum biogenetischen Grundgesetz aus der Arbeit der Zellen, Gameten, bis zu den Primaten und den menschlichen Individuen ab. Um die Annahme einer solchen Konstante aufrechtzuerhalten, braucht man aber nicht die Annahme eines biogenetischen Grundgesetzes. Wir können für alle Industrien und menschlichen Gesellschaften die gleiche Beobachtung anstellen. Die Erfahrungsregel besagt: Aktualität und Regressionschance bedingen einander konstant. Es ist so viel an Aktualisierung von lebendigen Potentialen möglich, wie ein Rückschritt auf deren Wurzeln und ursprünglich vollständigen Grundmuster möglich bleibt. Es besteht ein Zwang der lebendigen Eigenschaften, entweder abzusterben oder die Regressionsbewegung zu den einfachsten Anfängen (wie sie übrigens täglich durch Traumarbeit und Tagtraum stattfindet) erneut zu wiederholen. Am radikalen Regressionspunkt wendet sich das Arbeits- und Lebensvermögen zum Neubeginn.[79]

Ein Können übt Gravitation dahin, daß es sich auch einsetzt. Daraus folgt die Tendenz zur Aktualität. Die Steuerungsfähigkeit gerät in dieser Aktualität mit sich selbst in Widerspruch; sie hat ihre Wurzel im Motiv, das durch Sperren und die zerrenden Beschleunigungen zerrissen wird. Es muß deshalb in die Inkubation zurück, Lücken in der Aktualität finden und seine Natur in der Vergangenheit wiederherstellen. Die Motive tun dies auch so, daß sie ihren ursprünglichen Zusammenhang, der der Vergangenheit angehört, in die Zukunft projizieren. So etwas ist nicht Zukunft, sondern ein Gestaltwandel der Vergangenheit.

Natürlich heißt in diesem Zusammenhang: Wiederholung der allseitigen Bewegungsmöglichkeit. Ist diese Bewegung konstant, so ist einer mit sich identisch. In der Aktualität selber existiert dieses natürliche Maß nicht, weil das Jetzt im entfremdeten Leben keine vollständigen Bewegungen macht. Aktualität ist ein anderes Wort für Wegnahme der Zeit. In ihrer wirklichen Zeit stoßen sich die Arbeitsvermögen nicht; in ihrer Geschichte gilt das, was Freud von den »Eigentümlichkeiten des seelischen Lebens« sagt. Entfremdung ist dagegen Geschichtsverlust. In dieser Lage produziert jedes Arbeitsvermögen mit jedem anderen Zusammenstöße, die Stoßmittel sind die vereinseitigten Dinge.

Die wirkliche Bewegungsform der lebendigen Arbeit ist in der aktuellen Realität nur negativ zu finden. Marx geht von diesem Negativ-Bild aus:

»Eine Spinne verrichtet Operationen, die denen des Webers ähneln, und eine Biene beschämt durch den Bau ihrer Wachszellen manchen menschlichen Baumeister. Was aber von vornherein den schlechtesten Baumeister vor der besten Biene auszeichnet, ist, daß er die Zelle in seinem Kopf gebaut hat, bevor er sie in Wachs baut. Am Ende des Arbeitsprozesses kommt ein Resultat heraus, das beim Beginn desselben schon in der Vorstellung des Arbeiters, also schon ideell vorhanden war. Nicht daß er nur eine Formveränderung des Natürlichen bewirkt; er verwirklicht im Natürlichen zugleich seinen Zweck, den er weiß, der die Art und Weise seines Tuns als Gesetz bestimmt und dem er seinen Willen unterordnen muß. Und diese Unterordnung ist kein vereinzelter Akt. Außer der Anstrengung der Organe, die arbeiten, ist der zweckmäßige Wille, der sich als Aufmerksamkeit äußert, für die ganze Dauer der Arbeit erheischt, und um so mehr, je weniger sie durch den eignen Inhalt und die Art und Weise ihrer Ausführung den Arbeiter mit sich fortreißt, je weniger er sie daher als Spiel seiner eigenen körperlichen und geistigen Kräfte genießt.«[80]

In der Aktualität reduzieren sich die Arbeiten mehr oder minder deutlich auf instrumentelle Linien. Dies steht im Gegensatz zu ihrer geschichtlichen Natur, in der sie bewegliche Zusammenhänge und niemals Linien bilden; aus der aktuellen Reduktion lassen sie sich aber auf ihre geschichtliche Bewegung nicht direkt übersetzen. Die enge, die aktuelle Reduktion schließt die natürliche, erweiterte aus. Die wirkliche Bewegung läßt sich aus der Beobachtung nur rekonstruieren; in dieser wirklichen Bewegung ist sie aber nicht instrumentell. Ihr Verhalten gleicht weder der instinktgeleiteten Biene, noch der Teilung in Kopf- und Handarbeit, in der das Haus, das der Baumeister errichtet, »schon ideell vorhanden war«. Vielmehr geht es um natürliche Produktion, in der gattungsgeschichtliche Zeitgestalten Zusammenhang bilden, so wie es die Leiblichkeit oder leiblichen Schwangerschaften tun, Baumeister könnten das fördern, hilfreich sein, aber nicht bauen.[81]

Das verfallene Rom im Spätmittelalter

»Nun machen wir die phantastische Annahme, Rom sei nicht eine menschliche Wohnstätte, sondern ein psychisches Wesen von ähnlich langer und reichhaltiger Vergangenheit, in dem also nichts, was einmal zustande gekommen war, untergegangen ist, in dem neben der letzten Entwicklungsphase auch alle früheren noch fortbestehen. Das würde für Rom also bedeuten, daß auf dem Palatin die Kaiserpaläste und das Septizonium des Septimius Severus sich noch zur alten Höhe erheben, daß die Engelsburg noch auf ihren Zinnen die schönen Statuen trägt, mit denen sie bis zur Gotenbelagerung geschmückt war, usw. Aber noch mehr: an der Stelle des Palazzo Caffarelli stünde wieder, ohne daß man dieses Gebäude abzutragen brauchte, der Tempel des Kapitolinischen Jupiter, und zwar dieser nicht nur in seiner letzten Gestalt, wie ihn die Römer der Kaiserzeit sahen, sondern auch in seiner frühesten, als er noch etruskische Formen zeigte und mit tönernen Antifixen geziert war. Wo jetzt das Coliseo steht, könnten wir auch die verschwundene Domus aurea des Nero bewundern; auf dem Pantheonplatze fänden wir nicht nur das heutige Pantheon, wie es uns von Hadrian hinterlassen wurde, sondern auf demselben Grund auch den ursprünglichen Bau des M. Agrippa; ja, derselbe Boden trüge die Kirche Maria sopra Minerva und den alten Tempel, über dem sie gebaut ist. Und dabei brauchte es vielleicht nur eine Änderung der Blickrichtung oder des Standpunktes von seiten des Beobachters, um den einen oder den anderen Anblick hervorzurufen.... Unser Versuch scheint eine müßige Spielerei zu sein; er hat nur eine Rechtfertigung; **er zeigt uns, wie weit wir davon entfernt sind, die Eigentümlichkeiten des seelischen Lebens durch anschauliche Darstellung zu bewältigen.**«[82]

Die Selbstregulierung des psychischen Apparats und des Gehirns ist eine andere Bezeichnung dafür, daß in den dort arbeitenden Vermögen deren Vorgeschichte permanent gegenwärtig bleibt, daß es sich um lebendige Arbeit handelt. Sie bildet zu jedem Zeitpunkt ein Geschichtswesen und als solches **ihren** Zusammenhang, und es ist eine Verwechslung, die Brauchbarkeit dieses Arsenals für instrumentelle Prozesse für sein Eigenleben zu halten.

Das seelische Geschehen hat seine Geschichte als gegenwärtig. Wir werden sehen, daß sich dabei nichts Physiologisches in Psychologie, nichts Individuelles in Gesellschaft oder Geschichte **umwandelt.** Eine Umwandlung existiert nicht, es sind verschiedene Beobachtungsarten, nicht verschiedene Gegenstände. Dann ist die Aufhebung der historischen Zeiten, die Gegenwärtigkeit der Geschichte auf alle Ereignisse der Evolution, der Geschichte, die Entstehung der Arbeitsvermögen und auch auf die Zukunft bezogen. **Ausschließlich in dieser Perspektive ist Selbstregulierung das wirkliche Verhältnis.** Wir sehen es nicht, weil diese Perspektive durch willkürliche Ausschnitte der geschichtlichen Ordnung verdeckt ist. Ihr Eigenleben haben aber Bewußtsein, innere Geschichte der lebendigen Arbeit und menschliches Eigentum in diesem wirklichen Verhältnis, also etwas anderem als dem, was sich als Wirklichkeit vorgaukelt.[83]

Leerbewegung, Ruheumsatz, mechanisches Resultat – Knapsen, Sparen

Es geht hier nicht um die fertige Arbeitseigenschaft, sondern um das Verhältnis zwischen den einzelnen Seiten der Arbeitskraft: um das Maß der Selbstausbeutung.

In der Physiologie der körperlichen Arbeit gibt es die sog. Johannsonsche Regel.[84] In dieser Regel werden gegenüber der mechanischen Arbeit, also dem vom Arbeitszeitmesser gemessenen Resultat (»der Nutzarbeit«), die Leerbewegung und der Ruheumsatz unterschieden. Der **Ruheumsatz** ist der Energieverbrauch, den ein menschlicher Körper unabhängig davon aufwendet, ob er arbeitet oder nicht. Dieser Ruheumsatz wird nicht bezahlt. In der Logik des eingerichteten Gewerbebetriebs wird er **vergessen.**

Die **Leerbewegung** umfaßt den Arbeitsumsatz, der erforderlich ist, um sich in diejenige Position zu stellen, in der die mechanische Arbeit geleistet werden kann: man muß zum Betrieb hingelangen, den Arbeitsplatz aufsuchen, sich zur Arbeit in Stellung bringen und innerhalb eines jeden Arbeitsvorgangs ist ein Rest an Leerbewegung enthalten.[85] Die Johannsonsche Regel besagt nun, daß – außer in Extremfällen – der Arbeitsumsatz, der in die mechanische Wirkung eingeht, 50% der geleisteten Arbeit umfaßt. Die andere Hälfte geht in Ruheumsatz und Leerbewegung auf.

Bei streng instrumentellen Arbeitseigenschaften, deren geschichtliche Prägung wie eine Gottesstrafe erfolgt ist, entsteht ein spezifischer Steuerungsverlust im Verhältnis von Arbeitseinsatz und körperlich notwendigen Leerbewegungen bzw. Ruheumsatz. Es werden hier Zeiten und zusätzlicher Sondereinsatz vom Ruheumsatz abgeknapst. Dies führt zu Ungleichgewichten, die wiederum Steuerungsverluste in der Hingabe der Arbeitskraft ausmachen. Das ist weniger charakteristisch für proletarische Arbeitszusammenhänge, in denen eine solidarische Gegenwehr gegen die Überverausgabung von Arbeitskraft möglich ist. Wo aber Arbeit außerhalb solcher solidarischer Zusammenhänge stattfindet, entsteht eine Art Überkompensation der Arbeitsziele, die in die Vorstellung der deutschen Tüchtigkeit eingeht.

Der Mangel an Ausgewogenheit zwischen den verschiedenen Komponenten der Arbeitskraft hat eine **Induktionswirkung.** Die

Erholung, die Feste, die Gemütlichkeit, das Familienleben, die Beziehungsarbeit wird nach dem gleichen Muster überkompensiert und hektisch. Die Induktion kann sich umkehren: Das Knapsen an den Ausgleichen zwischen Ruheumsatz und Nutzarbeit wiederholt sich im Sparen. Wir sehen einer älteren Frau zu, die Weißbrot in Kaffee tunkt. Zuletzt läßt sie ein großes Stück Brot liegen, sie spart es für morgen. Das ist eine Gewohnheit, die sie mit Millionen anderer Frauen teilt, die jede für sich auf verschiedene Weise sparen. Das Sparen eines einzelnen Menschen und dasselbe Sparen in der Zusammensetzung von 17 Mill. Menschen hat aber völlig verschiedene Resultate. Auf kollektiver Ebene hat dieses Sparen den Preis, daß irgendwo öffentliche Verschwendung oder ein öffentlicher Gewinn dargestellt sein muß. Der individuelle Vorgang induziert auf gesellschaftlicher Ebene das entgegengesetzte Bild.[86]

In allen historischen Arbeitsprozessen findet sich eine Reservebildung. Die Arbeiter halten bewußt oder unbewußt Arbeitskraft zurück. In Gegenbewegung dazu, seltener, greifen sie nicht nur in der Krise auf sämtliche Reserven zurück, sondern setzen die körperlich autonom geschützte Einsatzreserve ein, was die Arbeitskraft selber der Vernichtung aussetzt. Von dieser Beobachtung geht Taylor aus, wenn er die Arbeitszeitmessung erfindet. Taylor hat humanistische Vorstellungen. Er meint zu beobachten, daß Unternehmer wie Arbeiter offensichtlich Fehler machen. Die Unternehmer glauben, im frontalen Ansatz, durch Nötigung oder Lockmittel, sich aus der Arbeitskraftreserve Vorteile holen zu können; dies, sagt Taylor, geht nur durch Kenntnisse (indirekt) und nicht durch Druck (direkt). Umgekehrt sieht er bei den Arbeitern Umwegproduktion, die er für Ungeschick hält, eine zusätzliche Belastung der Arbeiter, einen Verlust an Lebenszeit. Er nimmt an, daß er, gewissermaßen von einem neutralen Standort, beiden antagonistischen Klassen einen guten Rat gibt, wenn er die Arbeitsvorgänge auf ihre mechanischen Teile reduziert und die kürzesten Zeiten für die Ausführung angibt. Nur so können die Unternehmer die Reserve der Arbeiter unterlaufen, nur so können die Arbeiter mehr Lebenszeit für sich gewinnen. Daß insofern mehrpolige Druckverhältnisse bestehen, als jede Einsparung von Arbeitszeit vom Kapital angeeignet wird, sieht er nicht. Es geht ihm um Gerechtigkeit, leistungsgerechte Entlohnung, indem die Leistung in ihre Elemente zerlegt wird. Bis heute ist dies die eigentliche Front des praktischen Klassenkampfes. Die Bildung von Zeitreserven, das Unterlaufen und die Wegnahme dieser Reserven, das Bremsen und die Zerlegung der Arbeit, solange bis Bremsen nicht mehr funktioniert, sind die Kampfmittel.

In diese Auseinandersetzung gehen wiederum mehrpolige und gegenläufige Bewegungen ein. Eine Zeitlang kann der Eigensinn der Arbeitskraft, der sich in der Reservebildung äußert, durch das Prinzip des Leistungslohns (Akkord) teilweise unterlaufen werden; so lange bis die solidarischen Formen des Bremsens ihre Gegenwirkung anpassen. In der neuesten Entwicklung tritt der Zeitlohn wieder stärker in den Vordergrund. Die Möglichkeiten, durch Akkord Mehrarbeit herauszuziehen, treffen offenbar auf von der geschichtlichen Situation vorgegebene Grenzen. Eher verspricht die Umstellung auf das Prinzip des Zeitlohns, daß bei Anpassungsleistungen überholt werden und so ein Stück unbezahlter Mehrarbeit abgezogen werden kann. Die Auseinandersetzung geht jetzt abstrakter vor sich. Kern ist die Bewertung der Qualifikation, die in einer bestimmten Zeit zur Verfügung gestellt wird; gleich wie sie sich anstrengt, es wird die in dieser Gruppe durchschnittliche Leistung bezahlt. Der innere Grund dieser teilweisen Rückkehr zum Zeitlohn – es ist eine spezifische Entwicklung, die mit dem Wiederaufleben von Leistungslöhnen an anderer Stelle konkurriert, deswegen kein allgemeines Prinzip – liegt in dem Übergang zu geplanter und strukturierter Produktion. Hier muß die subjektive Anstrengung als etwas Ungleichmäßiges und nicht Planbares ausgegrenzt werden. Zwei Bandstraßen stoßen zusammen, wenn sie zu langsam oder zu eifrig gefahren werden. Man kann das als einen Sieg der Produktionszeit über die psychologische Zeit sehen. **Subjektivität verringert ihren Anteil. Zugleich tritt sie an anderer Stelle im gleichen Prozeß wieder hervor:** Das Selbstbewußtsein der Arbeiter, gerade in strukturierten Produktionseinheiten, fordert, daß die Unternehmensleitung ihnen Vertrauen entgegenbringt; auch das drückt sich im Zeitlohn aus. »Der äußere Druck ist weggenommen«, subjektiver Druck muß nicht produziert werden, die Arbeiter tun ihr Bestes, um gut zu sein, sie tun es um der Anerkennung willen, daß sie zur Realität einer bestimmten Berufsgruppe zugehören. Alle solche vielfältigen subjektiv-objektiven Prozesse handeln von Brems- und Einsatzzeiten, deren Maß. Dies sind spezifisch-gesellschaftliche Uhren, die antagonistisch messen. Es sind Uhren, die miteinander kämpfen.

4. Kapitel

Das Problem, sich vollständige Wechselwirkung (Kreisläufe) in der politischen Ökonomie der Arbeitskraft als etwas Praktisches vorzustellen

I

In unserem Buch machen wir von einer Arbeitsform Gebrauch, die lebendige Verhältnisse, als wären es Dinge, nebeneinanderlegt, auseinanderlegt, versammelt, in der Verstreuung verfolgt, ausprobiert. Eine solche Arbeitsweise nennt Lévi-Strauss die des Bastlers. In *Das wilde Denken* sagt er: »Der Bastler legt, ohne sein Projekt jemals auszufüllen, immer etwas von sich hinein.« Es sind Kleinwerkzeuge, die angewendet werden. Es geht aber von der Bastelei ein gewisses Vertrauen aus wie es auch dem Handwerk entgegengebracht wird. Der Austausch zwischen gegenwärtigem Bewußtsein und der Sprechweise der Mythen, die sich gegen uns versperren, ist keinem anderen Arbeitsgriff als dem des Bastlers zugänglich. Er hat nicht vor »sein Projekt jemals auszufüllen«. Das erzählt sich dann z.B. folgendermaßen:

Prometheus hat das Feuer erfunden. Er hat sich auf die Seite der Menschen gegen die Götter gestellt. Er wurde gestraft, indem er an einen Felsen geschmiedet wurde. Von seiner Leber, die aber immer nachwächst, fressen bis heute die Adler.

»Prometheus«

Von Promotheus berichten vier Sagen: Nach der ersten wurde er, weil er die Götter an die Menschen verraten hatte, am Kaukasus festgeschmiedet, und die Götter schickten Adler, die von seiner immer wachsenden Leber fraßen.

Nach der zweiten drückte sich Promotheus im Schmerz vor den zuhackenden Schnäbeln immer tiefer in den Felsen, bis er mit ihm eins wurde.

Nach der dritten wurde in den Jahrtausenden sein Verrat vergessen, die Götter vergaßen, die Adler, er selbst.

Nach der vierten wurde man des grundlos Gewordenen müde. Die Götter wurden müde, die Adler wurden müde, die Wunde schloß sich müde.

Blieb das unerklärliche Felsgebirge. –[1]

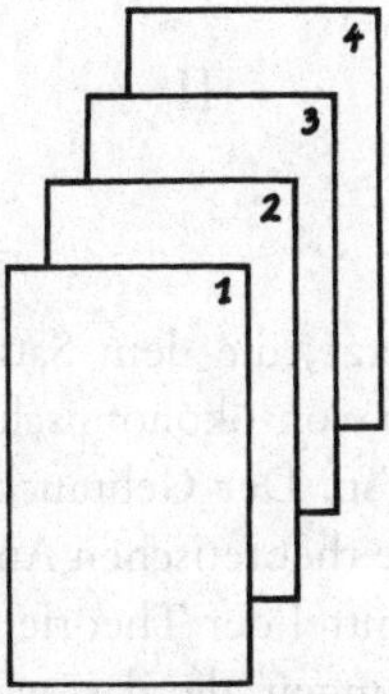

Reihung der Spiegel bei mythischer Sprechweise, aus Lévi-Strauss, *Strukturale Anthropologie,* Frankfurt 1969, S. 240. Man muß sich die Reihung allseitig und in unendlicher Folge vorstellen. Insofern können die Mythen nicht lügen. Mindestens einer der Spiegel würde es verraten.

Das Feuer ist wiedergekehrt. Die Bewohner verlassen das brennende Chicago.

Auf der anderen Seite besitzen wir keine Macht Mythen wirklich zu entziffern. »Das Zentrum ist vielleicht die Verschiebung der Frage« (Rabbi Bekri). Das wichtigste Austauschverhältnis der Erfahrung ist hierdurch verschlossen. Basteln ist also keine freie Wahl, sondern reflektiert die Begrenztheit des Austauschs.[2]

II

Fließgesetze

Kreisläufe sind Fließgesetze, die dem Satz von der Erhaltung der Energie folgen; wenn wir von ökonomischen Kreisläufen sprechen, so sind das Beschreibungen. Der Gebrauchswert solcher **Beschreibungen** besteht darin, die theoretischen Annahmen einem Härtetest zu unterwerfen. Arbeitsmittel der Theorie sind analytische Perspektiven und Elementarisierungen, die das, was sich in Wirklichkeit in **Bewegung** befindet, zergliedern und damit – man mag so oft man will darauf hinweisen, daß es sich bewegt – die Prozesse anhalten. Die Rückkontrolle besteht darin, daß wir in der Beschreibung von Kreisläufen die Beobachtungsart wechseln, so daß der Akzent jetzt auf der Wechselwirkung der Bewegungen und weniger auf der Herausarbeitung der Elemente beruht. In dieser Darstellung wird das, was ausgelassen war, sichtbar.

Von einem menschlichen Kreislauf im buchstäblichen Sinn kann man wissen, daß es ihn geben muß, ohne irgend etwas Einzelnes zu wissen. Es genügt dafür die Beobachtung, daß die Entfernung eines wesentlichen Arbeitsstücks des körperlichen Kreislaufs zum Zusammenbruch des Ganzen führt. Es tritt die Kategorie des Zusammenhangs hervor, die auch dann einen Eigensinn entfaltet, wenn alle Elemente, aus denen der Zusammenhang entstanden ist, auf Addition einfacher Arbeiten beruhen. Fließgesetze und Kreisläufe kritisieren auf robuste Weise die Ausgrenzungen.

Von den geschichtlichen Arbeitsvermögen nehmen wir an, daß sie Kreisläufe bilden. Damit wissen wir noch nichts Einzelnes: Weder wieviele es sind, noch wie sie sich voneinander unterscheiden, noch wie sie in Wechselwirkung treten, noch was die zu erwartenden Störungen innerhalb und zwischen so zusammengesetzten Kreisläufen

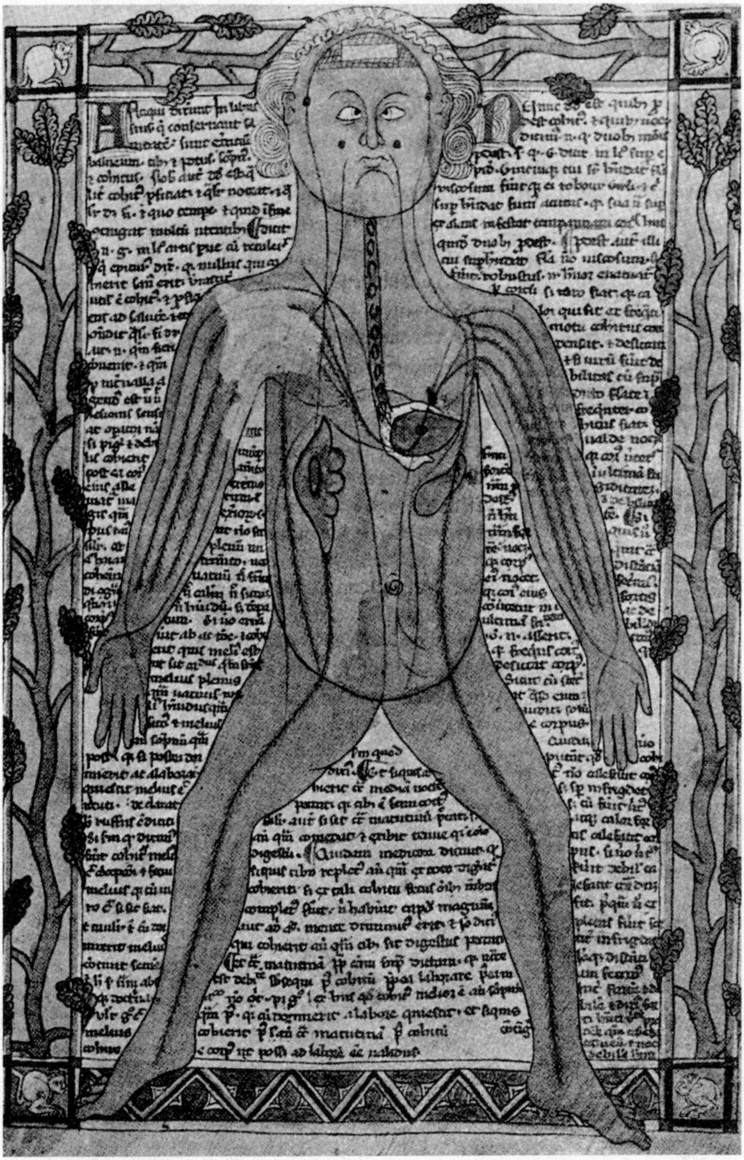

Unbegriffener Kreislauf, 13. Jahrhundert. Die Adern münden in Sackgassen, Verdauungswege gibt es nicht, die Speiseröhre führt zum Herzen.

als eigene Wechselwirkungskette veranlassen. Nehmen wir an, daß die Kapazität an organischem Zusammenhang und die Kapazität an Krisen, Brüchen, an den Nahtstellen der Kreisläufe einander in gleicher Stärke gegenüberstehen, so wissen wir noch immer nicht, was dies für die Bewegungsgesetze bedeutet. **Wüßten wir dies, so käme zum Vorschein, daß wir selber uns dazu nicht als Zuschauer verhalten können. Wir gehören zur Partei des Eigensinns der lebendigen Arbeitsvermögen, die als subjektives Bedürfnis mit der Natur ökonomischer Kreisläufe nicht unbeteiligt umgeht. Der Antirealismus der Bedürfnisse enthält ein spezifisches Bewegungsgesetz, das in der Beschreibung subjektiv-objektive Verhältnisse, und nur diese, wiedererkennt.**

Die lineare Einzelverknüpfung nach Ursache / Folge beschreibt ein Resultat, nicht die Bewegung

In dem Institut für Arbeitsökonomie von Gastev, 1921, wurden in der revolutionären Phase der Sowjetunion Filmaufnahmen durchgeführt über Hammerschwingen. Es sollte, in sozialistischer Absicht, aber mit westlich-tayloristischen Verfahren, ermittelt werden, welche Bewegungsabläufe zeit- und kräftesparend wären. Die optimalen Ergebnisse waren durch wirkliche Arbeiter nicht nachzuahmen; die dafür erforderlichen Körperstellungen waren nicht über längere Zeit auszuhalten.[2a]

Die sowjetischen Untersuchungen gingen von Reizketten, die Reflexketten hervorrufen, aus. Das gleiche Verfahren, enge Ausschnitte natürlicher Arbeit zu optimieren, entspricht der Vorgehensweise eines Arbeitszeitmessers der zwanziger Jahre, der im kapitalistischen Dienst steht. Zusammengesetzte Prozesse industrieller Produktion werden in Einzelschritte einfacher Arbeit zerlegt und diese Einzelausschnitte lebendiger Arbeit, praktisch als wären sie Teil der toten Maschinerie, zu rückkontrollierbaren neuen Einheiten zusammengefügt; die Rückkontrolle ist für Planer und Tayloristen möglich, für die Arbeitskraft meist nicht.[2b]

In einem solchen Verwertungsabschnitt ergeben sich mehrere lineare, offene Verknüpfungen nach Ursache/Folge (stimulus – response). Zunächst ist dies das wirkliche Verhalten der toten Arbeit

Ein Tempel der Maschinenanbeter. Byzantinischer Kuppelbau. In den Pendentifs sind, an Stelle der Engelsgestalten, jene von kommunistischen Agitatoren angebracht; deren Köpfe sind durch Riemenscheiben ersetzt, die vom Altar aus durch Treibriemen in Bewegung gesetzt werden. Vorne die mechanisierte Gemeinde. (Zeichnung von Krinski)
Von den mechanisierten Arbeitern zeigen der zweite, dritte, vierte und sechste von rechts Stellungen, die auf Grund natürlicher Muskelkoordination und Bauweise des Skeletts für länger als einige Minuten nicht aufrechtzuerhalten sind.

gegenüber der lebendigen. Die Maschinen antworten auf Stimulierung in der eingebauten Begrenzung, wie ein Reflex. Daraus entsteht die Täuschung, daß Prämien und Lohnanreize auch die Herausgabe von lebendiger Arbeitskraft nach Ursache und Folge auslösen. Auf Grund dieser Täuschung wird mit den zuvor gebildeten engen Ausschnitten des arbeitsteilig gegliederten Arbeitsprozesses so umgegangen, als wäre dies irgendein wirkliches Verhältnis der lebendigen Arbeit.[3]

In dieser Praxis entwickelt sich ein Arbeitsfetisch, vergleichbar dem von Marx beschriebenen Warenfetisch.[4] Der Reichtum an gesellschaftlichen Arbeiten spiegelt sich ausschließlich in der Fähigkeit, enge Ausschnitte herzustellen und diese Grenzen zu wahren. Nicht die Arbeitspotentiale, obwohl sie wirklich tätig werden, vergleichen einander, sondern die unwirklichen Spezialisierungen. Das Kriterium der Berufsqualität ist die Hütung der Grenzen.[5]

Der Fetischcharakter geht als Teilstück in sämtliche Erfahrungsprozesse ein, auch diejenigen, die sich nicht auf die Industriearbeit beziehen. Es werden politische Verhältnisse oder geschichtlich frühe Vorgänge nach Ursache und Wirkung, also durch Begriffe technischer Rationalität gedeutet. Die lineare Verknüpfung macht sich ein Weltbild.

Stellen wir uns irgendeinen Vorgang scheinbar einfacher Arbeit vor, z.B. Verpacken. Er besteht in Wiederholungen: Aufgabenstellung, Ausführung. Unter dem Gesichtspunkt der Rationalisierung lassen sich die Handgriffe in lineare Ketten auflösen, jede der Linien läßt sich nach einem Reiz-Reaktionsmuster auflösen. Dies ist kein Kreislauf, sondern ein Hin und Her zwischen zwei Punktualitäten, die allerdings jede für sich einen komplizierteren Unterbau haben.

Die Arbeitsvorschrift spiegelt die Geschichte der Verpackungserfahrung. Die sog. einfache Handarbeit ist ein Ausschnitt aus der Vorgeschichte der lebendigen Arbeit. Nehmen wir an, der Verpacker hat ein Stück Dispositionsfreiheit. Dann wird er in den ersten Stunden des Arbeitstages sich meist eine Reserve schaffen, rasch zulangen, um diese Dispositionsfreiheit zu vergrößern, um selber bestimmen zu können, wie und wann er sich ausruht, die Körperstellung verlagert usf. Nimmt man den Lebenszusammenhang hinzu, so antwortet die Freizeit auf den Arbeitstag. Sieht man nicht genau hin, so ist auch darin alles in Ursache / Folge aufzuteilen. Man könnte meinen, daß ein solcher Tag aus Reflexen zusammengesetzt ist, so wie bei Gesundheitsuntersuchungen einzelne Glieder beklopft werden, die zwei- und mehrpolig mit Reflexwirkung antworten. Eine solche Beobachtungsweise enthält Täuschung. Die Linearität ist durch den abstrakten Ausschnitt hergestellt. Sie ist keine Eigenschaft der lebendigen Arbeit.

Wir halten fest, daß ausschließlich die tote Arbeit in linearen Ketten Reiz-Reaktionsmuster aufweist. Ist der Anteil toter Arbeit im Produktionsprozeß übergreifend, so entsteht daraus der Erfahrungsfetisch, eine Verallgemeinerung. Scheinbar also: kein Kreislauf. So wie aber in allen weiteren Teilprozessen, die analog zur toten Arbeit als Stimulus-Response-Verhältnis im zuvor hergestellten Ausschnitt erscheinen, der Lebenszusammenhang und die politische Ökonomie der Arbeitskraft ausgeblendet werden, so ist im Verhältnis von lebendiger und toter Arbeit der Geschichtsprozeß ausgegrenzt. Es entsteht der objektive Schein, daß Maschinen oder Automaten die stoffverändernde Arbeit leisten, während in Wirklichkeit sie das ohne Hinzutreten lebendiger Arbeit gar nicht könnten.

Lebendige Arbeit muß die tote Arbeit verflüssigen, so wie *sie* die tote Maschinerie zuvor im Geschichtsprozeß der lebendigen Arbeit ohne Ausnahme produziert hat. Sobald man vom Prozeß und nicht von den bezahlten Resultaten her beobachtet, ergeben sich Kreisläufe und vollständige Wechselwirkung. Umgekehrt ist es ebenso notwendig, daß Teilstücke der toten Arbeit in die lebendige hineinragen, damit diese ihren bestimmten Gegenstand hat, an dem sie aus ihrer Potentialität heraustreten und sich vergegenständlichen kann. Daraus entsteht – nicht in gleicher Weise formiert und das Kollektiv ergreifend – ein spezifischer Wirklichkeitssinn, der neben dem Fetisch als Anteil in die Erfahrungsarbeit eingeht. In ihr sind beide antagonistischen und verschieden organisierten Erfahrungsblöcke tätig. Indem wir lebendige und tote Arbeit als Kreisläufe und vollständige Wechselwirkung verstanden haben, haben wir eine Vielzahl von Umwegproduktionen und subkutaner Struktur der Arbeitswelt (unbestellte, unbezahlte, unbeachtete, lebendige Arbeit, ohne die nichts wirklich funktioniert) einbezogen. Diese Kreisläufe und Wechselwirkungen im Geschichtsverhältnis sind praktische Erfahrung, lebendig in allen konkreten Situationen, nehmen aber nicht ohne weiteres ihrer Bedeutung entsprechende Plätze in der kollektiven Bilderwelt ein. Eine Reihe solcher konkreter lebendiger Formen der Arbeit sind: Kontrollieren, Pflegen, Reparieren, Regulieren, Initiieren, Fahren, Formen. Es sind konkrete Arbeitsvollzüge des Menschen gegenüber der Maschine; bei Transposition: **Erfahrungsarbeit an der Wirklichkeitsmaschine.** Diese konkreten Formen der Verausgabung von Arbeitskraft sind in sich freilich nicht vollständig, sie bezeichnen vorherrschende Merkmale von Tätigkeiten, die immer auf den Horizont anderer Tätigkeiten verweisen.[6]

Arbeitsvermögen wie Kontrollieren, Pflegen, Reparieren, Initiieren, Fahren, Formen haben eine **irdische,** eine **unterirdische** und eine **überirdische** Seite. Sie setzen unbestellte, unbezahlte, aus dem Beobachtungsraster des Fabrikplans herausfallende Zuarbeiten voraus, die mit einem vorausgesetzten Sinnzusammenhang umgehen und die Arbeit mit Verallgemeinerungen umgeben, die in das Produkt selber nicht eingehen. Kontrolle, Pflege sieht Gefahren, die gerade auf Grund dieses Beobachtungsvermögen *nicht* eintreten. Wenn ich etwas forme, so sind die Vermögen, etwas Anderes zu formen als **dieses** Produkt, inbegriffen, ohne daß sie sich vergegenständlichen. Das gleiche bei Regulation oder Initiative. Ich kann auch nicht *fahren* ohne Ziel, und dies setzt die Vorstellung zahlreicher Fehlfahrten oder anderer Ziele voraus. Es entsteht an der Wurzel eines jeden solchen historischen Arbeitsvermögens ein **Arbeitsideal,** das zwar für das begrenzte Produkt nicht benötig (ihm sogar feindlich wäre), für die Umwegproduktionen, die Gutwilligkeiten und gesellschaftlichen Kreisläufe aber gebraucht wird. Es entsteht zugleich ein **Arbeitsuntergrund,** eine tatsächlich eingesetzte und wirksame Reserve, die aber bei Beurteilung der Arbeitsprozesse aus dem Raster fällt. Bei Schwarzarbeit, Einsatz der Reserven in Krisen, im Krieg, in der libidinösen Beziehungsarbeit, bei heftigen emotionalen oder gesellschaftlichen Bewegungen tritt dieser Untergrund hervor. Das, was von diesem Gesamtprozeß durch das herrschende Realitätsprinzip in gesellschaftlich anerkannte Ausschnitte eingegrenzt ist, ist der **weltliche Aspekt.** Bei Kooperation verkehren die wesentlich universaleren ausgegrenzten Seiten des Arbeitsprozesses miteinander in höherem Umfang als der angeblich realistische Ausschnitt, der sich nur addiert, während die anderen Seiten der Vermögen sich potenzieren. Sie potenzieren sich auch in den Fällen der Störwirkung (wenn sich z.B. Ideal und Untergrund, reale Grenzen und übrige Seiten reiben).

Historische Arbeitsvermögen sind dem Potential nach universell, der Praxis nach beschnitten. Mit der in ihnen enthaltenen Universalität verkehren die Arbeitsvermögen nur in geschichtlicher Dimension. Eine einfache Arbeit ist z.B. *graben.* Wenn einer ein Grab aushebt oder den Boden umgräbt, einen Wassergraben aushebt, einen Damm zieht, so sieht der Vorgang äußerlich über fünftausend Jahre hinweg gleich aus (immer vorausgesetzt, wir haben das Verhältnis von toter Arbeit, Werkzeug und das der kooperativen Zusammenfassung von Arbeitskräften nicht verändert). Es ist aber leicht zu erkennen, daß wir dem Begriff *graben* in der gesellschaftlichen Formation der ursprünglichen Hausgemeinschaft, also vor viertausend bis sechstausend Jahren, nicht den gleichen Zusammenhang seiner Arbeit unterstellen können wie Schliemann, wenn er Troja ausgräbt. Bereits innerhalb des engeren Ausschnitts aller Schatzgräber unterscheiden sich die Arbeitsprozesse, die äußerlich gleich aussehen, grundlegend darin, was dieselben Arbeitsprozesse an gesellschaftlicher Übertragung nach sich ziehen. Schliemann hat eine Reihe von Eigenschaften nicht, die der primitive Gräber besaß; dieser besitzt ganze Verkettungen von Eigenschaften und Motiven nicht, die Schliemann besitzt. Im scheinbaren Elementarvorgang *graben* verbergen sich hohe Zusammensetzungen übriger gesellschaftlicher Tätigkeiten, die in der Bedienung des Grabewerkzeugs nicht sichtbar, im Arbeitsprozeß dennoch vorausgesetzt sind. Sie werden wiedererscheinen in ihrer Verschiedenartigkeit und momentanen Universalität, sobald diese scheinbar einfache Arbeit *graben* in den Zusammenhang der jeweiligen Zeit tritt. Alle diese Zeiten und verschiedenen Universalisierungen gehen unterirdisch miteinander um, so daß Schliemann in den frühen Kreisläufen der Primitiven bereits in jeder seiner Bewegungen vorausgesetzt ist und wiederum dieses damals Potentielle in sich trägt.[7]

Formgestalt von Kreisläufen

In der Zeit nach der Geburt von Menschen sind es zuerst die Innenbahnen, die ausgereift sind. Zum Beispiel wird die Hungerwahrnehmung mit dem Schreieffekt verknüpft. Zu solchen inneren Verknüpfungen treten Außeneindrücke hinzu: Die Urobjekte. Dieses Grundmodell ist nicht ein offenes, linienförmiges Reiz-Reaktionsschema, sondern von Anfang an eine geschlossene, kreisförmige oder kugelige Regelungsorganisation, in der es keinen Anfang und kein Ende gibt. Die sog. Körpergefühle und ersten Außenorientierungen, die wie Stummel hineinwirken, bilden **kurze innere Schleifen.**

In der nächsten Phase des Kindes sind die Empfangsorgane für Außenweltreize verstärkt, es bilden sich kreis- oder kugelförmige Rückkoppelungsbahnen. Wahrnehmungen und Äußerungen steigen von unten nach oben auf und werden von oben nach unten korrigiert oder koordiniert. Es geht um keinen festen Zustand, sondern die Entwicklung zeigt Rückfälle und Vorwärtsschreiten, die Erweiterung der Kreise als das Übergreifende. Das entspräche dem Bild der Spirale.

In einer dritten Phase, die Jean Piaget die operative nennt, ist ein innerer Rückkoppelungskreis autonom ausgebildet, der »allmählich kreisförmig immer mehr äußere Bereiche einbezieht« und in zunehmendem Maße die inneren Spiralen- oder Kugelgebilde der Erfahrung nebeneinander legt, so daß **andere** Kombinationen als die direkt vom Außen oder vom Innen erzwungenen in Wechselwirkung geraten.[8]

Die kurzen inneren Schleifen im frühesten Modell setzen bereits einen **vollständigen körperlichen Kreislauf** voraus. So wenig ich aus diesem Kreislauf des Bluts, des Atems, der inneren Sekretion oder der inneren Gefühle wesentliche Teilstücke absondern kann, ohne daß ich ihn zum Zusammenbruch bringe, wo wenig sind die Einzelheiten der Erfahrungs- und Aktionskreisläufe, die darauf aufbauen bis das Operieren erlernt ist, das Elementare. Einfaches Element ist immer schon der ganze Kreislauf, der sich jeweils aus in sich vollständigeren Kreisläufen zusammensetzt. Es ist nicht Natur, sondern geschichtlicher Kunstgriff, daß wir solchen Kreisläufen instrumentelles, lineares Handeln entlocken.

Ein Mensch hat einen Kreislauf. Er ist *kein* Kreis. Im Alltagsgebrauch erfährt der Begriff des Kreislaufs eine Verzerrung. Wir denken, wenn wir von Kreisläufen sprechen, gewöhnlich an eine Reihe von Spezialfällen und setzen sie für den ganzen Begriff.

(1) Ablenkung der Vorstellung in Richtung von funktionellen Kreisläufen. Ein Motor, eine Maschinenkonstruktion, ein chemischer Reaktionskreis, eine ökologische Gesamtkette, ein gedachtes ökonomisches System sind auf vollständigen Bezug aller Glieder ausgerichtet. Dies ist ein Spezialfall. Dingliche Reibung, unauflösbarer Restbestand, der nicht wieder in den Kreislauf eingeht, überschießende Momente sind reduziert oder ausgegrenzt. Erst war die Funktion, der Kreislauf ahmt diese Funktion nach.

(2) Kreisläufe homogener Stoffe. Wir denken hier an den Kreislauf des Wassers oder des Wetters. Wasser verändert seinen Aggregatzustand, verbindet sich mit anderer Materie, wird wieder zu Wasser (Meer, Regen, Grundwasser, Bäche, Flüsse, Ströme, die wieder ins Meer münden). Im komplexen Kreislauf des menschlichen Körpers gilt das nur für einige der Bewegungen. *Metaphorisch* kann man sagen, ein Mensch ist ein Erdenkloß, er wird wieder zu Erde. Einige elementare Zusammensetzungen wie die Vorgeschichte und die hochentwickelte Kooperation höchst verschiedener Organe im Organismus, während er lebt, sind so *nicht* zu begreifen. Aus der Hautzelle ist in der Bewegung zwischen Geburt und Tod keine Hirnzelle geworden, die Leber verwandelt sich nicht in ein Herz und kehrt als Lunge zurück.

(3) Kreisläufe der Wiederkehr. Sie sind Spezialfälle, an die sich in besonderem Maß Phantasien ketten: Die Wiederkehr des Verdrängten, Wiedergeburt, Ewigkeit der Lust, Auferstehung der Toten.

(4) Ablenkung durch die Ideologie des Kreises. Die Vorstellung eines Kreises erhält stillschweigend die Annahme **in sich geschlossener Ordnung.** Praktisch gibt es solche Kreise nur in der Geometrie.

Wenn wir von geschichtlichen Kreisläufen oder Kreisläufen der Arbeitsvermögen sprechen, so müssen wir diese Spezialfälle verlassen. Ein solcher Kreislauf hat nicht notwendig Rückkehr, Ineinanderverwandlung, Funktionalität, Vollständigkeit in sich.

Das, was man geometrischen Figuren zuschreibt und was im ausgedachten ökonomischen System wiederkehrt, ist das Unwahrscheinliche. Wenn wir von Kreisläufen sprechen, so geht es zunächst um nichts anderes als um die Rückführung von Bewegungen auf ihre Wurzel und das höchst *eckige*, unaufgelöste Gegensatzverhältnis zwischen ihnen. Erkenntnisvermittelnd ist nicht die Harmonie.[9]

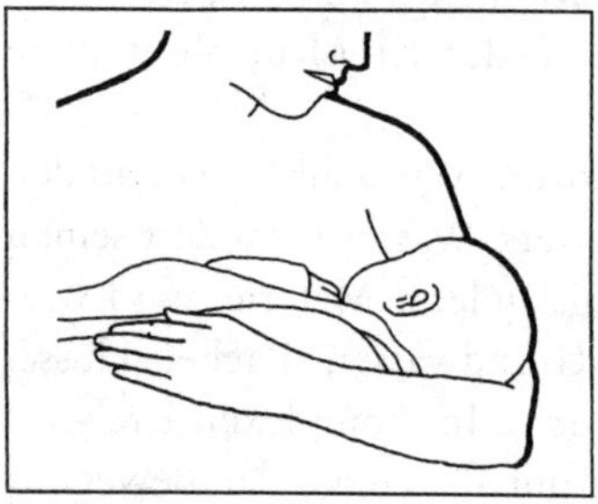

Die Kugel.

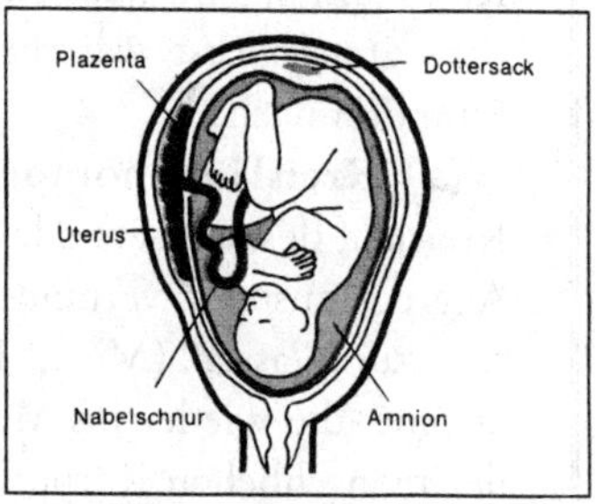

Monate zuvor, ganz anderer Kreislauf

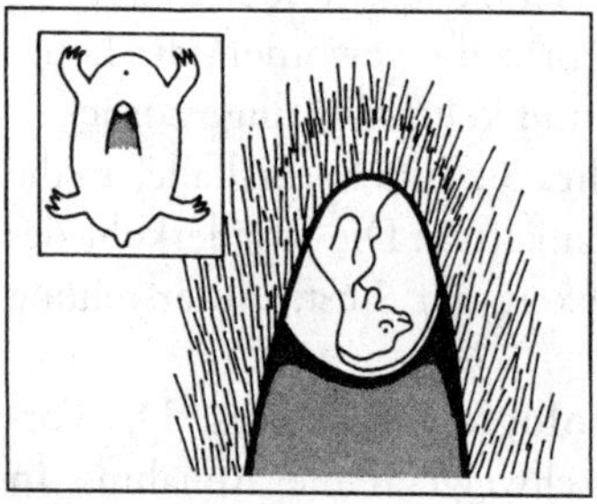

Junger Ameisenbär, Embryo.

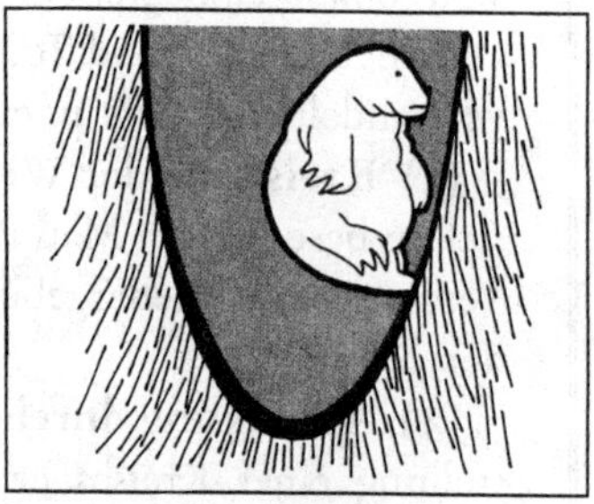

Etwas später, noch an den Kreislauf der Mutter angeschlossen. In der Wand ist Wärme, eine Zitze.

Elementarform der gattungsgeschichtlichen Kreise

Die ersten vollständigen Wechselwirkungen in der Evolution sind auf der Erde aus einheitlichen chemischen Materialien entwickelt. Sie setzen bereits eine hohe, wenn auch robuste Stufe des Zusammenbaus voraus.[10]

Innerhalb der chemischen Evolution sind die komplexen Bauten der Proteinketten das Element. In die organismische Evolution gehen sie als bloßer Bestandteil ein, verlieren die Elementarform; elementar ist jetzt der Organismus. In der psychischen Evolution geht wiederum der Organismus in die höhere kooperative Stufe ein. Psychisches Wesen und Vergesellschaftung sind die Elementarform.

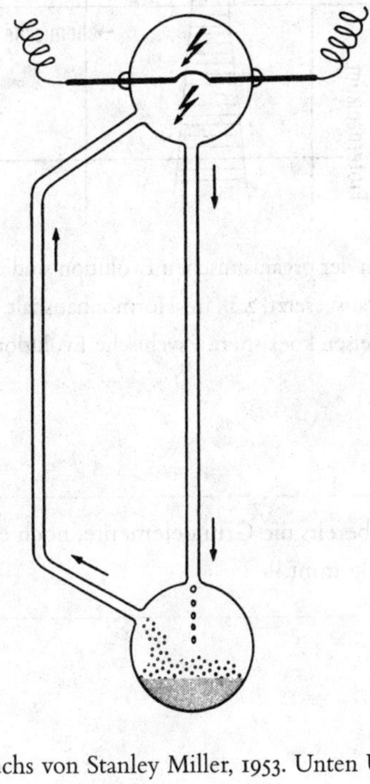

Schema des Versuchs von Stanley Miller, 1953. Unten Ur-Suppe. Oben Blitz, Kreislauf.

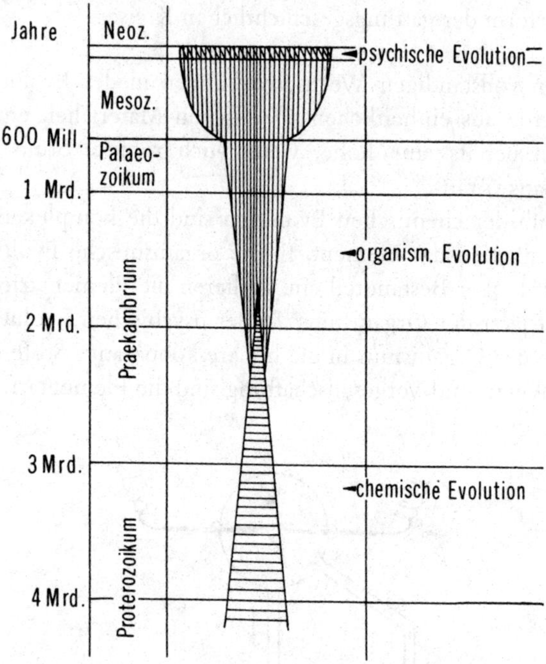

Abriß der Evolution. In der organismischen Evolution sind die Resultate der chemischen Evolution vorausgesetzt, z. B. im Hormonhaushalt, der mit den nervlichen Organisationsweisen koexistiert. Psychische Evolution ist immer zugleich gesellschaftlich.

Kooperativ sind bereits die Grundelemente, noch ehe es zur chemischen Evolution kommt.[11]

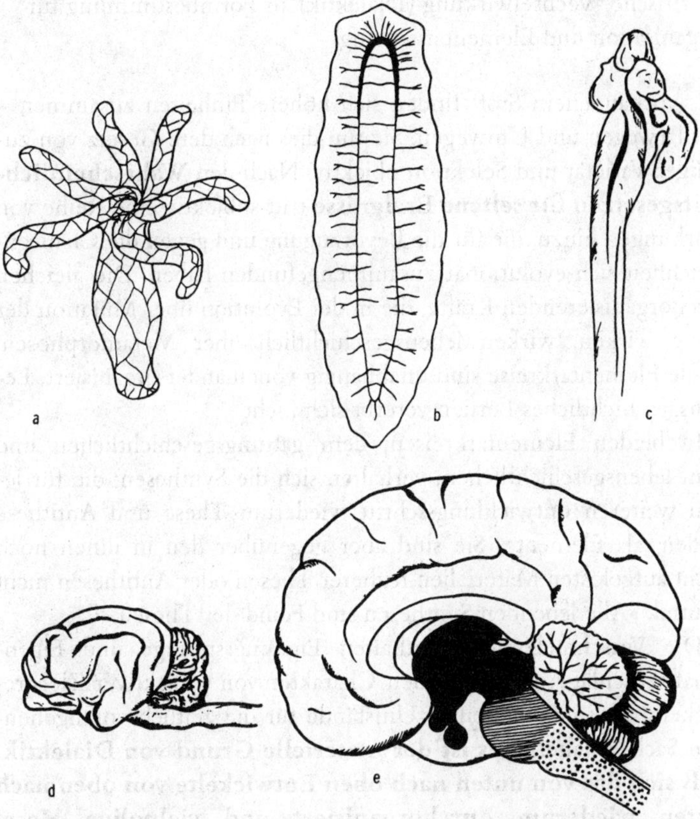

a: Einfache Nervennetze beim Süßwasser-Polyp. Keine Nervenzelle ist der anderen übergeordnet; **b: Strickleitersystem**, z.B. bei Würmern; **c: Drei-Bläschen-System,** Vorform des Gehirns bei Fischen; **d: Basalhirn; e: Hirnarchitektonik** des Großhirns; die Funktionen des Vorderhirnbläschens werden auf die Großhirnrinde projiziert, haben dort ein riesenhaftes Feld von Verschaltungs- und Verrechungsmöglichkeiten; rechts hinten das Kleinhirn, in der Mitte das Zwischenhirn (schwarz), Brücke, verlängertes Rückenmark. Die Organisationsform entspricht einer **aufsteigenden Elementarisierung.** Für Großhirn und Körper, die psychischen Apparat und Gesellschaftlichkeit voraussetzen, ist die Gesamtheit zahlreicher Kreisläufe und nichts einzelnes das Element. Der **Atem** subjektiver Anspannung, das **Pulsieren** der Gefühle, **lebendiges** Denken, **lebendige** Arbeit sind elementar, nicht die atemlosen Ausschnitte, die davon in der gesellschaftlichen Praxis der Industrie hergestellt werden.

Spezifische Wechselwirkung (Dialektik) als Formbestimmung für Organisation und Elementarisierung

Aus vorhandenem Stoff finden sich höhere Einheiten zusammen – mit Irrwegen und Umwegen. Sie tun dies nach dem Gesetz von zufälliger Varietät und Selektion objektiv. Nach den **Wahrscheinlichkeitsgesetzen für seltene Ereignisse** tritt subjektiv eine Reihe von Wirkungen hinzu, die für die Bevorzugung und gegen die Chancengleichheit sich evolutionär zusammengefunden haben. Die gleichen zwei organisierenden Kräfte, die in der Evolution über Mutation der Gene wirken, wirken lebensgeschichtlich über Metamorphosen. Beide Elementarkreise sind unabhängig voneinander organisiert. Lebensgeschichtliches Lernen vererbt sich nicht.

In beiden Elementarkreisen, dem gattungsgeschichtlichen und dem lebensgeschichtlichen, verhalten sich die Synthesen, die für jeden weiteren Entwicklungsschritt wiederum These und Antithese bilden, als Elemente. Sie sind aber gegenüber den in ihnen noch nicht aufgelösten Materialien früherer Thesen oder Antithesen nicht neutral. »Alle lebenden Synthesen sind Feind der Thesen.«[13]

Die Verschmelzungen enthalten Eignungssprünge und Eigenschaftszuschläge; sie haben den Charakter von subjektiver Zielstrebigkeit; das sind nachteilige Umstände für die zeitlich vorangehenden Sachverhalte. **Dies ist der materielle Grund von Dialektik, daß sich das von unten nach oben Entwickelte von oben nach unten wiederum durchorganisiert und vielpolige Herr-Knecht-Verhältnisse herstellt.** Dialektik ist die bestimmte Form, in der der Elementcharakter einer Organisierung sich verändert.[14]

Die Dialektik ist häufig in dem, was sie leisten kann und was sie nicht leistet, mißverstanden worden. Die Leninisten und vor allem Lenin haben sich immer wieder auf den Satz von Alexander Herzen bezogen: »Die Dialektik ist die Algebra der Revolution.« Dieser Satz unterstellt, daß, abgesehen von der Hegelschen Verkleidung der Dialektik ins konservative System, dialektisches Denken immer mit Fortschritt, Aufklärung verknüpft ist, jedenfalls eine Bewegung nach vorne treibt. Demgegenüber hat Adorno dialektisches Denken strikt darauf beschränkt, die bestehenden Verhältnisse unbestechlich zu kritisieren, d.h. jede Form der Verhältnisse, die sich als gegeben, unveränderlich, affirmativ begreift, aufzulösen. Er formuliert ein Verbot, über die Kritik des Bestehenden hinauszugehen.[15]

Beide Formen der Dialektik treffen nach unserer Auffassung nicht das, was sie ausmacht. Dialektik hat nichts mit Abbildern von Resultaten und auch nicht mit der Vermittlung zwischen solchen Abbildern zu tun. Ein Bilderverbot ist so gegenstandslos wie die Produktion affirmativer dialektischer Bilder. Dialektik entsteht aus der selbstregulierenden Bewegung von Zusammenhängen. Werden Zusammenhänge dekonzentriert oder werden sie konzentriert, so besteht jeweils eine andere dialektische Regulierung. Man beobachtet solche dialektische Beziehungsarbeit, wenn etwas geringer Organisiertes in etwas höher Organisiertes eingeht und dieses höher Organisierte auf das geringer Organisierte Druck ausübt. Führt dieser Druck dazu, daß das geringer Organisierte als Substanz verschwindet und hat das höher Organisierte sein Leben an dieser Substanz, so beschreibt das dialektische Bewegungsgesetz eine regressive Bewegung. Das höher Organisierte verschwindet wieder und stellt aus seinem Material das geringer Organisierte, das aus dem höher organisierten Zusammenhang entlassen ist, wieder her. Die progressive Bewegung, die entsteht, solange sich das höher Organisierte am geringer Organisierten zu verstärken vermag, setzt aber in der Verschuldung am Unterdrückten ebenso dialektische Prozesse frei, die durch Drittintervention unterbrochen und wiederum in eine fremdbestimmte Synthese gemeinsam eintreten können. Die Dialektik wird damit mehrpolig. **Dialektik als die aus solchen realen Bewegungsverhältnissen abgelesene Methode** macht Aussagen über nicht-dingliche Fernwirkung, Regelungsprinzipien und selbsttätige Kraftverhältnisse.[16] Richtig angewendet, vermag sie Vorhersagen zu treffen. Hinsichtlich von Resultaten beschreibt sie **ausschließlich** die von ihnen ausgehende Bewegung oder Wirkung auf andere Resultate. Wie die Kategorie der Selbstregulierung ist Dialektik als Methode ein materialistisches Werkzeug und als Realvorgang **Formgestalt des zusammenhängenden materiellen Prozesses.** Über progressiv und regressiv kann sie aus sich heraus nicht entscheiden, sondern nur über **zusammenhängend** und **nicht-zusammenhängend.** Der Hauptteil der dialektischen Prozesse wird von keinem methodischen Dialektiker beobachtet. Von diesem Hauptteil bildet die Masse die unendliche Schuldenwirtschaft, in der sich übereilt und nach den Zeitmaßen der Revolution inmitten evolutionärer Umstände innere Spezialisierungen und im gleichen Prozeß Universalisierungen im Menschen herausgebildet haben, die mit der gesamten evolutionären Vorgeschichte im Kriege liegen. Die höchsten Instanzen des Bewußtseins fürchten in besonderem Maße die »Gefahr von innen«. Dies bildet den Charakterpanzer. Dialektik ist nicht nur als Methode unentfaltet, sondern als wirklicher Bewegungsprozeß der menschlichen Gattungsgeschichte ist sie auch verstrickt in die gleichzeitige Überproduktion von Potentialen und die daraus dialektisch hervorgerufenen Devolutionen an Zusammenhang, die Abwehrmechanismen des prekären Ich, die kollektiven Ausgrenzungsmechanismen als die äußeren Indizien für die Verstrickung. **Dialektik der Aufklärung** ist aufgehäuftes Schuldenmaß, das den dialektischen Prozessen anhängt.[17]

Der »Umschlagspunkt« vom Physischen ins Psychische, vom Individuellen ins Gesellschaftliche, vom Organisierten zum Organisierteren

Suchen wir nach solchen »Umschlagpunkten«, so ist der Weg, sich unter vollständigen Wechselwirkungen und Kreisläufen für die Arbeitskraft etwas Praktisches vorzustellen, versperrt. Wir erhalten eine Fülle verschlüsselter Kreisläufe, die einander zwingend ausschließen. Das mißverstandene dialektische Prinzip sperrt die Übergänge, verdinglicht, indem es die Bewegungen in Resultate einteilt. Es wird zum Sortierbegriff.

Beim sog. Übergang vom Individuellen ins Gesellschaftliche ist das deutlich, weil das Individuum bereits nur als gesellschaftliches entsteht. Weniger deutlich ist, daß das, was im lebensgeschichtlichen Arbeits- und Lebenszusammenhang, in den Bereichen, mit denen die individuelle Erfahrung tatsächlich in Berührung tritt, der gleiche Gegenstand sein soll wie dasjenige, das – von Millionen Produzenten – sich als Gesellschaft herstellt. Die Resultate kehren sich in den verschiedenen Aggregatzuständen (individuell; kollektiv; geschichtlich; radikal usf.) der Arbeits- und Lebenszusammenhänge geradezu um. Es ist aber nur die Beobachtungsart und das Organisationsprinzip (Formgestalt) verschieden, die stofflichen Verhältnisse sind die gleichen.

Ebenso wird man keine Umwandlung des Physischen in etwas Psychisches finden. Diese Umwandlung existiert nicht: Das Physische verbleibt physisch, und das Psychische ist ein anderer Aspekt des physisch Hergestellten.[18] Ebenso ist das höher Organisierte gegenüber dem organisierten Vorgefundenen, aus dem es sich zusammensetzt und seine höhere Geschwindigkeit oder Masse erhält, zugleich nichts anderes als das Vorgefundene, obwohl die Organisationsprinzipien eine so mächtige Verformung am Vorgefundenen ausüben. Das dialektische Verhältnis ist kein Gegenstand, auch keine bloß verschiedene Beobachtungsart, sondern ein Bewegungsgesetz zwischen gegenständlichen Momenten, das die Beziehungsverhältnisse wiedergibt.

Im Gegensatz zu den Kreisläufen ökonomischer Güterströme, bei denen die Kreisläufe der Resultate die Kreisläufe der Beziehungsverhältnisse mit sich ziehen, dürfen wir für Entwicklung von nicht-verdinglichten Beziehungsverhältnissen keine Umschlagspunkte suchen. Wie sich Instinktkreise, Gewaltkreise und Kreisläufe der Legitimität zueinander verhalten und ineinander verwandelt haben, dafür können wir vom Gravitationszentrum solcher Entwicklungs- und Rückentwicklungsprozesse Differenzen beschreiben, wir können aber den Übergang nicht erklären, nicht die Nahtstelle oder den Ursprung bezeichnen, weil er gar nicht stattgefunden hat.

Zu den Kreisläufen ökonomischer Reproduktion

Am Fabriktor, in der Verhandlungsrunde, die den Streik beendet, wenn der Werkmeister, ohne sich durchgesetzt zu haben, abzieht, am Ausgang des Warenhauses, finden kontinuierliche Arbeitstage, Klassenkämpfe oder Einkäufe ein abruptes, scheinbares Ende. Die äußere Ökonomie beschreibt *unvollständige* Kreisläufe. Auf sie beziehen sich Input- und Output-Tabellen, Grenznutzen-Rechnungen, Wirtschaftsstatistiken. Sie trennen die Produktion in abgesonderte

Teile, meist Wirtschaftszweige. Um zu einem vollständigeren Kreislauf zu gelangen, muß man die in dieser Ökonomie tätigen Menschen, die Reproduktion des Lebenszusammenhangs und damit die Reproduktion der gesellschaftlichen Arbeitskraft einbeziehen. Zum Input gehören damit nicht bloß die Produktionsmittel, sondern auch die Konsumtionsmittel. **Produktionssphäre und Lebenszusammenhang einer Bevölkerung sind zugleich zu beschreiben.**

Der kleinstmögliche elementare Kreislauf wird streng genommen nicht vom Menschen, sondern in der Regel von einzelnen Familien gebildet, die wiederum für sich nicht existieren könnten, sondern Aggregationen zu ihrer Ökonomie voraussetzen. Eine solche Zusammenfassung, zu der bereits Vorgeschichte gehört, ist so etwas wie ein Element.[19]

Horizontale Verläufe geben hierzu immer nur Summierungen wieder, die elementaren Strukturen werden ausgeblendet. So z.B. vereinigen sich alle einzelnen Schuster zum Schustergewerbe. Dies ist insofern nichts Elementares, als die Schuster die Gerber, diese die Produzenten von Häuten, diese die Produzenten von Tieren, diese die Produzenten der Futtermittel, die Geschichte der Landwirtschaft, diese die Domestizierung von Tieren und diese die Geschichte der Evolution voraussetzen. Die Schuster wiederum haben Familien, brauchen für ihre Kinder Schulen, die Schulen setzen Lehrer voraus, die zu Friseuren gehen, diese wiederum haben Kinder, welche Lehrer brauchen, Schuhe tragen, usf. Die Trennung der Gesamtgesellschaft in Wirtschaftszweige teilt die Produktion – und, wenn wir die Konsumtion einbeziehen, diese – in abgesonderte Teile, gibt keinen Gesamtkreisläufe wieder. Jede Krise, jede Abhängigkeit trifft einen solchen unselbständigen Teil wie ein Schicksal, ohne daß die Gründe der Krise im Kreislauf durch die der Unterkreisläufe bezeichnet werden könnten.

Bei **vertikaler Aggregation** (Vertikum = Querbeziehung, plur. Vertika) erhält man einen Kreislauf, der ein **besonderes Ganzes** bildet, da er verschieden geartete Elementarkreisläufe zusammenfaßt. Wir verknüpfen jetzt jede Berührung von Produzenten eines konkreten Arbeits- und Lebenszusammenhangs mit jeder eines andern und erhalten sicher abgegrenzte Reihen. **Machen wir dies vollständig genug, so ergibt sich in vertikaler Reihung ein vollständi-**

geres Bild der gesamtgesellschaftlichen Beziehungen. Bei dieser Erzählform zeigt sich, daß der Input überhaupt keine Produktionsmittel mehr enthält, denn diese sind aus der Geschichte vorgefunden und fließen ausnahmslos als innere Ströme.[20] Dagegen kann durch die vertikale Aggregation kein einziger Konsumtionsmittelstrom aus dem Schema verschwinden: Kein Stück Leben, kein Stück Geschichte, kein Stück Beziehungsarbeit, nichts Psychisches und Physisches.

Horizontal und vertikal sind Bezeichnungsweisen in der Erzählweise ökonomischer Modelle (so verwendet von Janossy, dem wir darin folgen). Sie entsprechen nicht der Umgangssprache, in der *horizontal* »waagrecht, liegend« und *vertikal* »senkrecht« bedeutet. Denkt man daran, daß sich das Wort vertikal von lat. *vertere* = »umkehren, drehen« ableitet, so kommt dies dem Sprachgebrauch von Modellen bereits näher.

Im Modell entspricht *horizontal* der Sicht von oben, wie bei der Vogelperspektive, oder bei Anfertigung einer Landkarte in einem großen Maßstab. Mit der sinnlichen Vorstellung von »aufliegend« hat das nichts zu tun; die realen Verhältnisse, die dargestellt sind, sind jedoch als Fläche oder Linien wiedergegeben. Von Geburt zum Tod, von der Unterentwicklung zum Fortschritt, von der Produktion zur Konsumtion sind solche Linearitäten, Unterscheidungen, die diese Flächen oder Linien schneiden, zertrennen den Zusammenhang, während sie die wirkliche Bewegung in Ordnungseinheiten gruppieren. Man erhält jetzt z.B. Unterteilungen wie Landwirtschaft, Investitionsgüterindustrie, Konsumgüterindustrie, Dienstleistungsgewerbe, die in Wirklichkeit nie ohne einander existieren könnten.

Vertikale Verknüpfungen dagegen verfolgen die einzelnen Elemente im Modell nach Tiefe, Höhe, Quere usw. Die Verknüpfungsnetze werden durch Unterscheidungen nicht zertrennt. Unterscheidungen lassen sich nur auf die Ränder (Außenflächen), auf gravitative Zentren oder auf die Bewegungsform überhaupt beziehen. Die Schuster, Lehrer, Friseure usf., deren Kinder und Frauen, die einander bei vertikaler Querbeziehung berühren, stellen mit allen anderen Menschen, die etwas produzieren, z.B. auch Weihnachtsfeste, Kriegskatastrophen, Silvesterfreuden, also Verbindungen her, die jeweils *besondere* Ganze bilden und nur unter dem Gesichtspunkt der Weihnachtsindustrie oder der Hersteller von Feuerwerkskörpern geradlinig betrachtet werden könnten.

Erdkugel mit Haus und Schiff. Die Beschreibung einer Bewegung erfolgt jedoch horizontal. Bewegungen auf der Kugel werden flach, z.B. als Landkarte dargestellt.

Eine vertikale Aggregation bildet z.B. jede Produktionsöffentlichkeit (allerdings unvollständig). Sie faßt von sich aus zusammen, wie Menschen arbeiten, wohnen, spezifische Vereinigungen bilden, vereinigt Lebens- und Arbeitszusammenhang, die in den Rastern repräsentativer Öffentlichkeit als Tätigkeiten nach Sparten aufgeteilt werden.[21]

»Hier sei noch eine besondere, oft zweckmäßige, weil aufschlußreiche Aggregation erwähnt, nämlich die Bildung eines partiellen und – vom Gesichtspunkt der Produktion – doch vollkommenen Vertikums. Geht man von irgendeinem Produkt aus, zweckmäßig von einem Endprodukt des Produktionsprozesses, z.B. einem Konsumtionsmittel, das die Produktionssphäre endgültig verläßt, so kann man den gesamten Produktionsprozeß, von diesem Punkt ausgehend, rückläufig verfolgen und als ein Vertikum aggregieren. Nehmen wir als Beispiel ein Produkt, das einerseits ausschließlich der Befriedigung menschlicher Bedürfnisse dient und dienen kann, andererseits aus einem Produktionssektor stammt, den man bei andersgearteter Aggregation gewöhnlich zur Schwerindustrie rech-

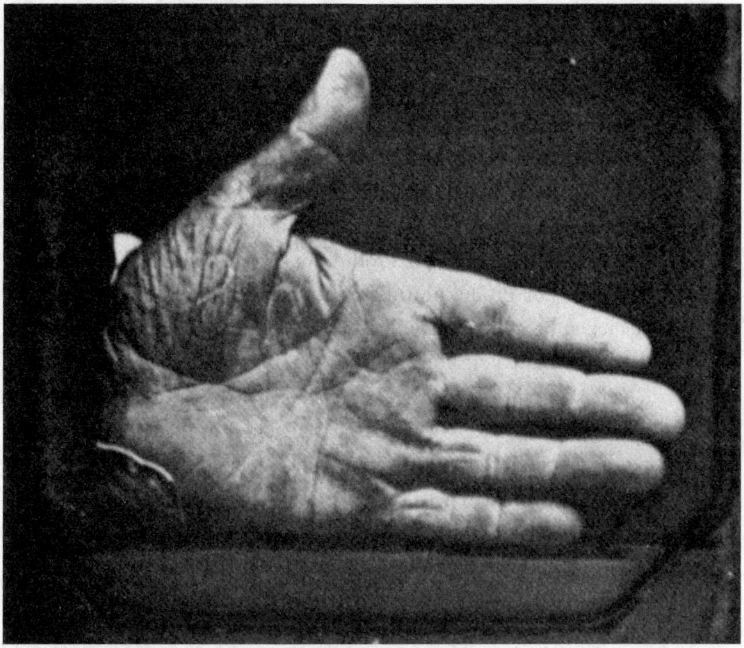

Von der Hand sagt man, sie wäre flach. Die Handlinien bilden ein Beziehungsnetz; will man es nacherzählen, so gleicht es im Modell (der aufgeschriebenen Erzählung) einem Kristallgitter oder wird **kugelig.**

net; das Produkt sei die **Badewanne aus emailliertem Eisenblech oder Gußeisen.** In diesem Vertikum stehen die Betriebe, die die Badewannen erzeugen, am Ende des technologischen Prozesses, sie gehen, insoweit sie nichts anderes produzieren, vollständig in das Vertikum ein, und, nicht zu vergessen, auch die gesamte Belegschaft dieser Betriebe gehört zum Kreislauf, den wir hier vom Gesamtkreislauf abtrennen wollen. Weiter gehören alle Betriebe, die an die Badewannenfabriken Produktionsmittel, wie z.B. Eisenblech, Rohstoffe für Email usw. sowie die erforderlichen Betriebseinrichtungen, z.B. Maschinen liefern, zu einem gewissen kleineren oder größerem Teil zum Vertikum. Von diesem zweiten Glied des Vertikums gelangt man auf dieselbe Weise zu einem dritten, vierten, fünften usw. Diese Kette ohne Ende, diese unendliche Reihe ergibt jedoch offensichtlich ein endliches, eindeutiges Resultat, nämlich ein Konglomerat, das sich infolge der manigfaltigen Verzweigungen aus Teilen und Teilchen fast aller Produktionszweige zusammensetzt. Der Kreislauf, der das so gebildete Produktions-Vertikum in sich schließt, hat, obwohl und eben weil es sich auf alle über den gegebenen Output notwendigen Produktionszweige erstreckt, keinen Produktionsmittel-Input. Der Input in die Sphäre der Produktion dieses Kreislaufs besteht ausschließlich aus lebendiger Arbeit, die, fast auf die gesamte Wirtschaft verstreut, in den zum Vertikum gehörenden Betrieben und Betriebsteilen geleistet wird. In dieser Hinsicht erhält man für jedwedes vollständiges Produktions-Vertikum das gleiche Resultat wie für die vollständig aggregierte Gesamtwirtschaft. Doch hat – im Unterschied zur Gesamtwirtschaft – jeder partielle Kreislauf, auch wenn er ein vollständiges Produktions-Vertikum in sich schließt, sowohl einen Output als auch einen Input. In unserem Beispiel besteht der Output ausschließlich aus Badewannen, der Input aus all den Konsumtionsmitteln, die die im Kreislauf Beschäftigten zu ihrem Lebensunterhalt benötigen und verbrauchen. (Die Selbstversorgung im Kreislauf beschränkt sich auf die mit Badewannen.)

Die *Gesamtwirtschaft* läßt sich demzufolge nicht nur in mehr oder minder einheitliche Wirtschaftssektoren, sondern, sozusagen quer hierzu, in einzelne Vertika zerlegen. Gleichermaßen läßt sich auch der ökonomische *Gesamtkreislauf* so in einzelne Kreisläufe gliedern, daß jeder von diesen ein vom Gesichtspunkt der Produktion vollständiges Vertikum in sich schließt.«[22]

Ein vollständiges Vertikum kann man nur für Gesellschaften bilden, die der Industrialisierung vorausgehen. Nur in ihnen ist der Lebenszusammenhang (Ökonomie I) und die Arbeitsökonomie (Ökonomie II) ein integrales Ganzes. Untersuchen wir eine solche vorindustrielle Gesellschaft, z.B. im Mittelalter, so ergibt sich zunächst für alle Ökonomien eine Zweiteilung in *Herrschende* und *Beherrschte.* Diese Teilung ist Resultat, sie gibt nicht den Prozeß wieder, in welchem alle Herrschaft ursprünglich auch einmal etwas gegeben oder zumindest versprochen hat. Wir können aber **deutlich einen den**

gesamten Kreislauf formierenden und beherrschenden Teil: die unproduktive Herrenklasse von derjenigen produktiven Klasse unterscheiden, die etwas an diese Herrenklasse abgibt, ohne etwas zurückzuerhalten. Wir bezeichnen mit Janossy diejenige Klasse, die etwas produziert und davon Abgaben leistet, als die **primäre Produktionssphäre,** die unproduktive Klasse, die die Abgaben aneignet, als **herrschenden Annex.** Wir stoßen notwendig auf das verselbständigte Vertikum derjenigen Arbeit, die sich aus den Zahlungen der Herrenklasse ernährt. Das ist im Mittelalter z.B. der größte Teil des städtischen Handwerks. Janossy bezeichnet diesen vom herrschenden Annex und indirekt vom Abgabenstrom der primären Sphäre abhängenden Lebens- und Arbeitszusammenhang als **sekundäre Sphäre.**

Man kann jetzt fast alle vertikalen Verknüpfungen, die zusammen die vorindustrielle Gesellschaft ausmachen, in eine dieser Einteilungen einreihen.

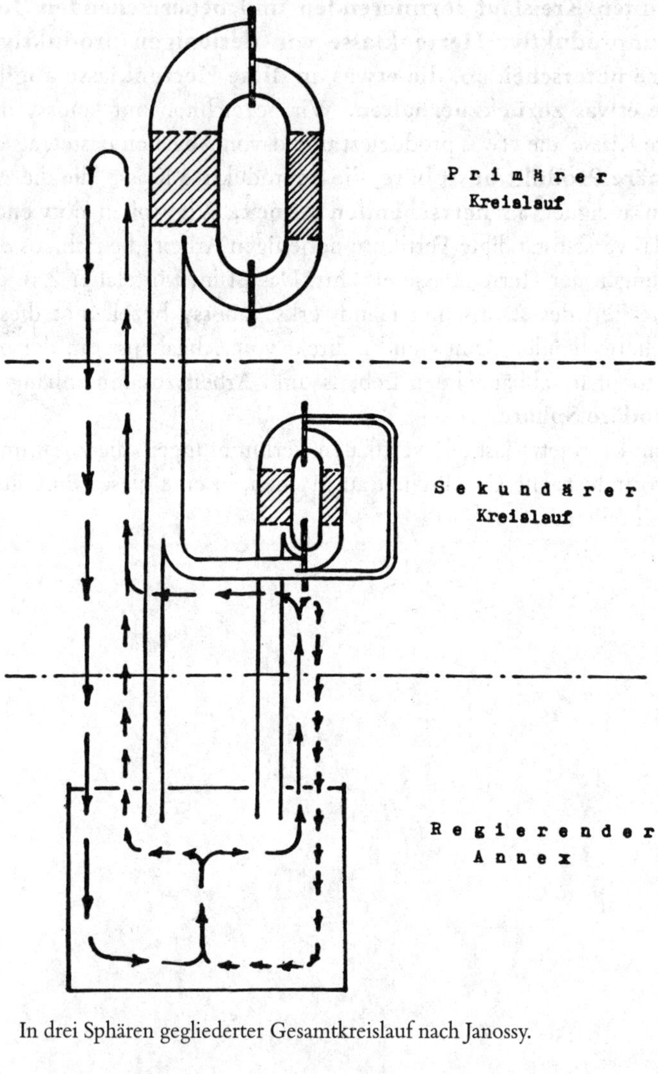

In drei Sphären gegliederter Gesamtkreislauf nach Janossy.

Die wenigen städtischen Handwerker, die für das Land produzieren und die zahlreicheren, die auf dem Lande zuarbeiten, gleich, was sie produzieren, gehören mit den Bauern, die ebenfalls Hausgewerbe betreiben, zur primären Sphäre. Ein Bauer, der sich ausschließlich dem Weinbau widmet, insbesondere edle Weine für Herren, gehört wie der Goldschmied, eine frühe Seidenmanufaktur, Handwerker, die Waffen herstellen oder Kleidung für die Dienerschaft, den Bischof, die Bauhandwerker, die Wahrzeichen der Macht errichten, zur sekundären Sphäre.

Regierender Annex ist alles, was Güter verbraucht, ohne sie selber herzustellen. Die Abgaben können aus Naturalien, aus Geld, aber auch aus Glauben, über den der herrschende Annex *herrschende Realität* herstellt, bestehen (das ist Herrschaft und nicht Produktion, wird von den Gläubigen nicht geglaubt, so können die Herren in der Regel keinen Glauben machen). Man kann sich dies alles als ein Röhrensystem vorstellen, durch das die Beziehungen und Nicht-Beziehungen nach Fließgesetzen vermittelt sind.[23]

Das die Entwicklung einer mittelalterlichen Gesellschaft bestimmende Moment ist die Produktivität der primären Sphäre, von der die Höhe des Abgabenstroms abhängt. Die Entfaltung der sekundären Sphäre ist dagegen nicht von der Produktivität, dem Fleiß, der Geschicklichkeit der darin Arbeitenden, sondern von der Höhe des Abgabenstroms abhängig, der sich in Bestellungen der Herrenklasse umwandelt. Die Anzahl jener, die in der Stadtproduktion ihren Lebensunterhalt im sekundären Kreislauf finden können, ist dadurch limitiert; dies gilt dagegen keineswegs für die Gütermenge, die sie dem Annex verkaufen. Dem Bedarf im Annex sind keine Schranken gesetzt: Kann der Herr für sein Geld die doppelte Menge Schmuck erhalten, ufert sein Palast aus, so wird er es mit Freude hinnehmen, er würde es sogar erzwingen, wenn es in seiner Macht stünde. Die Angleichung der gelieferten Güter an das begrenzte Maß der Bezahlung setzt deshalb Verteidigungsmaßnahmen der sekundären Sphäre voraus (so entstehen z. B. die Zünfte, die Autonomie der Stadt); **zur Entfaltung trägt diese Selbstbeschränkung nicht bei. Die sekundäre Sphäre würde sich entfalten, wenn die primäre sich entfaltet und so der Abgabenstrom sich erhöht. Das aber entzieht sich dem Bewußtsein der in der sekundären Sphäre Eingeschlossenen, die auf die Kaufkraft der Herren blicken. Mit einer solchen Gliederung der Klassen läßt sich das emanzipatorische Potential der Gesamtgesellschaft messen.**

Eingeschlossen in diese Gliederung sind die Klassenverhältnisse innerhalb der zwei Sphären und des Annexes. Ein Ministerialer (= Schwertadel, Emporgekommener) und einer vom Hochadel bilden innerhalb der Herrschaftspyramide Klassen, Plebejer und Patrizier sind Klassen innerhalb der Stadt, Leibeigene, Gesinde und Freie Bauern, arme Müller und reiche Müller, kleine und große Schmiede bilden Klassengegensätze in der primären Produktionssphäre. Diese Klassengegensätze treiben wiederum Bewegungen hervor, die aber an den grundlegenden Abhängigkeiten der Sphären und des Annexes nicht rütteln. Nicht die gesamtgesellschaftliche, sondern die lebensgeschichtliche, einzelne Entfaltung ließe sich in *diesem* Klassenverhältnis messen.

Solange der Kapitalismus in der sekundären Sphäre eingeschlossen bleibt, zeigt er keine der späteren expansiven Kräfte.

Das System solcher Kreisläufe und Wechselwirkungen läßt sich auf die vertikalen Strukturen der Industriegesellschaft anwenden, es treten hier aber Lebenszusammenhang und Produktion auseinander: (1) ein jedes Vertikum zeigt etwas Doppeltes. Die Produktion der Bedürfnisse zeigt die Bewegung der Konzentration, im Resultat häufen sich vielfältig anwendbare Vermögen in der Bewegungsrichtung der Zerstreuung. Die Vermögen sind in der ungeheuren Warensammlung in Einzelpartikeln an Güter und zersplitterte Erfahrung ankristallisiert. Die Beziehungsverhältnisse sind desintegriert, und zwar zentrifugal und zugleich zentripetal. (2) Hieraus erklärt sich, daß die industriell-lebensgeschichtliche Produktion so entgegengesetzte gesellschaftliche Charaktere anzunehmen vermag, daß die Produzenten ihr eigenes Produkt gesellschaftlich nicht wiedererkennen. (3) Es wiederholt sich unter dem Schein vehementer Umverteilung und Bewegung die Unbeweglichkeit der abhängigen Bereiche, so daß die Kreisläufe stehenzubleiben scheinen. (4) Der Einbruch der Produktivität in den primären Sektor, durch Trennung und Neuzusammensetzung von lebendiger Arbeit, ist weiterhin das Gesetz der expansiven Entwicklung. **Nur ist der primäre Sektor nicht mehr einfach die agrarische Produktion, die Abgaben leistet, sondern in jeder einzelnen Produktions- und Lebenstätigkeit teilt sich ein Abgabestrom an das Realitätsprinzip, eine abhängige Zuarbeit an diese Herrschaft, die dafür mit Belohnungen zahlt, die sie aus den Abgaben erhält, und eine zusätzliche Anwendung von Arbeits- und Lebensvermögen, die unbestellt ist und wie ein ursprünglicher primärer Sektor**

produziert.[24] Herrschaft, primäre und abhängig-sekundäre Produktion sind in jedem Menschen durcheinander verteilt und tätig.

Kreisläufe in der Ökonomie der Arbeitskraft

Betriebsarbeit, psychische Arbeit, Beziehungsarbeit, Balancearbeit – daneben politische Steuerungsarbeit, die aber eigentümlich **neben** der Geschichtsproduktion verharrt – bilden einen Kreislauf mit der Vorgeschichte, indem sie Gegenwart aus geschichtlichem Material herstellen. Die tote Arbeit zehrt an der lebendigen; daraus entstehen Defizite. Sie werden neben anderen Defizit-Deckungen, durch Verschuldung der Zukunft, also Hoffnungsarbeit, gedeckt.

Ähnlich wie in einem feudalistischen System bildet die Praxis von Betriebsarbeit, Beziehungsarbeit und Balancearbeit einen primären Produktionsbereich, von dem ein Abgabestrom an Arbeitsvermögen abgeht. **Von diesem Abgabestrom wird das Realitätsprinzip als Ideologie emotional finanziert: Die Realität als Ersetzung von König, Bischof, Palast, Dienerschaft, Militärwesen, das die Selbstdisziplinierung des Ganzen aufrechterhält. Das war in der vorindustriellen Gesellschaft sinnenklar abgehoben, jetzt ist es in Milliarden Punkten zerstreut. Die Macht – und damit die Abgaben – sind dezentralisiert.**

In dieser Hinsicht kann man Marx' Eingangssätze des ersten Kapitels des *Kapital* variieren: »Der Reichtum der Gesellschaften an Arbeitsvermögen erscheint, sofern kapitalistische Produktionsweise herrscht, als eine ›ungeheure Warensammlung‹; die Widersprüche innerhalb der einzelnen Arbeitseigenschaft als ihre Elementarform.«

»Nur Produkte selbständiger und voneinander unabhängiger Privatarbeiten treten einander als Waren gegenüber.«[25] Die Arbeitsvermögen sind nicht Produkte selbständiger und voneinander unabhängiger Privatarbeiten, die Arbeitsvermögen treten einander deshalb auch nicht direkt als Waren gegenüber, sondern in der Chiffrierung der Warenprodukte; im Warending bestätigt die eine Arbeitskraft der anderen ihr Dasein. Beziehungen und Kreisläufe, der Umgang der Arbeitsvermögen mit sich selbst, spiegeln sich in der gesellschaftlichen Natur verzerrt.

Die Vorstellung jeder Ökonomie folgt dem Satz: Aus Nichts kommt nichts. »Der Mensch kann in seiner Produktion nur verfahren, wie die Natur selbst, d.h. nur die Formen der Stoffe ändern.«[26]

> Als »ungeheure Sammlung« hat das geschichtliche Verhältnis der Arbeitsvermögen diese bloße Addition; der Kreislauf, aus dem die wesentlichen Bestimmungen für alle Einzelströme der Arbeitsvermögen folgen, kann in der Beziehung aller einzelnen vollständigen oder unvollständigen Kreisläufe liegen: Die entscheidende Ökonomie folgt dann aus der Wechselwirkung, dem **Dazwischen,** und entfaltet sich vor allem an der **Nahtstelle,** während sie sich im **Zentrum** der einzelnen Kreisläufe verzerrt.

Der individuelle Lebenslauf ist ein Kreislauf, der sich nicht schließt

»Dem Rock ist es übrigens gleichgültig, ob er vom Schneider oder vom Kunden des Schneiders getragen wird.«[27] Das ist für die lebendige Arbeit anders. Die lebendige Arbeit kleidet sich in den Lebenslauf, und es kann ihr nicht egal sein, »wer diesen Rock trägt«. Es scheint also das einfachste, mit der Untersuchung des individuellen Lebens als dem emotionalen Sitz der Arbeitsvermögen zu beginnen.

Dieses Leben hat durch seinen Anfang und sein Ende eine feste Umgrenzung. Innerhalb dieser Grenzen liegt der primäre Sitz der Arbeitsvermögen, sie haben darin ihren sinnlichen Raum, ihre psychologische Zeit. Es ist aber offensichtlich, daß die Arbeitsvermögen in dieser Umgrenzung nicht entstanden sein können oder entstehen. **Sie werden innerhalb des Einzelnen immer nur moduliert. Sie können sich vergegenständlichen, häufen, zurückhalten, blockieren, vereinseitigen, einander wechselseitig formen, umverteilen, Allianzen eingehen, trennen, sie können Projektionen auf die Arbeitsvermögen Anderer machen, sich dagegen abschotten usf. Alles dies heißt: die Zustandform verändern.** Das umfaßt auch qualitative Sprünge, da im Individuum unerwartet zusammengesetzte Konstellationen von Arbeitsvermögen völlig neue Vermögen hervorbringen; das Element des Zufalls kann generative Prozesse in Gang setzen, die innerhalb der Arbeitsvermögen eines individuellen Lebenslaufs wie eine Mutation erscheinen. **Dies ist die mächtige Kategorie der Arbeit als Veränderung der Natur, die sich, so wie sie äußere Produkte gestaltet, auch auf die Arbeitsvermögen selber bezieht.**

Wir haben hier, indem wir vom individuellen Lebenslauf ausgingen, eine Vereinfachung getroffen. In der Praxis hat die in Lebensläufen stattfindende Anwendung der Arbeitsvermögen ihren elementaren Zustand nicht unbedingt als Individuum, sondern als Aggregat von Individuen: als zusammenarbeitende Gruppe.[28]

Bei der Vorstellung der vielfältigen Umarbeitung der Arbeitsvermögen innerhalb der Lebensläufe entsteht dadurch eine Ablenkung, daß wir in Produkten denken und nicht in den Prozessen der Arbeitsvermögen.

Ein Arbeitsvermögen recht einfacher und uralter Art ist: Sich-Mühe-geben. Es besteht aus der Fähigkeit, seine Kräfte vereinseitigt auf eine Aufgabe zu konzentrieren, unter momentaner Ausblendung übriger Potentiale der Gesamtvermögen (die aber zweifellos trotz scheinbarer Ausblendung mitwirken; die Absichtslosigkeit macht sie stärker). So geht z.B. ein Forscher oder Erfinder vor, ein Handwerker, d.h. vorausgesetzt für dieses Arbeitsvermögen ist Spezialisierung und ein Quantum an Selbstbestimmung hinsichtlich der Anwendung der Arbeitsvermögen.[29]

Stellt man sich die Fähigkeit, sich »unendlich Mühe zu geben«[30], als die eine Seite einer Zange vor, so fehlt es an der anderen Seite, einem ebenfalls einfachen und alten Arbeitsvermögen, damit dieses innere Werkzeug etwas faßt. Man muß auch Glück haben; etwas wurde erfunden, weil der Zufall einwirkt, einer etwas gefunden hat, nachdem er sich vorher vergeblich äußerste Mühe gab. Das **Sich-Mühe-geben** ist unentbehrlich, aber das **Vermögen des Findens** ist ebenso unabdingbar. Etwas zu finden setzt aber wiederum das folgende Arbeitsvermögen voraus: **In die Vergegenständlichung der Arbeit geht eine Reserve an Arbeitsvermögen nicht ein, sie bleibt als freies Potential und unbeschäftigte Aufmerksamkeit außerhalb des Produktionsprozesses. Das Unvermögen aller Arbeitsprozesse, das gesamte Potential an Arbeitskraft aufzugreifen, produziert geradezu diese Reserve als Vermögen. Dies ist die Wurzel der Begabung: Finden. Sie wird in der Praxis empfunden als: Glück haben, ist ein stummes Arbeitsvermögen.**

Die hier beschriebene Zange, Kooperation zweier recht simpler Arbeitsvermögen, tritt auf der Seite der Produkte als eine ungeheure Fülle hervor; es entsteht der Eindruck, daß etwas so Kompliziertes wie die Summe aller Innovationen und Erfindungen auch einen komplizierteren Vorgang auf der Seite der Arbeitsvermögen voraussetzt. Dies ist aber nicht der Fall. Es ist lediglich die komplexe tote Arbeit aller früheren Erfindungstätigkeit über das Sich-Mühe-geben in die Nähe jener Reserve-Arbeit, die Finden heißt, getragen worden. Dieser Einschuß an toter Arbeit, der sicher etwas Vielfältiges ist, tritt aber gewissermaßen wie ein Naturstoff, selbstregulierend, hinzu. Er erfordert keine Arbeitsanstrengung, ist aber Arbeit, könnte durch das Sich-Mühe-geben allein nicht erzeugt werden. Im Gegenteil: die reine Anspannung hätte diese Selbsttätigkeit blockiert, und erst etwas, das neben der Anspannung stand, hat es aufgefunden.[31]

Es geht um »Gattung, Art, Familie, Unterart, Varietät verschiedner nützlicher Arbeiten«[32], zugleich um **jede** Arbeitsform, wie sie in den Lebensläufen ihren Sitz hat. Wir hatten, um zwei einfache Arbeitsvermögen in Bewegung zu zeigen, von ausgeprägten Spezialfällen gehandelt: Forscher, Erfinder, Ingenieur, der einen Bewegungsspielraum für Experimente hat, klassischer Handwerker. Wir hätten dasselbe nicht deutlich zeigen können an Beispielen aus der Masse der industriellen Betriebsarbeit, da dort die Fremdkontrolle die ursprüngliche Bewegung der Arbeitsvermögen nicht zuläßt. Der Hauptteil der Bewegung unserer Zange bleibt dort Potential; dieses ist zwar ebenso wirksam tätig, vergegenständlicht ist aber nur ein minimaler Anteil, der in der Steuerung versteckt ist, die gewissermaßen unbezahlt nebenherläuft, Unfälle bei der mechanischen Arbeit verhindert, aber keine Erfindungen macht und im industriellen Teilprodukt verschwunden ist, ehe wir es beachtet haben. Es entsteht dadurch eine weitere Ablenkung in der Darstellungsweise der politischen Ökonomie der Arbeitskraft, soweit wir sie im Ausschnitt des individuellen Lebenslaufs untersuchen.

Wir treffen **hier** nicht auf das Mittel der **einfachen Durchschnittsarbeit,** das liegt nicht in der Sache, sondern im Ausschnitt, aus der wir sie betrachten. »Wie nun in der bürgerlichen Gesellschaft ein General oder Bankier eine große, der Mensch schlechthin dagegen eine sehr schäbige Rolle spielt, so steht es auch hier mit der menschlichen Arbeit.«[33] Diejenigen Arbeitsvermögen, deren Anwendungen intensive Vergegenständlichung der Potentiale, also vollständige Bewegungsverläufe besitzen, erscheinen als hoch-organisiert, qualitativ andere Vermögen als einfache Durchschnittsarbeit. Tatsächlich ist »komplizierte Arbeit« nur »potenzierte oder vielmehr multiplizierte einfache Arbeit, so daß ein kleineres Quantum komplizierter Arbeit gleich einem größeren Quantum einfacher Arbeit«[34] ist.

Es darf keine Ablenkung von dem Grundprinzip geben, daß die außerordentliche Veränderungs- und Modulationsfähigkeit, die die Arbeitsvermögen in den verschiedensten Lebensläufen zeigen, keineswegs dafür spricht, daß sie im einzelnen Lebenslauf ihre Entstehung haben. In ihrer Einkästelung zwischen Geburt und Tod sind die Lebensläufe unvollständige Kreisläufe. Dies ist das spezielle Prinzip, das sich aus anderen Gründen in jedem der im folgenden untersuchten weiteren Kreisläufe allerdings wiederholt. »Alle Erscheinungen des Weltalls, seien sie hervorgerufen von der Hand des Menschen oder durch die allgemeinen Gesetze der Physik, sind nicht tatsächliche Neuschöpfungen, sondern lediglich eine Umformung des Stoffes. Zusammensetzen und trennen sind die einzigen Elemente, die der menschliche Geist immer wieder bei der Analyse der Vorstellung der Reproduktion findet; ...«[36]

In dieser Absolutheit, in der das Prinzip sich zu den wirklichen Lebensläufen verhält, hätte es einen Widerspruch zur Folge: Sind die subjektiven Lebensläufe lebenszeitlicher Sitz der Arbeitsvermögen, insofern primärer Sitz, und können sie nicht in der Enge dieses Sitzes (die seiner Raum- und Zeitmaße) entstanden sein, so könnten sie ja überhaupt nie entstehen, da das Prinzip für alle Vorzeiten ebenfalls gilt. Sie könnten nur *zwischen* den Lebensläufen ihre Entstehungswurzel haben – und in welchem Augenblick wäre das? Es ist kein Verstoß gegen die absolute Gültigkeit des zuvor beschriebenen Prinzips, daß wir die individuellen Leben als einen Doppelcharakter verstehen. Sie sind *wirklicher* Sitz der subjektiv-objektiven Grenzen – insofern gilt das Prinzip unbeschränkt –; **sie sind außerdem Durchflußgelände der gesamten Produktions- und Gattungsgeschichte, als solche nicht bloß subjektive Lebensläufe, nicht hermetisch, sondern durchlässig für den Geschichtsfluß, der sich in ihnen vergegenständlicht.** Das ist eine zweite subjektiv-objektive Beziehungswelt, quer zur individuellen Identität. Durch diese Bewegung hindurch entwickelt sich das Dazwischen des Gesamtkreislaufs der Arbeitsvermögen, in dessen Maßverhältnissen die Entstehung von Arbeitsvermögen aus der Trennung dem vorgenannten absoluten Prinzip nicht widerspricht.

Kreislauf der Übertragung der Arbeits- und Lebensvermögen im Wechsel der Generationen

Der Kreislauf des individuellen Lebens ist unvollständig. Die Individuen haben ihre Wiederkehr nicht an sich selbst, sondern existieren als Generationsfolge. Dies ist ein Kreislauf, d.h. eine Spirale, die offenkundig größere Vollständigkeiten der Arbeitsvermögen wiedergibt. Das Zentrum der Vermittlung sind Lern- und Anpassungsprozesse. **Es ist auffällig, daß jede neue Generation mit einem Bruch beginnt.** Geboren wird das neue Lebewesen nicht als Arbeitskraft, sondern die Fähigkeit, Arbeitsvermögen später zu entwikkeln, ist eine Eigenschaft unter vielen; insofern findet sich an der Nahtstelle zwischen den Generationen ein Bruch oder eine Null-Stellung. Die Eltern und das Kind verkehren über einen Abgrund von Verschiedenartigkeit miteinander. Die Verknüpfungsstelle liegt eher in der Mitte des ersten Drittels dieser Generationsprozesse.

Bei der Übertragung der Arbeitsvermögen zwischen den Generationen finden alle Versuche der Modulation statt, die im individuellen Leben im Umgang mit den eigenen Arbeitsvermögen probiert werden: Eltern oder Lehrer – als Zwischeninstanz – versuchen, ihre Mängel oder Vorzüge auf die Kinder zu projizieren, sich in ihnen nochmals zu vergegenständlichen (so als wären es Rohstoffe, Materialien). Es wird zurückgehalten, blockiert, z.B. bei der Erziehung, durch Verbote, es werden Umverteilungen versucht, z.B. soll das Kind ein besseres Leben haben, die Mittel der Auseinandersetzung reichen von Gleichgültigkeit (ich konserviere mein Leben gegen Ansprüche des Kindes) bis zu hitziger Zuwendung (was ich nicht wirklich bin, soll das Kind werden). Wir lassen hier aus, was aus Umverteilung, Projektion und Kämpfen zwischen den *Gliedern einer Generation* und denen der nächsten wechselseitig hinzukommt.

Alle diese aus der individuellen Lebenslaufpraxis *übertragenen* Umgangsformen verschärfen den an sich immer vorhandenen Bruch zwischen den Generationen. Auf diesen Bruch wirken sämtliche übrigen Kreisläufe, nämlich diejenigen, die ebensowenig im einzelnen Lebenslauf wurzeln, zusätzlich ein. Der Figur einer raschen euphorischen gesellschaftlichen Bewegung entspricht der Generationsbruch, daß die gewesene Erfahrung der älteren Generation der neuen Generation unpraktisch wird; in der wenig rasanten Periode selbstgenügsamer Gesellschaften ist zwar die Nähe zwischen den Generationserfahrungen größer, aber dieser Mangel an Distanz wirkt sich als Verhältnis des Drucks, als Übermacht der Vorgeneration aus und produziert ebenfalls Diskontinuität. Es sind also im Transformationsfluß der Generationen Anlehnung und Abstoßung, Diskontinuität und Kontinuität, Konzentration und Dekonzentration die Hauptformen. **Sie sind dadurch modifiziert, daß Eigenschaften rezessiv oder dominant** (im übertragenen Sinn) **auftreten können, so daß der wirkliche Fluß immer nur zwischen mehreren Generationen beobachtet werden kann und nicht im Verhältnis zweier direkt aufeinanderfolgender. Gelernt und übertragen wird in Abstoßung und Annäherung, an Diskontinuität ebenso wie an Kontinuität, unsichtbar wie sichtbar.**

Alle Versuche, die im Lebenslauf stattfindende Modulationsarbeit an den Arbeitsvermögen zu übertragen, gelingen im Generationenverhältnis nicht. Sie blockieren die Übertragung. Es sind niemals die Absichten, die die Formung, die Übertragung ausmachen, sondern die Arbeitsvermögen übertragen sich **trotz der Formung**. Insofern ist es für den Fluß dieser Kreisläufe am brauchbarsten, wenn die Erziehung, wie ein Bote Nachrichten, unverändert überträgt. Anders ausgedrückt: Es ist ein im wesentlichen selbstregulierender Prozeß, und nicht instrumentelle Anspannung, auf denen die Arbeitsvermögen der Generationsübertragung beruhen.

Das Prinzip dieser Arbeitsvermögen der Erziehung (lat. eruditio)[37] besteht in Indirektheit. Das steht dem Anschein entgegen, daß Familienerziehung, Schule und Anpassung an die Arbeitswelt aus Direktgriffen bestehen. Es ist das grundlegende Mißverhältnis dieser Bereiche und Institutionen, daß alles dieses *direkt* mißlingt. Die wirklichen Resultate und Prozesse finden sich unterhalb, trotz oder entgegen der instrumentellen Aktivität.

Es zeigt sich, daß der Fluß der Generationen unvollständige Kreisläufe umfaßt; sie müßten durch die Brüche zwischen den Generationen, die Indirektheit aller Übergänge, eigentlich blockiert sein. **Der Kreislauf setzt deshalb ein zweites Kreislaufsystem in Form der vorangehenden Produktion der kulturellen Umwege voraus.** Diese Umwegproduktion produziert die Arbeitsvermögen der Übertragung innerhalb der alten Generationen und der neuen in den psychischen Instanzen – vor allem also auch mit Hilfe der Umwege des Unbewußten – und durch äußere Vorkehrungen des Zusammensetzens und Trennens: und zwar wiederum mit Hilfe der gegen diese Eingriffe erzeugten Proteste und Ausgrenzungen ebenso wie durch Verstärkung und Anpassung. Dieser Kreislauf in der Geschichte der Kultur vollzieht sich für die Generationen nicht-bewußt, die wiederum in den Formen von Diskontinuität und Kontinuität Sitz aller dieser Umwegproduktionen sind.

Die Ströme der Arbeitsvermögen in den Ausschnitten der Produktions- und Gattungsgeschichte der Arbeitskraft

In den Zeit- und Masseverhältnissen der Geschichte hat die dialektische Bewegung der Arbeitsvermögen vollständigere Bewegungsverläufe. Sie sind, wie wir gesehen haben, aus Trennungsprozessen, dem Stachel der Not, subjektiv-objektiv vorhanden. *Wie* sie aber ihre Gestalt fanden, das hing von den Chancen ab, den selbstregulierenden Einschuß von Natur- und Gattungskräften zu binden. So entstand z.B. die Verknüpfung der Arbeitsvermögen der Hand (rückwirkend wiederum auf Eigenschaften des zentralen Nervensystems) einerseits aus der libidinösen, subjektiven Klammerarbeit *und* aus der gesellschaftlichen Notwendigkeit, die die Ausbildung dieser Arbeitsvermögen erzwang und befestigte; wiederum ließen sie sich nur befestigen aufgrund subjektiver libidinöser Struktur.

Ähnlich entstanden aus doppelter Wurzel, subjektiver und objektiver, sind die recht komplizierten Vermögen der Verinnerlichung von Arbeitsmoral, Fähigkeit zur Selbstentfremdung und Triebaufschub. Sie setzen voraus, daß ich mit mir nicht als Person, sondern zugleich wie mit einem Ding umgehe. Entstehungsprozesse und Transformationen sind dabei nie deutlich voneinander zu unterscheiden: Sofort nach ihrem Ursprung lernen die Arbeitseigenschaften von der toten Arbeit und der Geschichte, die entweder die der anderen Arbeitsvermögen oder ihre eigene ist. Man kann daher jedes neuartige Arbeitsvermögen in der Produktionsgeschichte zunächst nicht als etwas Selbständiges unterscheiden, und mit Sicherheit läßt sich davon nur etwa nach dem ersten Drittel der spezifischen Evolutionsgeschichte einer neuen Eigenschaft berichten. Die Arbeitsform (= das Vermögen, Arbeitsvermögen zu produzieren) erweist sich als denjenigen Modulationen ähnlich, mit denen im individuellen Lebenslauf experimentiert wird, nur daß es sich jetzt nicht um einen vom individuellen Selbstbewußtsein erfaßten Prozeß handelt, und alle Zeitgestalten gründlich verschieden sind. **Zwänge und Naturkräfte verbinden, blockieren, häufen, vereinseitigen, verbünden sich; werden zusammengesetzt oder setzen sich zusammen, trennen sich oder werden getrennt usf. Sitz dieser Produktion sind gleichzeitig die Totalität der Gesellschaft und primäre Aggregate der Individuen.** Aber das letztere geschieht nicht im Ausschnitt von deren Selbstbewußtsein, in individueller Hermetik, sondern in deren Eigenschaft als gesellschaftlich durchlässige Doppelwesen. Diese Bestimmung bezeichnet jeweils die Gegenwart. **Sämtliche gegenwärtigen Bestimmungen aber haben zur Verkehrsform die Geschichte und die Zukunft.** Da die Arbeitsvermögen der Gegenwart ihre Potentiale in der in ihnen lebendigen Geschichte haben, die tote Arbeit aber an der lebendigen zehrt, müßten sich in diesem Kreislauf die Arbeitsvermögen permanent vermindern. Dies geschieht aus zwei Gründen nicht: (1) Da sich immer *weniger* Arbeitskräfte vergegenständlichen als im geschichtlichen Potential vorhanden, staut sich eine Reserve. Wir werden im nächsten Abschnitt sehen, daß noch ein wesentlicher Zuschuß als fast unerschöpfliche Reserve hinzutritt. (2) Die Defizite werden aus Eigensinn der Arbeitsvermögen selber auf die Zukunft verschoben, verschulden diese an die Gegenwart.

Dies ist das Prinzip der Stauung und das der Projektion der Arbeitsvermögen, die sich unter dem Zwangsverhältnis der Gegenwart nicht vergegenständlichen können und dadurch an Bestimmtheit verlieren. **Sie sind aber Bewegungskräfte und könnten nicht stillestehen; sie können nicht ewig Potential bleiben.** Man findet diese Arbeitsvermögen tätig: *Horizontal* organisiert (in der

Betriebsarbeit, in der Ehe); dann tritt immer nur ein engerer Ausschnitt aus ihnen hervor, sie sind *besonders* zusammengesetzt, so daß sich ihre einzelnen Elemente nicht radikal, vollständig oder separiert ausdrücken können. Diese Organisationsweise ist relativ labil – entgegen dem Eindruck, der wegen der Stärke des äußeren Zwangs sich herstellt; sie sind in dieser Addierung oder einfachen Häufung von wesentlichen Zügen ihrer subjektiven Seite, ihres Motives, entfernt.

Dies gilt ebenso bei allen *vertikalen* Verbindungen: so wie eine Hausfrau mit dem Kaufhof, der Straßenbahn, der Zeitung, in der sie liest, politischen Gruppen, denen sie angehört, dem Krankenhaus, in das sie ihr Kind bringt, der Schule usf., oder eine Gruppe von Arbeitern mit allen für ihren Produktions- und Lebensprozeß vorausgesetzten sozialen Beziehungen verknüpft ist. Diese vertikale Wechselwirkung von Arbeitsvermögen mit Arbeitsvermögen reicht von besonders dicht bis besonders lose verknüpft.[38] Wiederum unterschieden davon sind die *transversalen* Querbeziehungen: z.B. verkehren Fachwissen, Skill, die Berufe außerhalb des einzelnen Betriebs, der vom Arbeitspotential immer nur das für ihn Brauchbare aufnimmt (also vom begabten Ingenieur nicht beliebige Neuerfindungen, sondern Routine, Überwachung und Reparatur), in den spezifischen Fachöffentlichkeiten transversal.[39] **Die Summierung dieser und anderer Ausschnitte und Berührungsflächen bildet die gesellschaftliche Totalität der Verkehrsform der Arbeitsvermögen untereinander, an der sie ihre gegenwärtige Bewegung haben.**

Der Kreislauf des stummen Abgabenstroms an den herrschenden Annex

Die bisher beschriebenen Systeme, in denen Arbeitsvermögen fließen, würden mangels innerer Verknüpfung nicht funktionieren, wenn dieses Funktionieren nicht durch äußere Zwänge immer erneut hergestellt würde. Das erklärungsbedürftige Moment lautet: Was sind die Arbeitsvermögen in der **Ökonomie der Herrschaft** und von welchem Abgabenstrom vorhandener Kräfte wird diese Herrschaft ernährt? Es geht um die kollektiven Arbeitsvermögen, die auf zusammengesetzte Weise das sog. Realitätsprinzip erzeugen. Das allgemeinste Herrschaftsverhältnis steckt in einem kollektiven Produktionsprozeß, **der den wirklichen Verhältnissen, nur weil sie wirklich sind, eine Selbsttätigkeit zuspricht.**[40] Der König, die Herren, die Kirche, Dienerschaft, Köche, Palast, Militär bestätigten als unproduktive Klasse im Feudalsystem der auf Parzellen arbeitenden Gesellschaft deren Realität. Sie nehmen Abgaben an (und sind in der Lage diese zu erzwingen, was doch eine gewisse Zustimmung voraussetzt), und sie liefern – ähnlich wie die Religionen – ein Gleichnis zurück. Praktisch nehmen sie den Abgabenstrom an und liefern überhaupt nichts zurück. Aber für die Vorstellung verhält es sich eine Zeitlang anders. Sie »produzieren« die Vorstellung einer Realität, sofern diese im produktiven Primärbereich nicht produziert werden kann. Ist erst einmal sicher, daß die Bestätigung darüber, daß unser Leben etwas Reales ist, auch anders erhalten werden kann, und erweist sich der König usf. nicht als das, was die Realität in Bewegung erhält, so wird er abgeschafft.

Dieser Punkt ist erreicht, wenn die unproduktive und ökonomisch vom Abgabenstrom abhängige Feudalklasse durch eine zwar ebenfalls unproduktive, aber ökonomisch fundierte bürgerliche Klasse ersetzt wird. Jetzt tritt das, was die Religion, der König, die Herren und die übrigen Attribute des sog. Annex als Bestätigung der gegenständlichen Realität der Arbeitsvermögen enthalten, als Eigenschaft des Warenverkehrs hervor: Ein ökonomisch herrschender Annex, von den kollektiven Produzenten der Gesellschaft hineinproduziert; in jedem Warending wird als Bestätigung gelesen, was ich und meine Arbeit wert sind. Dies setzt einen neuen Abgabenstrom in Gang, der nicht zentral an eine unproduktive herrschende Klasse, sondern zerstreut in die Waren und in den Fetisch des Kapitals eingeht. Die subtile Arbeit dieses Arbeitsvermögens, anstelle des niemand bekannten Vergleichs *eines* Arbeitsvermögens mit dem *anderen* sich des realen Funktionierens des Flusses der Arbeitsvermögen über Umwege und Deutungen zu vergewissern, produziert eine weitere Fülle von dezentralisierten Machtstrukturen, die jeweils in einem Annex an den einzelnen Arbeitsvermögen, sowie an deren Resultaten kleben. Das bildet eine Reserve an Zuschüssen, da die Abgaben nicht in den Annexen bleiben, sondern wieder verausgabt werden als Verstärkung oder Brücken an den Stellen, an denen die Arbeitsvermögen andernfalls – aus ihrem Eigensinn heraus – nicht miteinander verkehren würden. Ich arbeite also, weil es so realistisch ist, obwohl nichts in mir, im Moment auch kein äußerer Zwang, dahin wirkt, und es ist außerdem offensichtlich gegen mein Interesse: **dann arbeite ich aus Energien des Annex.**

In der kapitalistischen Produktion ist die Hilfsarbeit dieses Kreislaufs des Abgabenstroms unsichtbar, weil streng dezentralisiert. In der Sowjetunion und in den Volksrepubliken werden zugleich mit der Verwaltung der toten Arbeit in Staats- und Parteihand die Annex-Ströme der Tendenz nach zentralisiert. Es sind jetzt Partei und Planung, die als Realitätsgaranten, nochmals versinnbildlicht in den umlaufenden Waren und Produktivkräften (die gewissermaßen im Auftrag der Partei umlaufen), auftreten und hierfür Loyalität beanspruchen: Sie können dies tun, solange sie es verstehen die Arbeitsvermögen dazu zu bringen, die dafür erforderliche Loyalität zu produzieren.[41]

Ein Arbeitsvermögen kann das andere nicht wiegen, messen oder erkennen. Sie stecken so tief im Besonderen, daß sie einander wechselseitig ihre Realität nicht bestätigen. Wieviel wiegt meine Zärtlichkeit gegen eine andere? Wenn ich mit dem Pflug umzugehen weiß und einen Acker bestelle, wie real verhält sich dies – und was ist der Wert – im Verhältnis zur Feinarbeit eines Goldschmiedes? Ich habe mir Mühe gegeben, einem Anderen ist es wie von selbst zugefallen, Dritte – man weiß aber nicht, ob sie oberflächlich urteilen – halten das Produkt des Leichtfußes für das bessere. Ich löte unter Härten, komme mit mir selbst dabei nicht zurecht, ein winziges Verbindungsglied in einem Transistor. Was daraus entsteht, wenn es einmal fertig ist, weiß ich nur vom Hörensagen, ist diese Arbeit weniger wert als ein schöner geschnitzter Tisch, den ich gerne hätte/gar nicht brauche? Ich könnte eine Erfindung machen, die Verkaufsleitung sagt aber: Wir müssen erst die vorhandene Produktion verkaufen, die alten Werkzeugmaschinen müssen genutzt werden, wir brauchen keine neuen. Wer bestätigt mir den Realitätscharakter meiner Fähigkeiten, die daraufhin brach liegen?

Die gesellschaftlichen Charaktere der einzelnen Arbeitsprozesse treten einander nicht als gegenständliche Charaktere direkt gegenüber. Ehe sie das können, müßte die öffentliche Verkehrsform eines solchen unmittelbaren Vergleichs, ein personelles Tauschverhältnis von Arbeitskraft gegen Arbeitskraft, als ein gesellschaftlich-öffentliches Verhältnis produziert werden. Das ist niemals geschehen. Also muß das Bedürfnis meiner Arbeitsvermögen, in einen wirklichen gesellschaftlichen Zusammenhang einzugehen und mir dadurch mein wirkliches Dasein zu bestätigen, auf Umwegen ausgedrückt werden. Es nimmt die »phantasmagorische Form eines Verhältnisses von Dingen an«. In dieser Form einer offensichtlich mächtigen Realität und eines darin geradezu selbsttägig »arbeitenden« Warenverkehrs lese ich meine Wirklichkeit und zahle hierfür, indem ich die Verkehrung akzeptiere, daß mein wirkliches persönliches Verhältnis zur anderen Person mir über solche eigentümlichen Boten wie die Waren, die verbauten Städte, die mich als häusliches Wesen abweisende Industriezone entgegentritt. Diese Attribute haben die genannten Dinge nicht, sondern ich und alle anderen Produzenten produzieren sie in sie hinein. Das ist der Annex, nachdem die ursprüngliche, leibhaftigere Herrschaft, bestehend aus Gott, Teufel, König usf., widerlegt wurde.[42]

Was es bedeutet, ohne solche Annexe auszukommen, d.h. vor der Arbeit nicht den Glauben an die Wirklichkeit dieser Arbeit zu produzieren, zeig sich beim Übergang von vorindustrieller Produktionsweise zu industrieller in der Ratlosigkeit derjenigen Menschen, die aus ihrem ursprünglichen Produktionszusammenhang herausgerissen sind und keineswegs sofort, auch nicht in extremer Notlage, den Ausweg, Lohnarbeiter zu werden, finden: »So wie Hunderttausende von Bettlern, Vagabunden und Strolchen – zum überwiegenden Teil ihrer ursprünglichen Existenz beraubte Menschen – sich eher einsperren ließen oder verhungerten, als ihr Leben als Lohnarbeiter zu fristen.«[43]

Prozesse zwischen allen Arbeitsvermögen und ihrem selbstvergessenen Unterbau (gattungsbestimmte Kreisläufe)

In den Perspektiven der bisher beschriebenen vollständigen oder unvollständigen Kreisläufe blieb immer dasjenige ausgegrenzt, was man als den Anfang oder die Basis bezeichnen könnte. Das selbstbewußte

Individuum nahm in seiner Doppelnatur (als hermetisches und als durchlässiges Wesen) Ausschnitte seiner natürlichen Grundlage wahr; z.B. das Resultat: *Bewußtsein,* das was Sinne und Nerven von seinem inneren Gemeinwesen wissen; von breiten Teilen seiner natürlichen **lebendigen Grundlage,** seines Körpers, kann es nur wissen, wenn es die Wissenschaft der Physiologie ihm erklärt. Diese aber wiederum beachtet die in dieser Grundlage arbeitenden Vermögen nur unter fachspezifischen, am Resultat oder der Funktion orientierten Ausschnitten. Bei der Generationenfolge war es einfach, die Unvollständigkeit dieses Kreislaufs gegenüber dem Kreislauf der Produktionsgeschichte und der Geschichtsproduktion festzustellen; von Kultur, Umwegproduktion, Lernen können sich die Arbeitsvermögen nicht ernähren. **Weniger deutlich ist die radikale Abhängigkeit des dort festgestellten Prinzips der Indirektheit in den gattungsgeschichtlichen Merkmalen, die unter anderem das Wie der Übertragungen zwischen den Generationen regieren.** Bei der Entstehung der Arbeitsvermögen aus den Trennungs- und Zusammensetzungsprozessen der Produktionsgeschichte dagegen ist es deutlich, ebenso wie bei der Annex-Produktion von Herrschaft, daß sie einen Träger und einen Anfang voraussetzen, den sie nicht selber produziert haben können.

Die gattungsgeschichtlichen Kreisläufe, deren Nachbildung jede Arbeitskraft mit sich als Leib herumträgt, bestehen aus **Kreisläufen im buchstäblichen Sinn:** Der Körper *repräsentiert* und *ist* in erster Linie die Gattungsgeschichte, erst in zweiter Linie die Wechselwirkungen, die Aufrechterhaltung und die Vergegenständlichung der Arbeitskraft. Er verhält sich scheinbar unendlich geduldig und wiedergutmachend zu den Prägungen, die er durch die anderen Kreisläufe erfährt. Dies ist die Beobachtung des biologischen Konservativismus des Körpers. Im Moment regieren die Körper oder ihre Teile auf sämtliche übrigen Kreisläufe und die von dort ausgehenden Bearbeitungen oder Reibungen. Sogleich aber (mit Ausnahme des Todes) regenerieren sie zum vorhergehenden Zustand; demjenigen, der ihrer gattungsmäßigen Bestimmung entspricht, ihrem Eigentum.[44]

Im Verhältnis zu den übrigen Kreisläufen bildet die Gattungsgeschichte der Körper im doppelten Sinn eine Reserve: Die hier fundierten, selbsttätigen Vermögen verhalten sich

konservativ. Zugleich bilden sie eine Reserve, als Quelle aufgestauter Potentiale, die Defizite in den anderen Kreisläufen ausgleicht.

Die Arbeits- und Lebensvermögen der menschlichen Körper verausgaben sich nur in einem geringen Quantum durch das Nadelöhr der Vergegenständlichung. Bei der konkreten Verausgabung von Arbeitskraft wird zunehmend mehr von der Realisierung ausgegrenzt. Es entstehen *so* hohe Konzentrate von Potentialen. Diese können nur deshalb im Zustand des Potentials aushalten, weil sie innerhalb des körperlichen Gemeinwesens Betätigung finden, die sich nicht als Äußerung von Arbeit ausdrückt. Dieses Prinzip der Potentialität – immer sind außer den Kräften, die davon abgerufen werden, vielfältige weitere in Dauertätigkeit, ohne nach Außen abgerufen zu werden, die Mehrzahl der Systeme ist vielfach besetzt, ein System vermag tendenziell das andere zu ersetzen – bewirkt den Anschein, als sei diese Quelle der Defizitdeckung, die Ausbeutung der Natur der Körper, weil sie ja freiwillig regenerieren, etwas Unbegrenztes (wenn man nämlich nicht aufs erschöpfbare Individuum, sondern auf die Gattung sieht). Der Eindruck ist aber nur der Reflex der spezifischen Maßverhältnisse in den Zeitgestalten der Gattung. Diese Maßverhältnisse der Gattung haben eine besonders hohe Fähigkeit zur Speicherung hervorgebracht. Sie beruht auf der besonderen Fähigkeit, daß die darin verfaßten Arbeitsvermögen nicht verderben und auch nicht unbestimmt bleiben, wenn über lange Zeiten die Vergegenständlichung aussetzt. Arbeitsqualifikationen angeeigneter körperlicher Vermögen und kognitive Fähigkeiten gehen dagegen durch langfristige Nichtverwendung entweder ins Unbestimmte oder verkümmern.

Der Grund dafür, daß sich diese gattungsbestimmten Arbeitsvermögen sehr langfristig erhalten, liegt darin, daß sie tätig sind, wenn man das auch nicht sieht. Wären sie nämlich untätig, würden sie mit der Aktualität das Potential ihrer Ausdrucksmöglichkeit verlieren; werden sie hierin blockiert, regenerieren sie nicht mehr.

Dieser Kreislauf des Trägers aller darauf gebauten Vermögen gibt aus seiner Reserve einen permanenten Zuschuß in sämtliche anderen

Kreisläufe ab, **aber so gleichgültig, wie eine Bauernklasse den Abgabestrom an die unproduktive Herrenklasse zahlt. Zugleich versteht diese Zuschußquelle von sich aus nichts von der Realität dieser anderen Kreisläufe, an die sie abgibt. Sie überträgt ihren inneren Mechanismus nicht auf die abgegebenen Kräfte.**

Würde sie das aus ihrer Natur heraus tun, so wäre sie das revolutionäre Zentrum. Sie würde gesellschaftliche Maßverhältnisse, ein natürliches und gesellschaftliches Verhältnis des Menschen zu sich selbst, transferieren. Genau das tut sie aufgrund des Konservativismus ihres Kreislaufs nicht. Im Gegensatz zur lebhaften wechselseitigen Übertragungs- und Transzendierungsfähigkeit aller anderen Kreisläufe, bleiben die Kreisläufe der Gattungsbestimmtheit im Körper verschlossen.[45]

Das *Reich der Notwendigkeit* ist das der menschlichen Geschichte; es grenzt an das *Reich der ursprünglichen Notwendigkeit*, dem der gattungsgeschichtlichen Gesetze, wie an ein Ausland; andererseits sind diese beiden Reiche bis in die Poren verschränkt. Das *Reich der Freiheit* wäre längst hinzugewonnen, wenn die Verkehrsform zwischen Gattungsgeschichte und gesellschaftlicher Geschichte offener wäre. Das kann sie nach dem Prinzip der völligen Gleichgültigkeit, die vom biologischen Konservativismus ausgeht, nicht sein. **Tatsächlich verkehrt nur der Überschuß an Potential des Gattungswesens mit den übrigen Kreisläufen, alles andere ist gesperrt.**

Anders gesagt: In den Zeitgestalten menschlicher Geschichte arbeiten die Kreisläufe des Gattungswesens **nicht** an ihrer Veränderung. **In diesem Gemeinwesen ist also Arbeit nicht die Kategorie der gesellschaftlichen Veränderung – alle übrigen Attribute einer zusammengesetzten Gesellschaft gelten auch hier.** Es täuscht, daß sich so viel Einzelnes nach dem Prinzip der Lebendigkeit pausenlos verändert. Die *Prinzipen der Veränderung* sind davon nicht betroffen. Umgekehrt können die Reserven, die dieses gattungsgeschichtliche System produziert und zu deren Abgabe es sich gleichgültig verhält, sobald sie ihrem eigenen, sie erzeugenden Reich entkommen sind, die Veränderung praktisch sämtlicher geschichtlichen Verhältnisse (außer dem des individuellen Todes) bewirken. Sie gehorchen dann den Bestimmungen der Kreisläufe der Wirklichkeit. Diese wiederum finden ihre feste Grenze an der gattungsgeschichtlichen Bestimmtheit. **Alle Arbeitsvermögen stehen insofern in einem doppelten Eigentum. Sie unterliegen den Eigentumsbegriffen, die die Geschichte hervorgebracht hat und außerdem den Eigentumsbegriffen der Gattung, die dazu fremd bleiben.**

Der Kreislauf zwischen den Kreisläufen: Erst dies ist der Kreislauf in der politischen Ökonomie der Arbeitsvermögen

Wir hatten gesehen, daß die Arbeit jedes folgenden Kreislaufs in die Lücke des vorangegangenen eingreift. Sie stehen also in Wechselwirkung, aber in keiner vollständigen. Es sind weitaus mehr Brüche, Zerrreißungen des Zusammenhangs, Sperren festzustellen als funktionierende Verknüpfungen. **Ein Teil der Wechselwirkung findet dadurch statt, daß gerade die Sperren und Brüche (nicht dagegen die Zerreißungen) nach dem Prinzip der Indirektheit als Verknüpfungen umgedeutet werden.** Es verhält sich wie bei Privatarbeitern: gerade weil sie unterschiedene Subjekte sind, können sie tauschen; bei den einzelnen Arbeitsvermögen produziert das die Fähigkeit, eine Vielzahl anderer Arbeitsvermögen, d.h. hohe Zusammensetzung, auf sich zu beziehen. Bei direkter Verknüpfung, wie bei dem Strom in elektrische Leitungen, wäre immer nur *eine* Arbeitseigenschaft mit *einer* anderen verknüpfbar. **Das Prinzip der Trennung erweist sich als der Schlüssel zum Zusammenhang. Dennoch gehen hierin nicht alle Brüche und Blockierungen auf, insbesondere nicht die Zerreißungen. Dieser Rest macht die Kreisläufe der politischen Ökonomie der Arbeitskraft zu einer unvollständigen Ökonomie; sie verschiebt diese Ökonomie auf eine Ökonomie der Potentiale, und die sieht man nicht.**[46]

Die größte Schwierigkeit macht das Verhältnis des gattungsgeschichtlichen Unterbaus zu den übrigen Kreisläufen, er verhält sich als *Träger* zu den übrigen Wirklichkeiten der Arbeitsvermögen, die sich dazu wie *Nachrichten* verhalten. Ohne den Träger unterscheiden sie sich nicht mehr, oder es gibt sie gar nicht.

Dieses Verhältnis von Träger (Unterbau) und den übrigen Kreisläufen des Wirklichkeitsverhältnisses besteht aus einem **Nebenein-**

ander, kennt die formelle Subsumtion und – als Ausnahme – die reelle Subsumtion.[47]

»Der Warenaustausch beginnt, wo die Gemeinwesen enden ...«[48] Das innere Gemeinwesen steht der durch Warenverkehr bestimmten Wirklichkeit gleichgültig, die Wirklichkeit dem inneren Gemeinwesen offensiv gegenüber; das macht sie zu Feinden. Im Zustand des Nebeneinanders treten die für den Erhalt des inneren Gemeinwesens gleichgültigen Reserven mit der entfremdeten Wirklichkeit in Austausch. Ergeben sich dabei Konflikte, so sind das Kriegsverhältnisse wie zwischen zwei Völkern, die nichts Gemeinsames produzieren. Solche Konflikte werden vandalisch ausgetragen: Die Körperreaktion auf unzulässigen Zugriff der äußeren Wirklichkeit verwüstet die praktischen Arbeitsvermögen, entzieht die Grundlage. Umgekehrt verwüsten wirkliche Eingriffe der vom Warenverkehr bestimmten Wirklichkeit die Zonen des Inneren Gemeinwesens, zu denen sie direkt Zugang erhält, wenn sie deren Struktur verformt. Alle Austauschverhältnisse dieser Kreisläufe, die sich nicht ausschließlich auf die *Reserven* und *freien Potentiale* des inneren Gemeinwesens richten, sind zerstörerisch. Es zeigt sich, daß die Spezialfälle der formellen und reellen Subsumtion, hier nur andere Zustände des prinzipiellen Nebeneinanders sind.[49]

Alle Wechselwirkungen in den übrigen Kreisläufen unterscheiden sich davon durch die Fähigkeit der Transzendierung. Die in ihnen vereinigten Arbeitsvermögen haben, jedes für sich – und alle gemeinsam, als Prinzip, nochmals – Transzendenz, d.h. sie gehen in die Lücken, die die Kreisläufe lassen, ein, und sie bilden hier Gitterwerke, **Beziehungen.** Sie entstehen und verändern sich nicht im Zentrum, sondern – ausgehend von den Reibungspunkten, Trennungen, Brüchen – im Dazwischen.

Was heißt das? Wir hatten gesehen, daß die individuellen Lebensläufe keinen Kreislauf bilden, wegen ihres nicht menschlicher Entscheidung unterliegenden und nicht bearbeitbaren Anfangs und Endes unvollständig sind. Dem entspricht aber nicht das emotionale Verhalten der Lebenslaufbesitzer. Sie vervollständigen vielmehr zur Vorgeschichte hin und vor allem über den Tod hinaus – als unwirkliche Beziehung, nach der sie sich aber verhalten – diesen Kreislauf so, als *könnten* sie ewig leben. Die Arbeitsweise der Generationen entwickelt die Familieninsel zum Prinzip, so als könnte ein Kreislauf in dieser Parzellierung stattfinden. In der Geschichtsproduktion wiederum hatten wir die wichtigste Funktion der Herrschaft darin gesehen, daß sie die inkohärente Wirklichkeit, die die anarchische Aneignung des Geschichtsprodukts und die Ausgrenzungsprozesse, die der Warenverkehr anrichtet – die emotional wichtigsten Lebensmittel können nicht gekauft werden –, zu einem vollständigen Bild von Wirklichkeit fingiert. Dieses Bemühen, den wirklichen Kreislauf zu transzendieren, *ist* die Herrschaft; alle herrschenden Mächte, die über diese Funktion hinausgehen, sind Schein, d.h. sie zehren nicht vom wirklichen und neuen Abgabenstrom, sondern aus Potentialen der Überlieferung. Sie existieren sozusagen nach dem Trägheitsgesetz. Es ist aber nichts »Geistiges«, das von dieser Transzendenzarbeit als Beziehungen zwischen den Arbeitsvermögen gesetzt wird, sondern der Umgang der Potentiale mit Potentialen drückt sich in dieser Form unsichtbar und außerhalb der unmittelbaren Kreisläufe aus. Es ist nicht materiell, es ist nicht ideell, sondern naturalistisch: **Die wirkliche Natur der Arbeitsvermögen, die über ihre Vergegenständlichungsvermögen hinausschießen.**

Daß wir dies nicht als wirklich wahrnehmen, liegt an der Ablenkung der Aufmerksamkeit, die in der biologischen Skepsis, der unveränderlichen Beharrlichkeit der sinnlich-körperlichen Ausstattung mit begrenzten Wahrnehmungsvermögen ihren Sitz hat. Diese sind in zwei Richtungen gattungsgeschichtlich entwickelt: (1) Sie besitzen Aufmerksamkeiten nur für dingliche Verhältnisse; (2) sie besitzen ein zweites System, das mit wesentlich größerer Unbestimmtheit innere lebendige Zustände im Körper notiert.

Dieses Organ des Selbstgefühls hat sich nicht sehr weit über eine »kindliche« Stufe, die Erfahrungen bei Kennenlernen der Innereien, erhoben, es wird lediglich in den Formen des Selbstbewußtseins (»ich beziehe Außeneindrücke auf mich selbst«) anders gebraucht. Der Expansion dieses Systems der inneren Selbstwahrnehmung haben auf früher Stufe konservative Momente, die die Autonomie der körperlichen Funktionen verteidigen, Schranken gesetzt. Auch dieses Wahrnehmungssystem, das sich zudem gar nicht nach außen richtet, registriert dingliche Wirkungen und nicht Beziehungssysteme der Potentiale. **Insofern muß alles, was als wirkliches**

Beziehungsverhältnis in der Außengeschichte des Menschen stattfindet, einmal so übersetzt werden, daß die Wahrnehmungsorgane darauf antworten können.

Ein wesentlicher Teil des Naturalismus der Wirklichkeit ist verschlossen, so wie wir keine Sinne besitzen, die die Gravitationsfelder direkt wahrnehmen, so daß wir nur an unserem Gewicht merken, durch Rückschluß, daß es die Schwerkraft gibt. Beziehungsverhältnisse sind wirkliche Verhältnisse. Sie sind das wahre Tätigkeitsfeld, in dem die Kreisläufe der politischen Ökonomie der Arbeitskraft stattfinden.

Umgang mit unvollständigen Wechselwirkungen

Es ist verständlich, daß wir uns nicht von einer Vorstellung linearen Fortschritts den Wechselwirkungen genähert haben. Auch die Kritik dieses Fortschrittsbegriffs führt uns nicht weiter, da, wie wir sehen, diese Kritik den wichtigsten Kreisläufen in der Vorgeschichte der Arbeitsvermögen bereits immanent ist. Sie ergibt sich aus deren Bewegungsgesetz und bedarf keiner Parteinahme, weil linearer Fortschritt auf etwas Unmögliches gerichtet ist.

Uns interessiert ein Produktionsprozeß, der aus dem Eigensinn der Arbeitsvermögen, der in deren vollständigen Wechselwirkungen nach unserer Ansicht verborgen sein kann, das Natürliche vom bloß Konstruierten unterscheidet. Eine solche Produktion inmitten geschichtlicher Entfremdung wird zunächst antinatürliche, zumindest antirealistische Bauweise zeigen. **Das Ziel ist Vollständigkeit der Zusammenhänge, etwas Natürliches, und die darin nach unserer Vermutung enthaltene Materialität der Eigensteuerung sämtlicher Kreisläufe des Arbeitsvermögens zueinander.** Es geht nicht um Zustandsbeschreibungen, sondern um die Suche nach Kenntnissen, die für einen kollektiven Arbeitsprozeß dieser spezifischen Bestimmtheit zureichend sind.

Naturwüchsig macht sich ein solcher Produktionsprozeß weder kenntlich, noch ereignet er sich von selbst über das hinaus, was davon bereits produziert ist und vorgefunden werden kann. Einige der Bedingungen dieses Prozesses sind mit Händen zu greifen: (1) Der Prozeß muß für individuelle Gefühle, die in den Begrenzungen der

Lebensläufe stecken, verstehbar sein. Es gibt keine Produktion nach menschlichem Maß, die durch die grenzsetzenden Körper und Köpfe nicht zuvor hindurch müßte. (2) Es wird sich nichts ereignen, was Kontinuität und Identität für Individuen umfaßt, wenn nicht zuvor kollektive und öffentliche Unterscheidungsarbeit an **allen** elementaren, in Bewegung begriffenen, arbeitenden Eigenschaften stattgefunden hat. Wir werden sehen, daß dafür Unterscheidungen wie schädlich – nützlich, gut – böse, anziehend – abstoßend allein nicht genügen. (3) Kollektives Unterscheidungsvermögen und individuelle Bedürfnisse gelangen zur gegenständlichen Produktion nicht an allen Orten der Geschichte. Im unmittelbaren Gewaltverhältnis können sie nichts bauen. Die Unterscheidungen beziehen sich deshalb vor allem auf Orte und Zeiten, in denen sich antagonistische Gewaltverhältnisse auf Zeit oder unter den besonderen Umständen eines Orts (oder Nestes) wechselseitig *aufheben.* Solche Punkte sind selten. Sie liegen weder im Zentrum der Kreisläufe noch an den ausgeprägten Nahtstellen, an denen die widersprüchlichen Kreisläufe Trennung, Störung, unmittelbare Krisen bewirken. (4) In solchen Nestern würden sich Menschen, selbst wenn sie sie kollektiv finden, zunächst zur Ruhe setzen. Arbeitsmittel und Energien entstammen nur zu einem subjektiven Teil dieser Nesterfahrung, erzeugt werden sie vor allem in den Konfliktzonen, im Zentrum der Wechselwirkung, aus einem doppelten Moment: **Der Erfahrung, von etwas getrennt zu sein; diese Erfahrung setzt die Kenntnis eines integrierten Zusammenhangs voraus, der verlassen wurde.** Es gibt zahllose Konfliktstellen, in denen sich Glück und Unglück auf ambivalente Weise berühren. Ein Glück hat auf seiner Unterseite schärfsten Protest, ein Unglück trennt, aber befreit auch von etwas, das unerträglich war. Die darin enthaltenen Ambivalenzen bedürfen der Rückübersetzung auf das zugrunde liegende mehrpolige radikale Verhältnis, ehe sie in Veränderungs- und Bauwillen eingehen.[50]

Eine Mutter, die diese Eigenschaft von Vorfahren hat, beschützt ihr Kind gegen Dritte; die Zuverlässigkeit dieses Schutzes ist undeutlich, wenn das Kind ohnehin recht hat; Schutz erweist sich gerade dann, wenn das Kind im Unrecht ist und dennoch geschützt ist. Es bedarf einer kollektiven Anerkennungs- und Unterscheidungsarbeit, die man aber bereits vorfindet, damit ein solcher bedingungsloser Schutz Vertrauen produziert, das sich nicht nur auf die Mutter richtet, sondern sich auf alle künftigen Beziehungsverhältnisse übertragen läßt. Ohne solches Vertrauen keine Erkenntnis, keine Assoziationsfähigkeit, kein Vermögen der Solidarität. Ich muß in meiner Schwäche oder im unrechten Moment zu meiner Überraschung geschützt worden sein, um meinerseits solidarisch zu werden.

Man kann einen äußerlich gleichen Vorgang des Schutzes vor Dritten auch anders beobachten. Wird der Realitätsdruck freizügig vom Kinde weggehalten, so entsteht ein Berührungsverlust, **Wirklichkeitsentzug.** Die Realität wird, sobald der Schutzkreis verlassen ist, diesen Rabatt auf ihre Drücke nicht gewähren. Das Kind wächst in einem Illusionskreis auf.

Mit dieser Doppeleigenschaft des Arbeits- und Zuwendungsvermögens-»Schutz« beginnt die kollektive öffentliche **Unterscheidungsarbeit,** über das traditionell Vorgefundene hinaus. Eine allgemeine Haltung liefert kein Maß und keine Unterscheidung der zwei so entgegengesetzten Folgen eines fast gleichen Tuns. Man muß praktisch für jede konkrete Situation eine Entscheidungserfahrung vorproduziert haben, um das Maß des Schutzes zwischen notwendigem Nest, und nicht notwendiger Idylle zu unterscheiden. Dies geht vollständig mit individuellen Energien, Bedürfnissen und Fähigkeiten um, kann aber nicht von Individuen festgesetzt werden. Ein Gravitationsfeld bildet es nur in öffentlicher kollektiver Entwicklung dieses Unterscheidungsvermögens.

Wir haben gesehen, daß vier Orte und Zeitgestalten zur Produktionsvoraussetzung gehören: Da, wo die Erfahrung ihr Nest baut (A), liegt nicht Entstehungsort und Berührungsfläche der wichtigsten Motive und Erfahrungen (B), die Markierung des Unterscheidungsvermögens findet an diesen Orte und aus dorthin transportierten Motiven statt, aber zugleich auch sammelt sie ein, was sich überall verstreut bereits als Unterscheidungserfahrung vorfindet (C); dies alles muß sich in der Zeitgestalt und an den verstreuten Orten der einzelnen lebendigen Eigenschaften, aus denen individuelle Lebensläufe bestehen, ereignen (D). Die Schwierigkeit liegt aber nicht in den verschiedenen Zeitgestalten und der Verschiedenheit der Orte, sondern im Gegenstand. Dieser Gegenstand ist praktisch die materielle Masse des Geschichtsprodukts; zugleich ist es die auf diese Masse antwortende Bewegung und Geschwindigkeit der Geschichte.

Wenn wir ein Teilstück des Raums oder ein Stück Zeit wahrnehmen, sagt Kant, so tun wir das in bezug darauf, daß es Raum und Zeit als allgemeine Bedingungen der Wahrnehmung bereits gibt. Man kann dies umkehren: Raum und Zeit sind gerade nichts Allgemeines, sondern sie sind bis in die dünnsten Abstraktionen durch die Konkretion von Häusern, Situationen, Wüsten, Produktionsstätten: eben von geschichtlicher Masse ausgefüllt. **Sie sind Kategorien des Besonderen.** Notwendig geraten solche Kategorien in je besondere Wechselwirkung. Die materielle Masse des Geschichtsprodukts stellt sich dar als eingedickte Bewegung der lebendigen Arbeit. Tote Arbeit läßt sich als solche **Massierung der Geschichtszeit** oder als **spezifische Geschwindigkeit** auseinanderlegen.[51] Würde die Masse des Geschichtsprodukts abrupt in die innewohnende Geschwindigkeit aufgelöst, so würde das die Menschen zerreißen. In den Zeitgestalten gegenwärtiger Veränderung wiederum bleibt das Geschichtsprodukt tote Arbeit.

Nur in Kriegen wird die abrupte Verflüssigung toter Geschichtsarbeit in eine aktuelle Beschleunigung übersetzt. Im Dreißigjährigen Krieg brennt das tausendjährige Magdeburg in zwei Tagen ab. Zugleich bewegt sich während des Dreißigjährigen Kriegs für den geschichtlichen Prozeß fast gar nichts. Insbesondere durch den Brand Magdeburgs bewegt sich kein gesellschaftliches Verhältnis wirklich. Es werde auch im Krieg nur einzelne Partikel aus der Masse des Geschichtsprodukts in verheerende Geschwindigkeit entbunden. Die übrige Masse hält als Herrschaft des Produkts über die Produzenten die Bewegung an. Daraus läßt sich folgern, daß die Zeitverhältnisse der Verlebendigung kompakter, angehäufter Geschichtsarbeit nie ganz vom Zeitrhythmus der Entstehung dieser geschichtlichen Produkte abzutrennen sind. Wenn es nicht derselbe Zeitrhythmus ist, in dem vergegenständlichte Geschichtsprodukte entstehen und lebendige Arbeit abläuft, so muß es doch ein bestimmtes Verhältnis zwischen beiden Zeitgestalten geben, in dem tote Geschichtsarbeit dauerhaft in lebendige Arbeit rückverwandelt und angeeignet werden kann. Dieser Geschichtspunkt prägt weitgehend die Kriterien jeder Form von kulturrevolutionärer Aneignung des Vergangenen.

Die Wechselwirkung von Masse und Geschwindigkeit in der relativistischen Makro- und Mikrophysik gibt uns über Geschichtsprodukt und Bewegungsgeschwindigkeit der Arbeitsvermögen keine Auskunft. Die psychologische Zeit, welche Zeiten individueller Lebensläufe mißt – mit geringfügiger Rücksicht auf eine Art Kollektivuhr und auf Generationsuhren –, geht mit Geschichtsmasse unangemessen um. Es bleibt nach solchen Uhren immer bei der Herrschaft des Produkts über die Produzenten. Ebenso inadäquat wäre die Geschichtszeit selber, könnten wir sie feststellen. Gesellschaftliche Maße und Geschwindigkeiten verkehren nach einem mittleren Wert, der weder die Trägheit, noch die Rasanz der geschichtlichen Zeitgestalt hat.[52] Es geht auch nicht um **eine** Zeitgestalt.

Mann beim Pflügen. In den Kreislauf sind Boden, Werkzeug, Kopf, Hände, Vorgeschichte einbezogen.

»Beschleunigung ist hinzugetreten«.

»Gesellschaftliche Maße und Geschwindigkeiten verkehren nach einem mittleren Wert...«; »Die gewöhnliche Zärtlichkeit für die Dinge.«

Als Kategorie des Besonderen bilden mindestens zwei verschiedene Zeitgestalten ein geschichtliches und zugleich menschliche Produktion zulassendes Maß: es müssen Zeitdehnungen als Inkubationszeiten und geraffte Zeiten der Entwicklung zugleich stattfinden. Das, was wir als Kontinuum bezeichnen würden, in dem sich materielle Geschichtsmasse verlebendigt und doch die Rasanzen nicht die Produktion zerreißen, setzt die Vorproduktion eines solchen **Nebeneinanders zweier Zeiten** voraus. Eine gesellschaftliche Veränderung bildet einen Zusammenhang, wenn eine vollständige Bewegung von Veränderung zugleich noch in einem Lebenslauf faßlich wird.[53]

Wir untersuchen: (1) die Zeitgestalten, die in jedem der Kreisläufe verschieden sind; (2) die Masse der in den Kreisläufen mitgetragenen Geschichtsprodukte; sie ist ebenfalls in jedem der Kreisläufe verschieden und übt Einfluß aus auf die Geschwindigkeiten; (3) wir suchen dabei nach **archimedischen Punkten**, die – weil kein Produktionsprozeß aus der Bewegung der Kreisläufe herauszuspringen vermag – nur in der Gestalt denkbar sind, daß sich Momente finden, die Ruhepole bilden; (4) dorthin müssen die Köpfe getragen werden; sie müssen dorthin die Trennungserfahrung und darauf bezogene subjektive Antworten transponieren. (5) Die dafür nötigen Unterscheidungen setzen kollektive Markierungsarbeit voraus, die individuell aus Lebensläufen noch empfangen werden kann. (6) Die Bewegungen an den Kreisläufen verlaufen so, daß sie, anarchisch nebeneinander gelegt, miteinander und durcheinander vermittelt sind. Es gibt ebensoviel Geschichtsmasse, die sich in organischen Kreisläufen bewegt, wie von solcher organischen Ordnung ausgeschlossen ist, Störung der Kreisläufe und Krisen bildet. Die Lücken und Unvereinbarkeiten aufgrund dieser Zusammenstöße bilden wiederum (a) Turbulenzen und (b) die gesuchten Inkubationspunkte. (7) Handfeste Kategorien für die Bewegung der Kreisläufe – immanent und an der Nahtstelle zum anderen – sind **Ausgrenzung, Selektion** und **Kontinuität** des Verlaufs.

Das Ausgegrenzte kommt zur Ruhe, bildet ein Nest; oder wehrt sich, rennt gegen die Ausgrenzung an und würde jedes Nest vernichten; die gleiche doppeldeutige Struktur hat das Hochselektierte, wenn es aus dem Zentrum der Entwicklung an die Peripherie rückt. Inwiefern Kontinuität zum Produktionsprinzip gehört muß nicht dargelegt werden. Kontinuität des Verlaufs hat jedoch insofern zunächst Doppeldeutigkeit, als das Trägheitsmoment geschlossener Kreisläufe oder der Krisenpanzer ebenso Kontinuität ausmachen wie identische und kontinuierliche Verläufe Inkubations- und Latenzzeiten enthalten können. Wir haben ein parteiliches Ziel: Indizien für die Möglichkeit eines emanzipatorischen Produktionsprozesses zu sammeln.

Da wir einen kollektiven Produktionsvorgang untersuchen, der in der Praxis ungeheuer reich an Wirklichkeiten wäre, haben wir das Nähere nur für die Beziehungsarbeit (siehe Bd. 6.3, S. 31 ff., 986 ff.) ausgeführt. Mehr als wir dort schreiben, wissen wir darüber nicht. Das Verblüffende ist, daß es zwar nach wie vor sog. archimedische Punkte nicht gibt[54], daß es aber in bestimmtem Maße Schwerelosigkeit, sog. abarische Punkte (siehe Bd. 6.2, S. 789), inmitten der Praxis der Arbeitsvermögen gibt, an denen solche Vermögen anders sich zusammensetzen könnten, als sie dies unter geschichtlichen Drukkverhältnissen (oder ihrer Entstehungsweise nach) tun. Solche Ruhepunkte, die Bauzeit enthalten, unterscheiden sich von den Orten und Zeiten, in denen die Veränderungsenergien (Arbeitsvermögen) krisenhaft und massenreich entstehen.

Walter Benjamin, *Geschichtsphilosophische Thesen,* IX:

»Der Engel der Geschichte … hat das Antlitz der Vergangenheit zugewendet. Wo eine Kette von Begebenheiten vor uns erscheint, da sieht er eine einzige Katastrophe, die unablässig Trümmer auf Trümmer häuft und sie ihm vor die Füße schleudert. Er möchte wohl verweilen, die Toten wecken und das Zerschlagene zusammenfügen. Aber ein Sturm weht vom Paradiese her, der sich in seinen Flügeln verfangen hat und so stark ist, daß der Engel sie nicht mehr schließen kann. Dieser Sturm treibt ihn unaufhaltsam in die Zukunft, der er den Rücken kehrt, während der Trümmerhaufen vor ihm zum Himmel wächst. Das, was wir den Fortschritt nennen, ist dieser Sturm.«

Der Entstehungsgrund für menschlichen Zusammenhang liegt längst zurück, er muß aufgesammelt werden

Jede geschichtliche Epoche umfaßt eine Warensammlung. Die Addition dieser Warensammlung, also die in Resultaten in Erscheinung tretende Geschichte, ergibt ein ungeheures Durcheinander. Im Laboratorium des Dritten Reichs steht der Warensammlung ausdrücklich

Die Zeichnung von Klee, die Benjamin beschrieben hat.

die Versammlung von Arbeitsvermögen (auch in der Form von Kriegsvermögen) gegenüber, so daß die Produktivkräfte ihre Produktivität momentweise chimärisch und momentweise wirklich spiegeln. Man ist versucht, die darin tätig werdenden geschichtlichen

Kreisläufe in ihren Berührungen umzusortieren, und erhielte aus solchen versammelten Vermögen das Bild einer emanzipatorischen Geschichte, wäre nicht jede Entwicklungszeit und jede Aktion an den falschen Ort, den falschen Gegenstand und die falsche Zeit gerückt.

Die im Dritten Reich organisierten Arbeitspotentiale wären zureichend für jede Veränderung von Ökologie, Politik, zur Herstellung der Autonomie anderer Völker und des eigenen usf. Verausgabt wurden sie zu Vernichtungszwecken.

Ein sämtliche evolutionären Geschwindigkeiten überholender Entwicklungsschub findet sich in der dem Feudalismus und den zwei anderen Gesellschaftsformationen, auf die sich der Kapitalismus gründet, vorangehenden Gesellschaftsformation der ursprünglichen Hausproduktion. In ihr verwirklicht sich (wir prüfen nicht die vielfältigen vorangehenden Stufen, über die wir wohl auch nichts Sicheres wissen können) das Resultat der sog. psychologischen Evolution. Du Brul beschreibt, wie die vorbereitenden Tätigkeiten des Sammelns, Tragens und Zerteilens der Nahrung den Mund für das Sprechen freimachten. Die Gründe für die Fähigkeit des Gehirns, zeitliche und räumliche Erfahrungen nebeneinanderzulegen (Lateralisation), liegen sowohl früher wie gleichzeitig zur Sprachentwicklung und binden alle wesentlichen Errungenschaften der evolutionären Herstellung von Inkubationszeit ein. Mit den fortwährend aktiven und in revolutionären Schritten überentwickelten Gehirnen hatten die Menschen mehr Verknüpfungen zur Verfügung, als zum Überleben in allen bis dahin bekannten Formen nötig waren. Solche überschießende Energie sucht Anwendung. Für Nahrungsbeschaffung und sexuelle Reproduktion war sie überschüssig. Sie verwandelte sich in symbolische Formen, mit deren Hilfe Menschen ihre eigene Natur ausschöpfen, kontrollieren und in erweitertem Umfang entwickeln konnten. Dazu gehört Streicheln genauso wie Bedeutung, Erinnerung, d.h. Zeitüberbrückung, wie Werkzeugtechnik. Diese Werkzeugtechnik ist aber jeweils nur ein Rückgriff auf bereits entfaltete Muster der Biotechnik, die die Spezialität der Nicht-Spezialisierung umfaßt.[55] Der Kern des radikalen Entwicklungsschubs ist die Produktionsfähigkeit von Zusammenhang, der aus den subjektiven und objektiven Momenten der Evolution Substanz zieht, diese gewissermaßen kenntnisreich ausraubt und subjektiv-libidinöse Strukturen mit dem Produktionsprozeß auf eine unfeste, bewegliche Art und Weise verknüpft. Man kann sagen, daß das Liederliche dieses Entwicklungszusammenhangs seine Universalisierungspotentiale enthält. Von heutiger normierter Arbeit gesehen hat dieser Schub, auch wenn die Not ihn eingab, etwas Spielerisches, Glückliches.[56] Legitimität, Feingriffe, Behutsamkeit, Hautberührung und Haus haben in diesem Entwicklungsschub die gleiche Wurzel.[57]

Die Bestimmung dieses Schubs an Emanzipationspotentialen gibt eine spezifische Zeitgestalt vor, nach der sich psychologische Zeit und Geschichtszeit vermitteln. Der zeitliche Punkt, an dem die Kreisläufe der späteren Arbeitsvermögen heute fortdauerndes Bewegungsmoment haben und in dem angelegte Entwicklungsfehler der Nacharbeit bedürfen, liegt nicht heute, nicht im 18. Jahrhundert, sondern in dieser Periode, die wir als äußerst früh bezeichnen, die, von ihrer eigenen Vorgeschichte her gesehen, dennoch spät liegt. Zugleich muß, ermittelt aus heutigen Brüchen der Erfahrung, in dieser ursprünglichen Zeitgestalt des Entwicklungsschubs, von dem alle folgenden gesellschaftlichen Formationen zehren, eine Fehlerquelle stecken. In ihr liegt zugleich mit dem Entwicklungsvorrat der Grund für die babylonische Zerstreuung, die sich in den Resultaten so universeller Arbeitsvermögen ausdrückt, die über jeden Trennungsprozeß hinzulernen. Sie wiederholen die Fehlkonstruktion, indem sie die Vergegenständlichung und Berührungsfläche des Potentials verbreitern. Sie beruht auf dialektischer Schuld im räuberischen Übergriff auf evolutionäre Zeit. Menschen entwickeln sich langsam und sorgsam, aber nicht langsam und sorgsam genug. Das Kernproblem selbsttätiger Steuerung in den Kreisläufen der Arbeitsvermögen liegt darin, die Übereilungen und daraus folgenden Kosten im ursprünglichen Schub der enormen Potentialisierung wiedergutzumachen und die frühen Prozesse mit ausreichender Zeitreserve nachzuholen.[58]

Der Unternehmer Isambard Kingdom Brunel vor der Ankerkette des von ihm konstruierten Schaufelraddampfers »The Leviathan«. Es ist das damals größte Schiff dieses Typs.

ZUSATZ

DAS PRINZIP HAUTNÄHE

In *Das Prinzip Hoffnung* (1. Band, Frankfurt 1973, S. 55 ff.) wendet sich Bloch recht vehement gegen eine Reihe angeblicher Fehldeutungen von Freud. Er stellt aus Unlust gegenüber der Libido-Theorie als verlässlichsten Grundtrieb die Selbsterhaltung vor und insistiert gegenüber dem Geschlechtstrieb, wie er sich ausdrückt, auf dem geschichtlichen Wandel des **Hungers.**[1]

Die Reduktion auf den eindeutigen materialistischen Punkt – er läßt sich greifen – verführt Bloch zu seiner gewaltsamen Deutung: Der Hunger ist zentral. Was ihn in den vielfältigen Deutungsversuchen von Freud (und stärker noch bei C. G. Jung) abstößt ist, daß die Ursprungsorte der libidinösen Bindung, die bei Freud an die Entstehung sprachlichen Ausdrucks gekettet sind, und bei C. G. Jung sich in imaginäre Geschichtsbilder auflösen, ihm nicht handgreiflich genug erscheinen, um so verschärfte Sublimierung, wie sie die Hoffnungsarbeit darstellt, daran zu knüpfen. Es ist eine Tendenz des Greifens und Anklammerns, die Bloch bewegt, körperliche Not und nicht (vom protestantischen Standpunkt) *unnötige Erotik* zur Grundlage des Denkgebäudes zu nehmen.

Oberfläche und Tiefe

Bloch weiß, daß das Ich eine Instanz ist, die zunächst auch leer sein könnte. Nach Freud reguliert das Ich die Beziehungen von inneren Repräsentanzen und dem Außen; es vermittelt diese Regulierung durch das Lustprinzip und das Realitätsprinzip; es geht dabei um mit ihm fremden Kräften und fügt selber nichts Neues hinzu. Diese Annahme entfernt das von Bloch gewünschte Prinzip der Bahnung zu Neuem auch aus dem **Es.** Bloch: »Im Freudschen Unterbewußtsein ist nichts Neues.«[2] Freud ist es mit dem Begreifen so ernst, daß unter diesem Griff alle Hoffnung entschwindet. Hieraus nährt Bloch seinen materialistischen Protest.

Das Sich-an-die-Haut-eines-anderen-Lebewesens-klammern, die Hautsinne, befinden sich auf einer eigentümlichen Grenze zwischen Materialismus und Idealismus, zwischen Innen und Außen, zwischen Schutz und Gefahr, zwischen bewußt und unbewußt, **merken** und **zu etwas gehören.** Dieses **Prinzip Oberfläche** widersteht als etwas, das sich auf radikale Wurzeln zurückführen läßt, dem streng sublimierenden wie dem streng entsublimierenden Gedankengriff. Es widersteht dem entsublimierenden Gedankengriff, insbesondere dort, wo dieser eine Sublimierung fundieren soll, die über das Realitätsprinzip zwingend hinausführt (Bloch). Dem sublimierenden Griff, der das Abbild des Lebendigen vertritt und den unsichtbaren Gott in einer primären Triebkraft versteckt (Freud), widersteht dieses Prinzip Oberfläche ebenso. **Im Kern geht es darum, die Selbstregulierungen nicht in irgendeiner Tiefe oder Höhe zu verwurzeln, sondern in dem, was als erstes der Umwelt vorausgesetzt ist. Dies ist die Haut.**[3]

Nature of Love

In seinem Aufsatz *The Nature of Love* setzt sich Harry F. Harlow mit der »Frage der primären Triebe« auseinander.[4] Nach herrschender Lehre, sagt er, seien die Basis-Motive vor allem Hunger, Durst, Einsamkeit, Schmerz und Sex. Das Verhältnis von Mutter und Kind werde dadurch interpretiert, daß sie die primären Triebe befriedige, und durch sekundäre verstärkende Mechanismen komme die Mutter-Kind-Beziehung zustande. Richtig an diesen Beobachtungen sei, daß keine andere Bindung so intensiv wie die Mutter-Kind-Beziehung das weitere Triebschicksal und seine Verallgemeinerung beeinflusse. Es sei aber auffällig, daß alle sekundären Verstärker, die sich mit Befriedigungen der genannten Triebkräfte oder Nöte verbinden, bei experimenteller Prüfung nach einer gewissen Zeit verschwänden. Im Gegensatz dazu verschwänden die menschlichen Zuwendungen, die im Verhältnis Mutter-Kind angelegt seien, überhaupt niemals, sie hätten vielmehr eine Tendenz zu breiter Verallgemeinerung.[5]

Cloth mother (Stoff-Mutter).

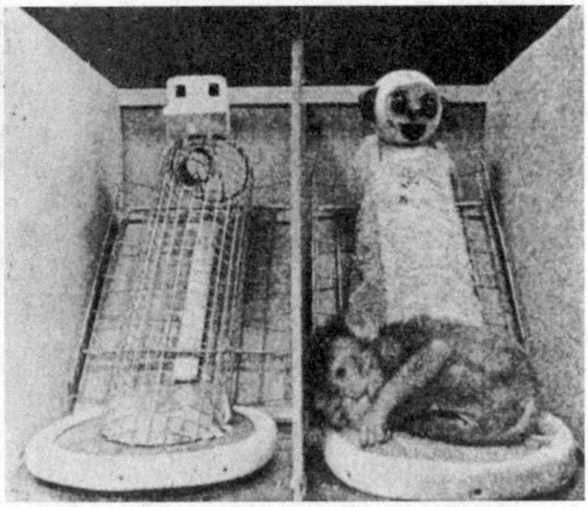

Wire mother (Draht-Mutter), links.

Harlow geht experimentell vor. Er trifft dabei auf die Schwierigkeit, daß bei menschlichen Neugeborenen die experimentellen Überprüfungen auf eine inadäquate Ausbildung der motorischen Fähigkeiten stoßen. Das Menschenkind hat anfangs keinen adäquaten Ausdruck. Dies ist, sagt Harlow, bei neugeborenen Makaken-Äffchen anders. Sie sind, gleich nach der Geburt, motorisch reifer und entwickeln sich rascher. Die unmittelbaren Antworten (basic responses), die sich auf Liebe beziehen (»affection, including, nursing, contact clinging, and even visual and auditory exploration«) zeigen dagegen keine grundlegenden Unterschiede zu Menschenkindern. Harlow hat deshalb in einem dreijährigen Experiment zunächst diese Affenkinder studiert.[6] Danach bot er zwei Ersatzmütter jeweils einer gleichstarken Babygruppe an: eine Stoff-Mutter und eine Draht-Mutter. **Das Experiment erfolgte so, daß einmal die Draht-Mutter, das andere Mal die Stoff-Mutter Milch gab.** In allen Fällen, also auch wenn der Hunger nicht durch die Stoff-Mutter gestillt werden konnte, konzentrierten sich die Babies ausschließlich auf die Haut-Mutter.[7]

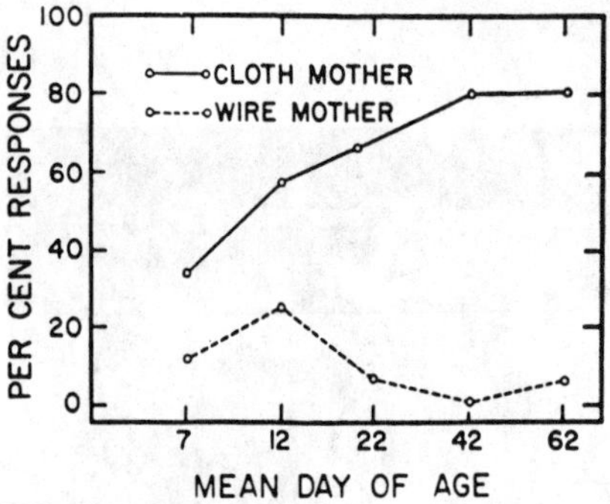

Flucht zur Haut-Mutter

Ein Bär, der auf eine Trommel schlägt und sich bewegt (Typischer Angst-Stimulus)

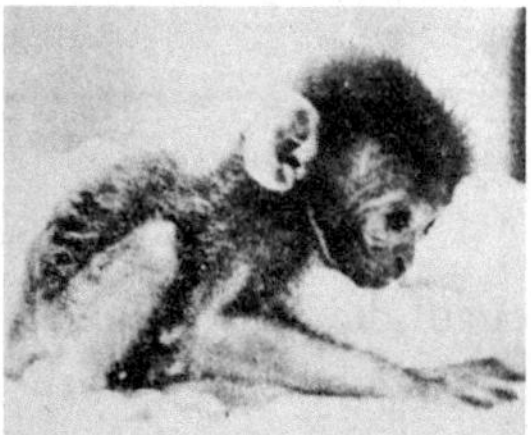

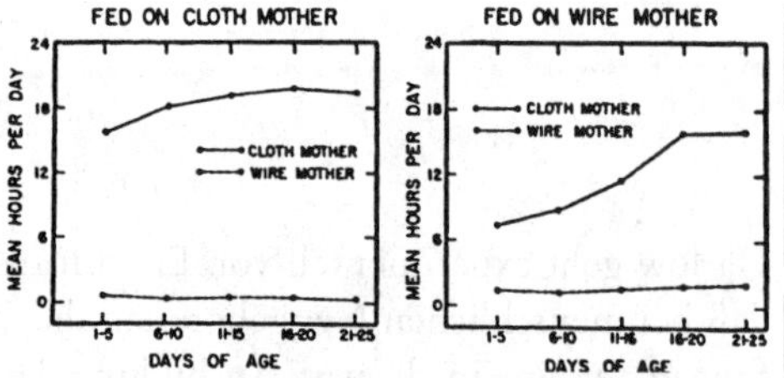

»Respone to Cloth.« Ein Tag alt.

Abwesenheit der Haut-Mutter.

Flucht zur Haut-Mutter bei Gefahr.

Der Forscher verallgemeinert seine Beobachtungen dahin, daß es nicht nur Draht-Mütter, sondern auch Draht-Frauen geben könnte, kein Hunger und keine Tiefe führe zu ihnen, wenn die Haut-Oberfläche unbefriedigt bleibe.

»The socioeconomic demands of the present and the threatened socioeconomic demands of the future have led the American woman to displace, or threaten to displace, the American man in science and industry. If this process continues, the problem of proper child-rearing practices faces us with startling clarity. It is cheering in view of this trend to realize that the American male is physically endowed with all the really essential equipment to compete with the American female on equal terms in one essential activity: the rearing of infants. We now know that women in the working classes are not needed in the home because of their primary mammalian capabilities; and it is possible that in the foreseeable future neonatal nursing will not be regarded as a necessity, but as a luxury – to use Veblen's term – a form of conspicuous consumption limited perhaps to the upper classes. But whatever course history may take, it is comforting to know that we are now in contact with the nature of love.«[8]

You see, all God's chillun's got skin.

Der streng experimentelle Forscher, der allerdings von der Schutz-, Sicherheits- und Kontakt-Grundlage, vermittelt durch die Oberflächlichkeit der Haut, als dem Kern der Bedürfnisse ausgeht, zitiert, inmitten seines behavioristischen Berichts, unerwartet Verse, die vom Übersetzer nicht ins Deutsche übertragen wurden.

The Snake

To baby vipers, scaly skin
Engenders love 'twixt kith and kin.
Each animal by God is blessed
With kind of skin it loves the best.

The Hippopotamus

This is the skin some babies feel
Replete with hippo love appeal.
Each contact, cuddle, push, and shove
Elicits tons of baby love.

The Rhinocerus

The rhino's skin is thick and tough,
And yet this skin is soft enough
That baby rhinos always sense,
A love enormous and intense.

The Crocodile

Here is the skin they love to touch.
It isn't soft and there isn't much,
But its contact comfort will beguile
Love from the infant crocodile.

The Elephant

Though mother may be short on arms,
Her skin is full of warmth and charms.
And mother's touch on baby's skin
Endears the heart that beats within.

Kommentar 1

Automaten in der Theorie

»So ist jeder organische Körper eines Lebewesens eine Art von göttlicher Maschine oder natürlichem Automaten, der alle künstlichen Automaten unendlich übertrifft ... die Maschinen der Natur, d. h. die lebendigen Körper, sind noch in ihren kleinsten Teilen, bis ins Unendliche hinein, Maschinen.«[1]

Im Winter 1801 trifft Heinrich von Kleist, wie er erzählt, in M. auf ein Marionetten-Theater. Mit dem ersten Tänzer der Oper, Herrn C. führt er darüber ein Gespräch:

»Solche Mißgriffe, setzt er abbrechend hinzu, sind unvermeidlich, seitdem wir vom Baum der Erkenntnis gegessen haben. Doch das Paradies ist verriegelt und der Cherub hinter uns; wir müssen die Reise um die Welt machen, und sehen, ob es vielleicht von hinten irgendwo wieder offen ist. – Ich lachte. – Allerdings, dachte ich, kann der Geist nicht irren, da, wo keiner vorhanden ist. Doch ich bemerkte, daß er noch mehr auf dem Herzen hatte, und bat ihn, fortzufahren. – Zudem, sprach er, haben diese Puppen den Vorteil, daß sie **antigrav** [nicht lastend, von Schwere gleichsam befreit, der Schwerkraft entgegenwirkend] sind. Von der Trägheit der Materie, dieser dem Tanze entgegenstrebendsten aller Eigenschaften, wissen sie nichts: weil die Kraft, die sie in die Lüfte erhebt, größer ist, als jene, die sie an der Erde fesselt. Was würde unsre gute G. darum geben, wenn sie sechzig Pfund leichter wäre, oder ein Gewicht von dieser Größe ihr, bei ihren Entrechats und Pirouetten, zu Hülfe käme? Die Puppen brauchen den Boden nur, wie die Elfen, um ihn zu *streifen*, und den Schwung der Glieder, durch die augenblickliche Hemmung neu zu beleben; wir brauchen ihn, um darauf zu *ruhen* und uns von der Anstrengung des Tanzes zu erholen: ein Moment, der offenbar selber kein Tanz ist, und mit dem sich weiter nichts anfangen läßt, als ihn möglichst verschwinden zu machen.«[2]

»Überall sind es Maschinen im wahrsten Sinne des Wortes: Maschinen von Maschinen, mit ihren Kupplungen und Schaltungen. Angeschlossen eine Organmaschine an eine Quellenmaschine: der Strom, von dieser hervorgebracht, wird von jener unterbrochen. Die Brust ist eine Maschine zur Herstellung von Milch, und mit ihr verkoppelt die Mundmaschine. Der Mund des Appetitlosen hält die Schwebe zwischen einer Eßmaschine, einer Analmaschine, einer Sprechmaschine, einer Atmungsmaschine (Asthma-Anfall). In diesem Sinne ist jeder Bastler; einem jeden seine kleinen Maschinen. Eine Organmaschine für eine Energiemaschine, fortwährend Ströme und Einschnitte.«[3]

»Wien, 20.10.1995

Liebster Wilhelm!

[…] Nun höre weiter. In einer fleißigen Nacht der verflossenen Woche, bei jenem Grad von Schmerzbelastung, der für meine Hirntätigkeit das Optimum herstellt, haben sich plötzlich die Schranken gehoben, die Hüllen gesenkt und man konnte durchschauen vom Neurosendetail zu den Bedingungen des Bewußtseins. Es schien alles ineinander zu greifen, das Räderwerk paßte zusammen, man bekam den Eindruck, das Ding sei jetzt wirklich eine Maschine und werde nächstens auch von selber gehen.... Der freie und gebundene Zustand von Quantität, der Primär- und Sekundärvorgang, die Haupttendenz und die Kompromißtendenz des Nervensystems, die beiden biologischen Regeln der Aufmerksamkeit und der Abwehr, die Qualitäts-, Real- und Denkzeichen, der Zustand der psychosozialen Gruppe – die Sexualitätsbedingung der Verdrängung, endlich die Bedingungen des Bewußtseins als Wahrnehmungsfunktion – das alles stimmte und stimmt heute noch! Ich weiß mich vor Vergnügen natürlich nicht zu fassen.«[4]

*

Stellen wir die Stichworte (Leibniz, Kleist, Deleuze und Guattari, Freud) nebeneinander: *Maschinen,* bis ins Unendliche hinein *lebendig,* natürliche Automaten; göttliche Maschine, die alle künstlichen Automaten unendlich übertrifft …[5]; Grazie des Toten/Mechanischen; *antigrav*, »… durch die augenblickliche Hemmung neu beleben«; »ein Moment, der offenbar selber kein Tanz ist«; Wunschmaschinen; »zölibatäre Maschinen«[6]; die Automaten haben »keinen Hintern …«[7]; ein *Bastler*; »… das Räderwerk paßte zusammen … und werde nächstens auch von selber gehen. Ich weiß mich vor Vergnügen natürlich nicht zu fassen.«

Alle Verfasser sprechen von lebendigen Bedürfnissen, sind in lebendige Eigentätigkeit wie verliebt, während sie von Automaten, Marionetten, Maschinen und Räderwerken sprechen.[8] Freud weiß sich vor Vergnügen nicht zu fassen: Er muß keinen Zwang auf die Dinge ausüben, sie bleiben in Bewegung. Ein Stück ursprüngliches Unternehmertum, Prinzip der Räuberei des Denkens kann stillgestellt werden und begnügt sich mit Zusehen.[9] Daß kein Rest bleibt, daß die Eigentätigkeiten der als Tote lebendigen Dinge und Organismen offensichtlich vollständig miteinander, und zwar äquivalent, tauschen, schafft eine Wiederauferstehung des Natürlichen, das die Reserve zurückgibt, sobald nicht auf quälerische Weise ein Endloses vom Lebendigen usurpiert werden muß, sondern die Maschinen des Lebendigen den Beobachter entlassen. Unter dem Zwischentitel:

»Was vernünftig ist,
das ist wirklich;
und was wirklich ist,
das ist vernünftig«

---

beschreibt Hegel, »daß Leben das Prinzip, um welches sich das Unterscheidende seiner Idee dreht, die Angel ist, um welche die damals bevorstehende Umwälzung der Welt sich gedreht hat.«[10] Die Gegenwart ist dann etwas Eitles. »Es ist ein großer **Eigensinn,** der dem Menschen Ehre macht […].«[11]

Es geht um die Rückkehr zu einer frühen Erfahrung, in der das Innen und Außen, die frühesten Formen der Erfahrung, plötzlich anfangen sich zu bewegen. Es muß die Zeit überbrückt worden sein durch Erinnerungsarbeit, Befreiung vom reinen Vollzug, Bildung einer Zeitreserve: Menschen sehen sich selbst und der Außenwelt zu.

Es ist nicht die Zeitreserve, die Zusehen ermöglicht, isoliert gefunden worden, sondern damit zwingend verknüpft verschiedenes andere. Die Erfindungsgabe des Menschen hat sich nicht zunächst in der Herstellung von Werkzeugen, sondern in der Umgestaltung seiner eigenen Körperorgane bewährt. »Ich hingegen entdeckte«, sagt Lewis Mumford, »daß unsere Epoche, von den Ökonomen in letzter Zeit Maschinen- oder Energiezeitalter genannt, ihren Ursprung nicht in der sogenannten industriellen Revolution des achtzehnten Jahrhunderts hat, sondern ganz am Anfang in der Organisation einer archetypischen Maschine, die aus menschlichen Teilen bestand. [...]

Diese Maschine entging der Aufmerksamkeit und blieb daher namenlos bis heute, da eine weit mächtigere und modernere Type unter Ausnutzung einer Masse untergeordneter Maschinen entstanden ist. Zum besseren Verständnis werde ich der archetypischen Form, der jeweiligen Situation entsprechend, mehr als einen Namen geben.« Die prägende, früheste Maschine, die alle späteren als Potential in sich trägt, nennt Mumford **unsichtbare Maschine.** Werkzeuge, industrielle Maschinerie sind ihr untergeordnete Maschinen, nur deshalb erfunden, weil Rückgriffe möglich waren. Im Potential bestehen sie längst, bevor sie in die Geschichte eintreten. Im gleichen Potential, von den gesellschaftlichen ›Formationen der bürokratischen Despotie, der Sklavenwirtschaft, dem Feudalismus, dem Kapitalismus nur aufgegriffen und in einseitiger Form an das dominierende Prinzip angepaßt, sind es andere Seiten der unsichtbaren Maschine. Für die Werke des kollektiven Zwangs und der Zerstörung angewendet, nennt Mumford dieselbe unsichtbare Maschine: Militärmaschine. Für hochorganisierte kollektive Unternehmen verwendet, ist sie: Arbeitsmaschine. Sind aber alle Komponenten – politische, ökonomische, kriegerische, bürokratische, königliche – einbezogen, heißt sie: **Megamaschine** oder **Große Maschine.** Ihr Betrieb folgt einer Megatechnik, »im Unterschied zu den einfacheren und mannigfaltigeren Arten von Technik, die bis in unser Jahrhundert stets den größeren Teil der eigentlichen Arbeit in der Werkstatt und auf dem Bauernhof, manchmal mit Hilfe von Kraftmaschinen, geleistet hat.«[12] **Die unsichtbare Maschine ist Menschheits- und Geschichtsmaschine, solange die Herrschaft des Produkts über die Produzenten besteht. Der Vorbehalt, daß nicht Mega-Leben gesagt werden kann, trifft das wirkliche Verhältnis. Die Begriffe beharren auf Einlösung.**

Von Anfang an ist das Innere der die Mega-Maschine zusammensetzenden Elemente prekär. Elemente der unsichtbaren Maschine und zugleich, solange die tote Arbeit herrscht, selber Maschinen, sind die elementaren Zusammensetzungen des Körpers, das Hirn, die Beziehungsverhältnisse der Gesellschaft, das jeweilige integrale Ganze und dessen Rückwirkungen auf alle Teile: zahllose Maschinen. Sie errichten wechselseitig Königreiche, die Zwangsarbeit verteilen. Die Maschinen sind gewissermaßen, jede für sich, staatenbildend. Während sie Staaten sein müssen, um miteinander zu kämpfen oder auszutauschen, können sie doch den ihnen innewohnenden Untertanen – den Hauptmaschinen, die sie zusammensetzen, (von hier gesehen ist die Mega-Maschine gleichzeitig Haupt- und Untermaschine, sie ist aus maschinellem Bedürfnis entstanden und stürzt über Maschinerie) – niemals vertrauen.[13] Darüber gibt es Streit, Schuldumverteilung zwischen allen sichtbaren und unsichtbaren Maschinen. »Das Unbewußte ist dunkel, sagt man. Und nicht selten wirft man Reich und Marcuse ihren ›Rousseauismus‹, ihren Naturalismus, das heißt eine zu idyllische Konzeption vom Unbewußten vor. […] Das Unbewußte besitzt seine Schrecken, aber diese sind nicht anthropomorph. Nicht der Schlaf der Vernunft erzeugt Monster, sondern die aufmerksame, nie schlafende Rationalität. Das Unbewußte ist rousseauistisch, als Natur-Mensch.«[14]

Das Unbewußte ist nicht anthropomorph, bedeutet, daß seine Maschinenwelt von der Geschichtsmaschine an die Peripherie des Reiches vertrieben wurde, wo die Barbaren wohnen. Sie unterscheiden sich durch unverständliche Sprache, darin, daß sie kein Bürgerrecht haben, die Pflichten nicht kennen und nicht die Rechte. Bei den Klassikern werden deshalb die Verhältnisse, an denen die Maschinen aufeinanderstoßen, so gedeutet:

»In Ansehung der **Beurteilung** der Triebe hat die Dialektik die Erscheinung, daß als **immanent,** somit **positiv,** die Bestimmungen des unmittelbaren Willens **gut** sind; **der Mensch** heißt **so von Natur gut.** Insofern sie aber **Naturbestimmungen,** also der Freiheit und dem Begriffe des Geistes überhaupt entgegen und das **Negative** sind, sind sie **auszurotten;** der Mensch heißt **so von Natur böse.** [...] **Zusatz.** Die christliche Lehre, daß der Mensch von Natur böse sey, steht höher wie die andere [...] Als Geist ist der Mensch ein freies Wesen, das die Stellung hat, sich nicht durch Naturimpulse bestimmen zu lassen ... Die Lehre von der Erbsünde, ohne welche das Christenthum nicht die Religion der Freiheit wäre, hat diese Bedeutung.«[15]

Unbewußtes und »unmittelbarer Wille« (= Ich), sind nur ein Ausschnitt von unsichtbarer Maschine und Geschichtsmaschine. Zwischen allen Teilen besteht dies tiefgreifende Schuldverhältnis der Umverteilung von Zwangsarbeit, so daß sie einander sämtlich mißtrauen. »Wir erwarten nicht, daß Fleischer, Bierbrauer oder Bäcker«, sagt Adam Smith, »aus reiner Menschenfreundlichkeit unseren Tisch beliefern, sondern in Gedanken an ihren Geldbeutel. Wir werden uns bei unserer Bestellung nicht an ihr *Gemüt*, [...] erwähnen ihnen gegenüber auch nichts von dem, was wir unbedingt brauchen, sondern nur, was sie selber verdienen werden. Lediglich ein *Bettler* verlässt sich auf die Nächstenliebe der anderen.« Das Zusehen erblickt zunächst nicht das lebendige Räderwerk, sondern das starrsinnige und gefährliche Innenverhältnis.

Weil der Platz des Zusehens, die Zeitreserve, räuberisch und im Übersprung ergattert wurde[16], kann seine Wiedererkennung nur mit Vergnügen verbunden werden, wenn das Lebendige als Partialobjekt (= geteilt) auftritt, als eigentätiges Totes, als Automat, Maschine, Puppe usf. Tatsächlich sind alle Organe der Wiedergewinnung des Natürlichen (außer der Haut, die aber als Erkenntnis- und Wiedergewinnungsorgan nur auf Nähe reagiert, in der sich das Natürliche nicht immer und nicht ausreichend befindet) nach innen verlegt. Die Wiedergewinnung des Natürlichen mit diesen Organen muß zwingend die Gefahrenzonen des prekären inneren Gemeinwesens und damit den Schuldenzusammenhang der Vorgeschichte assoziieren.

Ein solches Gesamt-Lebendiges ist selbstregulierendes Räderwerk und zugleich schwer faßliche Drohung der organisierten Sperren, Hysterien, Unbestimmtheiten. Die Deutung in den Formen toter Arbeit, Ersetzung des Bildes, lebendiger Selbstregulierung durch Automatismus, die Rückprojektion der Maschinentechnik, um Lebendiges, Geschichtliches darzustellen, entspricht einem zwingenden Umweg.

> So entsteht die höchste Aufmerksamkeit in der Zerstreuung (Benjamin). Kinder sitzen gern auf Fensterplätzen in der Eisenbahn. Deleuze, Guattari, a. a. O., S. 55: »So stellt sich während des Eisenbahnfahrens keineswegs eine Ganzheit des Geschehens oder die Einheit der Aussichten, sondern eine Ganzheit und Einheit nur der Transversale her, die der verwirrte Fahrgast von einem Fenster zum anderen zieht, ›**um die lückenhaft und in entgegengesetzter Sicht auftauchenden Teile meines schönen scharlachfarbenen, launenhaft flüchtigen Morgenhimmels mir zusammenzusetzen und auf eine gleiche Fläche aufzutragen** …‹ Zusammensetzen, auf eine Fläche übertragen, das nannte Joyce ›re-embody‹ « Das Zitat über den scharlachfarbenen, aus Zusammenhang der Einzelblicke entstehenden »launenhaft flüchtigen Morgenhimmel« findet sich bei Marcel Proust, *Auf der Suche nach der verlorenen Zeit.* Es müssen Eindrücke, die entscheidend sind, aus der Zerlegung wiederentdeckt und zusammengesetzt werden können, als Ganze überwältigen sie mit der Folge, daß sie diesen Direktgriff nicht »wiederverkörpern«.

Dies ist ein Wahrnehmungsgesetz, kein Mangel. Der unbezähmbare Reichtum der Wahrnehmung (Neugier) ist Resultat davon, daß subjektiv-objektive Prozesse der Wahrnehmung nicht im subjektiven oder objektiven **Direktgang** stattfinden können. Es ist plausibel, daß die Zahl von Direktverknüpfungen geringer sein muß als die Verknüpfungsmöglichkeiten der Indirektheit. Den Sinnen, als Theoretikern der Wahrnehmung, geht es darum, einen Vorbehalt der Wiedergutmachung gegenüber dem früh erworbenen menschlichen Gesamtapparat durchzuhalten. Deshalb müssen sie die Eigentätigkeit der lebendigen Arbeit in den Formen der Eigentätigkeit toter Arbeit anschauen. Sie könnten sonst während der Wahrnehmung die eigene

Eigentätigkeit nicht erhalten. Dies ist es, was die Verzerrung und das Vergnügen ausmacht.

Verwaltetes Denken ist immer mit dem **Direktgang der Wahrnehmung** verknüpft. Es findet sich die Abbild-Theorie. Sie verstößt gegen das Eigengesetz der Sinne, dem verwaltete Denker ebenso unterliegen, wie Leibniz, Kleist, Freud, Deleuze und Guattari, verrichtete dabei jedoch wirkliche Verzerrungsarbeit, die sich auch anschließend nicht mehr entzerren läßt. **Das Vergnügen am Automaten, das einen verzerrenden Umweg von hoher Präzisions- und Verknüpfungsstärke enthält, richtet dagegen in den Resultaten kaum wirkliche Verzerrungen an. Die Verzerrung spielt mit dem Prozeß, der sie, wenn es ums Lebendige geht, bereits satt gemacht hat.** Freud verwechselt keinen Patienten mit einem Automaten.

Es geht hier nicht nur um Theorie, nicht um etwas Philosophisches, es ist nur in dieser Tönung dargelegt. Das Praktische findet sich in jeder Beziehungsarbeit und in den Arbeitsprozessen, sobald sie Reaktionsfähigkeit zwischen Menschen oder gegenüber der Maschine voraussetzen.

»Versachlichte Gefahrenbegegnung.«

Auf sehr schwieriger Strecke, nachts, bei strömendem Regen, begegnen einander Fernlaster. Die Begegnung mit dem anderen Wagen führt in zugespitzte Situationen, die sich nur durch die Geschicklichkeit **beider** Fahrer meistern lassen. So etwas ist der Grundfall gefügeartiger Kooperation.[17] Der Fehler eines Fahrers zieht beide in Mitleidenschaft. Dies ist eine »versachlichte« Begegnung zweier Personen. Jeder lernt nur die partiellen Fähigkeiten des Anderen, bezogen auf einen kurzen Moment, kennen. Sie lassen sich ablesen am Funktionieren der bedienten Maschinen. »Nur durch das Steuern ihrer Maschinen und die Art, in der sie dies tun, sind sie sich überhaupt gegenseitig interessant.«[18] Sie begegnen einander für Sekunden. Aber man vergleiche den Zorn auf den Charakter des anderen, wenn er falsch fährt. Umgekehrt: die intensive Beziehung, wenn ein fast unabwendbarer Unfall durch das Geschick des Anderen, von dessen Leben ich sonst praktisch nichts weiß, abgewendet wurde. In eine solche versachtlichte Beziehung geht in Sekunden mehr ein als in langfristige Liebesverhältnisse: Die Versachlichung enthält im Gefahrenfall die ganze Person und deren Einsatzreserven, von denen in der Beziehungsarbeit immer Zurückhaltungen vorgenommen werden, um nicht aufgefressen zu werden. Nur der hitzige Punkt der erotischen Überwältigung, eine Phase der Unmittelbarkeit, ist, gemessen an den in sie eingehenden Energien, mit der **versachlichten Gefahrenbegegnung** vergleichbar.

Dies bezieht sich praktisch auf alle Formen der gefügeartigen Kooperation. »Es kann dem Kantwagenführer beim Blockwalzen gleichgültig sein, ob der Walzenzugmaschinist ein guter Kamerad ist oder nicht. Dessen Fähigkeit, eine Walze zu fahren, hat aber für ihn entscheidende Bedeutung. Hat der Walzenzugmaschinist diese Fähigkeit nicht, so wird das Blockwalzen für alle Beteiligten zu einer Qual. Diese Sachbeziehung, eigentlich müßte man sie ›abstrakt‹ nennen, ist gerade deshalb persönlich, weil ihm niemand helfen kann; man kann nur seine Ablösung durchsetzen. Solange das nicht geschieht, bleiben die anderen auf ihn angewiesen.

Automaten der Orthodoxie

Das Ideal des Automaten in der Orthodoxie. Es ist immer mit einer Wendung gegen die Erfahrung verbunden: *Theorie pure* gegen *Theorie impure.*[20]

Das Produzieren von bruchlosen Modellen, Topologien, Zurechnungsmechanismen, Kreisläufen, die auch aufgehen, ist die Gestalt der **Verwaltung im Denken.** Eine Verwaltung ist nicht unvereinbar mit lebendiger Erfahrung.

»Kenntnis des Ortes ist die Seele des Dienstes« (Freiherr von Stein). Alle Bürokratien haben zunächst die Absicht, Erfahrungen aufzugreifen, das, was sie verwalten, auch zu verstehen, damit Berührung aufzunehmen. Sie werden aber gleichzeitig alles Unbestimmte, was an lebendiger Arbeit in diese Apparate einzudringen versucht und Brüche in diesem Gerät verursacht, ausgliedern. Das Leitungsnetz einer Bürokratie ist eine Art Automat. Dieser Automat wird die Erfahrungsbereiche, mit denen er umgeht, nach seinem Bilde modeln, aber nicht zulassen, daß wirkliche Verhältnisse den Apparat modeln.

Für die Theorie bedeutet das: Es entsteht repräsentatives Denken. Es arbeitet nach den Mechanismen einer repräsentativen Öffentlichkeit. Man erkennt einen solchen Verwaltungsbau an seinem Zentrismus. Es gibt etwas, das zu eng wäre, und etwas, das zu weit ginge, und daraus mittelt sich ein elaboriertes System.

In den ökonomischen Theorien entsteht immer dadurch ein Automat, daß die Arbeitsweise und der Fragenkatalog der Ökonomie an die Stelle des wirklichen Gegenstands rückt. Das Moment der Verwaltung verselbständigt die Bezeichnungen, okkupiert oder färbt durch Worte. **So verhält es sich z.B. mit den Begriffen Produktion und Reproduktion. Diese Bezeichnungsart ist der innere Grund unseres Kommentars.**

In der kapitalistischen Produktion fließen Warenströme in der Regel in *einer* Richtung; sie fließen über die Distribution in die Konsumtion, in der sie, wenn man ein Bild gebrauchen will, wie ein Fluß münden. Wie bei einem Fluß finden sich spezifische Abweichungen von dieser Regel, z.B. die erzeugten Produktionsmittel, ebenfalls Warenströme, kreisen in der Produktion, sie bilden sozusagen Strudel. Im Prinzip bleibt es aber beim Bild des gerichteten Stroms, wobei die Konsumtion wiederum die Produktion erzeugt. Die ist, wenn sich die Produktion als das Übergreifende verhält, nach Marx, ein organisches Ganzes.[21] Alles zusammen heißt *erweiterte Reproduktion.*

Im Sprachgebrauch der lebendigen Erfahrung bezeichnet **Reproduktion** etwas Abhängiges, Vermitteltes. Die Reproduktion kehrt immer auf den Produktionspunkt zurück. **Es entstehen aus dem Wort Ungleichgewichte:** (1) Wir hatten gesehen, daß in der Produktion, zu der die Reproduktion immer wieder zurückkehrt, nur Warenströme erzeugt werden. Sie müssen, mit Ausnahme der Arbeitsmittel, in die Konsumtionssphäre vordringen, um sich zu realisieren. Die wichtigste Ware, die Arbeitskraft, wird aber nicht dort verbraucht, sondern bei dieser Begriffsanordnung als »Arbeitsmittel in der Produktion«. Das verkürzt die Erfahrung der Lebensläufe. Sie gehen in keinem der Bereiche, weder in der ökonomischen Produktion noch in der Konsumtion, auf und werden sich unter diesen Begriffen allein auch nicht verstehen. (2) Der Begriff der Reproduktion ist bereits zusammengesetzt. Er überträgt die Gewichte dieser Zusammensetzung, also methodische Gründe der Unterscheidung, auf die Sache selbst. **Reproduktion ist die Gesamtheit des ökonomischen Verlaufs, aber auch die Reproduktion der Menschengattung, ohne daß für etwas so Verschiedenartiges das Wort eine Untergliederung zuläßt.** Es klingt stark für die Beschreibung des Warenstroms und ist von unmäßiger Schwäche, wenn es um die Fundierung von Lebensläufen, Gattungsgeschichte und Geschichtsproduktion geht, zu denen sich doch auch die kapitalistische Ökonomie nur im Kopf der Ökonomen als ein sich verselbständigender Bereich verhält. Als wirklicher Gegenstand ist auch die kapitalistische Ökonomie in alle Lebens-, Kultur- und Fortpflanzungsverhältnisse integriert. (3) Der als erweiterte Reproduktion des Kapitals beschriebene ökonomische Fluß bildet keinen vollständigen Kreislauf. Er würde sich erst schließen, wenn man an der Mündung der Warenströme einen vollständigen zweiten Kreislauf bildet, der die Lebenszusammenhänge und die Geburten immer neuer Menschen samt der Erfahrungsübertragung durch die Generationen und die Vorgeschichte hinzufügt. Der Begriff der Reproduktion setzt dies einerseits voraus und grenzt dies andererseits aus.

Setzt man die bekannte Aufeinanderfolge gesellschaftlicher Formationen in *eine* Perspektive, so setzen sie sämtlich frühere gesellschaftliche Formationen bereits voraus, die das *eine* Moment der geschichtlichen Reproduktion zuvor produziert haben müssen: Die Art und Weise, in der Hausgemeinschaften oder Stämme die *Form* der Herstellung von Menschenleben gefunden haben. Diese ursprüngliche Hausgemeinschaft ist eine selbständige gesellschaftliche Formation, die vorangeht und eine Zuarbeit perpetuiert, die aus keiner der folgenden gesellschaftlichen Formationen ersetzt werden kann. Es ist dann dieser Teil der Reproduktion – während ihre anderen Teile moderneren Ursprungs sind – das Übergreifende, und das organische Ganze der Ökonomie erweist sich als kein Ganzes. Für das Wichtigste fehlt der unterscheidende Begriff, es ist den weiteren Aufbauten und Folgen einfach zugeschlagen. In dieser Weise entstehen begriffliche Automaten, die mit den »lebendigen Maschinen« der Lebewesen nicht umgehen.

»Vulgärmarxismus oder Ökonomismus

H = Basis

A – B – C = Überbau

Der Apparat wird mittels der Klassenkampf-Zugleine (K) bedient.

Zur Beachtung: Dieses Modell repräsentiert den primitiven Zustand des Marxismus vor Althusser.«

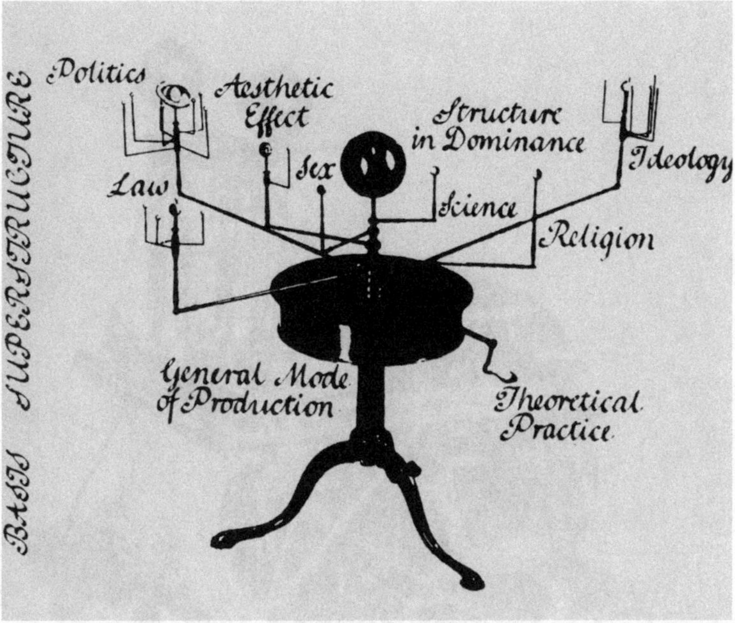

»Althussers marxistisches Planetarium

Zur Beachtung: Während dieser Apparat einfach dadurch in Rotation gebracht werden kann, daß die Kurbel der theoretischen Praxis (Theoretical Practice) gedreht wird, besteht auch die Möglichkeit, diese durch einen Motor zu ersetzen (siehe nächste Tafel).«

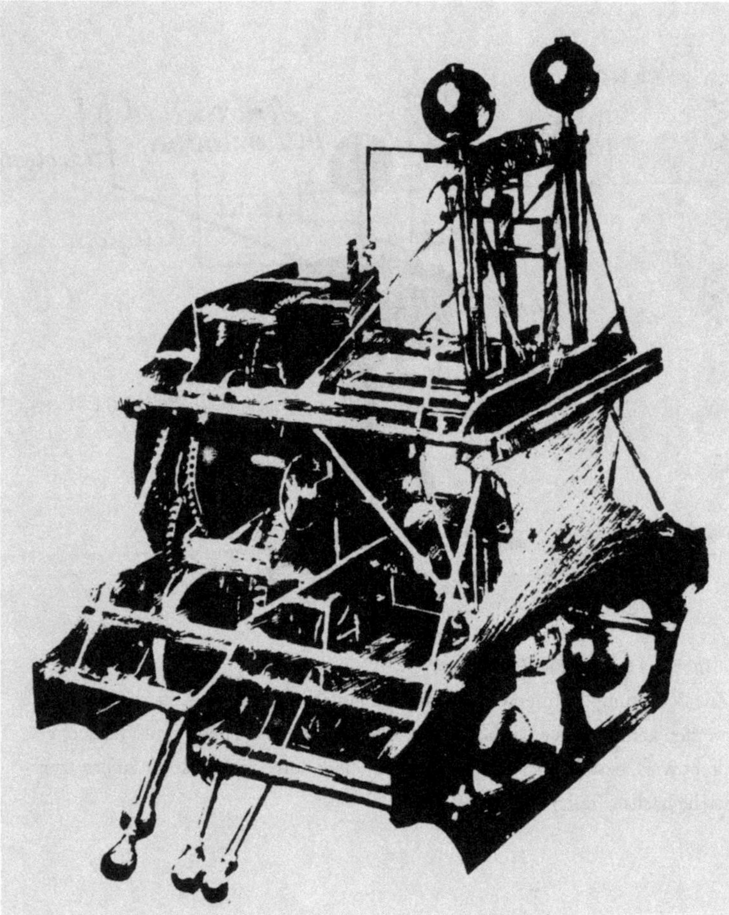

»Der Motor der Geschichte: Klassenkampf
Der Motor, der an das Planetarium angeschlossen werden kann, wird mittels vier einfacher Hebel an der Basis bedient. Diese aktivieren jeweils einen der vier Gänge Bourgeoisie, Kleinbürgertum, Proletariat und Bauern. Bei automatischem Betrieb werden die Abläufe durch die vier Kugeln (zwei oben, zwei an der Basis) des richtigen und falschen Bewußtseins der Bourgeoisie und des Proletariats gesteuert. In beiden Fällen wird die Spannung zwischen richtiger und falscher Kugel von einer Feder (Ideologie) gehalten, und die daraus resultierende Torsion reguliert den Motor.«[22]

Kommentar 2

Der Anteil von Frauenarbeit an der Menschenproduktion

Es geht hier um zwei Fragenkomplexe *nicht:* Nicht um das Klassenverhältnis von Frauen als Ganzes, die ganze historische Unterdrükkung; und nicht um den vielfältigen Bereich: Frauen in der industriellen Arbeitswelt. Wir untersuchen nur den Ausschnitt, der sich ergibt, wenn man von den Beziehungsverhältnissen im Sozialisationsbereich ausgeht.

Die marxistische Theorie zeigt große Schwierigkeiten, sich damit zu befassen.[1] Dabei beginnt Marx seine früheste Darlegung zum Kommunismus und zum ursprünglichen Eigentum mit dem Verhältnis, wie er sich ausdrückt, des Mannes zum Weibe:

»Das Verhältnis des Mannes zum Weibe ist das *natürlichste* Verhältnis des Menschen zum Menschen. In ihm zeigt sich also, inwieweit das *natürliche* Verhalten des Menschen *menschlich* oder inwieweit das *menschliche* Wesen ihm zum *natürlichen* Wesen, inwieweit seine *menschliche* Natur ihm zur Natur geworden ist. In diesem Verhältnis zeigt sich auch, inwieweit das *Bedürfnis* des Menschen zum *menschlichen* Bedürfnis, inwieweit ihm also der *andere* Mensch als Mensch zum Bedürfnis geworden ist, inwieweit er in seinem individuellsten Dasein zugleich Gemeinwesen ist.«[2]

Aus dem Zusammenhang der Stelle ergibt sich, daß man sich durch die Bezeichnung »natürliches Verhältnis« nicht irritieren lassen darf. Marx sagt zugleich von dem historischen Verhältnis von Mann und Frau, daß darin »die unendliche Degradation ausgesprochen, in welcher der Mensch für sich selbst existiert ...«. Er spricht also vom »unmittelbaren natürlichen Gattungsverhältnis«[3]. Das unterschlägt nicht die historische Unterdrückung. Auf diese Textstelle ist später nichts aufgestuft worden.

Wir müssen noch etwas voranschicken: Wenn wir im folgenden von rein männlich und rein weiblich sprechen, oder abgekürzt: Männerarbeit, Frauenarbeit, so gehen wir davon aus, daß das analytische Kategorien sind, denen in der Wirklichkeit **Bisexualität** entspricht. Männliche und weiblichen Eigenschaften sind in den geschichtlichen Menschen gehemmt und gemischt. Zugleich sprechen wir von Arbeitsvermögen in einem bestimmten geschichtlichen Zustand. Dieser Zustand ist in Bewegung begriffen, und es können Arbeitsvermögen, die traditioncll als die von Frauen gelten, von Männern erworben sein und ausgeübt werden, ebenso können Arbeitsvermögen von Männern von Frauen ausgeübt werden. Es würde aber zur Verwirrung führen, wenn wir diese grundlegende Bewegungsmöglichkeiten, die in der Analyse der Arbeitsvermögen ohnehin inbegriffen ist, an jedem Einzelpunkt wiederholen. Wir machen also eine Reduktion auf den Mittelwert des gegenwärtigen Geschichtsstandes. Wie gesagt, ist der in schneller Bewegung. Ebenso gehen wir nicht von den Fragen einer Avantgarde von Frauen aus, die bereits ganz andere Lösungen in ihrem Leben praktizieren als diejenigen, die die Tätigkeit der zahlenstärksten Frauengruppe in der Bevölkerung ausmachen.

Was sogleich ins Auge fällt ist, daß Frauen, wenn sie Kinder haben, nicht die Ware Arbeitskraft zur Welt gebracht haben. Die Fähigkeit, wesentlich später einmal ein Arbeitswesen zu werden, ist *eine* Eigenschaft des symbiotischen Lebewesens, das geboren worden ist, die unter den vielen reich betätigten anderen Eigenschaften fast unmerklich ist. Arbeitsvermögen, die zur Arbeit in der Industriegesellschaft disponiert sind, werden nicht vererbt. An der allmählichen Anpassung, über zahlreiche Brüche und Spaltungen in der Person des Kindes hinweg, sind Frauen nur in den Maßen ihrer Anteile an der Erziehung und Versorgung beteiligt. Erziehung und Versorgung sind dabei als verschlüsselte Worte zu verstehen, denn sie enthalten Beziehungsverhältnisse, die in diesen Interpretationsbegriffen nicht aufgehen.

Die Tätigkeit von Frauen im Haus umfaßt verschiedene Arbeiten, deren Arbeitscharakter im kulturellen Beziehungsverhältnis oft so dargestellt wird, als wäre es nicht Arbeit. Das Austragen von Kindern, das mit der Geburt nicht sofort beendet ist, gehört, wird gesagt, als Produktionsprozeß zum natürlichen Gattungsverhältnis. Tatsächlich ist es eine Produktion, die in der Gesellschaft durch nichts anderes nachgeahmt werden kann. Wir haben uns durch eine Anmerkung in dem Buch *Öffentlichkeit und Erfahrung* Kritik eingeholt. Diese Anmerkung lautet:

»In den Umgangsformen gelungener Mutter-Kind-Beziehung hält sich eine Produktionsweise durch, die man als einen Rest matriarchalischer Produktionsweise ansehen kann. Es ist falsch, sie allein auf Vorgänge im Hormonhaushalt, einen bloß biologisch begründeten ›Mutterinstinkt‹, zurückzuführen. Vielmehr verteidigt sich hier eine auf Bedürfnisbefriedigung gerichtete eigene Produktionsweise der Frau (›das Kind nach seinen Fähigkeiten behandeln, seine Bedürfnisse um jeden Preis stillen‹) gegenüber der patriarchalen und kapitalistischen Umwelt. Diese Produktionsweise ist den Mechanismen ihrer Umwelt absolut überlegen, aber vom Vergesellschaftungsgrad der gesamtgesellschaftlichen Kommunikation abgeschlossen. In der Überlegenheit dieser Produktionsweise liegt der eigentliche Emanzipationsanspruch der Frau: sie verfügt, wie immer unterdrückt und verformt, über Erfahrungen in einer überlegenen Produktionsweise, sobald diese das Ganze der Gesellschaft erfassen könnte.«

Der Text ist affirmativ. Wir sagen allerdings nicht, daß die Umgangsformen in den heutigen Mutter-Kind-Beziehungen *gelingen* müssen. Sie können gelingen und sie können nicht gelingen. *Wenn* sie aber gelingen, so ist dies die einzige reale Vorstellung eines Verhältnisses, »jeder nach seinen Fähigkeiten, jedem nach seinen Bedürfnissen«, auf eine zumindest einseitige Weise *dort* verwirklicht. In welchem Maße davon ausgehende Sehnsüchte und Wiederherstellungsversuche in den Bewegungen von Gesellschaft und Geschichte wirksam sind, wird man in jeder mikrologischen Untersuchung leicht feststellen. Dies ist die Grundausstattung an Utopie. Neun Zeilen nach der Feststellung, daß das Verhältnis von Mann und Frau die **Urzelle des Gemeinwesens** sei, findet sich bei Marx die Beschreibung des Kommunismus »als Rückkehr des Menschen in sich, als Aufhebung der menschlichen Selbstentfremdung«.[4]

Wir nehmen aber an, daß das Verhältnis von Mann und Frau in die Mutter-Kind-Beziehung längst zurückgenommen ist und sich dort nicht nur auf Mann und Frau bezieht.[5]

Einseitig und für Affirmation ungeeignet sind dabei zwei Umstände: (1) Dadurch, daß Frauen, auch wenn sie das selber nicht wollen oder bewußt gar nicht unterstützen könnten, in der Fabrik ihres inneren Gemeinwesens, also körperlich, die Bedürfnisse des Kindes befriedigen, werden sie in nichts aus den Druckverhältnissen der Gesellschaft, die auf ihnen liegen, entlassen. Sie sind also in diesem, wie in allen weiteren spezifischen Arbeitsprozessen einem Doppelprogramm ausgesetzt, dadurch: doppelt unterdrückt. (2) Das Kind verhält sich gattungsgeschichtlich wie ein Parasit. Es besetzt die Zuarbeit des Mutterkörpers, ohne etwas zurückzugeben. Dies ist dem Prinzip nach in der frühen symbiotischen Phase nach der Geburt so und wird lediglich in der erdrückenden Mehrzahl von Mutter-Kind-Beziehungen durch eine Zuproduktion der Mutter, die sich in Bewegungen und Äußerungen des Kindes wiedererkennt, in den Schein eines wechselseitigen Verhältnisses umgedeutet. Kinder sind das, was man undankbar nennt.

»... das Kind hat nie genug, auch nicht an Wiederholungen. Maßhalten ist ihm das Schwerste ...«[6]

»Wir heißen das Kind aber darum nicht ›schlecht‹, wir heißen es ›schlimm‹; es ist unverantwortlich für seine bösen Taten vor unserem Urteil wie vor dem Strafgesetz.«[7]

»Ein Prinz of Wales, einigermaßen glücklich aufgestellt. Die Hand seitlich, die ihn stützt, ohne ihn anzufassen, kommt aus Wales; aus einfachen Verhältnissen.«

»Hausarbeit«

Der primären Produktion des Lebewesens stehen Tätigkeiten gegenüber, die überhaupt keine gattungsgeschichtliche Grundlage haben, sondern geschichtliche Zuordnungen von Arbeit enthalten.

Anekdote

»Bach, als seine Frau starb, sollte zum Begräbnis Anstalten machen. Der arme Mann war aber gewohnt, alles durch seine Frau besorgen zu lassen; dergestalt, daß, da ein alter Bedienter kam, und ihm für Trauerflor, den er einkaufen wollte, Geld abforderte, er unter stillen Tränen, den Kopf auf einen Tisch gestützt, antwortete: ›Sagt's meiner Frau.‹ – «

Alle hieraus abgeleiteten, ebenfalls höchste verschiedenen gesellschaftlichen Stufen entstammenden Frauenarbeiten sind rein geschichtlich durch das herrschende Patriarchat hergestellt, sie sind grundsätzlich auswechselbar zwischen den Geschlechtern, wenn auch die Personen, die dem herrschenden Geschlecht zuzuordnen sind, die Beherrschung der Arbeitsmittel und der Situationen erst mühsam lernen müßten. Es geht also um einen Status, nichts Ewiges. Diese Tätigkeiten beziehen sich (1) auf einen spezifischen Anteil in der Erziehung, besondere Mittel der Verführung und der Aufspaltung der Person des Kindes, die seine Anpassung an die gesellschaftliche Disposition, an das Arbeitswesen, erzielen[9]; (2) Zuarbeit als Status und als praktische Tätigkeit; (3) Erotische Beziehungsarbeit; (4) Zuproduktion zur Aufrechterhaltung des Prinzips der Familie; (5) kooperativer Zuschuß aus dem Beziehungsverhältnis für alle möglichen gesellschaftlichen Mängel, **nur deshalb, weil Frauen das können und der Gesellschaft eine Art Naturzuschuß zuliefern, die die Krisenumverteilung erleichtert;** (6) Abgabestrom an die punktuell und dezentralisiert verteilten Momente der Herrschaft, also: Anteil der Frauen an der Herrschaft des Realitätsprinzips.

An dem Abgabenstrom (Annex) sind alle Menschen mit Anteilen beteiligt, außer Kindern und »unwürdigen Greisinnen«. Der Beitrag von Frauen hat aber eine spezifische Form, ist gleichsam eine Abgabe in Naturalien. Es ist nicht zu verkennen, daß von den 51% Frauen in der Bevölkerung ein gewaltiges Zuprodukt zum Realitätsprinzip geleistet wird. Daß mein Kind hinter anderen Kindern nicht zurückbleibt, in der Schule lernt, die Regeln befolgt werden, in denen der Mann wirtschaftlich Erfolg haben kann, Krisen nicht auf die Familien übergreifen – und, da man dies nicht verhindern kann, daß sie gar nicht erst entstehen: daß ich, *wenn* ich kämpfe, zum Äußersten getrieben, zwar die Basis der Interessen, die gesamte Familie in Gefahr bringe, dabei aber in keinem Moment die libidinöse Beziehung, den Wert dessen für mich, was ich in Gefahr bringe, aus dem Auge verliere, – das alles produziert sich dem Prinzip nach konservativ.[10] Anders gesagt: Ihre Abgaben zur Aufrechterhaltung von Herrschaft übertragen in vollem Umfang libidinöse Struktur. **Legitimations-*geld* besitzt das Realitätsprinzip reichlich, im Gegensatz zu dem Feudalherrn hat es aber geradezu Heißhunger nach Legitimations-Naturalien.** In der Phase der Erosionskrise des Kapitals, des Legitimationszerfalls, ist die Formenwelt dieses Abgabenstroms etwas Modernes. Als engerer Ausschnitt ist die permanente Zuproduktion zur Aufrechterhaltung des Familienprinzips – und dies findet auch statt, wenn keine Ehen geschlossen werden, da alle außerehelichen Beziehungsverhältnisse eheähnlich strukturiert sind – ein moderner Zuschuß zur Strukturierung des herrschenden Realitätsprinzips.

Geradezu atavistisch dazu verhalten sich Hausarbeit und Zuarbeit im Beziehungsverhältnis. Wenn wir die vorige Gruppe an Zuarbeit als modern bezeichnet haben, so meinen wir, daß sie auf der Linie eines Heißhungers des Kapitals und des Geschichtsverhältnisses liegt. Hausarbeit und subtile Aufspaltungsprozesse der Erziehung dagegen sind dem Kapital völlig fremd. Es hat sie immer nur formell subsumiert oder sogar in der Nebeneinanderlagerung belassen. Es kümmert sich nicht um dieses Zuprodukt, nutzt es in den Formen der sekundären Ausbeutung. Z.B. wird Hausarbeit *industriell mechanisiert*, aber niemals *industrialisiert*, erreicht also keine Kooperationsstufe. Von der Kooperation ausgeschlossen ist auch die Erziehung am einzelnen Kind im Elternhaus.[11]

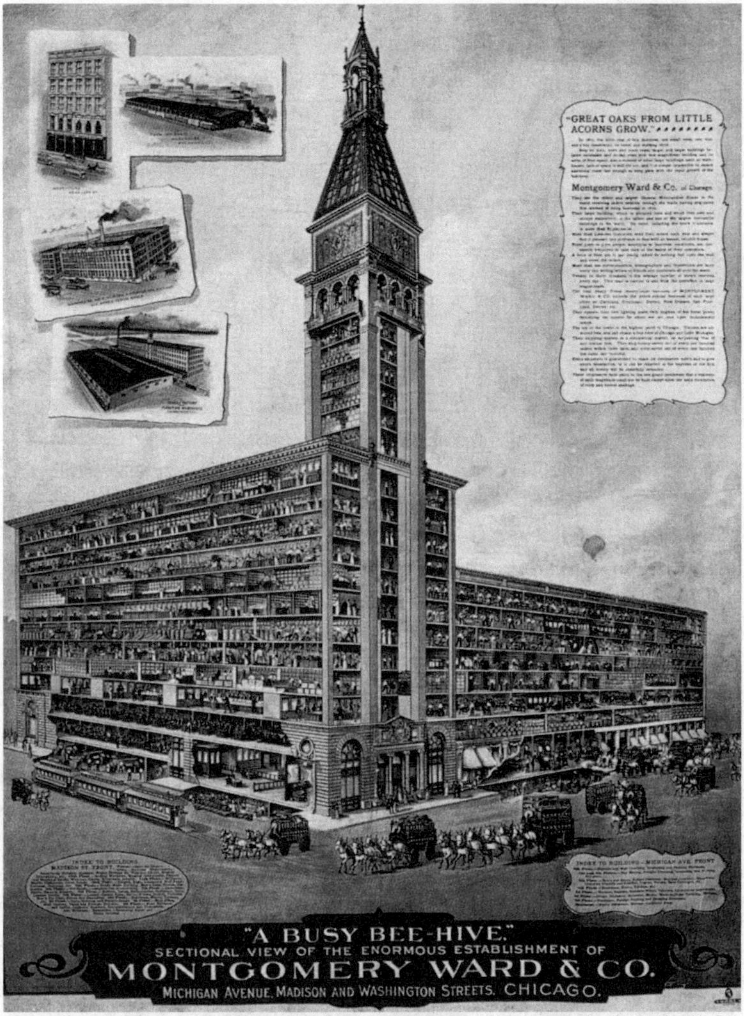

»Ein fleißiger Bienenkorb«. (A busy bee hive) Heißhunger nach Geld und Kunden. Warensammlung.

»Das Einzelstück ist nie ganz lieblos.«

Krupps Riesenkanone, 1867: »*Protego ergo obligo,* ich schütze, deshalb vermag ich zu verpflichten.« Daß die Macht die Mittel hat zu drohen, ist ihr *Legitimationsgeld.* Es kennt nur große Scheine.

Die Feinsteuerung von *protego ergo obligo* geschieht durch *Naturalien.* Ich löse etwas aus, indem ich Dich anfasse. Keine Bedrohung mit Gewalt kann solche Einflüsse üben. Daher *Heißhunger des Realitätsprinzips* nach solchen Naturalien. Ich berühre Dich, schütze Dich und dadurch beeinflusse ich Dich. Das ist Feinsteuerung.

Bauern produzieren Korn, Bauernkleider. Das sind Naturalien. In solchen Naturalien leisten sie ihre Abgaben. Der Herr hätte lieber *Geld.* Mit Kälbern, Gänsen und Bauernarbeit kann er nicht Krieg führen.

Das Gebäude des Obersten Gerichts. Eine andere Art von Kanone. Das Legitimationsgeld der Rechtsordnung könnte *allein* das Recht nicht durchsetzen, wenn nicht der *rechtliche Sinn* in der Naturalform der Familie massenhaft hergestellt würde. Heißhunger nach solchen Naturalien: Das Legitimationsgeld hat Inflation.

Diese Stufe der häuslichen Produktion entspricht etwa dem, was Marx die germanische Form des Eigentums nennt.[12] Die Beziehungsverhältnisse im einzelnen Haus sind ohne Institutionalisierung in einer Dauerbewegung und stellen ihre Gleichgewichte in jedem Moment erneut her. Sie sind dem ursprünglichen Eigentum verwandt und dem gesellschaftlichen Privateigentum eigentlich entgegengesetzt. Die erotischen Beziehungsverhältnisse folgen einem ähnlichen Prinzip. *Sie* können aber nicht einmal ursprüngliches Eigentum herstellen.[13]

Frauen sind eine gesellschaftliche Klasse im Hinblick auf diese Tätigkeiten. Dazu gehört das Austragen von Kindern unter den geschichtlichen Bedingungen der Gesellschaft. Das *gattungsgeschichtliche* Vermögen an sich, Kinder zu bekommen, ist keine Klasseneigenschaft. Es ist keine gesellschaftliche, sondern eine Bestimmung der Evolution. Ebenso ist es *nicht klassenspezifisch für die Frauenklasse*, wenn sie sich in Berufen betätigen. Sie gehören dann mit dieser Eigenschaft, je nach Tätigkeit, zur herrschenden Klasse, zur proletarischen, zur bäuerlichen usf.

In ihrer spezifischen Klasseneigenschaft sind sie nicht dadurch bestimmt, daß ihnen die Produktionsmittel weggenommen werden. Das unterscheidet sie von den Proletariern. Die klassenspezifische Bestimmung liegt vielmehr darin, daß sie einerseits eine gesellschaftlich frühe Produktionsweise aufrechtzuerhalten gezwungen sind und zugleich an der Aufrechterhaltung und Reproduktion der modernen Gesellschaft produzieren. Klasseneigenschaft ist also nicht *Wegnahme*, sondern ein *Zerreißungsprozeß.* Die Zerreißung besteht darin, daß sie einerseits dem integralen Programm von Beziehungsverhältnissen ausgesetzt sind und zugleich an allen Formen der Selbstentfremdung teilnehmen sollen. Die Haltungen schließen einander aus.

Versuch einer Klassenbestimmung häuslicher Arbeit

Soweit häusliche Arbeit, die heute ebenso von Männern übernommen werden kann oder arbeitsteilig erfolgt, der Industriegesellschaft einen unbezahlten Zuschuß zuführt, ist sie formell unter das Kapital subsumiert. Auch wenn der Form nach anders produziert wird als in der übrigen Gesellschaft, gelten hier alle Klassenbestimmungen der gesellschaftlichen Klassen. Versorgt eine Frau ihren Mann, der im industriellen Betrieb arbeitet, hilft sie, seine Arbeitskraft zu regenerieren, bereitet sie in der Erziehung ihr Kind auf Schule oder Beruf vor, so gehört sie in diesen Tätigkeiten zur arbeitenden Klasse. Für die Tätigkeit wird sie nicht bezahlt, sie partizipiert lediglich an der Lohnarbeit über die Regulationen der Hausgemeinschaft. Tut sie dies als Frau eines Unternehmers, so gehört sie zur kapitalistischen Klasse, tut sie es als Bäuerin, zur Bauernklasse usf. Ihre spezifischen

Klasseneigenschaften, ihre Unterdrückung geht in die Klassenverhältnisse der dominanten Ökonomie ein.

Daß die häusliche Arbeit immer zugleich in dieser Unterordnung erscheint, in der nur *Einzelprozesse* und *Resultate* davon gemessen werden, und diese zudem keinen Warenwert besitzen, in denen die Tätigkeiten wenigstens über Verdinglichung sich gesellschaftlich miteinander vergleichen, verzerrt das Bild der Hausarbeit. Was sie von anderen Arbeitsprozessen unterscheidet, ergibt ein Bild der Diskriminierung. Um die in der häuslichen Arbeit verschlüsselten geschichtlichen Arbeitsvermögen zu sehen, muß man sich von diesem Bild freimachen.[14] Wir müssen dazu in der Geschichte zurückgehen.

Die agrarische Hausgemeinschaft ist eine integrale Gesellschaftsformation, die seit dem Neolithikum (junge Steinzeit) besteht.[15] Diese Hausgemeinschaft ist das einzige ökonomische und soziale System, das menschliche Lebewesen herstellt. Sie besitzt Regulationen und von denen der folgenden gesellschaftlichen Formationen abweichende Institutionen, die eine geordnete Mobilisierung von körperlichen und kulturellen Kräften hervorbringen, die zu dieser Produktion taugt. Das Mittel der Mobilisierung ist die Beherrschung der Frauen. Aus der Hausgemeinschaft sind alle weiteren Gesellschaftsformationen und deren Produktionsweisen entwickelt. *Sie sind dadurch aber nicht überlegener oder entwickelter.*[16]

Eine ökonomische Despotie oder eine kapitalistische Formation ist in ihren ökonomisch-produktiven Leistungen der gesellschaftlichen Formation ursprünglicher Hausgemeinschaften überlegen, als System aber, in der Fähigkeit, menschliche Lebewesen hervorzubringen, unterlegen. Das gleiche gilt für die Strukturiertheit und Verknüpfung von reichen libidinösen und produktiven Beziehungen. Hierin sind ebenfalls ursprüngliche Hausgemeinschaften integraler als spätere Formationen. Eine frühe Gesellschaft verhält sich zu einer späteren nicht wie ein Kind zu einem Erwachsenen. Diese Stärken und reicheren Verhältnisse sind deshalb so schwer zu rekonstruieren, weil die überlagernden neuen Gesellschaftsformationen dadurch entstehen, daß Eigenschaften aus der ursprünglichen Formation auswandern und zugleich die ursprünglichen Formationen, die unterhalb der neuen Formation weiterhin Zuarbeit leisten, funktionalisiert werden, d.h. es wandern aus der neuen Formation fremde Funktionen und Arbeitsvermögen in sie ein.

Aus der ursprünglichen Hausarbeit wandert zunächst Produktion sowie Einheit von Produktions- und Lebenszusammenhang und damit das Grundelement ihrer Identität aus; dafür wandern Individualisierung und hysterische Erotisierung, erweiterte Erziehbarkeit der Kinder in sie ein; von diesen Aufgaben wandern wiederum Teile ins öffentliche Erziehungswesen aus. Es wandert das Prinzip der Glücksuche im Privaten, auf andere Weise als in früheren Schüben, verstärkt ein.

Familie in Bewegung. Die ursprüngliche Familienallianz als Produktionseinheit ist ausgewandert, das Auto hinzugekommen. Die Gesellschaftsform der Familienallianz besteht aus Tausenden von Menschen und kennt nicht die Kleinfamilie. In dieser ursprünglichen Gesellschaft ist auch eine Familie zwischen zwei in einem Einzelgehöft Lebenden, die nur ein oder zwei Kinder haben, keine Kleinfamilie.

BDM-Mädel 1938. Im Dritten Reich wandert in die Familie eine spezifische Ideologie des Kinderreichtums und der Ehrung der Mütter ein. In Wirklichkeit wandern erhebliche Energien aus den Familien aus. Die Jugendorganisationen und Teile des Erziehungs- und Spitzelwesens unterminieren die Familie.

Schaffnerin.

Hütung des Glücks.

Beobachtet man eine Situation der Hausarbeit, die gerade einmal nicht gestört oder von außen entfremdet erscheint, so unterscheidet sie sich deutlich von jedem anderen Arbeitsprozeß draußen. Den Kern bilden weder die Resultate noch auch nur der Prozeß, sondern die Situation selber, also ein Zustand. Z.B. wird ein Kind mit Essen versorgt. Das Ergebnis, daß es satt wird, ist keine unzureichende Beschreibung. Es ist eine libidinöse Berührung, eine Fülle von Mitteilungen damit verbunden.

Bei der Bearbeitung von toten Gegenständen im Betrieb spielt es keine Rolle, ob der Arbeiter wütend oder in guter Laune ist. Seine Bewegungen verraten nicht sein Verhältnis zur Maschine. In einer Wohnung dagegen sind die Orte und Zeitmaße aller Bewegungen zugleich ein zutreffendes Bild eines libidinösen und emotionalen Zustands zwischen den Personen und eigentlich auch einer Vorgeschichte dieser Beziehungen. Wer wen liebt und wer wie Hund und Katze steht, wird sich, sobald die Situation ihre Selbstregulierung entfalten kann, erweisen. Wenn wir von Hausarbeit sprechen, meinen wir also die ganze Skala von unmittelbaren erotischen Berührungen bis zur scheinbar technischen Versorgung, die Erziehung als ein Prozeß unter vielen.

Wie gesagt ist dies die Ruine einer ursprünglich integralen häuslichen Gemeinschaft, die wiederum auf einer Vorgeschichte und einem selbständigen, von keiner späteren Formation erzeugbaren Produktionsverhältnis beruht. Wenn Marx von dem darauf gegründeten Gemeinwesen sagt, es sei naturwüchsig[17], so meint er dies: gesehen von den *späteren Formationen, die der Industrialisierung vorhergehen.* Selbstverständlich ist die spezifische Gesellschaftsformation der agrarischen Hausgemeinschaft und ihr Gemeinwesen Produkt eines hohen gesellschaftlichen Standes und keineswegs Natur. Marx und Engels benennen die Elemente eines solchen Gemeinwesens: (1) Es betreibt eine sich selbst tragende (self sustaining) Produktion. (2) Die Menschen produzieren und konsumieren gemeinsam, der Zugang zu dieser Produktion, also insbesondere zu den Produktionsmitteln und der Produktionsüberlieferung, hängt von der Zugehörigkeit zu einem Gemeinwesen ab. (3) Ungleiche Beziehungen, folgend aus persönlicher Abhängigkeit, sind immer subjektiv vermittelt, libidinöse Beziehung und Arbeitsbeziehung ungetrennt. (4) Im Gemeinwesen entwickelt sich *nur* der Gebrauchswert.

Wir werden sehen, daß diese Beschreibung einen wesentlichen Punkt nicht einbezieht: Diese Gemeinwesen kennen sehr wohl eine Ware und ein Tauschverhältnis: den Frauentausch. Sie haben hierin ihren *Kern.* Sie kennen lediglich nicht die Warenbeziehung der späteren Ökonomien. Das gibt dieser frühen Gesellschaftsformation sowohl einen anarchischen wie einen **solidarischen** Charakter.

Die strukturalistische Schule untersucht »Steinzeit-Ökonomien« unter dem Gesichtspunkt der Verwandtschafts-Linien. Besser lassen sich solche sog. segmentären Agrargesellschaften mit »Häusern« vergleichen.[18] Ausgangspunkt der strukturalistischen Untersuchung ist die Hypothese eines universellen Inzestverbots.[19] Die Inzestschranke steht aber wiederum wie eine unerklärte historische Ruine da, wenn sie nicht in den Zusammenhang eines geschichtlichen Beziehungsverhältnisses rückt. **Man muß zeigen, warum für die frühe Gesellschaftsformation der Inzest nutzlos war, warum das Inzest-Tabu Grundlage eines elementaren Tauschverhältnisses darstellt.** Dazu muß die Vorgeschichte und Konstitution der Zellen agrarischer Hausgemeinschaften näher untersucht werden.

Marx unterscheidet zwei ursprüngliche Typen des Zusammenhangs mit der Natur, je nachdem, ob die Erde **Arbeitsgegenstand** oder **Arbeitsmittel** ist.[20] Die Erde ist Arbeitsgegenstand, wenn das, was sich auf ihr vorfindet, ohne daß zuvor menschliche Energie in sie investiert wurde, genutzt wird und dies die Gesellschaft bestimmt. Charakteristisch für diese Nutzungsart sind die Tätigkeiten der Jagd, des Sammelns, aber auch Kriegführen. In dieser Produktionsweise entstehen gesellschaftliche Beziehungsverhältnisse kurzfristig, der Zusammenhalt ist prekär. Es gibt Werkzeuge und die Zusammenarbeit mehrerer Individuen in einer Mannschaft, Horde oder Bande. Es gibt aber keine verwaltende Autorität, die die Erfahrungen über die Generationen zuverlässig weiterträgt, und solche Gesellschaften haben ein ernsthaftes Problem: Wie vermehren sie sich? Paarungen, Aufnahme eines Fremden, Adoption eines gewissermaßen unterwegs geborenen Kindes durch die Horde sind schwierig und prekäre, vom Zufall abhängende Verfahren. Von den beiden gesellschaftlichen Formen der Mitgliedschaft und der Verwandtschaft ist zunächst nur die Mitgliedschaft erarbeitet: Wen lasse ich in das Revier der Horde hinein, wen grenze ich aus. »In der Horde hängt die Lage eines Individuums von den freiwilligen, prekären und umkehrbaren Beziehungen ab, die es innerhalb der zeitlichen Grenzen seiner wirksamen Teilnahme an den gemeinschaftlichen Tätigkeiten eingeht.«[21]

Das Verhältnis zwischen den Menschen ist ähnlich roh und abstrakt wie das Verhältnis zur Natur, die bloßer Gegenstand ist, auf dem der Zufall im buchstäblichen Sinn etwas finden und erbeuten läßt. Diese Abstraktion überträgt sich auf die Fortpflanzung. Während die Krieger sich hierzu als Gelegenheitsarbeiter verhalten können, auf den Zufall lauern, besteht für die Frauen eine Produktionsbedingung: Sie sind für die Periode der Schwangerschaft und die anschließende Symbiose der Frau mit ihrem Kind einzigartige und unersetzbare Wesen, die für diesen Zeitraum in einer festen Zeitgestalt verankert sind. Es muß ein System vermutet werden, das man als **gynäkostatisch** bezeichnet hat. Die Frauen haben einen festen Sitz und die Männer müssen an diesem Sitz zeugen.[22] Gynäkostatische Gesellschaften (man kann also die Frau nicht mitnehmen) sind rigide, unstabil, turbulent, da unfähig sich innerhalb ihrer Normen zu korrigieren.[23] Das gilt nur für **diese** mobile Hordengesellschaft und geht nicht von den Frauen aus, sondern von der Trennung von mobiler Produktionsweise und gynäkostatischer Produktion der Generationen. Die Unsicherheit kommt daher, daß die Kriegerbanden sich verstärken müssen über das hinaus, was ihnen zuläuft. Sie kommen auf die Idee, sich die Voraussetzung dafür als Beute einzufangen. »Verbündete, bewaffnete, nach einem untereinander ausgeklügelten Plan handelnde Männer versuchen, eine möglichst isolierte, unbewaffnete, weder vorbereitete noch vorgewarnte Frau zu überraschen. Gleich welche Körperkraft oder Intelligenz sie besitzt, sie ist von vornherein zur Niederlage verdammt. Ihre Rettung liegt nicht im Widerstand, sondern in der unmittelbaren Unterwerfung unter ihre Räuber … Die Frauen befinden sich also sowohl gegenüber den Männern ihrer Gruppe, die sie beschützen, wie gegenüber denen der anderen Gruppe, die sie rauben, um sie dann ihrerseits zu schützen, in einer Situation der Abhängigkeit. Aufgrund ihrer sozialen Verwundbarkeit erniedrigt, werden die Frauen unter männlichem Schutz an die Arbeit gestellt, mit den undankbarsten, verdrießlichsten, vor allem unbefriedigendsten Aufgaben der Landwirtschaft und der Küche betraut.«[24]

Diese Beschreibung bezieht bereits eine spätere Stufe, die aber noch nicht die agrarische Hausgemeinschaft ist, in die Beobachtung ein. Die Horde ist nicht permanent Kriegsbande, sondern kennt bereits einfache Landwirtschaft, von der sie sich zu Kriegszügen aufmacht. Das gleiche Verhältnis entsteht, wenn sich eine Kriegsbande eine schon bestehende agrarische Produktion als Beute nimmt, sie unterjocht und sich zuarbeiten läßt, während sie zu weiteren Zügen ausrückt. Der Krieg und die verschiedenen Unterwerfungen fördern, wenn dies ein Dauerzustand ist, zu dem die Instabilität der Verhältnisse immer wieder hinführt, die Klasse der Männer, d.h. der Krieger: Das männliche Prinzip also nicht aus dem ganzen Geschlechtswesen, sondern aus einer Funktion abgeleitet. Das »begünstigt die Entstehung einer starken, brutalen, oft grausamen, aber personalisierten willkürlichen und geistlosen Autorität.«[25]

Diese Seite im Unterwerfungsverhältnis der Frauen ist etwa genauso alt wie das Abstraktionsprinzip in der Geschichte. Es ist sicher eine seiner Fundierungen, da im jahrtausendelangen Bedrohungs- und Trennungsprozeß (nur von der Zeit, die zum Austragen der Kinder erforderlich ist, wird nicht getrennt) wiederum produktive Antworten der Frauen auf die Trennung in die Geschichtsverhältnisse eingehen. **Das Prinzip bleibt also nicht so abstrakt, wie es angewendet wurde. Es ist Wiedergutmachung durch die Geschädigten im Gange.**[26]

Mit ursprünglichen Gesellschaften, die den Krieg mit der Natur und um menschliche Beute führen, koexistieren längst Ackerbaugesellschaften, die eine zufällige Reproduktion der menschlichen Generationen, die permanente kriegerische Störung des Beutemachens (das ruft Gegenbanden auf den Plan, die die Beute wieder abzujagen suchen) für das von ihnen entwickelte **Produktionsprinzip** unerträglich empfinden. Dies sind Gesellschaften, für die die Erde ein **Arbeitsmittel** ist. Der Zugang zur Erde setzt die Schaffung vorgängiger sozialer Beziehungen voraus. Wie die Schwangerschaften und die Symbiose von Mutter-Kind eine bestimmte Zeit und ein Nest erfordern, erfordert diese Produktion einen abgesicherten zeitlichen Zyklus über mehrere Jahre, damit die Vorschüsse und Rückzahlungen im Verhältnis zum Boden, denen auch Vorschüsse und Rückzahlungen in der Gemeinschaft entsprechen, stattfinden können. In ihrer Vorstellung trennen die Ackerbauern die Erde nicht von den Ahnen.[27] Die vergangenen und gegenwärtigen sozialen Bande, die Erfahrungen, ein Produktionsverhältnis, das sich auf die Produkte des Bodens, aber ebenso auf die Vermehrung der Menschen und die

Form, in der diese stattfindet, bezieht, ist der eigentliche **Besitz der Erde.** Dies kann ein bloß individueller Besitz sein, und es ist auch kein Eigentum in dem Sinne, daß es andere ausschließt. Aus diesem Grund sind dies die ersten **wirklichen** Gemeinwesen. Produktion und Generation sind an einem Ort zusammengefaßt.

Das Dasein dieses Ortes, der so zusammenzufassen versteht und *Haus* heißt, muß die Umwandlung der erzeugten Gebrauchswerte, ihre Eingliederung in vertragliche Produktionsverhältnisse anderer Ordnung erlauben. Das bezieht sich auf die entscheidende Frage der Stabilität, in der Generationen aufwachsen können. Das Beutemachen muß beendet werden und dies kann nur dadurch geschehen, daß ein Tauschverhältnis entwickelt wird, das zwischen den verschiedenen Häusern den Frauentausch regelt: Da für die Generativität Frauen eine unersetzbare Ware sind, der Entwicklungswert einer agrarischen Gemeinschaft geradezu an dem Besitz von Frauen abgelesen werden kann (die Anerkennung des Reichtums eines Stammes wird später am Vieh und nicht an Frauen gelesen, er wird verschoben, weg vom eigentlich den Reichtum produzierenden Lebewesen), liegt es auf der Hand, daß dieser *Tausch*, der lediglich den Krieg um die Frauen *überlagert*, nichts Einfaches ist. Eine geschlechtsreife Frau kann durch nichts anderes aufgewogen werden als durch eine andere geschlechtsreife Frau. »Wer immer ein junges Mädchen abtritt, erwartet ein anderes zurück.«[28] Ein solches äquivalentes Tauschverhältnis beantwortet aber nicht das Interesse der sehr kleinen Hausgemeinschaften. Hingabe und Rückgewähr sind vielmehr zeitlich versetzt und können sich auf verschiedenartige Generationen beziehen. **Es sind Übereinkünfte erforderlich, mit aufgeschobener Gegenseitigkeit. Hierfür brauchen die tauschenden Häuser Garantien.** Sie liegen in dem Verhandlungsvermögen der Ältesten. Die Hierarchie in der Formation der agrarischen Hausgemeinschaften gründet sich auf die **Anteriorität.** Diejenigen, die vorher kommen, übermitteln, weil sie den Ahnen näher sind, denen, die nachher kommen, die Produktionserfahrung, die Normen, sie verwalten die Lebensmittel, die ja nicht sämtlich verbraucht, sondern z. T. wieder an den Boden gegeben werden müssen: Jetzt überträgt sich diese Autorität auf den Fall der Heiratsgarantien.

Die Ältesten müssen sich dafür die Kontrolle über das Schicksal der Mädchen vorbehalten. Religion, Magie, Riten, unmittelbarer

Terror sind die Mittel, die das Verbot der Endogamie und das Inzest-Tabu erzwingen, **weil sich nur so das Prinzip des Tausches mit aufgeschobener Gegenseitigkeit verwirklichen läßt. Dies ist der zweite Ursprung in der Unterdrückung der Frauen, die wesentlich wirksamere, da sie mit der Kontrollierung des Kindes und libidinöser Beherrschung verknüpft ist.**[29] In dieser Unterdrückung ist der Stachel des Abstraktionsprinzips noch wirksam, weil ja der Tausch die ursprüngliche offene Gewalt des Frauenraubes in sich trägt; die Ackerbaugesellschaft, die diese Domestizierung hervorbringt, folgt aber dem Produktionsprinzip. Die Art, **wie** das Schicksal der Frauen dem Generationsprinzip und der politischen Garantiefähigkeit der Ältesten untergeordnet wird, folgt aus diesem Prinzip. Es ist deshalb auch möglich, ziemlich vollständig das Schicksal der Mädchen, ausgehend von der libidinösen Ebene, zu kontrollieren und dann auch zu strukturieren, weil keineswegs eine Zuweisung nur erniedrigender oder gleichgültiger Arbeit damit verbunden ist. Die Stellung der Frau hat einen hohen Rang, so daß einige solcher Gesellschaften mit matriarchalen Strukturen verwechselt werden können. Gerade diese Anerkennung und Entfaltung der generationserzeugenden Vermögen und der Hausarbeit durch Frauen fundiert deren Klassenlage, einzige Ware im sonst nur Gebrauchswerte herstellenden Gesellschaftsverhältnis zu sein, libidinös. Es gibt also, da sich durch Unterjochung solcher Ackerbaugesellschaften durch Kriegerstämme die ursprünglichen Gesellschaften vermischen, nicht *einen*, sondern *zwei* Ursprünge der klassenspezifischen Unterdrückung von Frauen.

In keiner dieser Unterdrückungen werden den Frauen die Arbeitsmittel entzogen. Sie werden lediglich einseitig sortiert. Da jede subtil erweiterte Fähigkeit, im Hause Beziehungen herzustellen, zugleich ein Arbeitsmittel ist, wäre eine permanente Zunahme der Produktivität durch Frauen festzustellen, wäre sie nicht durch die Männer und Söhne sofort als Ausweise von *deren* Produktivität angeeignet. In der gesamten Geschichtsfolge produzieren Frauen etwas, das die Männer anschließend aneignen und veröffentlichen.

Es ist keine Gesellschaft bekannt, in der eine Filiation (Abstammungslinie) von der Mutter auf die Tochter erfolgt. In matrilinearen Gesellschaften ist es der älteste Bruder der Mutter, der die Filiation bestimmt. In patrilinearen erfolgt die Filiation vom Vater auf den

Sohn. Hieran knüpft sich das, was für das Erbe gehalten wird. Ganz gleich, was Frauen produziert haben – und schließlich haben sie die gesamte Menschheit produziert –, das Erbe definiert das Produkt um als das von Männern. **Insofern ist die spezifische Klasseneigenschaft von Frauen Enterbung: Während sie doch mit ihren Körpern und in den erodierten Formen der Hausarbeit am Reichtum des gattungsgeschichtlichen und geschichtlichen Erbes festgehalten sind.** Dies, daß sie vom Erbe sich nicht lösen könnten und zugleich im modernsten Kontext unbezahlte Zuarbeit leisten, ist das Zerreißungsprinzip. Es bildet einen permanenten Prozeß der Trennung und ist ein besonderer Fall von Entstehung des Arbeitsvermögens aus der Trennung. Die ungeheure Fülle libidinöser und emotionaler Untrennbarkeit der spezifischen Hausarbeit, was Feingriffe betrifft, ist aus der Permanenz des Trennens herzuleiten.

Daß diese Produktionsweise in der modernen Gesellschaft mit Privatheit geschlagen ist, wiederholt den Vorgang der Enterbung auf eine andere Weise. Von allen Produktionsweisen der Gesellschaft geht die Hausarbeit am wenigsten in Stufen der Assoziation, Kollektivität oder Öffentlichkeit ein.

Gegenstand, Arbeitsmittel, Doppelprogramm auf den verschiedenen Stufen der Frauenarbeit

Als einzige Klasse in der Gesellschaft haben Frauen mit dem Produktionsgegenstand zu tun, der überhaupt für emanzipatorische Prozesse geeignet ist: Mit Beziehungsverhältnissen, mit der Produktion und Reproduktion von **Menschen.** Sie verfügen dabei – dafür ist es ganz gleich, ob dies durch patriarchalische Unterdrückung ihnen aufgeprägt ist – über spezifische Arbeitsmittel, die sonst in der Gesellschaft keine Anwendung finden. Für diese Arbeitsmittel wird auch in der kapitalistischen Gesellschaft nicht gezahlt.[30] Folge der Zerreißung ihrer Produktionsweise in zwei widersprüchliche Grundorientierungen sind Doppel- und Dreifachprogramme. Wir nehmen an – obwohl darüber keine korrekten Forschungen vorliegen und niemand sicher sein kann –, daß diese geschichtliche Disposition ein Unterschied für die Spiegelungsprozesse des Bewußtseins ausmacht.

Um der sofort auftretenden Kritik zu begegnen: Wir halten die Verschiedenartigkeit dieser Spiegelung vom gesellschaftlichen herrschenden Bewußtsein für etwas äußerst Positives; zugleich erinnern wir daran, daß wir nicht von maskulinen oder femininen *Personen*, sondern in der Person vermischten *Produktionsprinzipien des menschlichen Wesens* sprechen. Die Kooperation zwischen rechter und linker Hirnhälfte, Erregungslinie und Figurationslinie in der Evolution des Bewußtseins, ist, so vermuten wir, feminin anders verteilt und zwar zugunsten der Erregungslinie. Was folgt daraus? Die Zeitgestalten der gesellschaftlichen Geschichte haben eine den Zeitgestalten der Gattungsgeschichte gegenüber unnatürliche Beschleunigung. Dies ist der Grund der permanenten Forcierung des Bewußtseins, auf das es mit Ausgrenzungen und Panzerung antwortet. Die Charakterpanzer sind nichts anderes als der Ausdruck des Krisengesetzes, das die überzogenen Bewußtseinsvermögen periodisch auf ihr natürliches Maß zurückführt. Ein solcher periodischer Zusammenbruch würde, wenn er das Ganze von Körper und Hirn erfaßt, zur Vernichtung führen; dies wird durch die autonomen Regionen des Körpers und die Abwehrschranke des psychischen Apparats verhindert. Das in die Flucht geschlagene Ich, weil es nicht stark genug ist, erfindet diese Grenzsetzung. Krise erscheint also nicht als Zusammenbruch, sondern durch Antizipation, als etwas besonders Starres und Festes. Entwicklungsgeschichtlich erhält das Prinzip der sog. Höherspreizung im Hirnaufbau eine Lateralisierung, d.h. die Bearbeitung der Eindrücke ist nebeneinandergelegt, verzweigt, figurativ. Der Gebrauch dieser an sich hohen Produktivitätsstufe erfolgt aber so übereilt, auf den Wegen der Trennungsprozesse und daraus ausgelöster Dynamik einer fast permanenten Aufmerksamkeit, daß eine Trennung von der materiellen Körperlichkeit, dem rhythmischen Takt der Erregungslinie erfolgt, die in keinem Maßverhältnis steht. Das Abstraktionsprinzip produziert sich also über diese an sich zum Produktionsprinzip gehörige Stufe und gewinnt Trennungsgewalt, die es seiner ursprünglichen Genese nach nicht hatte.

Patriarchalisches Prinzip und Abstraktionsprinzip gehen eine Koalition ein. Dies ist die Tendenz der **Vergeistung,** die notwendig Krisen produziert. Eine größere Kooperation der Figuration zur Erregungslinie ist dagegen materialistisches Prinzip. Es hält die Verwurzelungen im inneren Gemeinwesen aufrecht. **Was wir, verzerrt**

durch Männerbeobachtung, als weibliche Emotionalität bezeichnen, ist eine starke Verwurzelung des Bewußtseins in beiden Grundkräften, die im Bewußtsein tätig sind, also eine Nicht-Trennung. Wir vermuten, daß die radikale Aufspaltung in eine ursprüngliche und in eine moderne Produktionskette, mit denen Frauen umzugehen gezwungen sind (das ist ihr Klassenmerkmal), die Aushilfe produziert, daß sie geschichtsevolutionär die Verwurzelung der Figuration in der Erregungslinie nie verlassen haben. Sie haben eine Trennung erlitten und dafür eine andere nicht mitgemacht.

Tätigkeit	Kalorienverbrauch bei Frauen (kcal)	Kalorienverbrauch bei Männern (kcal)
Ruhelage	0,98	1,19
Stehen	1,11	1,25
Büroarbeit	1,31–1,72	1,6
Kartoffelschälen	1,29	2,7
Abwaschen	1,53	3,3
Waschen und Anziehen	3,3	3,56
Gehen	2,9	5,1
Bettenmachen	5,4	7,0
Skilaufen	10,8	9,9

Aus einem Handbuch: *Durchschnittlicher* Energieverbrauch bei Männern und Frauen. Wenn ein Mensch in einem Bach ertrinkt, von dem gesagt wird, er habe im Durchschnitt 5 cm Tiefe, so widerspricht das nicht den Tatsachen.

Unterschiede zwischen Mann und Frau

Maße		Frauen	Männer
Gewicht des Gehirns:			
	klein:	1100 g	1200 g
	durchschnittlich:	1300 g	1500 g
	groß:	1600 g	1800 g
Gewicht des Herzens		260 g	310 g
Blutmenge		4,5 l	5,5 l
Hautoberfläche		1,6 m^2	1,8 m^2
Wasser in Prozent des Körpergewichts		56 %	62 %
Muskeln in Prozent des Körpergewichts		36 % (davon 75 % Wasser)	42 % (davon 75 % Wasser)
Fett in Prozent des Körpergewichts		28 %	18 %
Knochen in Prozent des Körpergewichts		18 %	18 %
Durchschnittliche Länge des Rückrats		61 cm	70 cm
Gesamte Lungenkapazität			
mit 25 Jahren:	klein:	3,2 l	4,3 l
	durchschnittlich:	4,2 l	6,0 l
	groß:	5,4 l	9,0 l
Anzahl der Atemzüge pro Minute (Ruhelage)		20–22	14–18
Lufteinnahme pro Atemzug:			
	Ruhe:	0,4 l	0,7 l
	leichte Arbeit:	0,7 l	1,4 l
	schwere Arbeit:	1,1 l	2,0 l
Größte Lufteinnahme (Vitalkapazität) mit 25 Jahren		3 l	4,5 l
Anzahl der roten Blutkörperchen pro Kubikmillimeter (Blutbild)		4 200 000–5 400 000	4 600 000–6 200 000

»Durchschnittswerte«

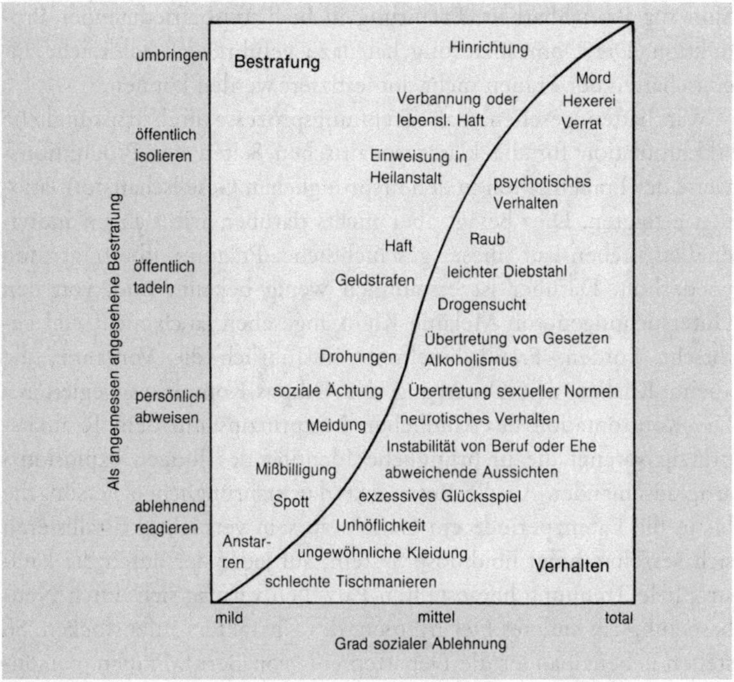

»Wer sich entsprechend verhält, wird entsprechend bestraft.« Rechts oben Hexerei.

Triebschicksal und Assoziationsvermögen

Etwas, das unterdrückt wird, wird dadurch auch unabhängig und unbeeinflußbar. Da wir nicht von weiblichen Personen, sondern von Anteilen, die in allen Personen gemischt auftreten, sprechen, ist es die Rückwirkung des patriarchalischen Prinzips, das gegenüber weiblichen Anteilen von Männern die gleiche Wirkung hat. Dies bedeutet: konkrete Objektbeziehung, aufrechterhaltene Liebesfähigkeit aus gesellschaftlichen Formationen vor den Trennungsprozessen, spezifische Kooperation, die nicht identisch ist mit der industriell hergestellten, daraus – allerdings parzelliert im Privatverhältnis – überhaupt Arbeitskraft, die durch ihr Produktionsverhältnis an Menschen und nicht bloß an Sachbeziehungen erlernt wird; Fähigkeit, das Raubbau-Prinzip der Gesellschaft **nicht** zu übernehmen,

Sinn für Brauchbarkeit, Erfahrung in bedürfnisbefriedigender Produktion. Die Domestizierung hat dazu geführt, daß zahlreiche Eigenschaften der Frauen nicht domestiziert werden können.

Wir hatten gesehen, daß Trennungsprozesse und ursprüngliche Akkumulation für die klassenspezifischen Seiten der Produktionsweise der Frauen schon in den ursprünglichen Gesellschaftsformationen erfolgten. Dies besagt aber nichts darüber, wie sich im individuellen Lebenslauf diese geschichtliche Prägung überträgt und wiederholt. Darüber ist erstaunlich wenig bekannt und, von den Untersuchungen von Melanie Klein abgesehen, auch nicht viel geforscht worden. Freud beschreibt ausführlich die Vorgänge, die »beim Knaben den Untergang des Ödipus-Komplexes begleiten.« Die Konfrontation des kindlichen Lustprinzips mit dem Realitätsprinzip sprengt die ursprüngliche Identität des Jungen explosionsartig auseinander. An die Reststücke der ursprünglichen Person, die bis in die Latenzperiode ein Ganzes zu sein versucht, kristallisieren sich verselbständigt libidinöse System; auf jeder der durch die katastrophale Trennung hergestellten Parzellen vermag sich durch Neubesetzung ein anderes Departement des Charakters aufzustocken. So stehen nebeneinander die Departements von Beruf, Frauen, persönliche Neigungen, gesellschaftliche Veränderung, das der Wünsche, das des Nestbauinstinkts, das der Frau im Mann usf. Das Produkt der lebensgeschichtlichen Trennung und das der Trennungen in den Außenverhältnissen greifen ineinander. Daher findet auch relativ vollständige Eingliederung in die Warenproduktion statt.

Dies wäre unmöglich, bestünde der Charakter nur aus starken Eigenschaften. Sie würden Außen etwas brechen oder selber zerbrechen. Es ist die Summierung von schwachen Eigenschaften, die die Regulierungen von Innen und Außen und die relativ leichte Assoziierung zu Mehreren in Berufs- und Freizeitmännerbanden ermöglicht. Sie einigen sich auf der Basis der Vielgliedrigkeit und Gestuftheit der einzelnen Eigenschaften und zugleich auf dem geringen Nenner, den diese haben. Als Persönlichkeit ist insofern ein Mann eine Ruine, auf der Aufbauten errichtet wurden. Sie sind wie Behälter. Bei jedem gesellschaftlichen oder individualgeschichtlichen Umschwung bleiben einzelne solcher Behälter stehen. Dies macht auch weitere Trennungen und eine **spezifische ungeschichtliche Radi-**

kalität möglich, die sowohl revolutionärem wie konformistischem Verhalten anhaftet.

Offensichtlich ist das Triebschicksal von Mädchen anders. Gemeinsam ist zunächst die symbiotische Bindung an die Mutter.[31, 32] Wir gehen davon aus, daß sich diese ursprüngliche Bindung niemals auflöst, auch wenn im Bewußtsein in der Regel die Triebdynamik eine Abwendung von der Mutter und eine Zuwendung zum Vater zeigt. Für die Masse der psychischen Prozesse ist kein Grund zu erkennen, warum die Abwendung die ganze Person ergreifen soll. Gerade die Abwendung von der Mutter und Zuwendung zum Vater, wie sie in den bewußten Strebungen erfolgt, schützt die unter der Abwehrschranke formierte, ursprüngliche Bindung und macht sie im weiteren unbeeinflußbar. »Freud zufolge kennt das Mädchen [...] keine Kastrationsangst, während diese Angst beim Knaben die ausschlaggebende Motivation [...] ist.«[33] Die Zuwendung zum Vater aber hat die Richtung auf das Realitätsprinzip, wird also nicht gebrochen wie beim Jungen. Die Zuwendung des Mädchens zum Vater wird von diesem in der Regel als ihm zukommender Rabatt auf die Inzestschranke angenommen und mit Zuwendung seinerseits beantwortet. Das patriarchalische Prinzip der Realität bildet die verlängerte Perspektive des Vaters und kann deshalb vom Kinde ebenfalls zunächst libidinös besetzt werden. Alle späteren Einwirkungen (wir sprechen immer nur von einer Regel, niemals von der Fülle von Einzelfällen, die immer abweichen) können niemals stärker sein als die Energien von Mutterbindung und Zuwendung zum Vater gemeinsam. Bei Mädchen, sagt Freud, bereitet der Kastrationskomplex »den Ödipuskomplex vor anstatt ihn zu zerstören, durch den Einfluß des Penisneides wird das Mädchen aus der Mutterbindung vertrieben und **läuft in die Ödipussituation wie in einen Hafen ein**«.[34]

Trifft dieses Triebschicksal für eine Mehrheit von Frauen zu, so spricht das für ein starkes Ich, das eine Reihe von Abwehrschranken und Ausgrenzungsprozessen zum libidinösen Unterbau nicht benötigt. Es ergibt sich ein deutlicher Widerspruch: Frauen entwickeln eine besonders substanzreiche Verknüpfung der die Person zusammensetzenden Kräfte; aber je »identischer« sie auf diese Weise mit sich sind, desto entfernter sind sie von ihrer weiblichen Identität, von der sie sich geradezu absolut entfernen, wenn sie in den Konformismus des maskulinen Realitätsprinzips »einfahren«. Die Mutterbindung ist vom **Bewußtsein** ausgeschlossen, die Richtung auf Vater/Realitätsprinzip ist die **entfremdende.**

Die Schwierigkeit, die spezifische eigene Kraft, die daraus folgenden geschichtlichen Arbeitsvermögen von Frauen zu einem Selbstbewußtsein zu machen, das den emanzipatorischen Charakter dieser Vermögen für alle übrigen gesellschaftlichen Klassen hervorhebt, hat ihren Grund in dieser Verschlüsselung der Kräfte. Es sind historisch, gemessen an der Masse ihrer Kräfte, wenig massenhafte, kollektive Ausbruchsversuche von Frauen aus der Nicht-Öffentlichkeit der Hausarbeit zu beobachten. Auch dies ist eine Folge. Es tritt eine weitere Schwierigkeit hinzu, die ihren Grund ebenfalls in der personalen Stärke und Besonderung des Triebaufbaus und der Arbeitsvermögen der Frauen hat. Wir hatten gesehen, daß starke Eigenschaften sich bei einem Assoziationsversuch hermetisch verhalten, schwache den bei Assoziationen notwendigen Trennungen von etwas Eigenem und Besonderen keine so großen Hindernisse in den Weg legen.

Assoziation und Kooperation sind als gesellschaftliche Vorstellung bereits verzerrt. In der Industrie kooperierende Gruppen sind über Abstraktheit vermittelt; das gleiche gilt für die Kooperation, die in allen Kommunikationsprozessen der Öffentlichkeit steckt. Ihnen geht eine Abstrahierung der Sprache voran. Wenn man sich Assoziation so vorstellt, wie Parteien, Vereine, Berufsverbände oder berufliche Qualitäten assoziiert sind, hat man die Vorstellung der Vereinigung bereits auf wenige Typen reduziert. Beobachtet man kooperativ tätige Frauen, so verhalten sie sich nicht wie Kooperationsgruppen in der Industrie, sondern wie fusionierende Gruppen. Die Intensität der Gefühle, Intimität der Situation, und nicht eine äußere Anordnung, wie sie der Vorarbeit eines Vereinsvorstands oder Planung eines Arbeitsablaufs oder dem Vorverständnisprozeß in Politik und Öffentlichkeit entspricht, stellt die Vereinigung her. Fusionierende Gruppen prüfen aber die Korrektheit der Beziehungsverhältnisse in jedem Moment neu. Sie haben deshalb einen subtilen und prekären Zusammenhalt. Eine fusionierende Gruppe kann man schwer institutionalisieren. Es wäre ihrer wirklichen Tätigkeit auch nicht adäquat. Die Organisationsformen, die die Gruppe selber hervorbringt, ist nicht stark genug, libidinös verwurzelte starke Besonderheiten jeder Frau zur Abtrennung und Neubindung zu bringen. Das, was das Zweierverhältnis ausmachen soll, wird von der Gruppe nicht erwartet, wo es an sich herstellbar wäre. Dritte Formen starker Organisation, die aber zugleich informell sein müssen, zugleich Intensität der Gefühle zulassen, sind nicht genügend bekannt. **Öffentlichkeit und Intimität** liegen extrem weit auseinander, man kann sie als die Beschreibung von zwei Gegenpolen bezeichnen. **Die Einheit von Öffentlichkeit und Intimität wäre eine starke Organisationsform.**

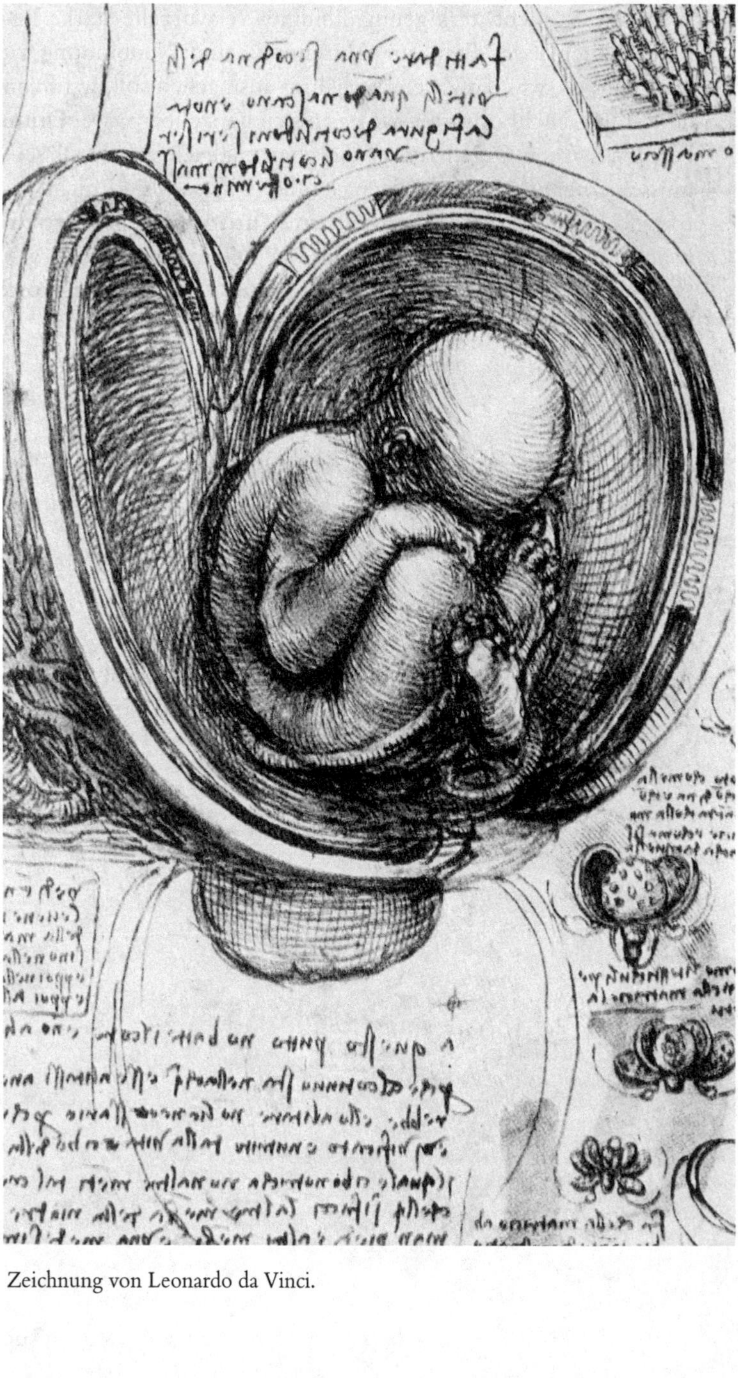

Zeichnung von Leonardo da Vinci.

Kommentar 3

Der Begriff des Wirklichen

FREUD ÜBER DIE UMSCHRIFTEN DES BEWUSSTSEINS; »ÜBERLEBSEL«

Freud schreibt an Fließ: »Du weißt, ich arbeite mit der Annahme, daß unser psychischer Mechanismus durch Aufeinanderschichten entstanden ist, indem von Zeit zu Zeit das vorhandene Material von Erinnerungsspuren eine **Umordnung** nach neuen Beziehungen, eine **Umschrift** erfährt. Das wesentlich Neue an meiner Theorie ist also die Behauptung, daß das Gedächtnis nicht einfach, sondern mehrfach vorhanden ist, in verschiedenen Arten von Zeichen niedergelegt. [...] Wie viele solcher Niederschriften es gibt, weiß ich nicht. Mindestens drei, wahrscheinlich mehr. Dazu folgendes Schema, welches annimmt, daß die einzelnen Niederschriften auch nach ihren Neuronenträgern gesondert sind (nicht notwendig topisch). Die Annahme ist vielleicht nicht notwendig, aber doch die einfachste und vorläufig zulässig.

	I	II	III	
W	Wz	Ub	Vb	Bews
XX ----	XX ----	XX		
		----	XX ----	XX
X	XX	X	X	X
		X		

W sind Neurone, in denen die Wahrnehmungen entstehen, woran sich Bewußtsein knüpft, die aber an sich keine Spur des Geschehenen bewahren. **Bewußtsein und Gedächtnis schließen sich nämlich aus.**

Wz ist die erste Niederschrift der Wahrnehmungen, des Bewußtseins ganz unfähig, nach Gleichzeitigkeitsassoziation geführt.

Ub (Unbewußtsein) ist die zweite Niederschrift, nach anderen, etwa **Kausalbeziehungen** angeordnet. Ub Spuren würden etwa **Begriffserinnerungen entsprechen, ebenfalls dem Bewußtsein unzugänglich.**

Vb (Vorbewußtsein) ist die **dritte Umschrift, an Wortvorstellungen** gebunden, **unserem offiziellen Ich** entsprechend. Aus diesem Vb werden die Besetzungen nach gewissen Regeln bewußt, und zwar ist dieses **sekundäre Denkbewußtsein** ein der Zeit nach nachträgliches, wahrscheinlich an die halluzinatorische Belebung von Wortvorstellungen geknüpft, so daß die **Bewußtseinsneuronen** wieder **Wahrnehmungsneuronen und an sich ohne Gedächtnis** wären.

Wenn ich die psychologischen Charaktere der Wahrnehmung und der drei Niederschriften vollständig angeben könnte, hätte ich damit eine neue Psychologie beschrieben. [...]

Ich will hervorherheben, daß die aufeinander folgenden Niederschriften die psychische Leistung von sukzessiven Lebensepochen darstellen. An der Grenze von zwei solchen Epochen muß die Übersetzung des psychischen Materials erfolgen. Die Eigentümlichkeiten der Psychoneurosen erkläre ich mir dadurch, daß die Übersetzung für gewisse Materien nicht erfolgt ist, was gewisse Konsequenzen hat. Wir halten ja an der Tendenz zur quantitativen Ausgleichung fest. Jede spätere Überschrift hemmt die frühere und leitet den Erregungsvorgang von ihr ab. Wo die spätere Überschrift fehlt, wird die Erregung nach den psychologischen Gesetzen erledigt, die für die frühere psychische Periode galten, und auf den Wegen, die damals zu Gebote standen. Es bleibt so ein Anachronismus bestehen, in einer gewissen Provinz gelten noch ›Fueroi‹; es kommen ›**Überlebsel**‹ zustande.«[1]

*

Freud hat als erster darauf bestanden, daß in den psychischen Instanzen immer mehrere Personen und damit mehrere Realitäten zusammenwohnen. Dies ist mit der geschichtsevolutionären Person nicht anders.

Bestimmtheit, Unbestimmtheit; Gegenständlichkeit, Ungegenständlichkeit

Wir hatten gesehen, daß Wirklichkeit als bloße Häufung von Dingen im antagonistischen Gesellschaftsverhältnis sich als wirklich oder unwirklich erweisen kann. Wirklich sind Menschendinge im gesellschaftlichen Verhältnis nur nach den Kategorien Bestimmtheit und Gegenständlichkeit. **Bestimmt** sind sie, bezogen auf den Antagonismus des Wirklichkeitsinteresses; **gegenständlich** wirklich sind sie, bei unmittelbarer Berührungsfläche und Vollständigkeit des Zusammenhangs. Arbeit, die im wirklichen Verhältnis Veränderungen hervorbringt, folgt in ihrer Bestimmtheit und Gegenständlichkeit der Dialektik des Wirklichkeitsverhältnisses in einer Gesellschaft. Die Abgrenzung zur **Nicht-Arbeit** kann also an nichts Äußerlichem, weder an vorgestellten Zwecken noch durch den Bereich der Tätigkeit, zuverlässig festgestellt werden. Die **Gegenständlichkeit** bestimmter verändernder Produktion grenzt sich vielmehr ab von Tätigkeiten, die unbestimmt oder ungegenständlich sind.

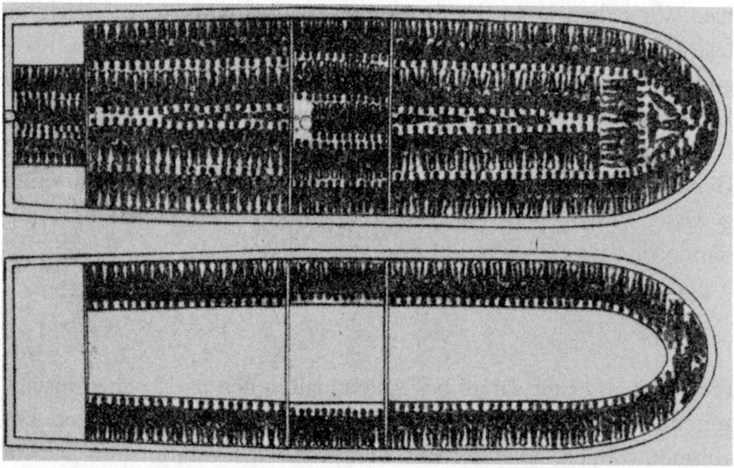

Plan für die Unterbringung von 451 Sklaven auf dem 350-Tonnen-Schiff Brookes. Der Plan ist unrealistisch, weil auf diese Weise alle Menschen sterben.

Spielende Kinder (um 1760). Innerhalb der Situation ist alles bestimmt, gegenständlich, wirklich. Stellt man sich die Entwicklung der Generationen vor, die aus diesen Kindern folgen, wird alles unbestimmt.

Eine Fabrik im Frühstadium der Industrie.

Späte Phase der Industrie. Inzwischen gibt es biochemische Fabriken. Der Biochemiker Chargaff sagt: »Ein Brei wird ›Papa!‹ schreien.«

Bestimmtheit und Gegenständlichkeit haben die Arbeitsvermögen (1) weit unterhalb des Ichs (in ihrer Vorgeschichte, im körperlichen Gemeinwesen, in ihren zum Teil unbewußten **ganzen** Bewegungen); (2) weit außerhalb des Ichs in der Landschaft der Industrie, samt den von dort ausgehenden Warenverhältnissen (in deren Geschichte, dinglichen und zum Teil unbewußten Nicht-Gemeinwesen). In diesem Gesamtlaboratorium machen sie vollständige Bewegungen.

Die ptolemäische Subjektivität verhält sich dazu als Querkopf. Drei Gefangenschaften bilden dieses Reich: die Abgeschlossenheit der Körper; die Einschließung zwischen Geburt und Tod, der Lebenslauf; das Hirn, das wie in einem Sarg, von Knochen umgeben, aus körperlichen Eindrücken und Einblicken, die im Lebenslauf gewonnen sind, sich Deutungen zurechtmacht, die in der Regel die wirkliche Bewegung zwischen gesellschaftlicher Makro- und geschichtlicher Mikrostruktur sperren. Es geht aber nicht darum, durch individuelle Entschlüsse diesen Modus der Wahrnehmung gegen einen realitätsgerechteren **umzutauschen.** Der verdrehte Modus der

Erfahrung ist in massiven Bedürfnissen nach Sicherheit, im Zentrum des ursprünglichen Eigentums, das der Mensch für sich haben muß, verankert.

Das innere Gemeinwesen ist ein anderer Ausdruck für die arbeitende Physiologie des Menschen. Die menschlichen Produzenten tragen insofern die Gattungsgeschichte ihr Leben lang mit sich herum. Alle so bezeichneten subjektiv-objektiven Verhältnisse zusammengenommen bilden die gegenwärtig-gesellschaftliche und die

Gegenständlich. Wilhelm I., von Künstlerhand als Schneemann gestaltet.

Die Gegenständlichkeit geht verloren, wird sie nicht fotografiert. Bis zu den Knien im Schmelzwasser.

geschichtliche **wirkliche** Totalität. Deren Beziehungen laufen durch die Individuen und alle gesellschaftlichen kollektiven Repräsentanzen hindurch. Es wird jetzt deutlich, daß der die menschliche Geschichte umfassende Versuch, sich individuell, kollektiv oder durch die herrschende Produktions- und Verkehrsform **zwischen** diese wirkliche Bewegung zu stellen und durch dynamischen Ausbau einer fiktiven Gegenständlichkeit immer größere Anteile in das Gespinst der Aneignung einzubeziehen, sich gegenüber dem wirklichen Verhältnis und seiner Praxis als Sperre auswirkt, die die Gegenständlichkeit verdeckt.

Man kann sich das antagonistische Realismusproblem vorstellen als die Analyse eines Explosionsorts. Die Explosion hat Gegenstände in einem Umkreis verstreut. Die Gewalt der Explosion, also das, was bewegt hat, ist jetzt am Ort nicht mehr vorhanden; sie muß aus dem Resultat rekonstruiert werden. Sie ist aus der Wirkung zu erschließen. Im wirklichen gesellschaftlichen Verhältnis entspricht der Gewalt, die durch Rückschluß aus dem Ergebnis zu rekonstruieren ist, die Entstehung der Arbeitsvermögen aus Trennungsprozessen. Der Zerstreuung der Dinge entspricht die Zerstreuung der subjektiven Vermögen über die gesellschaftliche Totalität, also im Geschichtsverhältnis, über die Landschaft der Industrie hin **und** im inneren Gemeinwesen (d. h. auch die physiologischen Vermögen des Körpers sind zurückgestreut, z.B. verborgen). Es sind die Arbeitsvermögen zu untersuchen, die zweierlei können: Analyse dessen, was geschehen ist; Aufsammeln der durch die Explosion verstreuten Einzelheiten. In mehreren Richtungen verhält es sich im gesellschaftlichen und menschlichen Verhältnis anders als bei der Explosion: Die subjektiv-objektive Zerstreuung des Totalitätsteils »außerhalb der Personen« hat **lebendige** Eigenschaft, auch wenn sie zu Dingen geworden ist. Die Totalitätsteile »innerhalb und unterhalb der Person« sind lebendige Eigenschaften, auch wenn mit ihnen umgegangen wird, als wären sie Dinge.[2]

Die hauptsächliche Provokation dieser Vorstellung von Gegenständlichkeit entsteht im Verhältnis der gattungsgeschichtlichen Bestimmungen zu den Bestimmungen der abstrakten Produktionsprozesse von heute, die den Produzenten über den Kopf wachsen, wenn beide wesentlichen Bestimmungen des Wirklichen im individuellen Wirklichkeitsverhältnis zusammentreffen. Im ersten Moment ist dies nicht auszuhalten. Für die Materialität solcher wirklicher Widerspruchsgegenstände scheint das individuelle Gefäß nicht gemacht. Dieser Schein hat materielle Kraft. Er ist der Grund für die Zähigkeit des individuellen und gesellschaftlichen Ptolemäismus.

Explosionsort mit acht Granateinschlägen (1916). Die Explosionstrichter werden vermessen. Es ist ein Übungsgelände, nichts Wirkliches. In den Geschossen, die die Trichter verursacht haben, waren einige Milliarden Partikel ehemals lebendiger, dann (als Geschoß) toter und jetzt vernichteter Arbeit enthalten; diejenigen, die das Pulver, das Eisen, die Kanonen, die Kriegskunst, die Einzelschritte, die zum Krieg führen, produziert haben, steckten mit je einem Partikel im Geschoß, ihre wirklichen Beziehungen sind zerstreut und werden als Trichter vermessen.

Bilderverkäufer an der Westfront (1918). Aus: *Das Illustrierte Blatt.* Es wird versucht, das Erlebte in faßlichen Romanbildern zu deuten.

2000 Jahre v. Chr. Die Sumerer, Flußanlieger im Zweistromland, deuten sich die Erde als Fläche, von einem Zinngewölbe als Himmel gekrönt. Dazwischen die Wirbel der Atmosphäre, in der die Götter die Sonne, den Mond, Planeten und Sterne in der Schwebe halten.

	tur *Sohn*
	tul *Festung, Hügel*
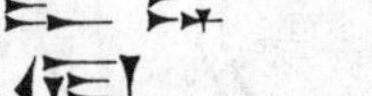	taš
	tiš, diš, šuš *in, ein, bei, gegen*
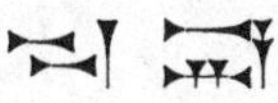	ṯak *Stein*

Das antike Weltbild des Astronomen Ptolemäus hat einige der sumerischen Bilder aufgeklärt. Über der von Menschen bewohnten Ökosphäre sind die Sterne starr aufgehängt. Mond und Sonne kreisen um die Erde. Alle Menschen wohnen häuslich und gemeinsam im Zentrum der Welt.

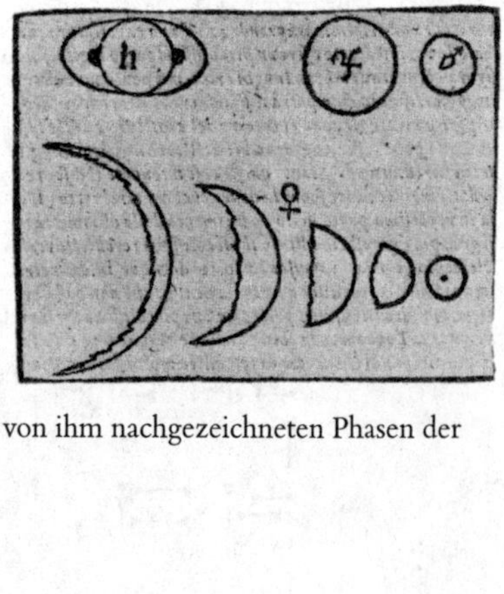

Galileo Galilei (1564–1642). Rechts die von ihm nachgezeichneten Phasen der Venus, darüber Jupiter und Saturn.

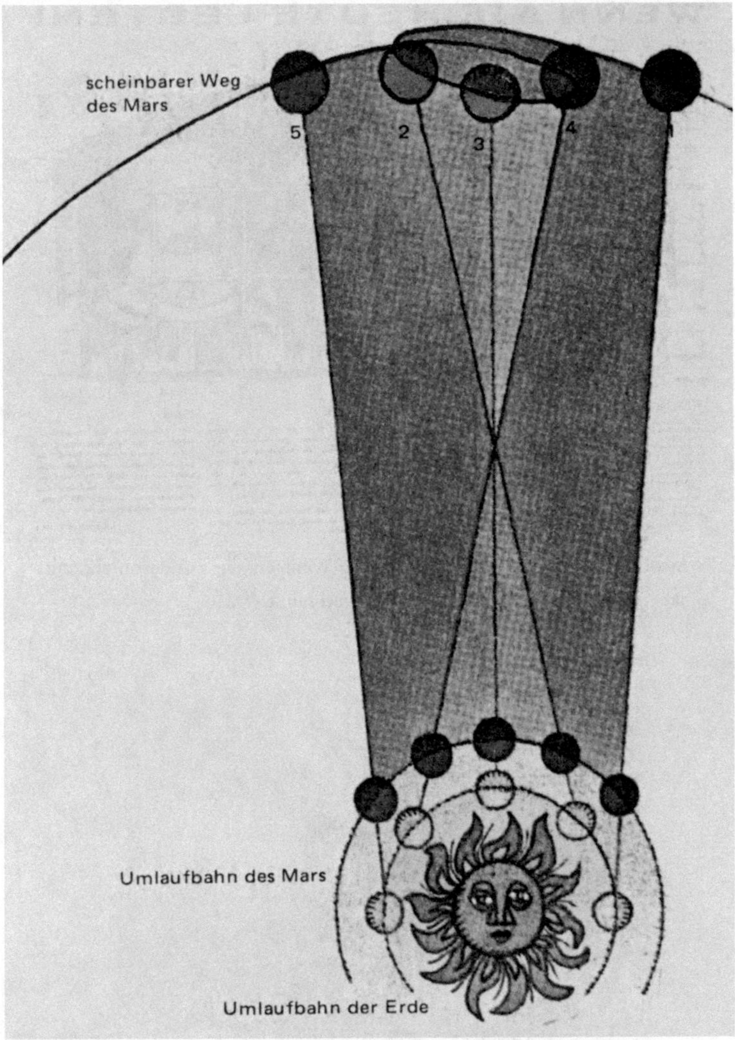

Die scheinbare Bewegung des Mars nach Kepler. Die Planeten bewegen sich jetzt um die Sonne, wie es den Messungen entspricht, nicht dem Gefühl. Die Schleifenbahn des Mars (im Bild oben), die das Auge am Fernrohr sieht, beruht, sagt Kepler, auf einer optischen Täuschung, verursacht durch den verschieden schnellen Sonnenumlauf von Erde und Mars. Wegen der größeren Sonnennähe überholt die Erde den »langsameren« Mars, so scheint er von Position zwei auf Position vier zurückzugehen, um dann zu Position fünf vorzurücken.

Aus *Eulenspiegel,* 1931. Unterschrift: »Die Wenigen, die was davon erkannt haben, hat man von je gekreuzigt und verbrannt.«

Einer, der alles auf sich bezog und starb (1916).

Ideologisches Bild, mit Zentrum Deutschland. Inschrift in der Wolke, aus der die Faust hervorstößt: »Hindenburg«. Im Sumpf der *russische Bär.*

Ein Granat-Trichter. Auf seinem Rand zwei Soldaten. Der Soldat sagt: »Wir machen nicht nur Geschichte, sondern auch Geographie.«

Versetzte Zeiten. Lenin als Taube, mit einem Blatt, auf dem »Friede?« steht. Unten Noah. Ein Einzelner, wie Lenin, kann nicht Frieden bringen. Er kann nur den massenhaft produzierten Willen der russischen Bauern und Arbeiter besser verstehen und aus der Zerstreuung einsammeln.

Man sieht, daß die Sterne Tiere darstellen. Seitlich rechts der russische Bär.

Kriegsarbeit.

Erfahrungsmuster

Die Erfahrung baut Nester. Da alle in solchen Nestern heranwachsen und von ihrer Nähe her denken, ist dies ein kollektives Nest. Jeder sucht sein Glück, seine Erfahrung, sein Zentrum. Wenn aber alle sich und ihren Kreis für das Zentrum halten, gibt es **keines.**

NACHBEMERKUNG

aus »Geschichte und Eigensinn«

Dies Buch hat uns erschöpft. Es ist ein Fragment. In Einschätzung des Gegenstands, von dem wir handeln, *wollen* wir auch nichts anderes. Man muß die Lücken mitlesen.

Wir sind gewohnt, die Texte Satz für Satz zu diskutieren und gemeinsam zu schreiben. Wir leben in zwei verschiedenen Städten. Also haben wir abwechselnd die Bibliothek des einen oder des anderen benutzt. Die Quellen des Buches sind deshalb mehrfach nach *verschiedenen* Ausgaben zitiert.

Bei der Herstellung des Buches waren wir nicht allein. Uns haben, mit Auswirkung auf den ganzen Inhalt und die Kooperation, Karin Niebergall, Franz Greno und – wie schon bei *Öffentlichkeit und Erfahrung* – Elfriede Olbrich geholfen.

Es versteht sich von selbst, daß wir nicht auf allen Gebieten, aus denen wir in diesem Buch Beispiele entnehmen, selber gleichmäßig kompetent sind. Von diesem fremden Material geht aber, wie in der Zitatkunst überhaupt, jeweils eine notwendige Provokation aus. Man wird bemerken, daß keine der Thesen des Buches *allein* auf solches Material gestützt ist.

Eines ist ausgeschlossen: Daß einer sich mäklerisch oder zu den Widersprüchen seines Lebens als bloßer Betrachter verhalten kann. Es ist daher keine Phrase, daß wir auf die Eigentätigkeit des Lesers setzen. Ein verkehrtes Verhalten würden wir darin sehen, wenn die von uns sichtbar gemachten und damit einer kollektiven Diskussion geöffneten Sachverhalte zugunsten einer Kritik verdeckt werden, die ausschließlich orientiert ist an der Wegarbeitung unseres Vorschlags. Alles wirklich Brauchbare besteht in Aushilfen.

»Ginge da ein Wind
Könnte ich ein Segel stellen.
Wäre da kein Segel
Machte ich eines aus Stecken und Plane.«[1]

Anmerkungen

1 Es ist ein gut strukturiertes Bild, also wechseln die Augen in kurzen Abständen von 0,2 bis 1,5 Sekunden ihren Fixationspunkt. Man kann erkennen, »daß hierbei die Augenbewegungen bevorzugt durch die Konturen, Konturunterbrechungen oder Konturüberschneidungen des Reizmusters bestimmt werden ... Augen und der Mund (sind) häufige Fixationsstellen ... Bei hinreichend langer Betrachtung durch die motorischen Abtastbewegungen der Augen entsteht ein ›Bewegungsbild‹«. O.-J. Grüsser zu: Augenbewegungen bei Betrachtung komplexer Reizmuster, in: *Physiologie des Menschen,* hrsg. v. R. F. Schmidt u. G. Thews, Berlin, Heidelberg, New York 1977, S. 261.

2 List scheint etwas, gemessen an Gewalteingriffen, prinzipiell Gewaltloses zu sein. Indem ich mich listig verhalte, weigere ich mich, die Dinge frontal anzugreifen, und mache den Versuch, die inneren Kraftverhältnisse der Gegenstände für mich in Bewegung zu bringen. In der Tat verknüpft sich aber das listige Verhalten mit den Kräften des Gegners in einer Weise, die zu einer Umkehrung der Richtung dieser Kräfte führt, bis zur Verkehrung ins Gegenteil. Die Kräfte werden dorthin gelenkt, wo sie von sich aus unter keinen Umständen hinwollen. Das bezeichnet man aber als Gewalt.

3 In der Evolutionstheorie nennt man einen Mangelmutanten dasjenige Lebewesen, das in seinem Stoffwechsel nicht autonom, sondern auf die spezifische Assoziation mit anderen angewiesen ist. *Mangelmutant:* Eine Aminosäure oder ein best. Vitamin zu synthetisieren setzt die »Gesellschaft« von Pilzen, Bakterien usw. voraus – sehr forciert!

4 Ernst Haeckel versteht sich als konsequenter Vertreter der um 1900 grassierenden monistischen Weltanschauung. Diese Weltansicht ist besessen von der Idee, daß auf wissenschaftlicher Grundlage ein einheitliches Erklärungsprinzip der Welt möglich sei. 1899 verfaßt Haeckel eine Schrift mit dem Titel *Die Welträthsel.* Sie findet ungewöhnlich rasche Verbreitung. Und in aller Unschuld erklärt Haeckel gegen Ende dieser Schrift, daß sich die »Welträthsel« in den letzten Jahrzehnten immer stärker reduziert hätten; nunmehr seien es nur noch sieben.

Der Wunsch, geschichtliche und gesellschaftliche Erscheinungen anthropologisch zu verankern, steht am Beginn der Entwicklung der Soziologie als positiver Wissenschaft. Von Herbert Spencer, den man neben Comte als Begründer der modernen Soziologie bezeichnen kann, stammt der Ausdruck »survival of the fittest«. So eindeutig und plakativ findet sich dieser Gedanke nicht bei Darwin, der sich vor Verallgemeinerung hütet. Was er untersucht, sind gewissermaßen die gattungsgeschichtlichen Arbeitsprozesse, das **Wie** der Produktion, nicht die Zwecke, die dahinter vermutet werden könnten. Nur am Rande wird in seiner Hauptschrift über die Entstehung der Arten der Mensch erwähnt. Zwar sagt er: »Es wird Licht fallen auf den Ursprung des Menschen und auf seine Geschichte«, aber er selber wagt noch nicht einmal eine Hypothese über eine solche Entwicklung, die geschichtlicher Art ist.

Wenn wir in unserer Untersuchung häufig gattungsgeschichtliches Material heranziehen, über die Funktionsweise der Zellen und Zellenverbände sprechen, dann geschieht das, um am naturwissenschaftlichen Material einen konkreten Begriff vom **organischen Ganzen** zu gewinnen. Das organische Ganze einer Zelle ist auf keinen Fall auf irgendwelche geschichtlichen Zusammenhänge zu übersetzen. Im Gegenteil: wenn wir von Geschichte sprechen, haben wir es im allgemeinen mit Unorganischem, Zerstückeltem, fragmentarisch Zusammengewachsenem zu tun, das gerade diesem Begriff des konkreten, organischen Ganzen widerspricht. Dennoch scheint es uns notwendig zu sein, auch innerhalb der gattungsgeschichtlichen Entwicklungsbedingungen Untersuchungen anzustellen, um die vorgetane Arbeit, von der kein aktueller Produktionsprozeß absehen kann, bestimmen zu können. **Gattungsgeschichte** und **Geschichte** haben keine lineare Verbindung zueinander; dic Gattungsgeschichte ragt in geschichtliche Prozesse hinein, aber in welcher Weise sie hier wirksam ist, hängt wesentlich immer von den besonderen geschichtlichen und gesellschaftlichen Bedingungen ab. So kann man sich leicht vorstellen, daß ein Mensch der Zeit Karls des Großen, was die biologische Konstitution anbetrifft, von den heutigen Menschen nicht wesentlich unterschieden ist. Aber es ist durchaus denkbar, daß die Umweltbedingungen einer Großstadt, mit dem gewaltigen Lärmpegel, mit Luftverschmutzungen, mit der hektischen Bewegungsweise, für ihn tödlich wären. In dem Buch von Schivelbusch über die Geschichte der Eisenbahn findet sich das Beispiel, daß die ersten Reisenden, weil die Schnelligkeit der Eindrücke, die ihnen die Landschaft vermittelte, ihren gewohnten Sehrhythmus völlig sprengte, in der Regel in tiefen Schlaf sanken. Die Sinne, die ganze biologische Konstitution des Menschen, muß auf die Veränderungen der geschichtlich-gesellschaftlichen Welt spezifische Antworten finden, damit die Menschen leben und überleben können.

I. KAPITEL. DIE ENTSTEHUNG DER ARBEITSVERMÖGEN AUS DER TRENNUNG

1 Karl Marx, *Grundrisse der Kritik der politischen Ökonomie,* Berlin 1974, S. 405; a. a. O.: »Von den gemütlichen Einbildungen, wonach der Kapitalist und der Arbeiter Assoziation schließen etc., weiß weder die Geschichte etwas, noch findet sich davon eine Spur in der Begriffsentwicklung des Kapitals.«

2 A. a. O., S. 407.

3 A. a. O., S. 400: »Das Willenlose also, wie Tier z. B., kann zwar dienen, aber es macht den Eigner nicht zum **Herren.**« Dies gilt ebenso für Menschen ursprünglicher Gesellschaften, die ihren Willen als ihr natürliches Eigentum betrachten, ihn von ihrem wirklichen Dasein nicht entfremden könnten und gar nicht verstehen würden, was ein Herrschaftsverhältnis von ihnen will. Ein Herrschaftsanspruch wäre ihnen ein hinderliches Ding, das momentan zwingt, wie Natur, aber keine Hergabe des Eigenwillens veranlassen könnte.

4 Karl Marx, *Das Kapital*, MEW Band 23, S. 741.

5 A. a. O., S. 741. Nachzulesen: Die entscheidenden Formulierungen in den *Grundrissen*, a. a. O., S. 375 und 413: Formen, die der kapitalistischen Produktion vorhergehen, sowie das 24. Kapitel in: *Kapital*, S. 741: Die sog. ursprüngliche Akkumulation (1. Das Geheimnis der ursprünglichen Akkumulation; 2. Expropriation des Landvolks von Grund und Boden; 3. Blutgesetzgebung gegen die Expropriierten seit Ende des 15. Jahrhunderts; 4. Genesis der kapitalistischen Pächter; 5. Rückwirkung der agrikolen Revolution auf die Industrie. Herstellung des inneren Marktes für das industrielle Kapital; 6. Genesis des industriellen Kapitalisten; 7. Geschichtliche Tendenz der kapitalistischen Akkumulation). Im *Kapital* begrenzt sich Marx im wesentlichen auf einen exemplarischen Spezialfall; der übergreifende theoretische Ansatz ist in den *Grundrissen* entfaltet. Die *Grundrisse* sind erst 1932 wiederentdeckt worden, können der revolutionären Theorie von 1917 nicht bekannt gewesen sein. Die Orthodoxie zieht sie nur selektiv heran, verkennt die Tragweite.

6 *Kapital* I, a. a. O., S. 744.

7 *Grundrisse*, a. a. O., S. 389.

8 Karl Marx, *Das Kapital* I, S. 743.

9 *Grundrisse*, S. 391. Produktionsbedingungen und Produktionsmittel sind »die zweite Haut«, »seine Sinnesorgane« (a. a. O., S. 385); »Urinstrument der Erde«, »Spontane Früchte« (a. a. O.; S. 398); »Resultate und Behälter der subjektiven Tätigkeit« (a. a. O., S. 398); »Das Individuum verhält sich einfach zu den objektiven Bedingungen der Arbeit als den seinen; zu ihnen als der unorganischen Natur seiner Subjektivität, worin diese sich selbst realisiert« (a. a. O., S. 384); »Laboratorium seiner Kräfte und Domäne seines Willens« (a. a. O., S. 396).

10 Karl Marx, *Grundrisse*, a. a. O., z. B. S. 384, S. 396.

11 *Kapital*, a. a. O., S. 185: »Im Gegensatz zu den anderen Waren enthält also die Wertbestimmung der Arbeitskraft ein historisches und moralisches Element.«

12 A. a. O., S. 175.

13 Der geschichtliche Kampf des Kapitals geht gegen das Unkalkulierbare des historischen und moralischen Elements der Arbeitskraft. Es erscheint ihm als Umständlichkeit. Zugleich kann das Kapital nicht existieren, ohne sich von Fall zu Fall des moralischen und historischen Moments zu versichern. Daher das Unvollständige, Prinzipienlose der Negation.

14 Ein Häuser-Abriß unter Polizeischutz ist ein Rohgriff; er unterscheidet sich von dem stummen Zwang der ökonomischen Verhältnisse, die ihre Gewalt indirekt äußern. Wenn ein Konzern zusammenbricht und Massen von Arbeitskräften auf die Straße gesetzt werden, so hat dies zwei Seiten: Es ist Resultat des ökonomischen Bewegungsgesetzes; zugleich ist es die Entwertung von Lebensgeschichte, direkt gewaltsame Zuproduktion zur »industriellen Reservearmee«, offensichtlicher Rohgriff. Zum Rohgriff gehört auch der Krieg.

15 Die kapitalistischen Produktionsverhältnisse und ihre Verkehrsform gehen als dominierende, aber keineswegs vollständige Bestimmung in das **Geschichtsverhältnis** ein. Das Geschichtsverhältnis ist das übergreifende Produktionsverhältnis. Es erscheint aber immer verdeckt, weil es in das Realitätsprinzip der Geschichte

eingeht. Das Kapital durchbricht seinen Begriff immer dann, wenn es Raubzüge veranstaltet, die das Ganze der Gesellschaft ergreifen. Zum Begriffslosen gehört, daß solche Überschreitungen ungeplant, wie z.B. Ausmaß und Steigerungen eines Krieges, erfolgen; auch für die Einzelkapitale sich das Katastrophen, auch wenn sich das Kapital sogleich über die Ausnutzung dieser Katastrophen hermacht, es kehrt dann zum Normalzustand seines Begriffs zurück.

16 Kapital ist kein Oberbegriff. Es erfaßt den Gesamtzusammenhang nicht.

17 Jedes Kapitel dieses Buches war irgendwann einmal in einer Phase unserer Arbeit der Anfang.

18 *Öffentlichkeit und Erfahrung,* Werkausgabe, Bd. 4, Göttingen 2016, S. 326 ff.: Das Proletariat – als Substanz und als Summe von Eigenschaften.

19 Die Erfindung des Rades z.B. im 4. Jahrtausend v. Chr., zunächst Scheibenrad, zweitausend Jahre später das Speichenrad, Bohrer finden sich etwa um 40000 Jahre v. Chr. Umgang mit Feuer, zunächst ohne es selbst herstellen zu können, also Verwahrung von wildem Feuer, etwa 500000 Jahre v. Chr.: im einzelnen dazu Wolfgang Jonas, Valentin Linzbauer, Helma Marx, *Die Produktivkräfte in der Geschichte,* Band I, Berlin 1969.

20 Tatsächlich trifft sie weder Objekte noch nur die Subjekte, sondern die *Beziehungen.*

21 Z.B. bedingt die klassische Form der ursprünglichen Akkumulation in England eine rasante Industrialisierung, die zwischen 1800 und dem Weltkrieg auf Deutschland verschiedene Rückwirkungen hat. Man kann aber nicht sagen, daß das die deutschen Verhältnisse bestimmt. Ursprüngliche Akkumulation ist auch verbunden mit dem Entstehungsprozeß der Vereinigten Staaten; einen partikularen beitrag hierzu leisteten die deutschen Auswanderer, im übrigen weitgehende Nicht-Kontingenz; bis zur Rückwirkung dieser US-Industrialisierung in Form von Bombenangriffen, Besetzung, Marshall-Plan, der wiederum einen partikularen Stoß ursprünglicher Akkumulation von Arbeitskraft bedingt, besonders eindeutig z.B. bei der Integration der Vertriebenen.

22 Lat. **per** = durch, weg; manere = bleiben, fortwähren; permanent: »durch die Bank bleibend«, »die ganze Zeit über fortwährend«. Hinsichtlich der ursprünglichen Akkumulation bezeichnet Permanenz aber, daß nichts unter dem Prinzip der Trennungsenergien so bleiben kann, wie es ist. Permanent ist das Prinzip der gesellschaftlichen Veränderung, sobald einmal ursprüngliche Akkumulation ein so massiv aufgehäuftes Maß an Trennungspotentialen aufgegriffen hat, daß ein äußerer stummer Zwang der ökonomischen Verhältnisse (der Kapitalismus) und ein innerer Zwang mitproduzierter radikaler Bedürfnisse eine Dialektik von Regression und Progreß auslöst. Die der ursprünglichen Akkumulation vorausgehenden Formationen zeigen ein eindeutig konservatives Moment. Permanenz **vor** der ursprünglichen Akkumulation und **nach** ihr dreht als den Wortsinn jeweils um.

23 Man muß, um mit dieser Materie umzugehen, die Denkvorgänge der Kontingenz, Mechanik und Logik umformen. Man kann sagen, daß der Kapitalprozeß aus einem denkähnlichen Vorgang entstanden ist (und das herrschende Bewußtsein wiederum als Analogie zu diesem Prozeß sich selektiert hat).

24 So z. B. in den Entwürfen an V. I. Sassulitsch, in: MEW 19, S. 384–406; der Brief, den er absandte, findet sich in: MEW 35, S. 166. Es geht um die Beurteilung der russischen Verhältnisse. Ist für Rußland die ursprüngliche Akkumulation ein notwendiger Prozeß? Man lese die Entwürfe. Jeder folgende wird kürzer, der Brief ist dann nur noch eine Seite lang. Man wird bemerken, als wie schwierig Marx die Übertragung des Begriffs der ursprünglichen Akkumulation auf ein anderes Land, insbesondere wenn es nicht um ein westeuropäisches geht, empfand.

25 Im einzelnen dazu das Kapitel »Permanenz der ursprünglichen Akkumulation in Deutschland«, siehe Bd. 6.2, S. 201 ff.

26 Dazu die reichhaltigen Beiträge von Peter Kriedte, Hans Medick, Jürgen Schlumbohm, *Industrialisierung vor der Industrialisierung, gewerbliche Warenproduktion auf dem Land in der Formationsperiode des Kapitalismus*, mit Beiträgen von Herbert Kisch und Franklin F. Mendels, Göttingen 1978, insbesondere Schlumbohm, S. 292 ff., 301.

27 Eine solche Gewalt wird in den Bauernkriegen geübt. Die Deklassierung der Bauern führt aber nicht direkt in die städtische Lohnarbeit, da die von Zünften beherrschten Städte die Bauern gar nicht aufnehmen.

28 Vgl. F.-W. Henning, *Das vorindustrielle Deutschland 800–1800*, 3. Aufl., 1977; P. Kriedte, Hans Medick, Jürgen Schlumbohm, a. a. O., verwenden die Kategorie nicht, obwohl gerade sie zahllose Daten beitragen; bei Jürgen Habermas, Geschichte und Evolution, in: *Zur Rekonstruktion des historischen Materialismus;* S. 243, findet sich der Begriff an zentraler Stelle neben dem der »Reserve-Armee«.

29 Marx; Lohn-Preis-Profit, Auswahl I, S. 397.

30 Heute kennen wir Gesellschaftsordnungen im Prozeß der Industrialisierung, auf die das Kapital nur als Außenverhältnis einwirkt (z. B. Sowjetunion nach 1917, afrikanische Nationen). Die Trennungsprozesse von den autochthonen Produktions- und Lebensweisen, durch die sich die Arbeitsvermögen verinnerlichen, müssen auch hier stattfinden, wenn es eine Industrialisierung geben soll; aber die Formen, in denen sie stattfinden, sind *eigenständig*. Sie schließen Rückläufigkeit nicht aus. Sie sind niemals so sollständig, wie die aufgrund der kapitalistischen Entwicklung entstandenen. Über längere Zeiträume können Nebeneinanderlagerungen der ursprünglichen Produktions- und Lebensweise mit städtisch-zentralisierter Lohnarbeit existieren (siehe für die afrikanischen Nationen: Meillassoux, *Die wilden Früchte der Frau*, Frankfurt 1976). Eine externe Industrialisierung führt fast nie dazu, daß die Verinnerlichung der Arbeitsmoral das Ganze der Gesellschaft erfaßt. Die Rhythmen der bäuerlichen Arbeitsmoral bleiben im wesentlichen erhalten. Zugleich unterliegen sie einem Auszehrungsprozeß.

DER SATZ VOM EINGESCHLOSSENEN DRITTEN

1 Marx, Nationalökonomie und Philosophie, in: *Die Frühschriften*, Stuttgart 1971, S. 232. Ähnlich a. a. O., S. 264: »Es versteht sich, daß die Aufhebung der Entfremdung immer von der Entfremdung aus geschieht, welche die *herrschende* Macht ist, in Deutschland das *Selbstbewußtsein*, in Frankreich die *Gleichheit* … in England … das *praktische Bedürfnis.*« Von der Gleichheit sagt Marx an dieser Stelle: »Die *Gleichheit* ist nichts anderes als das deutsche Ich = Ich, in französische, d. h. politische Form übersetzt.«

2 Vor dem Satz: »Die Aufhebung der Selbstentfremdung macht denselben Weg, wie die Selbstentfremdung«, befindet sich bei Marx eine besonders stark verschlüsselte Bemerkung: »Aber die Arbeit, das subjektive Wesen des Privateigentums, als Ausschließung des Eigentums und das Kapital, die objektive Arbeit als Ausschließung der Arbeit ist das *Privateigentum* als sein entwickeltes Verhältnis des Widerspruchs, darum ein energisches, zur Auflösung treibendes Verhältnis.«

3 Karl Marx; Nationalökonomie und Philosophie, in: *Frühschriften,* Stuttgart 1971, S. 273.

2. KAPITEL. SELBSTREGULIERUNG ALS NATUREIGENSCHAFT

1 Marx, in: Nationalökonomie und Philosophie, in: *Die Frühschriften,* Stuttgart 1971, S. 241 f.

2 Klaus Theweleit, *Männerphantasien,* Band 2, Frankfurt a. M. 1978, beschreibt dies für den soldatischen Menschen. Insbesondere hinsichtlich der Ohnmachten (S. 1919 ff.). Der Vorgang, den Theweleit beschreibt, ist komplexer als hier beschrieben. Die Widerspruchskonstellation muß sich aber in dieser Ohnmacht, d. h. Hirnausfall **lösen**, allerdings auch **äußern.**

3 Sigm. Freud, Formulierungen über die zwei Prinzipien des psychischen Geschehens, in: *Gesammelte Werke,* VIII. Band, London 1943, S. 237, S. 238: »Man hat die Verpflichtung, sich jener Währung zu bedienen, die in dem Lande, das man durchforscht, eben die herrschende ist, in unserem Falle der **neurotischen Währung.**«

4 Zur Kategorie der Monade: G. W. Leibniz, *Monadologie,* hrsg. v. Felix Meiner, Hamburg 1969, Philosophische Bibliothek, Band 253, S. 27 ff., S. 29: »Daher kann weder eine Substanz, noch ein Akzidens von außen in eine Monade eintreten.«

5 Hier gilt, was Ziffel in Brechts *Flüchtlingsgesprächen* ausführt: »Unordnung ist, wenn nichts am rechten Platz ist; Ordnung ist, wenn am rechten Platz **nichts** ist.«

6 Sigm. Freud, *Briefe an Wilhelm Fließ, Aus den Anfängen der Psychoanalyse 1887–1907,* Frankfurt/M. 1962, S. 153.

7 Es wird von einer Frau berichtet, deren Kind unter ein Auto geriet. In diesem Zustand hat sie das drei Zentner schwere Fahrzeug hochgehoben und ihr Kind befreit.

8 Reize der gleichen Berührungkategorie können von unterschiedlichen Aufnahmeorganen vermittelt sein und rückkontrolliert werden. Die Empfangsorgane sind nicht gleichmäßig am Körper verteilt. Druck und Schmerz sind nicht ohne weiteres unterscheidbar. Für die Kälte- und Wärmeorgane sind die Klärungen nicht abgeschlossen.

9 An den Rändern des Empfindungsfeldes gehen die Nerven kooperativ auf dem Gegenpol. Sie schalten auf »aus«, bilden eine Hemmzone. An der Nahstelle zwischen erregtem Gebiet und Umfeld entsteht selbständig ein Kontrast, auf dem die Trennschärfe der Empfindung beruht.

10 Jeder Indianer weiß, daß er beim Anschleichen in der Mitte des Bildes bleiben muß, will er den Augen des Wächters entgehen. Er muß die Horizonte und die Ränder meiden. Dort registriert das Auge jede Bewegung.

11 Wir bemerken hier, daß die Selbstregulationen des Gehirns ganz andere sind als diejenigen, mit denen das Fingerspitzengefühl lokal arbeitet. Die Eigentätigkeit der Netzhaut, der Verarbeitungen dieser Eindrücke und der Augenbewegungen sind wiederum eigene Kreise. Das spezifische Beziehungsverhältnis **zwischen** diesen Regulierungen ist mit seinen Störungen und seiner gelingenden Kooperation eine weitere selbstregulierende Instanz, die des Dazwischen. Es ist die Frage, ob auch nur einige solcher eigentätiger Kreise ihre spezifische Selbstregulierung betreiben könnten ohne die anderen. Insofern ist Selbstregulierung immer die Kategorie des Zusammenhangs. Berühren sich zwei Eigentätigkeiten, so produziert sich daraus eine Tendenz, die daraus folgende Reibung und Trennung von der reinen Eigentätigkeit durch Bildung von Zusammenhang aufzuheben. Die Aufhebung stellt sich als eigenständige Selbstregulierung mit eigenen Gesetzen dar, die zunächst lediglich auf das, was sie zusammenfassen, passen, durchaus aber von oben nach unten wiederum Reibung und Trennung setzen, die erneut Eigentätigkeitsketten freisetzt.

12 Indirekt wirken Strafen und Drohung mit Liebesentzug; direkt verfährt Liebeslohn.

13 Moralität, Pflicht, Kultur werden reicher, wenn sie sich erotische Vermögen aneignen. Ich werde aber nicht erotisch durch Moral und nicht moralisch durch die sexuellen Vermögen. Es findet Zusammenwirken statt, aber es ist niemals vollständig und nicht kooperativ. Die wechselseitige Bereicherung beider Charaktere am jeweils anderen hat die Feindseligkeit der Aneignung.

14 Die Pflichten und Selbstentfremdungen haben kein Maß, wegen der Ausgrenzungen, durch die sie hergestellt wurden. Sie haben für sich keine Selbstregulierung. In ihrem Gegensatz zum sexuellen Charakter und dessen erotischer Grundlage haben sie keine regulierende Vermittlung. Die Systeme der Wünsche betreiben zu beidem Drittintervention. Sie sind permanent gegenwärtig und zugleich von der Gegenwart in wesentlichen Stücken abgeschnitten. Da dies keine Vermittlung ist, aus der Selbstregulation (Zusammenhang) entsteht, verharren sie wiederum unbeeinflußbar. Indem sie verwendet werden, erscheinen sie domestiziert; während sie verwendet wurden, haben sie undomestizierbare Funktionen ausgeschieden. Selbstregulierung erscheint hier als Teil des Blockierungszusammenhangs.

15 So wie Selbstregulierung nicht affirmativ begriffen werden kann, so ist Revolution nicht affirmativ auseinanderzulegen. Sprechen Marx und Engels von industrieller Revolution, so meinen sie ja keine Befreiungsbewegung, sondern selbstregulierende, (teilweise) neuartig auftretende Herrschaft, die in den Produktivkräften, insbesondere der primären Produktion, ihren Sitz hat. Es gibt also immer Revolutionen, die sich gegen die Menschen, und solche, die sich für die Menschen ausweisen. Der emanzipatorische Schlüssel liegt in dem materialistischen Prinzip, daß nur die Vereinigung aller Regulationen Revolution nach menschlichen Maßen ausmacht. Der Kern ist die eigentätige Steuerung, nicht die Revolutionierung an sich.

16 Wir können uns dies deshalb nicht plastisch vorstellen, weil alle bürgerlichen Revolutionen so völlig andere Bilder zeigen.

Wir beziehen die Verhältnisse der chinesischen und kubanischen Revolution ausdrücklich nicht ein, da hierzu von den deutschen Verhältnissen keine Schlüsse möglich sind. Um diese Revolutionen zu begreifen, wäre es notwendig, daß man in die Tiefendimension der Geschichte dieser Länder genauso einzudringen versucht, wie wir das in Hinblick auf die westeuropäischen Verhältnisse versuchen.

17 Zur Kategorie des »nicht zu Ende geborenen Menschen« vgl. die Beispiele bei Theweleit, *Männerphantasien,* a. a. O., passim. Theweleit geht unter anderem davon aus, daß mindestens in der Wilhelminischen Ära endemisch ein Mangal an Feingriffen in der frühen Kindererziehung und ein Übermaß an Härtegriffen ganze Generationen von Kindern so zugerichtet haben, daß sie ihre aus selbstregulierender Energie triebökonomisch genäherten Entwicklungen vorzeitig abgebrochen haben. Sie sind nicht »zu Ende geboren«. Die Selbstregulation der auf diese Weise nicht in Form der vollen Ausbildung der psychischen Instanzen ausdrückbaren libidinösen Energien wird dadurch nicht hinfällig. Es bilden sich Charakterpanzer, und die Abfuhr der libidinösen Energie erfolgt über spezifische Prozesse, wie sie Theweleit an seinem reichen Material zum soldatischen Menschen oder zum besonders ausbeutungsfähigen Arbeiter darstellt. Das, was selbstregulativ seine Form hätte finden können, ist anarchisch durchbrechende Energie. Nicht, was **Es** war, muß **Ich** werden, sondern: Was die Form seiner eigenbestimmten Natur nicht verteidigen konnte gegen den Druck des Realitätsprinzips, wird zum Schlagwerkzeug oder zur Arbeitshärte. Die Natur dieser Energien hat sich nicht geändert. Die Änderung findet in der Formbestimmung statt.

18 Michel Foucault, *Überwachen und Strafe, Die Geburt des Gefängnisses,* Frankfurt 1977, S. 36, 37, 132.

19 Es handelt sich um eine ähnliche Täuschung, wie sie Marx bei seiner Darstellung der **trinitarischen Formel** kritisiert. Angeblich erzeugt der Boden oder das Kapital den **Wert**, die Arbeit erhält ihren **Lohn**. Tatsächlich arbeitet die angewendete Arbeitskraft am Boden und im Kapital und erzeugt so den Wert, den sie in Form des Arbeitslohnes teilweise zurückerhält.

Der Erzieher vermittelt Werte und Realismus (dieser tritt ebenfalls als Wertmaxime auf). Diese Werte selber produzieren aber direkt keine Veränderung im Kinde, es kann jahrelang solchen Werten begegnen und sie nicht anerkennen. Im wirklichen Vorgang und Umwandeln von Eigenschaften durch Erziehung arbeitet ein Verständnis für selbstregulative Prozesse im Lehrer – also dessen Selbstregulation, gleich ob er das bemerkt oder ob er diese Arbeit mit seinen Vorsätzen und Wertvorstellungen verwechselt – mit dem der selbstregulativen Triebökonomie und deren Wertchiffren im Kinde zusammen. Auf dieser Arbeit erfolgt ein Austausch, d. h. eine Einigung der Kräfte, die dem Kinde Werte oder Realien vermittelt. Auch hier erzeugt also die Arbeit den Wert, das Produkt, und diese ist nur nach den Eigengesetzen der kindlichen Triebökonomie und des Lehrers möglich, nicht der Wert selber arbeitet.

ZUSATZ I: KOMMENTAR ZU FRÜHSCHRIFTEN

1 Marx, Nationalökonomie und Philosophie, in: *Die Frühschriften*, Stuttgart 1971, S. 273.

ZUSATZ 2: DER ANTEIL BEWUSSTER ZUARBEIT BEI DER SELBSTREGULIERUNG

1 Es verhält sich nicht so einfach wie bei einem Kraftfahrzeug. Man kann sich aber eine Vorstellung von der Einfachheit des Grundproblems machen, wenn man sich ein Auto vorstellt, das weder Kupplung noch Automatik hat. Nach wie vor kann der Motor nach dem in ihm eingebauten Gesetz laufen. Bergab würden die Räder (ohne Verbindung zum Motor) nach ihrer Regel laufen. Auf das Fahrzeug selber wirken Schwerkraft, Trägheitseffekte usf. ein. Die Bewegungsmotive des Fahrers können selbsttätig, d. h. in der Phantasie, beliebige Entfernungen überwinden, sogar Wege fahren, die das durch Kupplung ergänzte Auto nicht bewältigen würden. Es handelt sich um nichts anderes als Entkoppelung. Dies ist, auf völlig *untechnischer* Ebene, der gesellschaftliche Aggregatzustand der Selbstregulierungen.

2 T. W. Adorno weist dieses innere Bewegungsgesetz authentischer Musik in den späten Streichquartetten Beethovens nach und verfolgt solche sog. subkutanen Strukturen des bis dahin Ungehörten, die freier werdende Beziehung zwischen den Tönen, die kreativ gewollte Emanzipation des Materials bis zur Wiener Schule von Arnold Schönberg, Webern, Alban Berg. Die Töne stellen sich von selber zueinander, wenn ein Meister mit ihnen umgeht, und sie bilden nicht mehr die lineare melodische Schlachtordnung. Diese emanzipatorische Tendenz beschränkt sich deutlich auf avancierte Musik und die verborgene Unterseite der Klassik. Auf solchem Eigenleben beruht auch wirkliche Konstruktion, der Eingriff. Dieser Eingriff, an dem das Besondere von Ohr und Tönen ihr Eigenleben gewinnen, kann recht absolut werden. Eine Tonmasse, wie das Quietschen einer alten Straßenbahn, die um die Ecke einer Kleinstadt biegt, ist reicher an *Tonmaterial* als die Tonmasse, die Mozart in der Zauberflöte verarbeitet: Mehr Obertöne, mehr Dissonanz, mehr ungehörtes Besonderes, aber sicher wenig Eingriffe, viel Aleatorik, d. h. unbeherrschte, zufällig starke Beziehungsverhältnisse. In ein Orchester oder einen Synthesizer müßte man diese Vielfalt erst einbauen. Adorno hat immer gewarnt, sich bloß aufs Material zu verlassen. Ein »materialistisches Konzert« für Dampfhammer 1–3, Schiffs- und Fabriksirenen, Chor, Orchester und Stadtgrundgeräusche hat er als musikalisches Projekt abgelehnt. Musik, sagt er, wurzele in Naturkräften, sei aber selber Anti-Naturkraft, **wenn sie natürlich sein soll.** Von Schuberts Liedern sagt er, sie seien so, als habe man sie schon immer gehört.

3 Ginge es nur um große Theorie im klassischen Sinn, so hätten wir keine Aushilfen. Zwar befaßt sie sich mit Bewegungsgesetzen, die eine Vorhersage ermöglichen sollen. Praktisch kommt sie immer zu spät. »Um noch über das **Belehren,** wie die Welt seyn soll, ein Wort zu sagen, so kommt dazu ohnehin die Philosophie immer zu spät. Als der **Gedanke** der Welt erscheint sie erst in der Zeit, nachdem die Wirklichkeit ihren Bildungsprozeß vollendet und sich fertig gemacht hat. [...] Wenn die Philosophie ihr Grau mahlt, dann ist eine Gestalt des Lebens alt geworden, und mit Grau in Grau läßt sie sich nicht verjüngen, sondern nur erkennen; die Eule der Minerva beginnt erst mit der einbrechenden Dämmerung ihren Flug [...]« *Grundlinien der Philosophie des Rechts,* Vorrede, am Ende).

Die Philosophie als ganzes System kann sich nur auf eine solche abgeschlossene Realität beziehen, sie nimmt ihren Zusammenhang aus der Beobachtung, d.h. im Nachhinein. Das gilt nicht für den Prozeß des Philosophierens, insbesondere nicht für den Philosophen, der als Partikel in jeder einzelnen menschlichen Eigenschaft, z.B. auch in den Fingerspitzen, in den Füßen, in den Augen usf., steckt. *Dieser* Philosoph ist im Detail in Berührung mit der Realität, ist immer Zeitgenosse, gegenwärtig, aber angewiesen auf den glücklichen Moment, in der er **sich hat,** sonst kann er nicht greifen und eingreifen. Dieser Philosoph hat die Aufmerksamkeitsspannung eines Glücksspielers. Zu dieser Aufmerksamkeitskonzentration gehört ein innerer Seismograph, die Zuspitzung, so wie die Fingerspitzen Nerven konzentriert haben, weil das Tasten libidinös ergiebig war.

4 Hegel, *Wissenschaft der Logik*, 2. Teil, Felix Meiner, Leipzig 1951, Herausg. Georg Lasson, S. 61.

5 Hegel, a. a. O., S. 525.

6 Hegel, a. a. O.; Das reale Maß; Knotenline von Maßverhältnissen. »Diese Verhältnisse sind von der obigen Art der Affinitäten, in welchen ein Selbständiges sich zu Selbständigen anderer Qualität und zu einer Reihe solcher verhält, verschieden; sie finden an **einem und demselben** Substrate innerhalb derselben Momente der Neutralität statt; das Maß bestimmt sich von sich abstoßend zu anderen, nur quantitativ verschiedenen Verhältnissen, welche gleichfalls **Affinitäten** und **Maße** bilden, **abwechselnd** mit solchen, welche nur quantitative **Verschiedenheiten** bleiben. Sie bilden auf solche Weise eine **Knotenlinie** von Maßen auf einer Skala des Mehr und Weniger.«

Kernstück ist der Sprung, der folgt, nachdem sich Widersprüche aneinander gerieben haben. Legt man durch alle solchen Brüche, Sprünge, also durch die Nahtstelle der Entfremdung eine Linie, so hat man das Gegenteil von Mittelmaß, nämlich die Knotenlinie gemessen. In der modernen Physik wird damit umgegangen, sie heißt dort Weltlinie. Man kann sie errechnen, wenn man die Umschlagspunkte sämtlicher Lorentz-Transformationen untereinander verbindet. Lorentz-Transformationen übersetzen zueinander unvereinbare Inertialsysteme und Beobachterstandpunkte.

3. KAPITEL. KONSTITUIERENDE ELEMENTE EINER POLITISCHEN ÖKONOMIE DER ARBEITSKRAFT

1 Z.B. MEW 16, S. 11: Inaugural-Adresse der Internationalen Arbeitsassoziationen: »Die 10-Stunden-Bill war daher nicht bloß eine große praktische Errungenschaft, sie war der Sieg eines Prinzips. Zum ersten Mal erlag die politisch Ökonomie der Mittelklasse am hellen Tageslicht vor der politischen Ökonomie der Arbeiterklasse.«

2 A. a. O. »Ein noch größerer Sieg der politischen Ökonomie der Arbeit über die politische Ökonomie des Kapitals (im englischen Original: **des Besitzes**, im folgenden ist von dem Kooperativsystem von Robert Owen, den Kooperativ-Fabriken, die Rede) stand bevor.«

3 Z.B. in: Nationalökonomie und Philosophie, in: *Die Frühschriften,* Stuttgart 1971, S. 300.

4 Karl Marx, Das Kapital I, S. 191.

5 Es ist ein natürliches Bedürfnis, mit einem anderen Menschen, den ich liebe, etwas Wesentliches zu tun zu haben. Die darin enthaltene triebökonomische Naturkraft würde alle Beziehungen in Betracht ziehen, die es ermöglichen, sich diesem geliebten Gegenstand zu nähern. Sie wäre sicher auch erfindungsreich darin, wie man die Arbeitsmittel sucht und diese dem Gegenstand nähert. Man prüfe auch, was jetzt das Inzest-Tabu ausrichtet, wenn der geliebte Mensch zur Familie gehört. Man prüfe weiter die ungeheure Sammlung an Verboten, Geboten, Wertvorstellungen (in ihnen steckt tote Arbeit). Man wird rasch sehen, daß es hier Trennungen von den Produktionsmitteln und dem Gegenstand gibt.

6 Uns liegt daran, die Differenz herauszuarbeiten, die zwischen der ungeheuren Relevanz dessen, was auf S. 11–19 der Einleitung *Zur Kritik der politischen Ökonomie* von Marx über »Das allgemeine Verhältnis der Produktion zur Distribution, Austausch, Konsumtion« gesagt wird, und dem eigentümlich irrealen Eindruck besteht, den die Wortfolgen auf diesen Seiten bei dem mit gewöhnlichem Sprachgefühl bewaffneten Leser wecken.

7 Marx kritisiert in den Grundrissen Adam Smith, a. a. O., S. 505, der eine Art Wertbestimmung der Arbeit aus den Opfern herzuleiten versucht, sie sie erbringt. Marx sieht darin ein alttestamentarisches Mißverständnis. Er zitiert in: Nationalökonomie und Philosophie, *Frühschriften,* a. a. O., S. 228, Engels, der Adam Smith den nationalökonomischen Luther nennt. Marx hält Smith entgegen, daß es durchaus ein Bedürfnis nach einer »angemessenen Portion« menschlicher Arbeit gäbe. Der Arbeit stehe nicht irgendeine ursprüngliche Ruhe gegenüber, so daß die Unruhe der Arbeit nicht bloß einen opferreichen Übergangszustand zur endlichen Ruhe darstelle.

Marx spricht an dieser Stelle allerdings nicht vom entfremdeten Arbeitsprozeß. Es ist nicht anzunehmen, daß eine solche Portion der Unruhe des entfremdeten Arbeitsprozesses oder die rastlose Unruhe, in der heute noch die Erholung als eine Art verborgenes Fortsetzungsverhalten von diesem Arbeitsprozeß entscheidend geprägt wird, ein wirkliches menschliches Bedürfnis sei. Zur rastlosen Unruhe der sog. Ruheperioden: Theweleit, *Männerphantasien,* Bd. 2, Frankfurt/Main 1978.

Agnes Heller akzentuiert in ihrem Buch *Theorie der Bedürfnisse bei Marx,* Berlin 1976, die Marxsche Unterscheidung zwischen Freizeit und Zeit für Muße als »Reich der Freiheit« gegenüber dem »Reich der Notwendigkeit«, auf das die notwendige Arbeit antwortet. Der von uns verwendete Begriff der Arbeitskraft hat seinen Kern in den für die Konstitution der Arbeitskraft notwendigen Umwegproduktionen, die in alle Bereiche von Muße oder Freizeit hineinreichen und immer auch stillschweigende Vorgriffe auf **das Reich der Freiheit** voraussetzen. Von dieser Vorstellung der Arbeitskraft her wäre es nicht plausibel, gewissermaßen getrennt von dem Bereich der entfremdeten (und immer auch zu einem gewissen

Teil nicht entfremdbaren) Arbeit, von einer Art Parallelorganisation befriedigenderer Bedürfnisarbeit in Form einer Freizone auszugehen.

8 Bert Brecht, *Gesammelte Werke,* 14, S. 1461.

9 Bert Brecht, a. a. O., S. 1460 f.: »Hegel hat das Zeug zu einem der größten Humoristen unter den Philosophen gehabt ... Wie alle großen Humoristen hat er alles mit todernstem Gesicht vorgebracht ... Daß alles ganz ruhig und pomadig vorgeht und plötzlich kommt der Krach. Die Begriffe haben sich bei ihm immerfort aufm Stuhl geschaukelt, was zunächst einen besonders gemütlichen Eindruck macht, bis er hinüberfällt ... Er behandelt die Lebensweise der Begriffe, dieser schlüpfrigen, unstabilen, verantwortungslosen Existenzen; wie sie einander beschimpfen und mit dem Messer bekämpfen und sich dann zusammen zum Abendessen setzen, als sei nichts gewesen. Sie treten sozusagen paarweise auf, jeder ist mit seinem Gegensatz verheiratet, und ihre Geschäfte erledigen sie als Paare, ... veranstalten Überfälle und Einbrüche als Paar, schreiben Bücher und machen eidliche Aussagen als Paar, und zwar völlig unter sich zerstrittenes, in jeder Sache uneiniges Paar ... Sie können weder ohne einander leben noch miteinander.«

Dieses Spielerische der Philosophierbarkeit – gerade die kritische nimmt daran teil – ist die Bedingung für die »Verflüssigung«, das plötzliche Zerbrechen oder Aufweichen der autoritativen Anordnung der Dinge, insbesondere der mit hoher Fiktion zusammengebauten Realität. Die Arbeitsweise der Sinne antwortet darauf. Es gibt einen materialistischen Instinkt, dieses übermächtige Realitätsgebilde zu anarchisieren, das Übermächtige in Witz zu erlegen. Wenn Brecht a. a. O. Dialektik als »Witz der Sache« definiert, dann ist dieser Witz (und es gibt keinen Witz von oben, sondern immer nur die Erfindung von Witzen von unten, Witz setzt die Bedrängung voraus) die Entdeckung der Disproportionen in der Sache selber. Es ist eine elementare Wahrnehmungsweise: Komik, freie Assoziation, Erinnern, Antizipieren. Der Gegensatz heißt Schreckensstarre, Fixierung, Gefühlsballung, Dummsein. In der mittelalterlichen Naturlehre heißen die Körpersäfte humores, d. h. Feuchtigkeiten (lat. humor = Feuchtigkeit). Die Vorstellung, aus der das Wort humoristisch sich ableitet, entstammt der indogermanischen Sprachsippe, im Germanischen existiert dafür kein Wort, die Vorstellung ist nur mit der Bezeichnung Ochse vertreten: Ochse = Befeuchter, Besamer (*Der große Duden, Die Etymologie,* Mannheim 1963, Stichwort Humor) Wortbedeutung verdreht, weil kastriert.

10 Z. B. *Kapital* I, Berlin 1966, S. 196 f.

11 Eine Maschine kann eine kürzere Lebensdauer haben als ein Menschenleben, aber wie die Krananlage Milchsack IV auch auf mehrere Generationen blicken. Die Maschinen treten aber nicht als Individuen auf, sondern als ganze Generationsverbände. Die einer verbrauchten Maschine nachfolgende Konstruktionen akkumulieren die in den Vorgängern enthaltene Arbeit tote Arbeit, und es wird bei ihrer Produktion nur ein *gewisses* Quantum lebendiger Arbeit hinzugesetzt. Der Hauptteil »vererbt« sich. Besonders anschaulich ist dies bei der Generationenfolge der Werkzeugmaschinen, beim Brüten komplizierterer Computer, bei dem die Kenntnisse aller früheren Computergenerationen eingehen.

Innerhalb der toten Arbeit findet ein Spezialfall der Akkumulation von Erfahrung statt, daß die neue Generation ihrer Fähigkeit nach (d.h. potentiell) immer klüger ist als die vorangegangene. Die scheinbare Grenze folgt nicht aus den Arbeitsvermögen der toten Arbeit, sondern aus Materialverschlechterung, Interessenverfall, Abbrüchen der Kontinuität, die aus den kapitalistischen Kreisen, nicht aus dem Eigensinn der toten Arbeit folgen. Tote Arbeit ist kein Arsenal von bloßen Dingen. Vielmehr sind es menschliche Beziehungen, Subjektivität in Objekt gewordener Gestalt, ein gesellschaftliches Verhältnis. Um es sich zu verdeutlichen: Wenn einer mit einem Taschenmesser in eine Maschine hineinschneidet, fließt Blut heraus. Daß dies praktisch so nicht ist, hängt daran, daß das Individuum (als z.B. Kran Milchsack IV) als solches sterblich ist, wie bei der lebendigen so bei der toten Arbeit. Es ist aber als Gattungswesen, nämlich gesellschaftliches Verhältnis, nicht sterblich, sondern könnte nur mit der Gesellschaft, die es hervorgebracht hat, untergehen.

12 Die kapitalistische Periode stellt insofern einen Spezialfall dar, als ihre Zeitmaße relativ kurzfristig außerordentliche Veränderungen hervorbringen. Der Widerspruch zwischen lebendiger und toter Arbeit besteht aber nicht erst in der kapitalistischen Geschichtsperiode. Z.B. gehen Bauern mit der aus ihrer lebendigen politischen Arbeit produzierten Feudalmacht sehr bald als mit einer Übermacht um. Erst besteht nur Arbeitsteilung zwischen den mit Ackerbau Beschäftigten und denen, die das Gemeinwesen nach außen als Bewaffnete schützen. Das Produkt dieser Arbeitsteilung verselbständigt sich, d.h. die Feudalherren sind durch den Besitz der zuvor produzierten Vorstellungen von Treue und Hörigkeit in der Lage, Unterdrückung auf die ehemals freien Bauern anzuwenden. Eine solche Unterdrückung ist nur zum geringen Teil eigene Verfügung der Herren, zum größeren Teil ist es die tote Arbeit der Produzenten, die ein bestimmtes gesellschaftliches Beziehungssystem, das des Feudalismus, hervorgebracht haben.

13 Abstrakte Arbeit, wie z.B. Fließbandarbeit, Kontrolltätigkeit an Automaten, Knopfdruckkompetenz an hochtechnisiertem Kriegswerkzeug wie Raketen, verliert diese Kompetenz, weil kein Umgang mit den Elementen der zusammengesetzten Produkte toter Arbeit stattfindet. Der abstrakt Arbeitende kann zum Beispiel die Maschinerie nicht mehr reparieren. Trotz Häufigkeit ist dies ein Spezialfall; er bezeichnet immer eine gesellschaftliche Krise. Die Reduzierung der Beteiligung lebendiger Arbeit macht die Gesellschaft tot: **Realitätsverlust der ganzen Gesellschaft durch einen Überhang an Realität.** Realität ist immer nur das Verhältnis zwischen den lebendigen Objekten zur toten Arbeit und nicht die tote Arbeit als solche. Nicht mehr vom »Feuer der Arbeit beleckt« (*Kapitel* I, Berlin 1966, S.198), schwindet die Berührungs- und Reibungsfläche, die doch die Vermittlung gerade des Herrschaftsinteresses auch darstellt. Es entsteht gespenstige Gegenständlichkeit. Marx spricht von der Maschinerie als dem »beseelten Ungeheuer«. So wie es umgekehrt keine bloße Lebendigkeit gibt. »Ein ungegenständliches Wesen ist ein Unwesen« (Marx, Nationalökonomie und Philosophie, in: *Frühschriften*, Stuttgart 1971, S.274).

14 Der Generalstreik enthält keine Umkehrung der Allianzen, ist nicht die Allianz lebendiger Arbeit und der toten Arbeit, sondern das Öffentlichwerden ihres

Geheimnisses. Die tote Arbeit, für sich, produziert nicht. Von der lebendigen Arbeit verlassen, ist sie der Stillstand. Die lebendige Arbeit, für sich, vermag das demonstrative Bild festzustellen. Sie produziert in diesem Moment Öffentlichkeit, ein politisches Produkt, aber im übrigen kommt auch ihre Produktivität zum Stillstand. Diese Seite des Widerspruchs veröffentlicht sich darin, daß der Zustand des Generalstreiks keine Permanenz haben kann, während Produktion etwas Permanentes ist.

Die Produktionsseite des Generalstreiks, nämlich Allianz von lebendiger und allseitig verfügbar gewordener toter Arbeit, ist bei Marx die »Republik der Arbeit«, der »Sieg der politischen Ökonomie der Arbeit über die des Kapitals«, wie er, nach Marx' Beschreibung, in der Pariser Commune als »arbeitender Körperschaft« erscheint.

In Polen stehen sich im Augenblick (Oktober 1980) zwei Möglichkeiten gegenüber: die Möglichkeit der Erweiterung der Streiks, so daß sie das ganze Land umfassen, und die Möglichkeit, daß sowjetische Truppen einmarschieren und die Streiks gewaltsam unterdrücken. Jede dieser Möglichkeiten bestimmt das Verhalten und die Vorstellung der Kämpfenden, so als wären sie etwas Wirkliches.

In den Volksrepubliken sind die Funktionärskörper Hüter der toten Arbeit; sie sind darauf angewiesen, daß die lebendige Arbeit ihnen die Kompetenz zur Verwaltung der toten Arbeit zuspricht. Der von den Danziger Arbeitern aufgegriffene Widerspruch liegt darin, daß diese Auseinandersetzung, die gleichzeitig einen Anteil an Mitbestimmung über die Verfügung an toter Arbeit umfaßt, nur in öffentlichen Prozessen zwischen autonomen Organisationen der lebendigen Arbeitskraft und den Institutionen der Partei stattfinden kann. Die Gesellschaft schwankt so lange zwischen einer Rückkehr zu stalinistischen Methoden und der Reprivatisierung und Aneignung der toten Arbeit durch in diesen Gesellschaften nur anarchisch bestimmbarer Gruppen, wie dieser öffentliche Prozeß nicht als ein Gefäß für die Auseinandersetzung zugestanden und praktisch entwickelt wird. So etwas setzt eine öffentliche Organisation voraus, wie es sie weder im Westen noch im Osten gibt. Es ist also nicht einfach identisch mit dem Stichwort »freie Gewerkschaften«. Hierdurch erhielten die Kämpfe allerdings eine **Bestimmtheit unter wirklichen Verhältnissen.** Sie sind nämlich Unbestimmtheit, wenn beide Möglichkeiten, die im Moment das Geschehen prägen, gleicherweise Entwirklichung bedeuten und deshalb unbedingt vermieden werden müssen: Es entsteht sowohl Wirklichkeitsverlust, wenn die Panzer einmarschieren, als auch, wenn ein unstrukturierter Freibereich in Polen entsteht, der für die umgebenden, wie auch immer eingebildeten, Macht- und Verteidigungsstrukturen unerträglich scheint. In beiden Fällen gerät ein Realzusammenhang aus den Fugen. Der Kern des Problems liegt darin, daß die vom Funktionärskörper verwaltete tote Arbeit, zu der nicht nur die materiellen Produktionsanalagen, sondern auch sozialitische Errungenschaften, verwaltete Ergebnisse früherer Kämpfe oder von aktuellen Kämpfen im Weltmaßstab, zählen, von der lebendigen Arbeit nicht aufgegriffen werden können. In welchem Produktionsverhältnis soll das auch geschehen? Es sind aber auch keine Selbstverwaltungsorganisationen oder Räte entwickelt, die vorbereitet wären, das Gesamtprodukt der Gesellschaft zu übernehmen. Solche neuartigen Formen der Selbstverwaltung der lebendigen Arbeit können nur im öffentlichen Auseinandersetzungsprozeß erarbeitet werden, in dem sich die bisherigen Verwalter der toten Arbeit und die Sprecher der lebendigen Arbeitskraft eine Zeitlang gegenüberstehen. Es kämpfen also wirkliche und fehlende gesellschaftliche Beziehungen miteinander; das ist etwas völlig anderes als bloße Ideen. Es ist etwas Materielles. Zugleich findet der Kampf in der Möglichkeitsform statt, als *wären* es Ideen und Vorstellungen.

16 Karl Marx, Nationalökonomie und Philosophie, in: *Die Frühschriften*, Stuttgart 1971, S. 265, beschreibt dies für einen politischen Bereich. »Wenn die kommunistischen Handwerker sich vereinen, so dient ihnen zunächst die Lehre, die Propaganda, etc. als Zweck. Aber zugleich eignen sie sich dadurch ein neues Bedürfnis, das Bedürfnis der Gesellschaft an, und was als Mittel erscheint, ist zum Zweck geworden …«

17 Eine bloß instrumentelle Arbeitsweise hält auf Dauer kein Mensch aus. Soweit das zeitweise überhaupt möglich ist, ist es deshalb wahrscheinlich, daß die **Unwirklichkeit** der abstrakten Arbeit von einer zweiten Produktion überlagert wird. Entgegen allem Realismus wird sich die Arbeiterin auch Mühe geben, das Produkt möglichst gut zu machen. Sie wird außerdem im Verhältnis zu den anderen Arbeiterinnen an ihren Beziehungen produzieren. Wenn sie sich nach der Arbeit umkleidet, bekleidet sie sich zugleich mit den bis dahin unbeschäftigten Attributen ihrer Person. Diese Umkleidung wird wirksam, wenn sie in den Umkreis der Menschen zurückkommt, mit deren Beistand sie außerhalb der Arbeit ihre Person produziert. Diese parallele zweite Person, im Betrieb und im Beziehungsbereich, ist das Wirkliche des Arbeitstages. Die Dialektik von Person und Abstraktion ist wiederum auf diese zweite Produktion nochmals anzuwenden.

18 Marianne Herzog, *Von der Hand in den Mund, Frauen im Akkord,* Rotbuch Verlag Berlin, S. 22 f.: »Um diese Zeit müssen Frau Bartz und Frau Winterfeld 30 Röhren geschweißt haben. Um diese Zeit haben ca. $^2/_3$ aller Arbeiterinnen der Halle angefangen zu schweißen. Frau Heinrich ist gekommen, sie packt ihre Sauermilch aus und stellt sie auf die Maschine, sie stellt die Maschine an und kippt den ersten Kasten Material auf der Maschine aus, Frau Heinrich sitzt eine Reihe hinter Frau Winterfeld und Frau Bartz. Frau Heinrich hat eine kurzzyklische Arbeit. Das kann man an den Kästen erkennen, die als Tagespensum vor ihr aufgebaut sind, so daß sie dahinter fast verschwindet. Ein Arbeitsvorgang von ihr dauert 9 Sekunden: einen Fuß in die Hand nehmen, eine Strebe mit der Pinzette greifen, die Strebe an den Fuß schweißen. Den gleichen Vorgang mit der zweiten Strebe und anschließend den fertigen Fuß in den Kasten legen. Um das auszuhalten, hat Frau Heinrich im Laufe der Akkordjahre ihre Bewegungen innerhalb der Möglichkeiten des Akkords ausgedehnt, sie hat ein paar Bewegungen dazu erfunden und schafft trotzdem noch den Akkord. Mit den Händen nimmt sie nicht nur das Material auf und schweißt es unter der Elektrode zusammen, sondern wenn man ihr zuguckt, sieht das so aus: Frau Heinricht breitet die Arme aus wie im Flug, dann zieht sie sie wieder ein und nimmt dabei, als käme sie rein zufällig daran vorbei, das zu schweißende Material in beide Hände und wippt, während sie es

aufnimmt, mit dem Körper nach und tritt mit dem Fuß drei- bis viermal auf das Fußpedal und schweißt dann das erste Teil an. Dann wieder Ausbreiten der Arme, das Frau Heinrich als Schwungholen für ihren Akkord nutzbar macht, sonst bliebe das Schwungholen eine überflüssige Bewegung und Frau Heinrich könnte sie sich nicht leisten. Mit den Füßen macht sie es genauso. Sie hat bei einem Arbeitsvorgang 2 Schweißstellen. Die anderen Arbeiterinnen haben 12–16 Schweißstellen. Frau Heinrich macht sich auch hier ein paar dazu. Während sie das Material aufnimmt, noch bevor sie es unter die Elektrode legt, tritt sie mit dem Fuß drei- bis viermal auf das Fußpedal, dann erst schweißt sie richtig. Diese Bewegungen hat Freu Heinrich gegen den unmenschlichen Akkord entwickelt.«

19 *Kapital* I, a. a. O., S. 57.

20 Die verschiedenen Defizite und das Prinzip des Abziehens von Energien aus den Gründen der Balance-Ökonomie, das insbesondere das sich auf das Allgemeininteresse richtende Potential an Arbeitsvermögen trifft, erklärt die Erscheinung des Passivismus.

21 Ein Spezialfall ist der Imperialismus nach Innen, der zum Prinzip der Ehe gehört. Es ist in ihr nur auszuhalten, wenn das Versprechen auf gegenseitige Einlösung des Glücks eine irgendwie geartete Substanz hat. Je schwieriger es ist, in diesem Primärbereich der Familien, aus denen die geschichtliche Realität tendenziell auswandert, ein solches unmögliches Versprechen einzulösen, an desto mehr und substanzreicheren Gegenständen wird versucht, dennoch Einlösungen zu erproben. Dies transportiert, aus Gründen der Balance-Ökonomie der Familien, Substanz in diesen Binnenbereich, zu deren Bearbeitung Familien nicht geeignet sind; dem Imperialismus nach Innen, d. h. der Tendenz, die Welt in diese Insel einzubringen, entspricht der Problemexport in die Ferne. Nach untauglichem Versuch werden die unlösbaren Probleme an die Peripherie verlagert. In den Fabriken oder in den chinesischen Verhältnissen wird die Lösung von Problemen erwartet, die im Binnenbereich offensichtlich unlösbar wären. Beide Bewegungen, der Imperialismus nach Innen und das Prinzip des Problemexports, verursachen Kosten und Steuerungsarbeit.

22 Ein deutscher Arbeiter könnte sich mit einem Chinesen sprachlich, politisch, was die Erfahrung seiner Klasse betrifft, nur unter Schwierigkeiten verständigen; über die Geschicklichkeit bei der Reparatur einer beiden bekannten Maschine könnten sie sich sofort und zum Teil nicht-verbal austauschen.

23 Das Motiv für Realismus ist nie Bestätigung der Wirklichkeit, sondern Protest. Dieser Protest kann sich äußern, wenn kollektive Formen existieren, die den Ausdruck vermitteln. Zugleich benötigt die Protestarbeit, wenn sie sich an der übermächtigen Realität abarbeitet, ein Selbstbewußtsein, wie es das Kind an gelungenen Beziehungen zu den Urobjekten gewinnt und wie es der Erwachsene nur aus vielfältigen Transpositionen und Wiederholungen einer solchen Grundbeziehung erwerben kann. Die Herstellung setzt als **Öffentlichkeitsform,** d. h. ein **gesellschaftliches Verhältnis,** und zugleich Vertrauen, d. h. ein bestimmtes **Beziehungsverhältnis, das ich für mich habe,** voraus.

24 Zahlreiche Märchen berichten von Kindern, die nicht geliebt wurden, Stiefeltern hatten, ein Geschwister wurde unverkennbar vorgezogen. Sie können jetzt, weil der Antirealismus ihres Gefühls sich wehrt, ein Fünkchen Glück haben und ihr Vertrauen auf etwas anderes als die Eltern gründen, z.B. auf sieben Zwerge, einen gütigen Jäger usf. Vielleicht sind sie in ihrer Not besonders findig. In den Märchen wenden sie das Geschick. Ist aber trotz solcher Wendigkeit nichts Vertrauenswürdiges zu finden, so können sie nicht sachlich sein. Das sog. Böse setzt sich so zusammen. Ungerecht ist, daß Franz Moor in Schillers *Räubern* als hintangesetzter zweiter Sohn böse wurde, Karl Moor, der geliebte Sohn, auch als Räuber noch edel ist. »Weil es mit mir so geschehen ist, werde ich das genau Umgekehrte tun.« Solche Umkehrung, daß der unsachlich Behandelte die Sachlichkeit hervorholt, entspricht der Erfahrung. Er muß dann aber ein Vertrauen aus anderer Quelle gewonnen haben, hatte dazu auch Grund. Völliger Mangel an Vertrauen kann aus sich heraus sich nicht wenden.

25 Dostojewski: »Jeder ist an allem schuld, aber wenn das jeder wüßte, hätten wir das Himmelreich auf Erden.« Einer, der sein Eigenes in hermetischem Vertrauen auf Kosten anderer ausdehnt, trifft auf die Nachgiebigkeit seiner Umgebung: Das ist als Beziehung unsachlich. Es ist für niemand, auch für ihn nicht, auszuhalten. Ihn auszugliedern ist ebenfalls unsachlich. Realistisch, weil den Antirealismus der Konstellation aushaltend, ist nur das Kämpfen. Vergleiche Bd. 6.3, S. 52: Die notwendige Produktion von falschem Bewußtsein.

26 Nun hätte Medea ohne Jason, Othello in einer nichtrassistischen Gesellschaft, der nicht bis aufs Blut in seinem Rachegefühl verletzte Kohlhaas, Hamlet in Gegenwart des Vaters, den niemand umgebracht hat; Lady Macbeth, wenn es keine Monarchie gibt, keinen Grund zu ihrer spezifischen hermetischen Potenzierung der Kräfte. Sie könnten, ohne tragischen Konflikt, Gruppen bilden, so wie Fourier in *Die vier Bewegungen* in der Gruppierung seiner Phalanstères von Nero annimmt, daß er sich als der beste Fleischermeister der Welt einfügen würde. Bei hermetischen Arbeitsvermögen geht es um das Problem der Rückübersetzung dieser Kräfte auf einfache Arbeit. Dies ist nur außerhalb ihrer spezifischen Situation, also quer zum Realitätsprinzip, möglich, setzt Veränderung voraus, die aus assoziationsfähigen Vermögen produziert sein muß.

26a Van der Waals'-Kräfte, sog. Restkräfte, beruhen darauf, daß die Elektronen um den Atomkern nicht genau kugelsymmetrisch verteilt sind. Sie versammeln sich assoziativ für einen kleinen Moment auf einem der Pole, beeinflussen so die Nachbarschaft, die ebenso kurzlebig auf diese Anziehungskraft antwortet, worauf wieder andere Nachbarschaften kurzfristig mit Induktion antworten. Man spricht von einer »Polarisierbarkeit der Atome in schnell wechselnden äußeren Feldern«. Angesichts der Kleinheit und Kurzlebigkeit sind solche Dipole äußerst schwach; ihre Bindungsenergie liegt zwischen 1–3 kcal/Mol. Sie nehmen mit der Potenz der Entfernung rasch ab. Aber sie sind nicht zu sättigen. Jede starke Kraft wäre dagegen zu sättigen. Man kann sich nichts denken, was flüchtiger und zugleich beharrlicher wäre. Das, was für Faltung, Spiralisierung, Knäuelung der Moleküle, die Ausbildung von organischen molekularen Gesellschaften im Körper sorgt, also das, was man Form nennt, beruht auf einer Art Schwatzhaftigkeit der Materie. Man stelle sich die assoziative Gruppenbildung während einer Schulpause vor, wie von selbst finden sich auf einem Teil des Schulhofs Pulks zusammen. Während sie bereits wieder zerlaufen, haben sie die Nachbarschulhöfe beeinflußt, dort Pulks angezogen, die wiederum auf Dritte und Vierte einwirken, so daß aus sämtlichen ungesetzlichen Ballungen und sofortigem Zerfall eine permanente, überall assoziative Bewegung stattfindet; strikte Diskontinuität im Einzelnen als Bedingung der Kontinuität des Ganzen. Es ist mit den Händen zu greifen, daß sowohl assoziative Bewußtseinsströme wie gesellschaftliche Massenbewegungen (Revolutionen) durchaus ähnliche Beobachtungen nahelegen. Wenn wir dafür keine Unterscheidungen besitzen, liegt es nahe, zunächst einmal die Unterscheidungen der Physik auszuprobieren, nicht um sie zu übertragen, sondern um, angeleitet durch die Schiefigkeit der Analogie, zu authentischen Kategorien zu gelangen.

Einige Beispiele: Man kann Eiweiß denaturieren, indem man es kocht. Diese jetzt tote Masse hat die gleichen Atome und die gleiche Chemie wie zuvor. Lediglich die Neben- und Restvalenzen, die sog. Faltung bewirken (= Bewegung, Form. Lebendigkeit) sind in Wegfall gekommen. Dies können wir (auch in dieser vergröbernden Fassung) *unterscheiden* und *benennen*. Eine revolutionäre Bewegung ist auf Hauptlinien reduziert. Der ursprüngliche Reichtum an lebendigen Punktualitäten ist verschwunden. Was ist geschehen? Dies können wir bisher nicht unterscheiden oder benennen.

Edelgase sind Atome, chemisch so bindungsunfähig (»selbstzufrieden«), daß sie nicht einmal zu Molekülen zusammentreten. Kohlenstoffatome binden sich mit fast allem, was Bindung zuläßt. Es besteht also entweder ein Zuwenig an Bindungskraft oder Zuviel davon. So könnten keine differenzierten Proteinketten zustandekommen. Es fehlt die Feinsteuerung oder das, was wir gesellschaftlich die Vermittlung nennen. Dieser Feinsteuerung findet sich weder auf der Hauptlinie der atomaren, noch auf den Hauptlinien der chemischen Regulationen, sondern in einem Dazwischen, das notwendig schwächer sein muß als die Hauptlinien und dadurch, daß es in die Lücken zu treten vermag, summierbar ist.

Übertragen wir dieses Beziehungsverhältnis auf den guten Willen sich zu vereinigen oder das Abstoßende der Bösartigkeit, so werden diese beiden Hauptunterscheidungen keine Feingriffe zulassen. Angenommen, wir könnten tatsächlich das Gute und das Böse auf die in diesen Globalen zusammengefaßten elementaren Eigenschaften zurückführen, so hätte dennoch keine dieser Kräfte einen längeren Atem; es bliebe ungesteuert so, daß eine gewisse Faszination vom Bösen ausgeht und Vertrauen nur dem guten Willen entgegengebracht wird, so daß in beiden Fällen ein Zuviel an Bindung und ein Zuwenig an Bindung miteinander konkurrieren. Die Feinsteuerung liegt ausschließlich in den Zwischenzonen, den Neben- und Restvalenzen im Guten wie im Bösen, die entweder hermetisch oder assoziativ sind. Sie aber entziehen sich dem Blick, der sich an den Hauptlinien menschlicher oder gesellschaftlicher Bewegungen orientiert. Die Entdeckung der ungeheuren Gewalt der Neben- und Restkräfte in der Hauptgegenstand von Nietzsches Eingreifen; daraufhin schlagen vier Zeilen Aphorismus ganze Bücher.

27 Die Beobachtung wird dadurch verdeckt, daß der Machtanteil, der sich mit Autorität verbindet, selber aus schwachen Eigenschaften zusammengesetzt ist, Herrschaftsmitteln, die sich aufgrund technischer Schwäche leicht und wie von selbst mit anderen schwachen Eigenschaften der Macht verknüpfen. Macht zieht es zu Macht; Macht erkennt nur Macht an, usf. Die starken Eigenschaften der Autorität vereinigen sich dabei nicht, gehen vielmehr ins Abseits. Siehe Bd. 6.2, S. 48 ff.

28 Die auf den Krisengürtel zwischen Kabul und Süd-Afrika projizierten wirklichen Ängste, im Wort zum Sonntag die Nächstenliebe, in den Trauerkundgebungen der Nationalsozialisten die stellvertretende Trauer um Gefallene der Bewegung, die von den angetretenen Gliederungen der Partei aufgerufen werden und mit »Hier!« beantwortet werden. Die angetretene Feier-Kolonne, die die Arbeit der Wiedererweckung leistet, kennt diese konkreten Toten nicht, in ihren Köpfen sind ganz anderen Tote **wirklich** anwesend, um die sie als Einzelne trauern könnten. Zwischen dem, was stillschweigend geschieht, und dem, was die öffentliche Feier macht, besteht Berührung und gleichzeitig Differenz. Die Kräfte, mit denen dabei umgegangen wird, sind auf der gesellschaftlichen organisations- und kollektiven Phantasieebene etwas Starkes, für die Einzelnen etwas Schwaches. Nach Ende der Feier wird, ohne Trauer, weitergemacht. Es geht um eine Kanalisierung, nicht um Trauerarbeit. Die Assoziation selber steht vor der Feier fest und bestünde auch ohne sie.

29 Oskar Negt in: *Die Freibeuter 5, Vierteljahreszeitschrift für Kultur und Politik,* Berlin 1980, Blick zurück nach vorn, S. 122.

30 Im Dritten Reich dringen die verinnerlichten und ausgegrenzten Bilder ins Kollektiv zurück und tauschen dafür Zerstörung der Städte, Vernichtung von Leben, Ökonomie, Staatswesen ein. In verschiedenen Konstellationen verwandeln sich starke und schwache Eigenschaften ineinander.

31 Narbe heißt starke Phantasie. Die Narbe arbeitet nicht wie die Wunde.

32 Wenn ein Bergarbeiter sich wäscht und umkleidet – gehört das zur Arbeitszeit oder Freizeit? Dieses Unterscheidungsinteresse ist Hauptgegenstand der Arbeiterkämpfe nach 1918.

33 Die Bestimmung des Übergangs von Arbeit in etwas anderes setzt ganze Serien weiterer Unterscheidungen in Gang: wo findet sich die Nahstelle zwischen Natur und Gesellschaft, wenn sie doch in jedem konkreten Prozeß verzahnt sind? Wo liegt der Grenzstein zwischen Geist und materiellem Verhältnis?

34 Bert Brecht beschreibt das in dem Gleichnis: Arbeiter sagen, wir dachten, wir produzieren Teile von Kinderwagen, aber wenn man sie zusammenbaut, sind es Maschinengewehre.

35 Es geht darum, sich einen Moment lang vorzustellen, daß alle Kräfte, die in Industrie- und kulturellem Lebenszusammenhang stecken, sich auf Stoffveränderung der geschichtlichen Verkehrsform richten: Eine ungeheure Masse von Arbeitskräften und verfügbaren Mitteln.

36 Einige dieser besonderen Formen sind elementar, andere sind immer noch Teilsynthesen, die lediglich aus komplexeren Synthesen für die Untersuchung abgekoppelt werden. Z.B. ist einfach Bodenbearbeitung, »die Erde als natürliches Laboratorium«, weitgehend elementar; abstrakte Arbeit ist niemals elementar. Abstrakte Arbeit nennt Marx die tendenziell von allem persönlichen Qualifikationsanteil des Produzenten entkleidete Arbeit, bloße Verausgabung von Hirn, Muskel, Nerv, d.h. menschliche Arbeit; dies ist nicht zu verwechseln mit »Abstraktion von Arbeit«, also ungegenständliches Tun.

37 Man vergleiche vor 1807 die Überschwemmung Deutschlands mit käuflicher britischer Maschinerie; zugleich sind die Produktionsprinzipien dieser Maschinen streng gehütetes Geheimnis und könnten weder mit politischen noch mit den Mitteln des Geldes gekauft werden.

38 Der Vorsprung von IBM, der in einer Generationskette von Lehrcomputern besteht, steht auf dem Weltmarkt nicht zum Verkauf. Alle Springpunkte des technologischen Fortschritts stehen nicht der privaten Aneignung durch Dritte zur Verfügung.

39 Das einfachste Beispiel: Autofahren. – Wird eine Schraube mit Gefühl befestigt oder will einer tanzen, so ist in dieser Hinsicht die Regel die gleiche. Im Spiegel würde sich das Tun reflektieren, d.h. wäre sichtbar. Ein anderer Mensch oder die Tücke des Objekts sind solche Spiegel. Meine Arbeit reflektiert. Das Verhältnis der Arbeit zu sich selbst ist zwar aufgrund ihres Widerspruchs an sich ein vielfältiger Spiegel, aber für mich ist das keine Gewohnheit.

40 Marx, Nationalökonomie und Philosophie, in: *Die Frühschriften*, Stuttgart 1971, S.303; die drei Punkte (…) jeweils von Marx.

41 Die Produktion eines wirklichen, sich organisch verändernden gegenständlichen Embryos im Mutterleib ist im inneren Gemeinwesen des menschlichen Körpers »große Maschinerie und Kooperation«. Was in diesem Produktionsprozeß an hoch zusammengesetzter Arbeitskraft zusammenarbeitet, ist – gemeinsam mit der Arbeit des Kreislaufs, der Arbeit der elementaren Rohstoffe, aus denen durch Reflektion aufeinander Bewußtsein (also eine Beziehung, ein Verkehrsverhältnis) entsteht – geradezu ein Ideal für die Ausarbeitung gesellschaftlicher Verhältnisse, Produktivität, Gesamtarbeit von Arbeitsvermögen. Wieso sollen wir, was in der Gattungsgeschichte offenbar Arbeits- und Produktionsvermögen bildet, nur deshalb vom Begriff der Arbeit abschneiden, weil der Zündfunke nicht in einem engen Ausschnitt derselben Gesamtproduktion, nämlich dem Selbstbewußtsein, festgemacht ist?

42 Einer ist *wirklich* durch sein Verhalten und durch die Bestimmtheit seiner Verhältnisse, nicht durch seine Reden oder Gedanken. »Sehend, wie einer sitzt, interessiert mich nicht, was er denkt« (Bert Brecht).

43 Ernst Bloch, *Das Prinzip Hoffnung*, Band I, S.1.

44 Rudolf Meldau, *Sinnesverwandte Wörter und Wortfelder in der deutschen Sprache*, Paderborn 1978. Die Worte Arbeit und arbeiten werden als Wortfelder nicht referiert. Nr. 98 (S. 94): »**fleißig** = ›arbeitsam, eifrig, von eifrigem Bemühen zeugend‹:
Dieser Schüler ist sehr ~. – Die Studentin besucht ~ alle Vorlesungen. – Er arbeitet, studiert ~. – Die Japaner gelten als sehr ~. – Das ist eine ~e Arbeit. –

Bei meinem Aufenthalt in Paris besuchte ich ~ alle Museen und sonstigen Sehenswürdigkeiten. – Ein ~er Handwerker, Arbeiter. – Viele ~e Hände haben das Werk schnell vollendet.

arbeitsam = ›fleißig, geschäftig, gern arbeitend, arbeitswillig‹:

Ich liebe friedliche, ~e Menschen. – Die Menschen in diesem Land sind nicht sehr ~. – In der letzten Zeit ist er recht ~ geworden.

emsig = ›fleißig, unausgesetzt arbeitend‹:

Die Ameisen laufen ~ hin und her. – ~e Bienen flogen von Blüte zu Blüte. – Überall sieht man Zeichen ~er Tätigkeit. – Ich bin ein ~er Briefmarkensammler. – Was schreibst du so ~?«

Fleißig – arbeitsam – arbeitswillig – eifrig – emsig – strebsam. Das Wortfeld umfaßt $^2/_3$ einer Seite. Dagegen umfaßt das Wortfeld rauben (Nr. 209), das das Wortfeld stehlen (253) einschließt 2 $^1/_3$ Seiten, sämtlich prägnante und farbige Worte.

45 Jürgen Habermas, *Zur Rekonstruktion des historischen Materialismus,* Frankfurt 1976, S. 144 ff.

46 Hartmut Schneider, *Entwicklung und Sozialisation der Primaten,* München 1975, S. 44.

47 »Individually unfitted, socially fittest.«

48 *Anteil der an der Menschwerdung des Affen,* in: MEW 20, a. a. O., S. 444 ff.

49 *Entwicklung und Sozialisation der Primaten,* München 1975.

50 »The Child is Father of the Man.« Gedichtszeile von W. Wordsworth, 1802. Wiederholt bei S. Freud, 1913, *Gesammelte Werke,* Band 8, S. 412: »Die Psychoanalyse ist genötigt worden, das Seelenleben des Erwachsenen aus dem des Kindes abzuleiten, Ernst zu machen mit dem Satz: das Kind ist der Vater des Mannes. Sie hat die Kontinuität der infantilen Psyche mit der des Erwachsenen verfolgt, aber auch die Umwandlungen und Umordnungen gemerkt, welche auf diesem Wege vor sich gehen. Die meisten von uns haben eine Gedächtnislücke für ihre ersten Kinderjahre, aus welcher sich nur einzelne Brocken Erinnerung herausheben. Man darf behaupten, daß die Psychoanalyse diese Lücken ausfüllt, diese Kindheitsamnesie der Menschen beseitigt hat.«

Innerhalb der Zeitgestalt der menschlichen Reproduktion existiert ein **zweizeitiger Ansatz** der Sexualentwicklung, d. h. unter Abzug der Freudschen Terminologie, ein zweizeitiger Ansatz des ganzen Menschenwesens. Das »menschliche Gemeinwesen« befindet sich, unabhängig von dem Dialog mit den Urobjekten, in einem Dialog mit sich selbst, der verbal, d. h. bewußt, durch teilweise Amnesie unterbrochen ist, nicht-verbal aber die ganze Arbeit dieses Wesens konstituiert. Diese **Differenz** macht das Bewußtsein aus, entgegen allen Versuchen des Bewußtseins, diese an sich nicht erträgliche Differenz abzuwehren und zu **harmonisieren.** Man vergleiche dazu das von Ferenczi beschriebene Verhältnis des Menschen zu seinen Genitalien, das das Verhältnis Ich / Es **dinglich** ausmacht. Siehe Bd. 6.3, S. 226, 95. Der Erwachsene verhält sich zu seinen Geschlechtsorganen als seinem Kind. Diese aber sind in der Formgestaltung ihrer Voraussetzung, d. h. der kindlichen Sexualität, Elternteil des Ichs.

50a Wir haben das Wort Gynäkozentrie (= eine Gesellschaft, die sich um die Orte, an denen die Frauen ihren Sitz haben, bewegt) bereits verwendet, unaufgeschlüsselt.

Dieses gesellschaftliche System hat es mit Sicherheit gegeben, und es ist zu vermuten daß seine gravitativen Energien in der heutigen Welt, die eine solche Zentrierung abwehrt, nachhaltig fortwirken. Die Spur davon ist deutlicher als die des Matriarchats, von dem wir weniger wissen. Der Unterschied liegt in dem Satz: »Wohin du gehst, da will auch ich hingehen.« Sagen das die Männer, so ist das Gynäkozentrie, wird es den Frauen in den Mund gelegt, wie im Bibeltext, geht es um Androzentrie; jeweils mit allen Umkehrungen auf der Unterseite des Geschehens.

51 H. Schneider, a.a.O., S.51f. Schneiders Anmerkung zum Wort »Zuruf«: »Androzentrische Deutungen der Anthropologie betonen mehr den interadulten Zuruf (z.B. Jagdabsprachen). Es wäre aber zu beachten, daß Sprachverfügung während der **Kindheit** gelernt werden muß.«

52 Bernhard Grzimek, *Tierleben,* Zürich 1968–1972, Bd. XIII, sagt: »Die Nähe des Flußpferdes zur Kennlinie der Primaten irritiert etwas. Tatsächlich lebt es aber in Schulen und die Jungenaufzucht wird in Gruppen mit Tanten organisiert.« P.C. Mitchell, *Die Kindheit der Tiere,* Stuttgart 1913: »Afrikareisende haben geschildert, wie sie ein junges Flußpferd plötzlich aus dem Wasser haben auftauchen sehen. Es erhob sich und schien auf der Oberfläche zu stehen, in Wirklichkeit aber trug die Mutter es auf dem Rücken.« Ernest P. Walker u.a., *Mammals of the world,* 3 Bde., Baltimore, 1964: »The youngsters of the big hippo scrambles onto the mother's back and suns itself while she is floating on the surface. This may afford some protection against crocodiles.«

In seinen Tagebüchern schreibt Leonardo da Vinci den Flußpferden besondere Intelligenz zu. Wenn sie in die Kornfelder in Ägypten eindringen, um nachts Korn zu fressen, schieben sie sich, mit dem Kopf aus dem Kornfeld hinausweisend, rückwärts in das Feld, damit es für Beobachter so aussieht, als kämen sie heraus.

52a Erst *dies* läßt sich auch umkehren. Die Entwicklung der menschlichen Hand beruht zugleich auf dem Vertrauen, daß der Klammergriff unnötig wird, wenn ich weiß, daß es ihn zuverlässig gibt.

53 Zu dieser Produktionsweise die ausführliche Darstellung Bd. 6.2, S. 209ff.: Die geschichtliche Prägung der Arbeitsvermögen in Deutschland.

54 Ferenc Jánossy, *Wie die Akkumulations-Lawine ins Rollen kam,* Budapest 1977, S. 34f.

55 Koschorreck, *Heidelberger Bilderhandschrift des Sachsenspiegels, Kommentar,* Frankfurt 1970, S. 65.

56 Walter Koschorreck, a.a.O., S. 69. Dies ergibt sich aus nebenstehendem Text. Das Bild zeigt den Eierzehnt.

57 Dazu Bd. 6.2, S. 319ff. Man muß versuchen, sich das Bild einer **allseitigen Produktion** vor Augen zu halten, für die die Erde der Gegenstand oder das Arbeitsmittel ist. Die ständische Vorstellung vom Bauern ist **nach** den Deklassierungen gebildet. Es ist nicht **dieser Prozeß,** sondern die **ursprüngliche Grundlage, von der getrennt wurde; sie** ist es, auf die in der Beziehungs-, Intelligenz- und der politischen Arbeit, wenn sie Kontinuitäten bilden, die Eigenschaft der Bodenbearbeitung in uns zurückgeht.

58 Die landwirtschaftliche Produktion in der Bundesrepublik ist formell subsumiert unter Agrar-Subvention und Prozesse der Industriegesellschaft. Von der Agrar-Produktion in der Dritten Welt oder in Ländern wie Neuseeland (außerdem vom Weltmarkt) ist sie durch EWG-Marktordnungen deutlich getrennt. In der DDR zeigt die Mechanisierung der Landwirtschaft und die kooperative Stufe deutlich Züge der industriellen Subsumtion.

59 Für unsere gesellschaftlichen Verhältnisse in Westeuropa ist sie, entgegen der Logik, älter als die Bodenbearbeitung, da die Stadtproduktion auf römische Grundlagen zurückgreift. Inmitten der bodenbearbeitenden Gesellschaft findet schon in der Frühzeit handwerkliche Zuarbeit statt. In ihrem Verhältnis zur Gesamtgesellschaft unterscheidet sich davon das städtische Handwerk, das für die Bodenbearbeitung Produkte herstellt.

60 Die Übertragung der Produktionserfahrung durch Auswanderung ersetzt die am Produktionsort selber durch die Zünfte unterbundene Konkurrenz. Die berufliche Krise als Grund wird oft überlagert durch andere Gegensätze, z.B. religiöse. Um ein Beispiel zu nehmen: Das akademische Handwerk in Universitäten überträgt sich fast ausschließlich durch Exodus. Von Paris Vertriebene gründen Prag, die Abwendung der Hälfte der Prager Universität begründet Leipzig. Auslöser sind jeweils Meinungsstreite über religiöse Fragen, innerer Grund ist die Berufskrise. Neuentwicklungen oder Reformen finden bis ins 18. Jahrhundert überhaupt nur in dieser Form der Abwendung statt, nie durch Übertragung zwischen den Generationen, die sog. Universitäts-Reformationen; die direkte Übertragung am Ort ist geradezu Garant, daß sich nichts bewegt.

61 S. u., S. 325 ff. Es gibt auch bei der Bodenbearbeitung die Ausstellung der eigenen Sorgfalt, z.B. das Mustervieh, das Mustergut, der Muster-Obstgarten und insbesondere das Vorgärtchen vor dem Hof: Wahrscheinlich ist dies aber bereits reflexiv auf die für die Stadtproduktion so spezifische Markierungsarbeit. Viel selbstverständlicher ist das Schaufenster und das Bild der geordneten Werkstatt, in die der Kunde Einsicht nimmt. Bauernhöfe haben keine Schaufenster.

62 S. u., S. 247, Bd. 6.2, S. 362 ff.

63 Siehe Bd. 6.2, S. 94, S. 110 ff.

64 Die preußischen Reformer nach 1807 müssen dem König nicht nur praktische Vorschläge aufdrängen, sondern auch, wie die Handwerker, den Stellenwert ihrer Arbeit überhaupt erst erklären. Das erste gelingt ihnen, das zweite nicht. Das bedeutet das Ende der Reformen. Manager oder Politiker von heute müssen ihren Aktionären oder Wählern nicht anders ihr Doppelprogramm vortragen, wenn sie nicht scheitern wollen. Das macht abhängig.

Der Philosoph Hegel wird vom Nachfolger Wilhelm von Humboldts berufen. Dieser Leiter im Innendepartement, Schuckmann, stammt aus dem Bergwerks-Departement. Vom philosophischen Handwerk versteht er wenig. Nach seiner Berufung steht der Philosoph immer vor dem Problem, daß sein Arbeitgeber nichts von dem, worin seine Qualitäten beruhen, begreift. Er produziert seine Philosophie, zusätzlich dazu muß er immer erneut die Markierung des Eindrucks hinzuproduzieren, daß er kein Jakobiner sei.

65 Siehe Bd. 6.2, S. 363. Die frühen Manufakturen entwickeln der Zeit weit vorauseilende technische und halbkünstlerische Kapazitäten, hohe Konzentration der Arbeitskraft. Daß die Gesellschaft daraus Vorstellungen zieht, dieses Organisationsprinzip der Arbeit aber in dieser artifiziellen Gestalt die Gesellschaft nicht ergreift, hat u. a. seinen Grund darin, daß die Manufakturen vor allem Luxusgüter herstellen. In Deutschland ist die Manufakturperiode überwiegend staatlich organisiert, Seidenmanufaktur, Porzellanmanufaktur usf.

66 Sie bewegen sich zentripetal um ihre geschichtlichen Gravitationen (Wurzeln); in der Erscheinung sieht das zentrifugal aus. Es ist dasselbe wie bei Egoisten, die um ihr Ich das Weltgefüge zentrieren; wenn aber *alle* Egoisten sind, so ergibt sich aus den Zentrierungen so vieler Egoisten die Zerstreuung: kein Zentrum mehr möglich.

67 Für den Ausschnitt der Hüttenindustrie: Popitz, Bahrdt, Jüres und Kesting, *Technik und Industriearbeit, Soziologische Untersuchungen in der Hüttenindustrie,* Tübingen 1957, S. 38 ff.

68 *Kapital* I, MEW Bd. 23, S. 354. Kooperation ist für Marx »Grundform der kapitalistischen Produktionsweise«.

69 Man erlebt dies z. B. als Kind, das bisher von den Eltern und der Umgebung gelernt hat und jetzt in die Schule kommt. Die Schule verhält sich zum Elternhaus wie eine Manufaktur. Die Kinder sind eine Arbeitskolonne, der über die Lehrer vermittelte Lehrplan, der Stundenplan, tritt ihnen, wie eine Maschinerie, als tote Arbeit gegenüber. Die abgegrenzten Fächer, die von den Kindern jeweils verschiedene Leistungen fordern, bereiten sie auf Arbeitsteilung vor. Es erscheinen jetzt Lernprozesse in einem Tempo möglich, das in der bisherigen Entwicklung des Kindes unerreichbar erschienen wäre. Ein Kind kann auch von den Eltern schon Schreiben und Rechnen lernen. Dies geschieht aber zu völlig anderen Kosten (fordert Bestätigung, Liebeslohn, der so in der Schule weder von den Lehrern noch von den Kindern gewährt wird). Wer nach diesem aufwendigen, beziehungsreichen Erziehungsstil Schulwissen erlernt hat, wird in der Schule Schwierigkeiten haben, weil dort alle Prozesse schneller und sachlicher, d. h. mit einem geringeren Zuwendungslohn erfolgen. Dies liegt nicht daran, daß das Kind, weil es meint, schon alles zu wissen, nicht aufpaßt, sondern hat seinen Grund in der verschiedenen Ökonomie, die die einer konzentrierten Zusammensetzung ist.

70 Komplex hieran ist, daß dies nicht für alle Arbeitsvermögen im gleichen Maße gilt. Die Versuche, sich einen festen Boden im Arbeitsprozeß, z. B. durch Solidarität, berufliche Qualifikation, kooperatives Selbstbewußtsein, auch Kampferfahrung, zu verschaffen, bilden so etwas wie ein rudimentäres Eigentum, entwickeln spezifischen Eigensinn. Wird man von ihnen getrennt, so wirkt sich dies wie eine ursprüngliche Trennung von Boden und Gemeinwesen aus. Für die davon isolierte formelle Allseitigkeit des Arbeitsprozesses: »Ich tue im Betrieb das, was angeordnet ist, halte meine Geschicklichkeit bereit« bedeutet die Trennung dagegen etwas Anderes. Sind die Arbeitsmittel und Produkte ohnehin weggenommen, bringt die Wegnahme der Wegnahme keine zusätzliche Trennung, vielmehr fällt der Eigensinn auf sich selbst zurück. Die Entfremdung wird vergessen. Versuche, diese

Trennung gewissermaßen vorwegzunehmen, begünstigen die ganze Zeit über die Trennung von Arbeitsprozeß und Lebenszusammenhang, wie sie der gesellschaftliche Prozeß herstellt. Die eigene Vorstellung produziert übrigens eine Abwehrschranke gegen das, was im entfremdeten Arbeitsprozeß unerträglich bleibt. Schon während der aktuellen Arbeit findet eine solche Trennung von der Erfahrung statt, indem diese selber darauf beharrt, daß die Arbeitseigenschaften nur in die Fabrik gehören.

71 Popitz, u. a., a. a. O., S. 104 f.

72 Popitz, u. a., a. a. O., S. 105, a. a. O., S. 106: Weder die Begriffe »Maschine beherrschend« noch »Maschinenbeherrscht« kennzeichnen diesen Sachverhalt. Wenn man den Begriff der Anpassung, der seit Max Weber in diesen Zusammenhängen verwendet wurde, anlegt, so muß man von einer »aktiven Anpassung« sprechen.

73 Wir stützen uns auf die Beschreibung von Popitz u. a., a. a. O., S. 94 ff.: Wir haben die wichtige »Nebentätigkeit«, die zur Qualifikation dieser Arbeit gehört, nämlich die Arbeiten zum Umbau und zur Variation der Maschinerie, ausgelassen. Dies ist auch nur ein Beispiel industrieller Arbeit. Jede Einzelanalyse ergibt einen spezifisch verschiedenen Prozeß.

74 Hierzu gehört ein spezifisches Selbst-Bewußtsein. Der Berufsstand ist ausgesprochen exklusiv. Wie ehemals die Handwerksgesellen, wandern Umwalzer in der Welt herum, erhalten Angebote aus Brasilien, weil, solange dieser Arbeitsvorgang nicht maschinell ersetzt wurde (dies geschieht erst heute), eine solche Zusammensetzung von Fähigkeiten unersetzbar ist und sich nur durch Personen überträgt.

Popitz zitiert aus der Befragung von Umwalzern, a. a. O., S. 102 f.: »Schwierig ist es auch, daß man einem Umwalzer gar nicht so leicht klarmachen kann, wie man es machen muß. Man kann ihm dies und jenes sagen, aber im Grunde muß er alles aus sich selbst holen. Jeder arbeitet auch anders. Zum Beispiel kann man vielleicht einem Mann eine Arbeitsweise erklären, durch die man tatsächlich 20 % an Kraft sparen kann. Aber dem Mann liegt diese Arbeitsweise nicht, er verkrampft sich dabei, so daß es für ihn um 30 % anstrengender ist, und es besser ist, daß er bei seiner alten Arbeitsweise bleibt. Man kann manchmal gar nicht genau erklären, warum sich einer so schwer tut, obwohl er anscheinend alles richtig macht. Natürlich findet der Lernprozeß nicht in der Art statt, daß der Anlernwalzer zwei Jahre täglich an der Walze steht und probiert, denn dann könnte die Walzenstraße nicht produzieren. Sondern der Anlernwalzer ist ein Arbeiter, der – oft schon jahrelang – eine andere Arbeit an der Drahtstraße tut und der meist nur bei bestimmten Gelegenheiten, in denen er keinen Schaden anrichten kann, probieren darf, schließlich einmal einen anderen Umwalzer, der Urlaub hat oder krankfeiert, vertritt und dann darauf wartet, daß ein Arbeitsplatz für ihn frei wird. Die Gelegenheiten zum Probieren sind nicht sehr zahlreich: Man läßt einen Neuling heran, wenn probeweise einzelne Adern eines neuen Kalibers durchgeschickt werden, so daß er es nur mit einer Ader – nicht mit mehreren gleichzeitig – zu tun hat, oder wenn nach Anlauf der Walze die ersten Adern durchlaufen, die sowieso als Schrott gelten. Der ehrgeizige Anlernling pflegt alle Möglichkeiten zum Üben auszuspähen. Ein Umwalzer erzählt, wie er immer wieder vom Obermeister, der um seine

Tonnenzahl bangte, fortgejagt wurde, sich aber nicht beirren ließ. Vor der Schwierigkeit des Übens, das ja erhöhte Unfallgefahr und die Möglichkeit einschließt, Schrott zu machen und damit den Lohn der Kollegen zu beeinträchtigen, liegen die Hindernisse, überhaupt an die Walze zu kommen.«

75 Z.B. geht es um die Reibung von Leben im Verhältnis zu den Beschleunigungskräften einer Bombe, der Geschichtsbombe, usf.; siehe Bd. 6.2, S. 373: Über dialektische Gravitationsverhältnisse in der deutschen Geschichte.

76 Popitz u. a., a. a. O., S. 107 f.

77 Im Betrieb werden solche Störungen organisatorisch ausgeschlossen. Man stelle sich vor, daß die Frau eines Umwalzers mit einer wichtigen Nachfrage, die eine Antwort erheischt, in den Produktionsvorgang, der alle Nerven absorbiert, einbricht. Es entsteht eine unmögliche Lage, weil der Arbeiter nicht in ein- und derselben physikalischen Zeit mit zwei zeitlich verschiedenen strukturierten Aufmerksamkeiten umgehen kann. Antwortet er der Frau in den Kürzeln, in denen er mit der Maschine umgeht, würde sie nichts verstehen, antwortet er in den Zeitgestalten, in der auf ihr Problem geantwortet werden kann, versteht das die Maschine nicht, die Ader läuft selbsttätig in den Raum.

Arbeitsprozeß und Lebenszusammenhang werden unter anderem aus **diesem** Grund hermetisch getrennt. Bei konzentrierten Arbeiten, die nicht diesen dinglichen Schutz um die Konzentrationszeit setzen, finden permanent Hin- und Herreißungen zwischen verschiedenen Zeitformen statt. Dies wird aus Verpflichtungs- und Schuldverhältnissen interpretiert. Es geht hier aber um objektive Kollisionen, die aus der getrennten Bewegung von einfacher und konzentrierter Zeit sich herleiten und nicht aus dem Beziehungszusammenhang, in den diese Zeiten als getrennte eingehen, gelöst werden könnten. Man kann praktisch nicht fragen, wer an der Kollision schuld hat, sondern muß fragen: Wie kann man eine Vorfahrtsregel erfinden? Die Ursache ist die Nicht-Beziehung, also ist es unsinnig, es als Beziehungsverhältnis zu deuten.

78 Michael Balint, *Urformen der Liebe und die Technik der Psychoanalyse,* Stuttgart 1965, S. 13.

79 Karl Marx, Nationalökonomie und Philosophie, in: *Die Frühschriften,* a. a. O., S. 239: »Der Tod scheint als ein harter Sieg der Gattung über das Individuum und ihrer Einheit zu widersprechen; aber das bestimmte Individuum ist nur ein **bestimmtes Gattungswesen,** als solches sterblich.« Die Stelle faßt die Wiederauferstehung der Toten ins Auge. Die Toten werden aber nicht als Individuen, d. h. in aktueller Spezialisierung wiederauferstehen. Die Einheit von Gattung und Individuum, auf der Marx beharrt, setzt die Aufhebung der Spezialisierung des Geschichtsprodukts voraus; vor der Auferstehung liegt der Rückweg in den Reichtum der Gattung.

80 *Das Kapital,* Erster Band, MEW 23, Berlin 1977, S. 193. Auf der Vorseite heißt es aber: »Die seiner Leiblichkeit angehörigen Naturkräfte, Arme und Beine, Kopf und Hand, setzt er in Bewegung, um sich den Naturstoff in einer für sein eignes Leben brauchbaren Form anzuzeigen. Indem er durch diese Bewegung auf die Natur außer ihm wirkt und sie verändert, verändert er zugleich seine eigne Natur.« Als Veränderer seiner menschlichen Natur kann ein Mensch aber seine

zweckmäßige Tätigkeit von den selbstregulierenden Mitteln, die sich im wesentlichen einsetzen, ohne nach seinem Willen zu fragen, nur schwer unterscheiden. Auch hier gleicht er nicht »der besten Biene«. Er ist aber auch nicht **bewußt** ein Baumeister – wenn er z.B. heranwächst –, der »die Zelle in seinem Kopf gebaut hat, bevor er sie in Wachs baut«.

81 Man lese nochmals die Marx-Stelle, a.a.O., S.193: Marx hat den Kernsatz verklausuliert. Er spricht vom Baumeister, der die Zelle in seinem Kopf gebaut hat, bevor er sie in Wachs baut. Dann hat er das falsche Ding gemacht. Er soll Häuser bauen, hat aber nur die Biene nachgeahmt, oder aber seine Nachahmung geht ins Gegenteil, er hat das, was für die Biene eine Einheit war, in Wille und Arbeitsmittel zerlegt, er selber hat sich zum Mittel gemacht und produziert **deshalb** neben seinen Zielen.

82 Sigm. Freud, *Das Unbehagen in der Kultur,* in: *Gesammelte Werke,* XIV. Band, London 1948, S.427f. Hervorhebung von uns.

83 Man muß sich die Differenz deutlich machen. In unseren Städten haben die Autos Vorfahrt, die das Zeichen Grün erhalten. Andernfalls gibt es Zusammenstöße. Die Augen können die Folgen sehen: Die Auto-Dinge stoßen sich wirklich in Raum und Zeit. Mit diesem Wirklichen verhält es sich aber wie mit dem Ritter an König Artus' Hof, der sagt: Haben die Leute denn keine Augen im Kopf? Die Sonne geht, wie ich sehe, am östlichen Horizont auf, am westlichen unter. Es bewegt sich also die Sonne, nicht die Erde.

Die von Freud wiedergegebene Beobachtung verstößt gegen etwas, das **sinnenklar** erscheint. Im geschichtlichen Verhältnis wäre es danach so, daß in einer Stadt Autos, ohne Stopplichter zu beachten, in allen Richtungen hin- und herfahren und doch nie aufeinander treffen. Ein solcher Geschichtsfluß ist aber das wirkliche Verhältnis und die in ein Auto eingebaute Verdinglichung verhält sich dazu **unnatürlich, unwirklich.** Weder haben sie als Ding von sich aus, noch hat die lebendige Arbeit, die sie hervorgebracht hat, zu anderen lebendigen Arbeiten die Tendenz Zusammenstöße hervorzurufen. Auf dem Jahrmarkt ist der Zusammenstoß von Autoscootern geradezu das Vergnügen. Es ist das geschichtliche Beziehungsverhältnis, das eingebaute Widerstandssystem der toten Arbeit, die die Regelungssysteme des Straßenverkehrs erzwingt: eingebauter Privategoismus; Rücksichtslosigkeit ist keine Naturform lebendiger Arbeit. Weil rücksichtslos aufgebaut wurde, muß das Korrektiv der Rücksicht in die Bewegungen eingebaut werden.

84 Dazu z.B. Otto F. Ranke, *Arbeits- und Wehrphysiologie,* Leipzig 1941, S.21; J. Stegemann, Arbeitsphysiologie, in: Wolf D. Keidel, *Lehrbuch der Physiologie,* Stuttgart 1970, S.301ff.

85 Was Leerbewegungen sind, wird meist an typisierbaren Arbeitsleistungen untersucht, z.B. für das Gewichtheben. Hier wäre das Heben des Gewichts bis zur Kopfhöhe Leerbewegung, dem als eigentlich mechanische Arbeit das Stemmen folgt. Im Labor oder im Sport wird nur dieser Teil der Arbeit exakt gemessen. Leerbewegungen werden regelmäßig in dem Interesse gemessen, sie unnötig zu machen oder aber aus der Arbeitsbewegung auszugrenzen. Es ist der Hauptansatz jeder Rationalisierung, Leerbewegungen zu reduzieren. Andererseits wehrt sich

der ursprünglich auf allseitige Betätigung gerichtete Organismus gegen die Reduktion nur auf nutzbare Bewegungen. Es gibt nämlich eine Reihe von notwendigen körperlichen oder psychischen Leerbewegungen. Beobachtet man z. B. eine Barbedienung, die Gläser putzt, so tut sie das verblüffend routiniert. Sehr schnell sind die Gläser geputzt, gestellt: Sie bringt aber in diesen schnellen Vorgang eine spezifische, persönliche Zierbewegung ein, die an sich unnötig scheint. Sie ist aber die Bedingung für die Routine. Rationalisiere ich sie weg, so wird der Rhythmus dieser Arbeit für diese konkrete Bedienung unterbrochen. Das Putzen und Stellen wird langsam. In diesem Fall ist kein Arbeitszeitmesser am Werke. Bei fabrikmäßiger Arbeit, z. B. Röhren testen, winzige Zubehörstücke in ein Werkstück einfügen, gibt es ebenfalls die für den Akkord spezifische Routine nur unter deutlich erkennbaren »persönlichen« Nebenbewegungen. Auf sie richtet sich die Störung des Werkmeisters oder des Rationalisierens, wenn er nicht aus Erfahrung weiß, daß die Einsparung an Arbeitszeit durch die Störung zu teuer bezahlt wird.

86 Vom Knapsen an den Ruheumsätzen im Betrieb bis zur Nachahmung des Prinzips der Kargheit durch die alternde Frau, die in dem Film von G. Hörmann zu sehen ist, führt eine weite Kette von induktiven Schritten. In den kollektiven gesellschaftlichen Erwartungen führt der Kreis wieder zu denen, an deren Ruheumsatz geknapst wurde, zurück. Auf ihren Umwegen können solche Vermögen alle möglichen Formen annehmen, von Krieg bis Emanzipation.

4. KAPITEL. DAS PROBLEM, SICH VOLLSTÄNDIGE WECHSELWIRKUNG (KREISLÄUFE) ALS ETWAS PRAKTISCHES VORZUSTELLEN

1 Franz Kafka, *Die Erzählungen*, Frankfurt am Main 1961, S. 303.

2 Lévi-Strauss, *Das wilde Denken*, S. 29 f.: »Ganz wie die Bastelei auf technischem, kann das mythische Denken auf intellektuellem Gebiet glänzende und unvorhersehbare Ergebnisse zeitigen. Umgekehrt hat man oft den mytho-poetischen Charakter der Bastelei bemerkt.« Die Mythen verdoppeln sich ins Unendliche. Sie besitzen kein Vermögen sich nach dem kartesianischen Prinzip zu richten. Dafür haben sie keine Ausgrenzungsmechanismen. Claude Lévi-Strauss, *Strukturale Anthropologie*, Frankfurt am Main 1978, S. 239: »Da ein Mythos aus der Gesamtheit seiner Varianten besteht, muß die Strukturanalyse sie alle mit dem gleichen Ernst betrachten.«

2a Vgl. dazu Gabriele Lessing, *Der Taylorismus in der Sowjetunion*, Manuskript 1971; W. I. Lenin, *Über wissenschaftliche Arbeitsorganisation*, Berlin 1971.

2b Dies hat Charly Chaplin in *Modern Times* dargestellt.

3 In der gesamten Industriezeit wird die Bewegungsform der politischen Ökonomie der Arbeitskraft ausgegrenzt. Diese Ausgrenzung wird, was die Bezahlung betrifft, auch durchgehalten. Da aber auf Grund konsequenter Ausgrenzung praktisch nichts funktionieren würde, wird die Eigenbewegung der lebendigen Arbeit unbezahlt wiedereingeführt. Alle Arbeitsprozesse enthalten einen die unmittelbare Nutzarbeit überschreitenden Anteil an technischer Sensibilität, an Hypothesen, die sich auf den erweiterten Zusammenhang des Prozesses beziehen.

4 *Kapital* I, S. 85 ff.: »4. Der Fetischcharakter der Ware und sein Geheimnis.«

5 Das Detailgeschick des einzelnen Arbeiters ist notwendig, damit Arbeitskraft konkret nützlich verausgabt werden kann. Diese Bindung an das Detailgeschick schafft auf diesem Weg den durch Spezialisierung hindurchgegangenen **gesellschaftlichen Reichtum.** Gleichzeitig bedeutet diese Bindung an das Detailgeschick eine **Verarmung** des industriellen Arbeiters. In einer allgemeinen Geschicklichkeit wäre die nützliche Arbeit nach dem gesellschaftlichen **Schema à la baisse** nicht kombinierbar. Sie verhielte sich sperrig, eigensinnig.

6 Heinrich Popitz, Hans Paul Bardt, Ernst August Jüres, Hanno Kesting, *Technik und Industriearbeit,* Tübingen 1957, S. 190 ff.

7 Könnte man, wie im science fiction-Roman, eine frühere Phase der Geschichte nachträglich umlenken, indem man als Zeitreisender in die Frühgeschichte eindringt, so würde die spätere Geschichte, die wir für etwas Festes halten, nachträglich zerfallen.

In der Genealogie wird auf die enorme Progression der Voreltern und Ahnen aufmerksam gemacht. Ein heute geborenes Kind hat zwei Eltern, diese vier Vor-Eltern, usf. Es ergibt sich für die Zeit Karls des Großen (800 n. Chr.) oder den Beginn der rascheren Bevölkerungsvermehrung um 600 n. Chr. eine Zahl zwischen sechs bis sechzehn Billiarden Ahnen für jeden heute lebenden Menschen. Die Masse an unmittelbarer Verwandtschaft muß durch das geschichtliche Nadelöhr der damals lebenden Bevölkerung von ungefähr 400 000 Menschen (um 600 n. Chr.) hindurch. **Es ist also im Hinblick auf das Künftige jeder mit jedem zu diesem Zeitpunkt verwandt.** Wir können sagen, daß einer von uns beiden entweder Koch oder Verwandter Karls des Großen war. Diese Rechnung enthält *keinen* Fehler.

Dem Schein nach haben die Generationen eine zielstrebige Entwicklung zur Zukunft hin. Sie bilden eine Einbahnstraße, in der immer erneut junge Menschen und Erfahrungsübertragungen von der alten zur neuen Generation stattfinden. Tatsächlich schließt sich aber nach rückwärts ein Kreislauf: Jeder ist mit jedem verwandt. Er hat also den anderen und alle früheren Zeiten in sich. Alle Anfänge sind untereinander verwandt.

8 Hellmuth Benesch, *Der Ursprung des Geistes,* München 1977, S. 48: Faßt man die inneren und äußeren Wahrnehmungen als **Eingabe,** Äußerungen als **Ausgabe,** das was an Kreisläufen die Vermittlung leistet, als **Verarbeitungsteil** auf, so tritt eine zunehmende Verdichtung zur Verarbeitung hin auf. Eingabe- und Ausgabeeinheiten lassen sich in bit/s messen. Es entspricht der Erfahrung, daß ungefähr 10^{9-10} bit/s zu $15/10^{2}$ bit/Sekunde verarbeitet und mit 10^{3-7} bit/s ausgegeben werden. Wenn ich durch eine Stadt fahre, sehen die Augen ungeheuer viel. In das Kurzzeitgedächtnis, aus dessen Stoff ich bewußt wahrnehme, geht bereits weniger ein. Davon lösche ich breite Teile, die ich nicht brauche, das Notwendigste wird verarbeitet. Auf dem Weg zur Reaktion (Ausgabe) verallgemeinere ich, verknüpfe das Verarbeitete mit Erfahrung, ich weite aus. Die Ausgabe ist also reicher als die Verarbeitung, ärmer als die Eingabe.

9 Die Kategorien heißen: (1) *unvermittelt* (anarchisch antagonistisch, pure Ansammlung); (2) *nebeneinander* (gleichgültig, feindselig, tolerant); (3) *miteinander,*

(4) *durcheinander.* Andere als diese Vermittlungen gibt es praktisch nicht. Die stärksten Beziehungen enthalten *durcheinander* vermittelte Kreisläufe. Dies aber im Doppelsinn von: »durcheinander«.

10 Stanley Miller, Student, führte 1953 einen Versuch durch: Er füllte Wasser, Kohlendioxyd, Methan, Ammoniak in einen Glaskolben, erhitzte diesen zu einem Dampfkreislauf. In diesen Kreislauf schaltete er Gewitterblitze, wie sie vor 4 Milliarden Jahren in der Ur-Atmosphäre häufig waren. Nach einem Tag hatten sich aus solcher Ur-Suppe unter den Bedingungen Ur-Atmosphäre Aminosäuren gebildet, die Grundbausteine von Eiweißen.

11 K. Rudzinski, in FAZ vom 16. August 1978: *Licht soll Wasserstoff aus Wasser abspalten, Künstliche Monomolekularschicht-Systeme als Elektronenpumpen.*

»Auf die Ausnützung von Sonnenlicht für die Gewinnung von Wasserstoff unter der Mitwirkung chemischer Systeme zielen die Grundlagenforschungen von Professor Hans Kuhn, Leiter der Abteilung Molekularer Systemaufbau am Max-Planck-Institut für Biophysikalische Chemie in Göttingen. [...]

Der ›Apparat‹ der pflanzlichen Photosynthese ist aus einer Vielfalt verschiedener, raffiniert ineinanderpassender Moleküle aufgebaut, die sich beim Aufbau der Zelle von selbst in der funktionell richtigen Form zusammenordnen. [...]

Die Paraquadmoleküle sind mit den Kohlenwasserstoffmolekülen dabei so genau ineinandergepaßt, daß sie ein kooperatives System bilden. [...]

Mit diesen Versuchen hat Kuhn bewiesen, daß es möglich ist, einfache organisierte Molekülschicht-Systeme als Funktionseinheiten aufzubauen. [...]

Generell aber sagt Kuhn, daß es dafür nötig sein wird, daß ›präparative Chemiker umdenken und daß sie das Ziel ihrer Bemühungen mehr in der Konstruktion von Molekülverbänden als Funktionseinheiten als im Einzelmolekül zu sehen beginnen.‹ [...]«

12 Zur Elementarform der Evolution gehört eine spezifische Zeitgestalt. Charles Darwin ärgerte sich über die zeitgenössischen Schätzungen des Erdalters. So berechnete der Physiker Lord Kelvin das Erdalter auf 25 Millionen Jahre. Es ist unmöglich, sagt Darwin, in einer so kurzen Zeit die Zeitgestalt der Evolution unterzubringen, die Spezialisierung der Zellen, die Verkettungen zu Vielzellern, die Entstehung geschlechtlicher Vermehrung, die Aufgliederung der Arten. Wir berechnen heute den Zeitraum der Evolution auf etwa 4 Milliarden Jahre.

13 Benesch, a. a. O., S. 102. Synthesen und Thesen sind hier keine logischen Begriffe, sondern drücken Sachverhalte aus. Das Hirn verhält sich zu den psychischen Elementarvorgängen als Synthese, es vergißt in seinen Resultaten diese Vorarbeit, hierarchisiert den Körper, was nicht ohne Feindlichkeit geschieht. Das Bewußtsein fürchtet sich vorm inneren Gemeinwesen, von dem es ein Teil ist. Die Kultur realisiert ursprüngliche Bedürfnisse, indem sie das, was sie hervorgebracht hat, befehdet. Das Realitätsprinzip ist die Synthese aus subjektiven Wünschen und objektiver Produktion. Es zieht aus diesen eine Glaubenssteuer, von der es existiert, bestreitet aber feindselig diesen zahlenden Unterrealitäten, deren Sachverhalte als Thesen die Synthese zu jedem Zeitpunkt erst ermöglichen, sie jederzeit wieder zerstören könnten, den Realitätscharakter.

14 Sie beschreibt das spezifische Beziehungsverhältnis, das aus Schleifen, Kreisläufen (Spiralen) deren kombinierte Bewegungsgesetze und damit Organisationsformen herstellt, die sich als organisierende **Massen** und deren **Geschwindigkeit** zueinander darstellen lassen. Das dialektische Verhältnis ist ein Regulierungs- und Organisationsbegriff, sobald man Organisation als Bewegungsform auffaßt.

15 T. W. Adorno, *Negative Dialektik,* Frankfurt/Main, 1966.

16 Der Ausdruck »Regelprinzipien« verweist hier nicht auf kybernetische Verfahren. Wir legen in der Wortwahl lediglich Wert darauf, daß der Ausdruck nicht geheimnisumwittert ist. Die dialektische Methode wird gelegentlich in alchimistischer Weise verwendet. Sie ist aber zunächst eine recht einfache Beobachtungsweise, die auf *einfacher* Sinnes- und Gedankenarbeit beruht, erst bei komplexen Realbewegungen erfordert sie multiplizierte Anstrengung, die aber mit fortschreitender analytischer Vorarbeit gut daran tut, sich auf einfache Beobachtungsarbeit zurückzuführen.

17 Historisch ist den Worten Aufklärung, Vernunft, Dialektik zunächst eine Art von Urvertrauen der Erkenntnis entgegengebracht worden; heute findet sich gelegentlich eine Verketzerung dieser Worte aus Enttäuschung (z. T. auch als Mode). Beide Bewegungen sind vorkritisch, wenn sie sich bloß auf die libidinöse Besetzung von Worten beziehen.

Ein dialektisches Verhältnis entsteht historisch durch *Devolutionen.* Das ist ein Wirklichkeitsverhältnis. Die Beobachtung davon setzt subjektiv-objektive Methodik voraus, die wir abgekürzt ebenfalls Dialektik nennen. Es ist evident, daß solche Beobachtung und das wirkliche Verhältnis nicht einfach identisch sind. Erst auf Grund der Beobachtung kann mit der Stärke der an sich unvernünftigen Gegenkräfte zum Lebendigen und der verwirrten Mischung des Lebendigen selber, auf denen die Devolutionen beruhen, umgegangen werden; es können z. B. revolutionäre Aushilfen sich ableiten. Dies sind meist produktive Umkehrschlüsse zur Realbewegung.

Dialektik als wirkliches Verhältnis ist negativ insofern, als überhaupt keine Voraussetzung für Emanzipation besteht, wenn sie nicht begriffen ist; positiv kann eine geschichtliche Dialektik als bloßes Wirklichkeitsverhältnis nicht ausgedrückt werden. Es ist dazu immer eine Beschreibung notwendig, die Anwendung subjektiv-objektiver Werkzeuge. Diesen Werkzeugen ist es zunächst gleichgültig, zu welchem Ziel sie angewendet werden. Ihnen kommt lediglich alles, was von selbst Zusammenhang bildet, entgegen; alles was partikular bleibt, schafft dem Werkzeug erhöhte Reibung (Friktion). Auch hieraus kann man nicht einfach auf eine Tendenz des Werkzeugs schließen. Die dialektischen Werkzeuge könnten der Reibung auch ausweichen, indem sie abstrahieren, das schwierige Partikulare *praktisch* ausgrenzen, *verbal* einbeziehen. Wir beharren hier auf der Einfachheit der Arbeitsvorgänge, da die Komplexität die aufgetürmten Wirklichkeitsverhältnisse betrifft und nicht in der dialektischen Beobachtungsart liegt.

18 Siehe Bd. 6.2, S. 123 ff., S. 128.

19 Dazu und im folgenden Janossy, *Wie die Akkumulations-Lawine ins Rollen kam,* Budapest 1977, S. 9 ff.

20 Der erste Kapitalist fand sie gewissermaßen schon vor. Der Feudalismus hat sie ebenfalls aus Vorgefundenem zusammengesetzt.

21 Horizontal und vertikal sind Kategorien, die vom Jetzt-Zustand ihren Ausgang nehmen. An sich könnte *vertikal* auch die Dimension der Tiefe bezeichnen: Einzelnes wird mit seiner historischen Wurzel verknüpft. Die Beziehungen zwischen allen verschiedenen Wurzeln bilden dann wiederum eine vertikale und horizontale Verknüpfung. Wir erfahren daraus, abgesehen davon, daß wir diese Verknüpfungen nicht darlegen könnten, wenig darüber, wie die Mannigfaltigkeiten *heute* miteinander zusammenarbeiten.

22 Janossy, a. a. O., S. 12 ff. Dies bezieht alle Dienstleistungen ein (a. a. O., S. 15 ff.); bei den Dienstleistungen fällt lediglich zeitlich und örtlich die Produktion mit der Konsumtion zusammen. Der Friseur schneidet meine Haare, befriedigt mein Bedürfnis geschoren zu sein, er produziert, ich konsumiere; entsprechend beim Lehrer: Die Produktion des Bedürfnisses erweist sich lediglich als komplizierter, da hier nicht das Kind eigentätig sein Bedürfnis produziert, sondern eine Stufenleiter geschichtlicher Bedürfnisse und auch Widerstände das Bedürfnis nach *Bildung* erzeugt *und* ihm widerstreitet.

23 Hierin nicht beschrieben sind Fern- und Überseehandel und Bergewerksprodukte. Die Bergwerke produzieren in einem so geringen Umfang für die primäre Sphäre, daß sie an den Abhängigkeiten der sekundären Sphäre teilhaben. Im wesentlichen gilt das auch für den Fernhandel. Die Besonderheit liegt dabei darin, daß Fernhandelsstädte mit mehreren Produktionssphären, mehreren sekundären Sphären und herrschenden Annexen verschiedener Länder oder Kontinente umgehen, so daß sie *spezifische Krisen* und Abhängigkeiten bis zu einem gewissen Grade *ausgleichen.*

24 Siehe Bd. 6.2, S. 373 ff.

25 *Kapital* I, Berlin 1966, S. 57.

26 A. a. O., S. 57.

27 Karl Marx, *Kapitel* I, Berlin 1966, S. 57.

28 Familie, Schiffsmannschaft, Betriebsbelegschaft, Dorf; schon die einzelnen Arbeitsvermögen bilden zum Teil Aggregate. Es geht hier nicht darum, daß empirische Arbeit überhaupt als zusammengesetzte erscheint, sondern um die Beobachtung, daß bereits die elementare Form *einzelner* Arbeitsvermögen und das Element, aus dem sich individuelles Leben zusammensetzt, als Gruppe entsteht. Das ist nicht einmal etwas spezifisch Menschliches, da auch die Naturkräfte in Quanten (also gruppenweise) ihr Elementarmaterial haben.

29 Dies ist nur in geringem Maße bei der ursprünglichen Bodenbearbeitung gegeben, da die vereinseitigte Konzentration in dieser Produktionsweise unpassend wäre. Der Gegenstand, die Erde oder die Bäume, antworten viel zu natürlich, als daß sie auf potenzierte Arbeitsvermögen antworten würden. In die Poren der jahreszeitlich und räumlich verteilten oder verstreuten Gegenständlichkeit dringt das Arbeitsvermögen nur bei gelöster Aufmerksamkeit ein. Es muß selbst in gewissem Umfang verstreut bleiben. Gegenüber der industriellen Maschinerie wiederum diktiert die tote Arbeit die Dekonzentrierung und Verteilung der Anspannung.

30 »Genie ist die Kraft sich unendlich Mühe zu geben« (Friedrich Nietzsche). Wir verwenden das Wort »Genie« aber zugleich wie bei »Genie-Truppen«, also Pioniere, Ingenieure, Spezialisten.

31 Es geht hier um Arbeitsprozesse besonders hoher Organisation, die nur stattfinden, wenn sich die intentionale Struktur mit einer gerade *nicht* intentionalen verbindet.

32 Karl Marx, *Kapital* I, a.a.O., S.56.

33 A.a.O., S.59.

34 A.a.O., S.59. »Die verschiednen Proportionen, worin verschiedne Arbeitsarten auf einfache Arbeit als ihre Maßeinheit reduziert sind, werden durch einen gesellschaftlichen Prozeß hinter dem Rücken der Produzenten festgesetzt...«

35 In jedem Industriearbeiter steckt ein Philosoph, Erfinder, Handwerker, Bauer, ebenso in einem Philosophen oder Erfinder wiederum ein Bauer, ein von der Mutter erlerntes Moment des anderen Geschlechts, ein Handwerker, ein Moment des Industriearbeiters – es hängt von der jeweiligen Stufe der Gesellschaft ab –, so daß, wenn man die Eigenschaften des einen auseinanderlegt, die Arbeitsvermögen des anderen in Erscheinung getreten. Das ist für die Analyse der *wirklichen* Verhältnisse der Arbeitsvermögen so, im konkreten Lebenslauf aber können die Arbeitsvermögen die eine oder die andere Gestalt annehmen, oder auch keine. Im individuellen Lebenslauf erscheinen also, aufgrund der Endlichkeit, die wirklichen Bewegungen der Arbeitsvermögen verzerrt, denn die Durchschnittsarbeit ist nicht immer eine Verzerrung wie die höchsten und primitivsten Arbeitsformen. Das Potential ist immer geschnitten.

36 Pietro Verri, *Meditazioni sulla Economia Politica,* 1771, S.21, zitiert von Marx in: Anm.13 zu *Kapital* I, S.57f.

37 Wir vereinfachen mit diesem Ausdruck den tatsächlich komplexeren Vorgang der Übertragung von Erfahrung und Arbeitsvermögen zwischen den Generationen. An dieser Übertragung sind gerade auch nicht-erzieherische Vorgänge beteiligt. Der lateinische Begriff (*lat.* rudis = roh, erudire = entrohen, bilden; eruditio = Bildung, Erziehung) dafür bedeutet: »Aus dem rohen Zustand des Holzes herausbilden, holzen.«

38 Beziehung zum Liebhaber oder zur Geliebten eng, zur Kassiererin im Kaufhof lose; deshalb würde bei J. Habermas dieser Umgang der Arbeitsvermögen als Interaktionen bezeichnet sein; es sind aber Arbeitsvermögen, die miteinander umgehen, was sich bei jeder Intensivierung oder Radikalisierung einer solchen scheinbar losen Beziehung ergäbe. Es stehen hinter jedem solchen Kontakt auch immer, zum Teil professionalisiert, Vorgeschichten, die lediglich nicht vollständig in die Berührung eingehen.

39 Z.B. veröffentlicht das Bundespatentamt u. a. diejenigen Erfindungen, für die in den Entwicklungsabteilungen der Industrie keine Realisierungsmöglichkeit besteht. In den Publikationen der Fachöffentlichkeiten finden vernünftige und assoziative Verknüpfungen weltweit statt, die zwischen Fachleuten des gleichen Berufs innerhalb eines bestehenden Betriebs *so* nicht möglich wären.

40 Ein anderer Ausdruck dafür ist: *die normative Kraft des Faktischen.* Tatsächlich zusammengesetzt aus Widersprüchen, Fiktionen, vermag die Realität oder »das Ganze« sich zur Ideologie zu machen; das kann sie aber nicht als Faktum, sondern aus den Energien der subjektiven Zuproduktion aller gesellschaftlichen Produzenten. In der Projektion steckt ein zukünftiges Moment, nämlich die Aussage, daß die wirklichen Verhältnisse die Fähigkeit hätten, Wirklichkeit zu bleiben; umgekehrt die Rebellion gegen das Realitätsprinzip, die den angeblich selbsttätigen Kreisläufen ein Ende setzt. Letztlich ist die Kriegsdrohung der veröffentlichte Ausdruck für den Satz: Du mußt sicherheitshalber im Zwangsverhältnis, so wie es ist, bleiben.

41 Äußerlich sieht das in einigen Momenten wie eine Rückkehr zur Feudalstruktur aus. Partei und planende Ökonomie sind aber deutlich dadurch unterschieden, daß sie mit einer Art Treuhandschaft umgehen, wenn sie den Abgabestrom und seine Rückgewähr lenken und leiten; es mag deshalb den Ansatz geben, daß über Paläste, Dome, Pfründe eine Aneignung der Abgaben stattfindet; dies hat aber in den ökonomischen Verhältnissen – also nicht nur in den moralischen und politischen – eine feste Grenze. Partei und Planung müssen den Ausdruck ihrer Treuhänderschaft in der Hauptsache dadurch kennzeichnen, daß sie außer der gesamtplanerischen Abrechnung Gebrauchswertcharakter zurückgewähren. Dies ist die sog. *zweite Lohntüte.* Also sind es Versammlungssäle, Sportstadien, Industriekombinate, Repräsentanzen der Selbstdarstellung der Produktivkräfte, die das Verhältnis zu den Produzenten ausdrücken. Entstehen Defizite in der Rückgewähr, z.B. weil Kader Selbstversorgung betreiben, so entsteht sofort eine gefährdende Situation. Man kann vorhersagen, daß, vom produktiven Sektor ausgehend, Gegenbewegungen stattfinden werden, die die Rückgewähr des Abgabestroms einfordern, weil die Konstruktion des realitätsmächtigen Annex bei Zentralisierung nicht zu verschleiern ist.

42 Karl Marx, *Kapital* I, a.a.O., S. 88: »Indem sie ihre verschiedenartigen Produkte einander im Austausch als Werte gleichsetzen, setzen sie ihre verschiednen Arbeiten einander als menschliche Arbeit gleich. Sie wissen das nicht, aber sie tun es. Es steht daher dem Werte nicht auf der Stirn geschrieben, was er ist. Der Wert verwandelt vielmehr jedes Arbeitsprodukt in eine gesellschaftliche Hieroglyphe. Später suchen die Menschen den Sinn der Hieroglyphe zu entziffern, hinter das Geheimnis ihres eignen gesellschaftlichen Produkts zu kommen, denn die Bestimmung der Gebrauchsgegenstände als Werte ist ihr gesellschaftliches Produkt so gut wie die Sprache.« Man könnte ebensogut sagen Religion, Zuchtmeister, Herrschaft, Königtum usf. Es hatten also ursprünglich alle Produzenten den zentralen Parasiten über sich und hatten ihn ernährt. Jetzt ist dieser Annex zerstreut über alle gesellschaftlichen Attribute: Die Dinge haben diesen abgabehungrigen Anbau, die unter Menschen anerkannten Qualifikationen (z.B. Selbstbewußtsein des Berufs), haben dies, da sie sich so wie Warenwerte zueinander verhalten, wie Dinge. Und das Gesamtbild von Wirklichkeit, also Beziehungszusammenhang und Dingzusammenhänge gemeinsam, bilden nochmals, verbunden mit dem Versprechen, die *Wirklichkeit sei wirklich,* einen solchen zugehörigen Annex.

43 Ferenc Jánossy, *Wie die Akkkumulations-Lawine ins Rollen kam,* Manuskript, Budapest 1977, S. 91; Mangel an Lohnarbeitern (a. a. O.). Die Herstellung einer in sich strukturierten Realität, die für den Einzelnen den Eindruck vermittelt, daß seine Verausgabung von Arbeitskraft ihm ein Stück Realitätsbestätigung zurückgibt, ist Voraussetzung dafür, daß dieses Element von Starre im Verhalten gegenüber Realitätsfragmenten verschwindet. Wo sich solch eine Realität noch nicht hergestellt hat, muß wenigstens die Vorstellung eines Realitäts-Ganzen vorhanden sein, damit ein Motiv für die Verausgabung von Arbeitskraft, die vorher in ganz anderen Zusammenhängen gebunden war, entstehen kann. Es ist also nicht ausreichend für die Verausgabung bestimmter Arbeitsvermögen, wenn nur ein unmittelbarer Druck der Selbsterhaltung besteht, wie z. B. bei Auftauchen aus einem zusammengebrochenen Realitätszusammenhang 1945 für Früh-Heimkehrer. Jede Einzelarbeit setzt voraus, daß eine Vorstellung von der Wirklichkeit der Gesamtarbeit produziert wird. Es ist 1945 zu beobachten, daß einige – und zwar wenn sie keine allzu enge Einbindung in den zusammengebrochenen Realitätszusammenhang des Reiches hatten – sehr rasch in die spezifische Arbeit hineinfinden; bei anderen ist ein ohnmächtiges Starren, monatelange Unfähigkeit, sich hineinzufinden, zu beobachten. Diese vorangehende Produktion von Wirklichkeit erfolgt entweder als Selbstbestimmung, oder aber sie muß einen Herrschaftsmechanismus produzieren in der Verkleidung und mit den Attributen des mächtigsten bekannten Verhältnisses, d. h. des Wirklichkeitsverhältnisses. Wirklichkeit schlägt König.

44 Die Stelle (*Kapitel* I, S. 182), in der Marx vom Verkäufer der Ware Arbeitskraft sagt: »Er *als Person* muß sich beständig zu seiner Arbeitskraft als seinem Eigentum und daher seiner eignen Ware verhalten, und das kann er nur, soweit er sie dem Käufer stets nur vorübergehend … zur Verfügung stellt … also durch ihre Veräußerung nicht auf *sein Eigentum* an ihr verzichtet« reflektiert diese ökonomische Notwendigkeit der Gattungsbestimmtheit. Eigentum *in diesem Sinn* ist kein Rechtsverhältnis, sondern bezeichnet die ursprüngliche, vom Menschen unabtrennbare Verfügung über die körperliche Hülle, in der die Arbeitsvermögen hausen. Von diesem Eigentum ist der Mensch nur durch totalen Verlust seiner Persönlichkeit zu trennen. Der Körper muß nicht nur in der Nacht oder für die Zeit der Regeneration in das Eigentum der Person zurückgebracht werden, sondern die Person ist sein Eigentum, d. h. der Körper – als inneres Gemeinwesen – seine Ökonomie – erzwingt ebenso ein Eigentumsverhältnis an der Ware Arbeitskraft, wie der Käufer dieser Ware eines zu gewinnen sucht. In dieser Auseinandersetzung ist um den Unterschied des Todes das Eigentum der Gattungsgeschichte materiell mächtiger.

45 In der Revolution zeigen die übrigen Kreisläufe Transzendenz, indem sie ihr innewohnendes Prinzip geradezu umkehren. Die alte Generation lernt von der neuen. Omnipotenz, Ewigkeit (als revolutionäre Prinzipien) werden aus dem individuellen Kreislauf herausgedacht: Die Revolutionäre folgen dem Prinzip der permanenten Wachheit, sie sind »Vigilanten«, eigentlich ist der Nachtschlaf aufgehoben – aber die *Körper* ermüden in der dritten Nacht. Andere Kreisläufe besitzen die Fähigkeit, Geister zu werden oder solche hervorzubringen; der Körper bleibt materialistisch.

Dem Anschein nach ist es bei äußersten Kämpfen, im revolutionären Elan anders. Dem Körper werden Kräfte abgefordert – und er gibt sie jetzt auch heraus –, die niemand vermutet hätte. Die selbstregulierenden Fähigkeiten der Regeneration solcher Kräfte werden aber dabei nicht mitübertragen. Vielmehr gelten für das weitere Schicksal dieser Vermögen, die jetzt außerhalb ihres Gemeinwesens getreten sind und sich »wie in einem anderen Land« vorfinden, die Gesetze des Reichs der Gegenwart. Der revolutionäre Schlaf unterscheidet sich grundlegend vom konservativen Schlaf. Aber er ist nicht der Schlaf der Gattungsgeschichte. Es kann sozusagen in die Gattungsgeschichte an einfacher Arbeit so viel mehr eingegangen sein als in einen gesellschaftlichen und kulturellen oder politischen Arbeitsprozeß, wie sich die Zeitgestalt und Berührungsfläche von einigen tausend Jahren zu der Zeitgestalt und Berührungsfläche von mehreren Millionen Jahren verhält.

46 Das ist der grundlegende Unterschied zur politischen Ökonomie des Kapitals, die nicht mit Potentialen rechnet, sondern mit Realitäten und aktuellen Verhältnissen. Mit Potentialen geht sie um, aber ausschließlich zum Ziel ihrer wirklichen Aneignung. Und Gegenstand der *Wissenschaft* der politischen Ökonomie sind die angewendeten Formen, nicht die möglichen.

47 Die Unterscheidung zwischen *formeller* und *reeller Subsumtion* findet sich am klarsten ausgedrückt in der kleinen Schrift von Marx, *Resultative des allgemeinen Produktionsprozesses,* erschienen im Verlag Neue Kritik, 1968. Formelle Subsumtion unter das Kapital bedeutet in diesem Zusammenhang, daß die Struktur der Arbeitsprozesse autonom bleibt. Die Ausbeutung zehrt das Produkt auf, läßt aber die im Arbeitsprozeß vergegenständlichten Vermögen unberührt; z.B. eine Bauerngesellschaft oder das Handwerk wird von der Herren- oder kapitalistischen Klasse formell subsumiert. Was gearbeitet wird, wird geprägt. *Wie* gearbeitet wird, bleibt der Selbstorganisation und Vorgeschichte überlassen. Davon versteht die herrschende Klasse nichts. Bei der Bauernklasse ist die formelle Subsumtion insofern schwächer als gegenüber dem Handwerk, als auch Teile dessen, *was* produziert wird, der eigenen Struktur des Produktionsprozesses überlassen bleibt; die Fremdbestimmung bezieht sich auf die Abgabe vom Produkt. In der *reellen Subsumtion* dagegen wird die Struktur der Arbeitsprozesse selber vom Herrschaftsinteresse verändert; z.B. durch die Arbeitsteilung in der Manufaktur, Vereinseitigung, Trennung, andere Zusammensetzung und Rhythmus der Arbeit. Der Grenzfall der reellen Subsumtion ist immer die Vernichtung der Arbeitskraft beim Versuch ihres Umbaus.

48 *Kapital* I, S. 102.

49 Vandalische Kämpfe und Klassenkämpfe sind grundlegend verschieden. Da Kriege zwischen Arbeitsvermögen, die miteinander nichts Gemeinsames produzieren, am Produktionsinteresse keine Grenze finden, sind sie in der Anwendung des Vernichtungsprinzips totalitär. Klassenkämpfe dagegen zwischen ökonomischen Kassen sind insofern immer *relative Kämpfe,* als das spezifische Klasseninteresse nicht darin bestehen kann, die Arbeitsvermögen des Klassengegners vollständig zu vernichten; das Vernichtungsprinzip taucht hier eher im Verhältnis zum Konkur-

renten, dem Klassenbruder auf: Ein Kapitalist muß seinen Konkurrenten sehr wohl vollständig vernichten.

Während *subjektiv* in Klassenkämpfen immer noch – aufgrund der notwendigen Produktion von falschem Bewußtsein – das Vernichtungsprinzip stattfindet, hat es im subjektiven *Interesse* keine Grundlage. Vernichtet z.B. die Konterrevolution, entgegen dem Prinzip, nach einer Revolte in totalitärer Weise (wie z.B. beim Niederschlagen der Commune), so ist dies nicht nur subjektiver Prozeß, sondern zugleich Übertragung einer Vernichtungsform, die aus der vorangegangenen Formation der feudalen Herrenklasse ererbt ist, und *außerdem* Funktion der industriellen Reservearmee, daß trotz Vernichtung so viele Arbeitsvermögen übrig sind, daß das Kapitalinteresse sich den punktuellen Vandalismus leistet. Diesen Reaktionen entsprechen keine Gegenreaktionen der Arbeiterklasse.

50 Wenn wir von *Willen* sprechen, so reduzieren wir das nicht auf den bewußten Willen der Stirn.

51 Siehe Bd. 6.2, S. 383 ff.

52 Um sich etwas unter Geschichtszeit vorzustellen, könnte man sich ein Riesenwesen denken, dem zwei Jahrtausende wie zwei Tage erscheinen. Ein solches Wesen würde die Zeit raffen. Die Relativierung der Generationsuhren kann man sich anschaulich machen, wenn an sich denkt, daß eine Eintagsfliege oder ein kurzlebiges Elementarkörperchen, das in die Lufthülle eindringt, sein (ihr) Zeitmaß wiedergibt. Beide Überlegungen enthalten eine Ungenauigkeit, da auch diese für Menschen fremden Wesen eine psychologische Zeit besitzen, die Zeitdehnungen und Zeitkrümmungen im Verhältnis zur Masse der beobachteten Ereignisse aufweist. Die Zeitraffung des Riesenwesens wäre nicht gleichförmig über 2000 Jahre, sondern würde durch Epochen geschichtlicher Dichte gebeugt. Das, was dem Riesenwesen in der Zeit Karls des Großen, um 1150, zu Beginn des Protestantismus oder in den Gründerjahren besonders rasch erscheint, kehrt im Zeitgefühl seiner Erinnerung als Dehnung wieder.

53 Wir dürfen einen Wunsch äußern: »Möge es so sein, daß im Dreißigjährigen Krieg Magdeburg nicht verbrennt, dafür aber die Entwicklung der Gesellschaft aus dem Unbestimmtheitsprinzip deutscher Geschichte, dem trägen, unentschiedenen Fluß, herausfindet.« Wir könnten uns vorstellen, daß sich daraufhin das Verhältnis aller Aktionen und Denkpausen umkehrt. Wo im Dreißigjährigen Krieg agiert wird, wird Inkubationszeit gehalten und überlegt; wo Pläne und Verschwörungen in den Pausen stattfinden, herrscht *öffentliche* Aktion. Die Potentiale an Arbeitsvermögen und Umständen wären auch in der Lage, keinen Krieg zu machen und die gewünschte gesellschaftliche Entwicklung zu betreiben. Bei einfacher Umkehrung von Aktion und Pausen erhielten wir aber kaum ein anderes Ergebnis, weil die für die Entwicklung notwendigen Inkubationszeiten und aktiven Aktionen im Jahrhundert zuvor liegen müßten. Der unversöhnliche Ausgang zwischen Reformation und katholischem Kaiser, das aus der Niederlage der Bauern folgende Unbestimmtheitsprinzip für alle Klassen, hat bereits alle Bahnungen bis zum Untergang Magdeburgs bestimmt. Wir müßten das Verhältnis von Aktion und Pausen im späten 15. Jahrhundert, vielleicht auch früher, ansetzen. Das ergäbe die

Wahrscheinlichkeit eines Glückstreffers, da die einfache Umkehrung zwar am System schüttelt, aber nicht die Untersuchung ersetzt: wo die Inkubationszeiten und wo die Aktionszeiten zu liegen haben. Siehe Bd. 6.2., S. 391 ff.: Revolution in einem anderen Land: Hier ist die eingelöste Möglichkeit zu erkennen, daß die Geschichte tatsächlich alternative Verläufe in ihrem Leib trägt. Was wir hier tun ist von Mark Twain in *Ein Yankee am Hofe König Artus* beschrieben worden. Ohne eine solche ahistorische Zeitversetzung werden die wirklichen Bewegungsgesetze der Geschichte nicht deutlich, da im Geschichtsresultat immer die lebendigen Alternativkräfte abgeschnitten sind. In Wirklichkeit betreibt unser Argument keine Zeitversetzung, sondern rechnet mit der vollständigen Gegenwart sämtlicher Geschichtsverhältnisse, so daß wir nur jetzt, aber in anderen Zeitgestalten als den gewohnten, an ihnen arbeiten. Magdeburg ist dann in uns.

54 Archimedes spricht den in Syrakus vorherrschenden altgriechischen Dialekt. Er sagt: »pá bo kaí kino tan gán« = gib mir einen Punkt außerhalb der Erde und ich werde die Welt bewegen. Er meint einen Punkt außerhalb aller Kräfteverhältnisse, von dem aus man der Materie tatsächlich nur mit der Fingerspitze einen Schubs geben müßte, der sie bewegt. Einen solchen Punkt gibt es aber nicht weltlich.

55 Lewis Mumford, *Mythos der Maschine*, Frankfurt 1970. Auf den ersten Blick erscheint dieses Buch wie das eines Scholastikers. Es gibt den Forschungsvorgang im Buch nicht wieder. Es enthält praktisch keine Anmerkungen. Tatsächlich liegen dem Buch umfassende Untersuchungen zugrunde, und Mumford verallgemeinert den Kenntnisstand der strukturalistischen Forschung, der anthropologischen, archäologischen sowie den eigner Forschung.

56 Rousseau beschreibt zwei heterogene Entstehungsgründe der Sprache. Menschen treffen sich an der Quelle, zu der sie das Vieh treiben müssen. Es entwickelt sich erstmals Gesellschaft. Die rohen Laute und Gesten verwandeln sich durch glückliche Begegnungen in Sprache. Die Aufenthalte werden länger, als das Vieh fürs Trinken braucht. Dies sei, so Rousseau, der glückliche Ursprung der Sprache.

Ein Herr zückt sein Schwert. Der Bauer, der erschlagen werden soll, redet ihn an: Herr, wahre Deinen Vorteil, nutze mich aus, ich verstehe zu ackern, Du nicht. Töte mich nicht, ich werde Dir dienen. Dies ist der düstere Ursprung der Sprache. Sie gibt etwas hin, was der Sprechende niemals hergeben wollte.

57 Solche Dispositive sind zerstreut, nur in der Diaspora etwas Wirkliches, in der die von der Realisierung absolut entfernten Bedürfnisse selber absolut werden. Die Angaben unterliegen trotzdem der Überprüfung. Diese Überprüfung geht von gegenwärtiger Erfahrung aus, der intimen Prüfung der Bewegungen heutiger Bedürfnisse.

Von Piaget wird gesagt, daß sein ursprüngliches Ziel die Erforschung der frühen Menschen war. Nur weil diese nicht antworteten, hat er, nach seiner Aussage, sein Forschungsgebiet auf die Entwicklungsprozesse der Kinder, *les petits,* wie er sie nennt, konzentriert.

58 Die radikalste Form der Verwissenschaftlichung, d. h. der Anwendung des revolutionären Evolutionspotentials, bezieht sich darauf, die Zurückhaltung von Arbeitskraft durch die Produzenten zu unterlaufen. Alle Arbeiter bremsen. Sie haben die

Neigung, Arbeitsvermögen zurückzuhalten, eine Zeitreserve zu horten. Darin folgen sie der evolutionären Linie. Die Arbeitsvermögen haben offenbar in sich eine Tendenz, sich nicht unter beliebigen Bedingungen zu vergegenständlichen, wenn nämlich die Gefahr besteht, daß sie sich nicht als ganze, sondern nur fragmentiert und in fremden Verhältnissen verwirklichen können. Sobald geschichtlich eine Situation entsteht, in der sie den Eindruck haben, daß diese Vergegenständlichung ein Stück ihrer selbst verwirklicht, wird diese im Normalzustand des kapitalistischen Industriebetriebs gesperrte Reserve freigegeben, und sie äußern ihre Fähigkeiten geradezu explosiv. Das entspricht proletarischem Instinkt.

ZUSATZ: DAS PRINZIP HAUTNÄHE

1 Die Ausführung Blochs ist verblüffend. Bloch sagt an anderer Stelle: »Der Mensch lebt nicht vom Brot allein, zumal wenn er keines hat.« Er sagt auch: »Der menschliche Hunger ist nicht *einfach* wie der der Tiere, und, was er ißt, schmeckt nach mehr.« Offenkundig bezieht er sich, indem er den Hunger gegen die libidinösen Triebkräfte ausspielt, auf eine materialistische Verfahrensweise, die darin besteht, daß zunächst das ganz Elementare in den Blick gerückt werden muß, bevor verborgene, vermittelte Kräfte sichtbar gemacht werden können. Zweifellos glaubt Bloch nicht daran, daß der Hunger die Triebkraft in der Geschichte ist, eher könnte man davon sprechen, daß es der imaginierte Hunger, das utopische Bild des Nicht-Befriedigtseins ist, das Mensch und Geschichte vorantreibt, gleichwohl besteht für einen Materialisten die Notwendigkeit, das Selbstverständliche noch einmal zu begreifen. Er meint deshalb, der Erzidealist Schiller sei mit seinem Satz: Hunger und Liebe seien die Triebkräfte des Menschen, den wirklichen Verhältnissen näher als Freud. Bloch mißtraut nicht Freud, sondern dessen Wiener Umgebung. Sein Beharren auf der Geschichte des Hungers ist nicht der Versuch einer materialistischen Reduktion, ein Versuch zur Entsublimierung, sondern folgt aus Blochschem Vertrauen in Sublimierungsprozesse des Hungers. Er will also nicht auf dem, von ihm betrachtet, Seitenzweig des libidinösen Gefüges, sondern auf der vermeintlich stärkeren Wurzel der Not die Hoffnungsarbeit aufgebaut wissen. Hierin zeigt sich auch eine Kritik an der Arroganz, die manchen Intellektuellen anhaftet, die, bevor sie diese elementaren Verhältnisse der Not erkennen und anerkennen, sofort die kulturell differenzierten Vermittlungen als das Wesentlichere in den Blick nehmen.

2 Bloch, a.a.O., S. 61.

3 Die Musik der späteren Streichquartette Beethovens gilt als tief, die Musik Offenbachs gilt als oberflächlich. Th. W. Adorno hat immer darauf bestanden, daß sich die Töne nach diesen Kategorien weder selber bewegen noch verstehen lassen. »Unter der Haut« später Beethovenschwer Konstruktionen liegt nach Adorno eine Hautunterfläche (er nennt dies subkutan, »unter der Haut«), die die eigentlichen Bewegungen und das Entzücken ausmacht. Dies kann in anscheinend oberflächlichen Musiken ebenso enthalten sein. Er interpretiert dazu die Wiederkehr eines Motivs bei Tschaikowski, die er, gerade wegen der konzertanten und vom Komponisten sicher unbegriffenen Wiederkehr des Motivs, also wegen

dessen Oberflächlichkeit, als Wiederkehr der Toten, als »Tiefe« interpretiert. Vergleiche auch die Analyse der im ersten Band von Marcel Proust, *Auf der Suche nach der verlorenen Zeit,* zitierten Musikstücke. Es sind Salonstücke primitiver Qualität. Sie erhalten beim Hören und durch Proust eine Qualität, die sie an sich nicht haben, ihre freie Oberfläche aber gestattet die Intensität der Gefühle.

4 Harry F. Harlow, The Nature of Love, in *American Psychologist,* Band 13, S. 673–685.

5 Ders., a. a. O., S. 673. »There can be no question that almost any external stimulus can become a secondary reinforcer if properly associated with tissue-need reduction, but the fact remains that this redundant literature demonstrates, unequivocally that such derived drives suffer relatively rapid experimental extinction. Contrariwise, human affection does not extinguish when the mother ceases to have intimate association with the drives in question. Instead, the affectional ties to the mother show a lifelong, unrelenting persistence and, even more surprising, widely expanding generality.« Harlow setzt sich sodann auseinander mit John B. Watson, der von einer angeborenen Liebesfähigkeit ausgeht, die bei zärtlicher (cutaneous) Stimulierung der erogenen Zonen wiederbelebt wird.

6 Ders., a. a. O., S. 674: »We had separated more than 60 of these animals from their mothers 6 to 12 hours after birth and suckled them of tiny bottles. The infant mortality was only a small fraction of what would have obtained had we let the monkey mothers raise their infants. **Our bottlefed babies were healthier and heavier than monkeymother-reared infants.** We know that we are better monkey mothers than are real monkey mothers thanks to synthetic diets, vitamins, iron extracts, penicillin, chloromycetin, 5 % glucose, **and constant, tender, loving care.«**

7 Beide

8 Ders., a. a. O., S. 685. Vergleiche dazu o., S. 154 f. Auch die Entwicklung der menschlichen Arbeitshand hat bei gründlicher Betrachtung diese subjektive, scheinbar oberflächliche Seite, und die menschliche Arbeit entstand gewiß nicht ohne *diesen* Umweg aus der Not.

KOMMENTAR 1: AUTOMATEN IN DER THEORIE

1 G. W. Leibniz, Mondalogie, Verlag Felix Meiner, Hamburg 1969, S. 57.

2 Heinrich von Kleist, *Über das Marionettentheater,* Reclam-Ausgabe, Stuttgart 1967, S. 56 ff.

3 Gilles Deleuze, Félix Guattari, *Anti-Ödipus, Kapitalismus und Schizophrenie,* Frankfurt 1977, S. 7; Antonin Artaud, *Van Gogh le suicidé de la société*: **»Le Corps sous la peau es tune usine surchauffée ...«**

4 Sigm. Freud, *Briefe an Fließ,* a. a. O., S. 115.

5 Leibniz spricht vom organischen Körper als einer Art von göttlicher Maschine; Gilles Deleuze, Felix Guattari sprechen von der **Schludrigkeit Gottes,** der die Wunschmaschinen in die organischen Körper einsperrt, a. a. O., S. 97: »Deshalb war uns die kantische Definition, die Gott als Prinzip a priori des disjunktiven Syllogismus setzt, derart bedeutsam: diesem entspringt durch Limitation einer größeren Realität (omnitudo realitatis) ein jedes Ding: Kants Humor, Gott zum

Meister des Syllogismus gemacht zu haben.« Ein disjunktiver Syllogismus ist ein Schlußverfahren nach der Frage: »entweder … oder«.

6 Deleuze, Guattari, a. a. O., S. 25: Sie zitieren dort Präsident Schreber: *Denkwürdigkeiten eines Nervenkranken*, Frankfurt / Berlin / Wien, S. 413: »… daß ich zuweilen mit etwas weiblichem Zierrat (Bändern, unechten Ketten u. dergl.) bei halbentblößtem Oberkörper vor dem Spiegel stehend oder sonst angetroffen wurde. Es geschieht dies übrigens nur im **Alleinsein** …«. Zölibatäre Maschinen sind alle wirklich intimen Vorgänge, deren Hervortreten Alleinsein voraussetzt.

7 Dies., a. a. O., S. 14.

8 Kleist, a. a. O., S. 64 f.: »Doch so, wie sich der Durchschnitt zweier Linien, auf der einen Seite eines Punkts, nach dem Durchgang durch das Unendliche, plötzlich wieder auf der anderen Seite einfindet, oder das Bild des Hohlspiegels, nachdem es sich in das Unendliche entfernt hat, plötzlich wieder dicht vor uns tritt: so findet sich auch, wenn die Erkenntnis gleichsam durch ein Unendliches gegangen ist, die Grazie wieder ein; so, daß sie, zu gleicher Zeit, in demjenigen menschlichen Körperbau am reinsten erscheint, der entweder gar keins, oder ein unendliches Bewußtsein hat, d. h. in dem Gliedermann, oder in dem Gott.

Mithin, sagte ich ein wenig zerstreut, müßten wir dann wieder von dem Baum der Erkenntnis essen, um in den Stand der Unschuld zurückzufallen?«

9 Hegel, *Philosophie des Rechts*, a. a. O., S. 81 f.: »Diese Dialektik ist dann nicht **äußeres** Thun eines subjektiven Denkens, sondern die **eigene Seele** des Inhalts, die organisch ihre Zweige und Früchte hervortreibt. Dieser Entwickelung der Idee als eigener Thätigkeit ihrer Vernunft sieht das Denken als subjektives, ohne seiner Seite eine **Zuthat hinzu** zu fügen, nur zu. Etwas vernünftig betrachten heißt, nicht an den Gegenstand von außen her eine Vernunft hinzubringen und ihn dadurch bearbeiten, sondern der Gegenstand ist für sich selbst vernünftig: … die Wissenschaft nur das Geschäft, diese eigene Arbeit der Vernunft der Sache zum Bewußtsein zu bringen.«

10 Vorrede zu: *Grundlinien der Philosophie des Rechts*, 4. Aufl, Jubiläums-Ausgabe, Stuttgart-Bad Cannstadt 1964, S. 33

11 A. a. O., S. 36. Nach einigen Zeilen fährt Hegel fort: »So wie die Vernunft sich nicht mit der Annäherung, als welche weder kalt noch warm ist und darum ausgespien wird, begnügt, ebenso wenig begnügt sie sich mit der kalten Verzweiflung, die zugiebt, daß es in dieser Zeitlichkeit wohl schlecht oder höchstens mittelmäßig zugehe, aber eben in ihr nichts besseres zu haben und nur darum Frieden mit der Wirklichkeit zu halten sey, es ist ein wärmerer Friede mit ihr, den die Erkenntniß verschafft.«

12 Lewis Mumford, *Mythos der Maschine*, Wien 1974, S. 219 f.

13 Plato, *Der Staat*: »[…] Selbst im guten Menschen steckt eine gesetzlose, wilde, bestialische Natur, die im Schlaf hervorspäht.«

14 Deleuze, Guattari, a. a. O., S. 144.

15 Hegel, a. a. O., S. 70.

16 In jeder Pubertät wird, unter Retardierungen und Akzeleration tumultuarisch eine Umkonstituierung zum Erwachsenen vorgenommen, aus dem noch das Kind auf

großen Füßen hervorspäht. Es gibt offenbar mehr als die eine, für die Erfahrung markierte Pubertät in der Lebensgeschichte. Solche Konstitutionssprünge entsprechen Narben gattungsgeschichtlicher Übereilung, die selber in der Lebensgeschichte sich nicht wiederholen, sondern im Gesamtkonstrukt, insbesondere in den Unvermögen der gesellschaftlichen Übertragung sich ausdrücken. Daß die **gesellschaftlichen** Geburten der Menschen fehlschlagen, darin zeigt sich die ursprüngliche Wunde.

17 Dazu Popitz, Bahrdt, u. A. a. a. O., S. 184 ff.

18 Popitz, a. a. O., S. 186

19 Ders. a. a. O., S. 187. Popitz u. a. weisen darauf hin, wie in dieser »scheinbar so rationalen Atmosphäre ein ganz ungewöhnlich aggressiver, nervöser, ›persönlicher‹ Zorn auf den Verursacher« entsteht. Je mangelhafter der Versager seine Arbeit ausführt, um so stärker sind die anderen ihm ausgeliefert, in einer subtilen, ständig fühlbaren, konzentrierten Form. Bei erotischen Umarmungen, die ebenso gefügeartige Kooperation sind, ist das persönliche Moment nicht weniger durch die Körpermaschinen »verursacht«. Niemand würde dies als sachliche Beziehung verzeichnen, aber die Wünsche wollen vielfältig etwas, was die Körper nicht können. Umgekehrt ist der eine auf die Arbeit des anderen darin angewiesen, subtil, ständig fühlbar und konzentriert, daß dessen Ungeschick oder körperliches Versagen, für die intimen Sinne prüfbar, ihn in Mitleidenschaft zieht. Da es hier aber nur wenige sachliche Regeln gibt, nach denen die gefügeartige Kooperation sich vollzieht, ist es gerade die persönliche, nicht-versachlichte Begegnung, die die Kooperation unwahrscheinlich macht, die vollständige Verausgabung der Person deshalb nicht so zuläßt, wie sie im gefügeartigen Industrieprozeß von der Maschinerie erzwungen wird.

20 Vom verwalteten Denken, etwas Totem, wird in der Position der Begeisterung wie von etwas besonders Lebendigem gesprochen. So sprechen französische Kritiker des Stalinismus Marx' Worten ein magisches Leben zu – unter Abstraktion von allem Zusammenhang eines solchen Werks –, das den Stalinismus, Kambodscha und andere Real-Erscheinungen produziert. Wir hatten gesehen, wie die Achtung vor dem Widerstand des Lebendigen den kritischen Geist veranlaßt, die Ausdrucksweise umzukehren und vom Lebendigen wie von etwas noch Totem zu sprechen. Das Tote hat diesen Widerstand nicht und von ihm kann deshalb ungehemmter wie von etwas Lebendigem gesprochen werden

21 Karl Marx, *Grundrisse*, a. a. O., S. 10 ff.

22 Abbildungen und Texte: E. P. Thompson, *Das Elend der Theorie, Zur Produktion geschichtlicher Erfahrung*, Frankfurt / New York 1980

KOMMENTAR 2: DER ANTEIL VON FRAUENARBEIT AN DER MENSCHENPRODUKTION

1 Eine Reihe dieser Schwierigkeiten sind in der Dissertation von Ursula Beer: *Die Marxismus-Rezeption in der englischen Frauenbewegung*, Man., Frankf. / M., 1980, niedergelegt. Alle Versuche, mit den Begriffen des *Kapital* oder der *Grundrisse* oder daraus abgeleiteter Systematik die Produktionsweise von Frauen zu deuten, haben

mit dem Gegenstand kaum etwas zu tun. Sie zerschneiden ihn und gliedern ihn als Anhang einer größeren Ökonomie an.

2 Karl Marx, Nationalökonomie und Philosophie, in: *Die Frühschriften*, Stuttgart 1971, S. 234 f.

3 Derselbe, a. a. O., S. 234

4 Ders., a. a. O., S. 235.

5 Das natürliche Verhältnis von Mann und Frau ist in der Geschichte zerstört. Was von diesem natürlichen Verhältnis geblieben ist, ist die Sehnsucht nach Rückkehr zu der ursprünglichen Situation, falls diese gelang. Gelang sie nicht, so konstituiert sich die gleiche Sehnsucht aus einem Partikel, der gelang, und der zum inneren eingebildeten Objekt gemacht wird, dies ist bei den Söhnen und Töchtern das gleiche. Auf verschiedenen Wegen und mit spezifischen Mitteln versuchen sie diese Rückkehr zu erzwingen. Wir machen nochmals darauf aufmerksam, daß wir aufgrund der Annahme der Bisexualität hier nicht von ganzen Personen, sondern von einzelnen Eigenschaften sprechen, die sich im realen Erwachsenen mischen. »Glück ist die Erfüllung eines Kinderwunsches.« Es gäbe ohne eine reale Erfahrung von »jeder nach seinen Fähigkeiten, jedem nach seinem Bedürfnis« keine Wünsche und keine Fähigkeit, mit Glück umzugehen.

6 Freud, Brief Nr. 114 an W. Fließ, vom 6. 8. 1899

7 Freud, *Traumdeutung*, in: GW, BD. II/III, S. 256

8 Heinrich von Kleist, a. a. O. S. 46

9 Siehe Bd. 6.2, S. 284 ff.

10 In frühindustriellen Arbeitskämpfen, in denen die Existenzvernichtung Folge des Kampfes sein kann, weil kein Verfahren des Friedensschlusses dieser Kämpfe institutionalisiert ist, sind vielfach die Frauen der Arbeiter Abwiegler; in solchen Kämpfen hat es aber Situationen gegeben, in denen gerade die Frauen wiederum bis zum Äußersten gekämpft haben. Das bedeutet aber nicht, daß sie ihren primären Konservativismus, den Schutz dessen, wofür sie vom materiellen Fundament ihrer Körper aus eintreten, das produktive Prinzip, vergessen. Es ist ähnlich wie in den Defensiv-Kämpfen einer Bauernklasse, die die gleiche Produktionszentrierung und daraus folgenden Konservativismus, betreibt, zum Äußersten getrieben aber angreift.

11 Dies ist ein spezifisches Problem aller Schulversuche, die die Elternarbeit umorganisieren müssen, damit der Schulversuch gelingt.

12 Siehe Bd. 6.2, S. 242 ff.

13 Siehe Bd. 6.3, S. 147 f., 219 ff.

14 Da sich gesellschaftliche Auseinandersetzungen nicht stillstellen lassen, befindet sich eine solche Überlegung im Kreuzfeuer zweier vehementer Konstellationen: (1) Die Emanzipationsdebatte *muß* von der Diskriminierung ausgehen, beharrt auf der Blickrichtung, die sich aus der Unterordnung der häuslichen Arbeit, der Erosion, die sie dabei erlitten hat, ergibt. Sagen wir also, daß dies nicht der Kern ihres geschichtlichen Vermögens ist, setzen wir uns dem Vorwurf aus, wir romantisieren sie. (2) Es ist für die Untersuchung des spezifischen Klassencharakters notwendig, zunächst einmal den ursprünglichen Reichtum an Beziehungsverhält-

nissen, der in der Hausarbeit verschlüsselt ist, aufzudecken, sagen wir das, so werden wir selber immer wieder irritiert dadurch, daß sich nichts von diesem Reichtum als vollständiger Prozeß oder als befriedigendes Vermögen darstellen läßt.

15 Claude Maillassoux, *»Die wilden Früchte der Frau«, Über häusliche Produktion und kapitalistische Wirtschaft,* Frankfurt/M. 1976, S. 13

16 A. a. O., S. 9. Der Ansatz von Marx, der von Verläufen spricht, die von niederen zu entwickelteren Formen erfolgen, ist insofern eine Analogie zur ontogenetischen Anatomie. Das, was erwachsen ist, ist gegenüber dem, was embryonal war, entwickelter. In der Aufeinanderfolge von gesellschaftlichen Formationen läßt sich diese Vorstellung *nicht* wiederholen.

17 Karl Marx, *Grundrisse,* a. a. O., S. 375

18 Wir folgen darin Meillassoux, a. a. O., S. 19.

19 Claude Lévi-Strauss, *Les structures élémentaires de la parenté,* Paris 1967, S. 34; Robin Fox, *Kinship Systems,* London 1967, S. 31: »Primary kin do not mate with cach other«.

20 *Kapital* I, a. a. O., S. 193, S. auch Bd 6.2, S. 220 ff.

21 Meillassoux, a. a. O., S. 30.

22 Ders., a. a. O., S. 37.

23 Ders., a. a. O., S. 45.

24 Ders., a. a. O., S. 42. Er ergänzt: »Man kann feststellen, daß diese Art des Vorgehens in den kriegerischen Gesellschaften, die auch den Raub praktizieren, für schändlich gilt, sobald es sich um Kämpfe unter Männern handelt.«

25 Meillassoux, a. a. O., S. 43, der dazu zahlreiche Materialien heranzieht.

26 Wir entwickeln an dieser Stelle nicht die Gesamtliteratur, sondern stützen uns hier und im weiteren Verlauf auf eine uns zureichend erscheinende einzelne Beschreibung, weil es uns im wesentlichen um die Herausarbeitung des sog. Abstraktionsprinzips geht. Eine Rekonstruktion wird auf keinen Fall den wirklichen vorgeschichtlichen Verläufen gerecht, die zahlreiche Umwege beschrieben haben müssen. Konkurrierende Rekonstruktionsversuche sind dadurch *gleichwertig,* weil keiner dieser Versuche sämtliche Verläufe erfaßt.

Es ist auch eine Vereinfachung, wenn wir, der Unterscheidung von Marx folgend, *Erde als Produktionsgegenstand = abstrakt* setzen. Die Vereinfachung enthält keine These über konkrete Vorgänge der Frühgeschichte, die immer vielfältig sind und sich umkehren können. Es geht um eine reine Orientierungskategorie (brauchbar wie ein Wegzeichen, das auch nicht der dort angegebene Ort ist). Es ist auffällig, daß dem Produktionsprinzip zuzuordnende frühagrarische Gesellschaften zu besonders blutigen Opferriten neigen und zahllose Attribute des Abstraktionsprinzips aufweisen. Umgekehrt finden sich bei Jägervölkern, die ihr Wild erlegen, Riten der Wiedergutmachung am Getöteten. Die Knochen des getöteten Wilds werden in der Natur ausgebreitet, damit das aufgegessene Lebewesen wiedererstehen kann. Die Vereinfachung (Erde als Produktionsgegenstand, Erde als Produktionsmittel) berücksichtigt nicht die vielfachen Umkehrungen und Transformationen, die von einem ursprünglichen Prinzip ausgehen; auch nicht die Vermischung von frühen Kulturen. In einem Jäger-, Kriegerstamm kann das abstraktere Verhältnis zum Boden und Gemeinwesen gerade eine oberflächlichere Prägung ausüben, die bei Übernahme dieser Stammestradition in eine spätere agrarische Phase das darin enthaltene Abstraktionsprinzip erst reell entfaltet. Dies wäre Transformation. Die Opfer der Abstraktion *dort* wiederum können das nur oberflächlich entwikkelte Produktionsprinzip noch in später Zeit durch Umkehrungen gegenüber den Abstraktionen, an denen sie leiden, zur Hauptsache machen. Abstraktionsprinzip und Konkretionsprinzip müssen frühgeschichtlich miteinander gerungen haben, aber dafür, wie sie das taten, ist fast jede Variation rekonstruierbar.

27 Meillassoux, a.a.O., S. 49.

28 Meillassoux, a.a.O., S. 58.

29 Unsere Argumente folgen aus der Beobachtung gegenwärtiger Verhältnisse. Wir sind uns darüber klar, daß wir bei Transpositionsversuchen auf die vermutete wirkliche Entstehungszeit *projizieren*. Insofern können wir uns damit abfinden, daß es für Endogamie und das Inzest-Tabu verschiedenartige Theorien des Entstehungsgrundes gibt. Es ist für das gegenwärtige Verhältnis gleich, ob, wie hier, das singuläre Tauschprinzip, das sich, inmitten reiner Gebrauchswertproduktion, auf keine andere Ware als die der Frau in dieser umfassenden Weise beziehen läßt, der Entstehungsgrund ist, oder ob man dazu neigt, Inzest-Tabu und Endogamie ähnlich zu rekonstruieren wie die Unterscheidung von **Rohem** und **Gekochtem** (Lévi-Strauss). Es ist durchaus möglich, daß das ursprüngliche Raubprinzip mit Anerkennung legitimierter Verhältnisse eine Abwendung von der bloßen Natur bewirkt. Dann entsteht das Inzest-Tabu daraus, daß die sexuelle Gelegenheit im Hause der Abwehr verfällt und die Umwegproduktion über den anderen Stamm **der einzige Weg ist, das gestörte Verhältnis zur Natur symbolisch auszudrücken.** Wie gesagt, nehmen wir lieber in Kauf, in den Verdacht zu geraten, heutige Tauscherfahrung auf frühe Verhältnisse zu projizieren, als dieser, unserer Ansicht nach, sekundären Deutung zu folgen. Sie mag mitgewirkt haben. Die Auseinandersetzung einer agrarischen Gesellschaft mit einem vor der Tür lagernden nicht-agrarischen Stamm ist durchaus in der Lage, ein Tauschverhältnis zu erzwingen, *das aussieht* wie ein rationales, obwohl Rationalität noch gar nicht entwickelt ist.

Der Hinweis auf die alternativen Deutungsmöglichkeiten stammt von Horst Kurnitzky. Wir können sein Argument nicht widerlegen. Plausibel daran ist, daß Levi-Strauss sich mit der Unterscheidung von Roh und Gekocht gar nicht besonders aufhält, sondern die Polarisierung in Honig und Tabak verankert. Der Tabak verflüchtigt sich zu Rauch, praktisch reinem Geist, der Honig, als Naturfund, läßt sich durch Kochen nicht weiter verarbeiten. Er bleibt in seiner paradiesischen Eigenschaft roh. Diesen Unterschied finden wir mindestens in der modernen Erfahrung in der vehementen *Idolisierung* von Frauen.

30 *Produktionsmittel* z.B. für einen bestimmten Ausschnitt der Kindererziehung: René A. Spitz, *Vom Säugling zum Kleinkind*, Stuttgart 1967, S. 143: »Zeichen und Signale, die das Kind in den ersten Lebensmonaten erreichen und von ihm empfangen werden, gehören den folgenden Kategorien an: Gleichgewicht, Spannungen (der

Muskulatur und andere), Körperhaltung, Temperatur, Vibration, Haut- und Körperkontakt, Rhythmus, Tempo, Dauer, Tonhöhe, Klangfarbe, Resonanz, Schall und wahrscheinlich noch eine Reihe anderer.« Serge Lebovici, *Die Aspekte der frühen Objektbeziehungen*, in: *Psyche* 1956/57, Band 10. S. 87: »Es ist sehr wahrscheinlich, daß der Säugling das Ausdrucksverhalten der Mutter wahrnimmt, das unseren Beobachtungen ... entgeht. Er muß etwas in der mütterlichen Sprache erfassen, das nicht dem Wort, dessen Tonalität, seinem Rhythmus eigen ist. Er muß empfindsam sein gegenüber den körperlichen Haltungen, die ihm von der Mutter auferlegt werden.« Dazu auch George H. Mead, *Geist, Identität und Gesellschaft*, 1934, deutsche Ausgabe Suhrkamp 1973, passim; Johannes Siegrist, *Consensus-Modell-, Studien zur Interaktionstheorie und zur kognitiven Sozialisation*, Stuttgart 1970, S. 26: »Die Lautbewegungen des Säuglings und Kleinkindes gehören zu den befriedigendsten, erfolgreichsten und fortschrittlichsten Aktivitäten dieser Zeit überhaupt.« A. a. O.: »Das Lautrepertoire des Kleinkindes ist vielfältiger als das des Erwachsenen.« Dieser Entwicklung von menschlichem Ausdruck liegen alle Grundmuster des sozialen Lernens, der gesellschaftlichen Kooperation, des »taking the role of the other«, eine verinnerlichte, sprachlich organisierte Erfahrung der Umwelt, des »generalized other« zugrunde. Tamotsu Shibutani, *Improvised News, A Sociological Study of Rumor*, Indianapolis, New York 1966, S. 168: Man kann daher in gewissem Sinne sagen, daß jeder sozialisierte Mensch in seinem Kortex die Gesellschaft, in der er lebt, als Miniatur repräsentiert.« Dieser Reichtum an Verkehrsformen der Subjekt-Objekt-Beziehung erreicht mit dem 5. bis 8. Monat einen Höhepunkt (Siegrist, a. a. O., S. 38). Danach reduzieren sich die Lautproduktion, der Reichtum an Lernvorgängen, die fast unendliche Möglichkeit von Kombinationen an Ausdruck und Antizipation des anderen, die Produktion von Verkehrsformen, die allerdings nur Mutter und Kind (unter vielen wechselseitigen Mißverständnissen) verständlich sind, auf den Pegel der Silbenimitation, des kulturell vorgegebenen phonologischen Systems, später auf Worte, Vereinfachungen, Nachahmung der kulturellen Schematismen, reduktiv. Die Produktion der Mütter produziert also zunächst menschlichen Reichtum und anschließend gesellschaftliche Armut. Für die Kinder und die Mütter ist der Besitz dieser Produktionsmittel also immer zugleich auch Unterdrückung. – Die Produktionsmittel der Frau, nur ausübbar gemeinsam mit den Kindern, steuern sich aus der *frühen lebendigen Arbeitskraft des Kindes*, zugleich aus der *Arbeitskraft der Frau*, (die sie außerhalb dieser Früherziehung scheinbar vergißt und aus *gesellschaftlicher Unterdrückung*, zu der auch die Zuweisung dieser Produktionsmittel ausschließlich an die Frauen, einschließlich der Begrenzung auf die private Schutzzone, die Intimität, zählt. Mystisch ist das nicht. Es ist eine in der Gesellschaft sonst so nicht vorkommende Form der Kooperation zwischen zwei extrem unterschiedlichen Stufen der menschlichen Arbeitskraft (Kind, Frau). Ein *menschliches Verhältnis*, das durch die frühe lebendige Arbeitskraft der Kinder, ihre sich äußernden Bedürfnisse, den Frauen »in Erinnerung gerufen« wird. Erlernt sind diese Produktionsmittel, lebensgeschichtlich, gattungsgeschichtlich, früher. Sie können ebensogut auch von Nicht-Frauen erlernt werden.

31 Die Bezeichnungen Vater und Mutter verwenden wir für die Urobjekte, die auch, wenn sie nicht leiblicher Vater oder Mutter sind, oder deren Rollen sich umkehren, eine dieser Rollen übernehmen müssen. Zugleich sprechen wir davon im übertragenen Sinn, Meillassoux, a. a. O., S. 61: »›Vater‹ bedeutet nämlich nicht Erzeuger, sondern derjenige, der dich ernährt, beschützt und als Gegenleistung dein Produkt und deine Arbeit beansprucht«. So lautet nämlich das ursprüngliche gesellschaftliche Verhältnis. Etwas Ähnliches gilt für die Mutter. Sie ist dasjenige, was einen Menschen hervorgebracht hat und auf eine besondere Weise Versprechungen gemacht hat, daß das weitere Leben nach den Bedürfnissen sich vollzieht, dann aber immer nur verliert, bis auch das Kind erwachsen geworden ist und zumindest diese Mutter, die jetzt älter geworden ist und die Bedürfnisse nicht, ihren Versprechungen gemäß, erfüllt hat, nicht mehr braucht. Mutter ist also diejenige, die dich ernährt und dafür enterbt wird. Sie hat offenbar eine Verfügungsmacht, die in einer Richtung zuviel gibt und in einer anderen Richtung immer zu wenig geben kann.

32 Wir folgen Janine Chasseguet-Smirgel, *Psychoanalyse der weiblichen Sexualität*, Frankfurt / M. 1974, die wiederum sich auf Melanie Klein stützt.

33 Janine Chasseguet-Smirgel, a. a. O., S. 24

34 Freud, Die Weiblichkeit (1932), Neue Folge der Vorlesungen zur Einführung in die Psychoanalyse, *Gesammelte Werke*, Band XV, London 1940, S. 138. Die Hervorhebung ist von uns.

KOMMENTAR 3: DER BEGRIFF DES WIRKLICHEN

1 Sigm. Freud, *Briefe an Fließ*, a. a. O., S. 151 f.

2 Im Leistungsprozeß gehen z. B. Unternehmererwartungen, aber auch die Menschen, mit ihren körperlichen Funktionen wie mit Dingen um. Die Ware Arbeitskraft ist im Kapitalprozeß ein »Ding«. Die Kugel des Feindes behandelt den Angreifer wie ein Ding.

NACHBEMERKUNG

1 Bertolt Brecht, Buckower Elegien, *Gesammelte Werke* 10, S. 1009.

Editorische Notiz

Die Werkausgabe umfasst Oskar Negts Schriften in der Reihenfolge ihres Erscheinens. Sie beginnt mit seiner Dissertation *Konstituierung der Soziologie zur Ordnungswissenschaft* und erstreckt sich über sein umfangreiches Schaffen von den späten 1960er Jahren bis zur 2014 publizierten Streitschrift *Philosophie des aufrechten Gangs*. Diese Werkausgabe dokumentiert Traditions- und Entwicklungslinien im Denken Negts. Der Entfaltung, Fortschreibung und Überarbeitung seiner Argumentation und Terminologie folgend, enthält sie Erstausgaben bzw. überarbeitete Auflagen. Orthographie und Interpunktion entsprechen daher nicht in allen Bänden den Regeln der neuen deutschen Rechtschreibung.

Der vorliegende Band 6.1 der Werkausgabe folgt der zuletzt publizierten, 2001 erschienenen Ausgabe Oskar Negt und Alexander Kluge: *Der unterschätzte Mensch, Band 2: Geschichte und Eigensinn* (Zweitausendeins)

1. Auflage 2016

Erstausgabe 1981: *Geschichte und Eigensinn*
Buchgestaltung: Steidl Design

Gesamtherstellung:
Steidl, Düstere Straße 4, 37073 Göttingen
steidl.de

Printed in Germany
ISBN 978-3-95829-157-7